3-D Graphics Programming with OpenGL™

Clayton Walnum

3-D Graphics Programming with OpenGL

Copyright© 1995 by Que® Corporation

Library of Congress Catalog Number: 95-69575

ISBN: 0-7897-0277-0

97 96 95   6 5 4 3 2 1

Interpretation of the printing code: The rightmost double-digit number is the year of the book's printing; the rightmost single-digit number, the number of the book's printing. For example, a printing code of 95-1 shows that the first printing of the book occurred in 1995.

Publisher: Roland Elgey

Associate Publisher: Joseph B. Wikert

Managing Editor: Sandy Doell

Director of Marketing: Lynn Zingraf

Dedication

To Tom Hudson, who years ago amazed me with his graphics programming talents.

Credits

Acquisitions Editor
Lori A. Jordan

Product Development Specialist
Bryan Gambrel

Production Editor
Lori Cates

Copy Editors
Susan Shaw Dunn
Patrick Kanouse
Susan Ross Moore

Technical Editor
Discovery Computing

Editorial Assistant
Michelle Newcomb

Acquisitions Assistant
Angela C. Kozlowski

Book Designer
Barbara Kordesh

Cover Designer
Tim Amrhein

Production Team
Claudia Bell
Anne Dickerson
Amy Durocher
Karen Gregor
Bob LaRoche
Aren Howell
Alan Palmore
Michelle Worthington

Indexer
Chris Cleveland

Composed in *Stone Serif* and *MCPdigital* by Que Corporation

About the Author

Clayton Walnum, who has a degree in Computer Science, has been writing about computers for almost 15 years and has published hundreds of articles in major computer publications. He is also the author of 20 books, which cover such diverse topics as programming, computer gaming, and application programs. His most recent book is *Dungeons of Discovery*, also published by Que. His other titles include *Borland C++ 4.x Tips, Tricks, and Traps* (Que); *Turbo C++ for Rookies* (Que); *Object-Oriented Programming with Borland C++ 4* (Que); *PC Picasso: A Child's Computer Drawing Kit* (Sams); *Powermonger: The Official Strategy Guide* (Prima); *DataMania: A Child's Computer Organizer* (Alpha Kids); *Adventures in Artificial Life* (Que); and *C-manship Complete* (Taylor Ridge Books). Mr. Walnum lives in Connecticut with his wife Lynn and their three children, Christopher, Justin, and Stephen.

We'd Like to Hear from You!

As part of our continuing effort to produce books of the highest possible quality, Que would like to hear your comments. To stay competitive, we *really* want you, as a computer book reader and user, to let us know what you like or dislike most about this book or other Que products.

You can mail comments, ideas, or suggestions for improving future editions to the address below, or send us a fax at (317) 581-4663. For the on-line inclined, Macmillan Computer Publishing now has a forum on CompuServe (enter **GO QUEBOOKS** at any prompt) through which our staff and authors are available for questions and comments. In addition to exploring our forum, please feel free to contact me personally on CompuServe at 75230,1556 to discuss your opinions of this book.

Thanks in advance. Your comments will help us to continue publishing the best books available on computer topics in today's market.

Bryan Gambrel
Product Development Specialist
Que Corporation
201 W. 103rd Street
Indianapolis, Indiana 46290
USA

Acknowledgments

The author would like to thank the following people for their contributions to this book: Joe Wikert for his confidence in my work; Lori Jordan for keeping this project on an even keel, despite numerous complications; Lori Cates (and her team) for making the words work just right and for always being at her desk to answer the phone; and Discovery Computing for ensuring the manuscript's technical accuracy. And, as always, thanks to my family—Lynn, Christopher, Justin, and Stephen.

Trademarks

Contents at a Glance

Basic Techniques

3-D Worlds with OpenGL

Advanced Programming

Contents

II 3-D Worlds with OpenGL   211

6 OpenGL Transformations   213

7 Lighting 3-D Objects   255

Introduction

With each new release, Windows NT becomes more and more powerful. A case in point: Starting with version 3.5, Windows NT now includes OpenGL, a 3-D graphics library that enables you to write sophisticated 3-D applications with only a fraction of the effort required to write such applications from scratch. This comprehensive library not only lets you create 3-D scenes and view those scenes from various angles, but also lets you apply lighting, texture mapping, blending, antialiasing, and other special effects that add realism to your 3-D applications.

This book is an introduction to using OpenGL under Windows NT. In the pages that follow, you learn how to initialize OpenGL in a Visual C++ program, as well as how to handle Windows palettes and color mapping. In addition, you see how to use OpenGL to draw 3-D objects and how to apply translation, scaling, and rotation to those objects in order to move them around in their 3-D world. The best news is that you learn all these techniques—and many more, including incorporating lighting and texture mapping into your programs—without getting bogged down in complex math.

Who This Book Is For

This book is not an introductory text for programmers interested in learning Visual C++ or basic Windows graphics programming. To understand the programming advice that follows, you must have a working knowledge of C++ and be somewhat familiar with the Visual C++ development system. In addition, you should be familiar with object-oriented programming concepts. Previous Windows programming experience will also be helpful, because basic Windows programming concepts are not covered in this volume. In any case, you'll want to have a good Windows programming manual at your side as you work through the programs in this book.

Hardware and Software Requirements

To compile and run the programs on this book's disk, and to get the most out of the upcoming lessons, you must have at least the following:

- An IBM-compatible 80386 with 12M of memory (a 486 or Pentium with 16M is recommended)

- Windows NT 3.5

- A hard drive

- A Microsoft-compatible mouse

- 256-color VGA graphics

- Visual C++ 2.0

As always, the faster your processor, the better. Fast processors mean fast compiles and zippy programs. This is especially true for Windows NT programs, because Windows NT pushes your hardware to the limits.

Compiling the Programs in This Book

The programs in this book were written with Visual C++ 2.0. This book assumes your copy of Visual C++ was installed using the default settings and directories. If you've changed any of the default settings or directories and are not sure how to fix errors that may result from these changes, you should reinstall Visual C++.

The programs that follow are organized on this book's disk by chapter. After you install the disk as per the instructions at the back of the book, each chapter's program will be found in its own subdirectory on your hard disk. That is, the program for Chapter 2 will be in the OPENGL\CHAP02 directory, the program for Chapter 4 will be in the OPENGL\CHAP04 directory, and so on. In addition, each program is contained in its own directory, based on the program's name. So, the example program called BLENDFOG in Chapter 10 is found in the CHAP10\BLENDFOG directory.

To compile a program, copy its directory (and thus all its files) to your main Visual C++ directory. Then start Visual C++, open the program's MAK file, and select the Project menu's Build command. For example, to compile

Chapter 10's BLENDFOG program, you'd first copy the BLENDFOG directory to your Visual C++ directory. Then, you'd open the BLENDFOG.MAK file and select the Project menu's Build command. Note that the disk also includes an executable version of each program. You don't have to compile the programs unless you really want to.

A Word to the Wise

As every developer knows, a good program is virtually crash-proof. Error checking must be done for every action that may fail, and appropriate error messages must be given to the user. Unfortunately, good error checking requires a lot of extra program code. For the programmer working on his next magnum opus, this is all just part of the game. But for an author writing a programming book, this extra code has different implications.

A programming book should present its topics in as clear a manner as possible. This means featuring programs having source code that is not obscured by a lot of details that don't apply directly to the topic at hand. For this reason, the programs in this book do not always employ proper error checking. User input may sometimes go unverified, dynamic construction of objects is assumed to be successful, and (horror of horrors) pointers are not always checked for validity.

In short, if you use any of the code in this book in your own programs, it's up to you to add whatever error checking may have been left out. Never assume anything in your programs. Any place in your code that you can't be 100 percent sure of your program's state, you must add error checking to ensure that the program doesn't come crashing down on your user. Just because this book's author may have been lax in his error checking (for good reasons), you are not off the hook.

Also in the interest of clarity, little was done to optimize the code used in the following programs. You may see many places where the code can be rewritten with faster algorithms. Unfortunately, the better an algorithm, the more it tends toward obscurity. In short, once you understand the principles presented in this book's programs, feel free to look for better ways to do things. With graphics applications, the faster the code runs, the better.

How to Use This Book

This book approaches its programs as hands-on programming projects that you can follow step-by-step. You'll build each program a piece at a time, inserting new code as you advance through the steps. Each program has its own section in the book, including a numbered list of steps you must follow to create that program. There are three approaches you can take toward completing each programming project:

Approach 1: Read each project step and follow the instructions exactly, typing whatever new code is required. Although typing is a lot of work, it's also the best way to learn, because you are forced to focus on each line of code. (Of course, typing code usually adds a bug or two to a program—bugs you'll have to search out on your own.)

Approach 2: Read each project's steps, but, instead of typing source code, use the Visual C++ editor's cut and paste functions to add new code to the project. Copy the new lines from the source code on this book's disk. This approach saves a lot of time and typing, but at the expense of learning. You'll have to be more careful that you truly understand each step before you move on.

Approach 3: Don't bother to build the programs on your own. Instead, run the executable versions of the programs supplied on this book's disk. This is the easiest way to get through the book, but also the least educational.

Other Suggested Reading

As stated previously, this book is an introduction to OpenGL programming under Windows NT. As such, it does not attempt to cover the entire OpenGL library, nor does it provide in-depth advice on how to apply OpenGL to sophisticated graphical applications such as CAD or simulation programs. Specifically, this book is meant to provide a bridge between the general, non-Windows-NT-specific documentation currently available for OpenGL and the limited documentation for using OpenGL with Visual C++ under Windows NT.

Once you complete this book (or even as you're reading), you'll want to explore OpenGL in greater depth. One must-have book is *OpenGL Programming Guide*, written by Neider, Davis, and Woo, and published by Addison Wesley. Although *OpenGL Programming Guide* includes no implementation-specific information, it provides the most complete coverage of OpenGL currently available. That book in combination with this one will tell you virtually everything you need to know about OpenGL.

Another book you may find useful is the *OpenGL Reference Manual* by the OpenGL Architecture Review Board and also published by Addison Wesley. *OpenGL Reference Manual* provides a complete reference to every OpenGL function. However, you can find most of the information in *OpenGL Reference Manual* in your Visual C++ on-line documentation.

Finally, for additional information on using OpenGL with Windows NT, you might want to check out the series of OpenGL articles written by Jeff Prosise and published in *Microsoft Systems Journal*. Those articles are "Advanced 3-D Graphics for Windows NT 3.5: Introducing the OpenGL Interface, Part I," published in the October 1994 issue; "Advanced Graphics for Windows NT 3.5: The OpenGL Interface, Part II," published in the November 1994 issue; and "Understanding Modelview Transformations in OpenGL for Windows NT," published in the February 1995 issue.

Color Figures

Although most of the figures in this book are black and white, you can find a color section near the end of the book. This section provides full-color versions of many figures found in chapters 7 through 10. Because the normal black-and-white figures cannot do the OpenGL images justice, you should refer to the color pages when reading chapters 7 through 10. The color figures have the same captions as their black-and-white cousins.

3-D Worlds Just Around the Corner

You're probably anxious now to dive into *3-D Graphics Programming with OpenGL*. If you've never programmed a 3-D graphics application before, you'll soon be amazed by the worlds you can create. If you're coming to OpenGL from a graphics programming background, you'll be delighted at how well OpenGL hides the drudgery usually associated with such programming. In any case, no matter what your background, you're about to embark on a fascinating trip through the wonders of 3-D graphics programming.

Clayton Walnum
May 1995

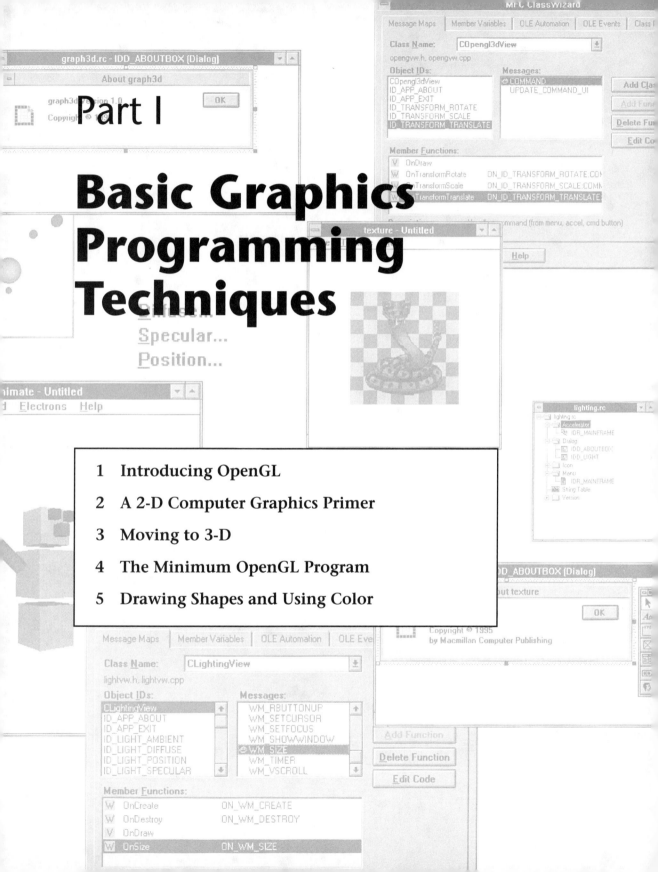

Part I

Basic Graphics Programming Techniques

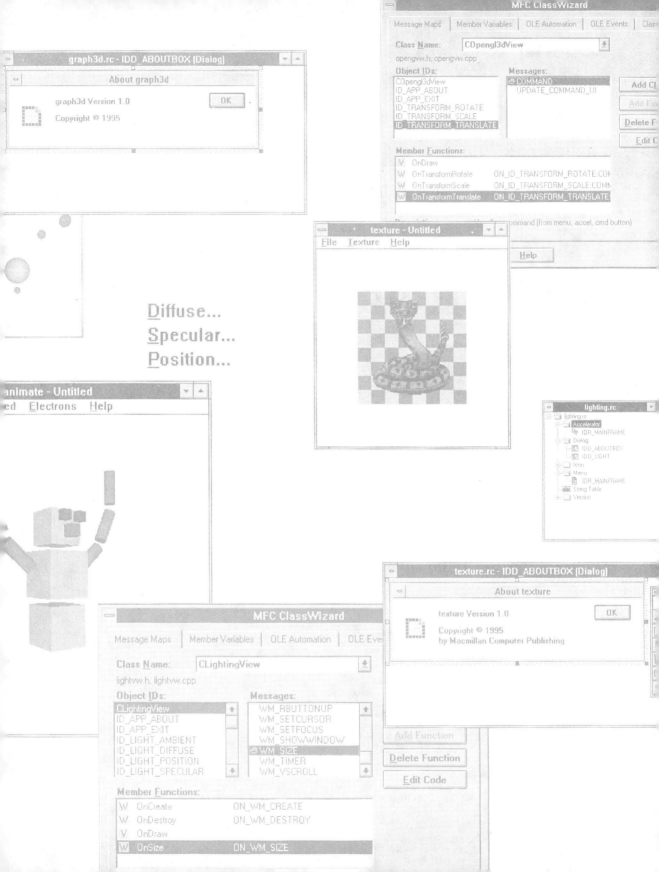

Chapter 1

Introducing OpenGL

Few other areas of study in computer science bring you closer to the cutting edge of computer technology than 3-D graphics programming. Today's computers—even the desktop variety—can produce stunningly real images in near photographic quality. In fact, using modern 3-D graphics programming techniques, computers can produce everything from award-winning games such as DOOM to scenes for blockbuster films such as *Terminator II* and *Jurassic Park*.

The bad news is that 3-D graphics programming techniques require darn near a masters degree in mathematics to understand. Just flip through a book such as *Computer Graphics, Principles and Practice* (considered to be the computer graphics bible). The formulas behind such graphics techniques as lighting and shading are scary enough to leave a calculus expert scurrying for the exit. Those of you who are still trying to figure out exactly what a cosine is are left behind in the dust.

Until now, that is.

Although having a good mathematical background is always an advantage when programming 3-D graphics, many of today's tools hide such gory details, leaving programmers to worry only about creating the images and not about cramming trigonometry, linear algebra, and differential geometry between their ears. One of those tools is OpenGL, a library of graphics routines that makes sophisticated 3-D graphics programming accessible to mere mortals. Luckily for PC programmers, OpenGL is now available under the Windows NT operating system.

In this chapter, you learn:

- Why and by whom OpenGL was created

- How OpenGL relates to Windows NT

- About OpenGL's five function libraries

- About OpenGL's abilities

What Is OpenGL?

OpenGL is a programming interface for producing interactive 3-D applications on a wide variety of platforms, including workstations from DEC, Silicon Graphics, and IBM. Using the more than 100 supported OpenGL commands, a programmer can do anything from display simple shapes to compose animated 3-D scenes complete with lighting, antialiasing, and texture mapping. Because OpenGL is an industry standard, programs written on one platform can be ported easily to another with a minimum of fuss. Moreover, because most of the math is hidden within the library, programmers are relieved of having to decipher lengthy formulas in order to render images on-screen. (If you don't understand what a lot of these graphics terms mean, you will by the end of the book.)

OpenGL was developed by Silicon Graphics Incorporated for use with the company's IRIS GL graphics workstations. Now that the interface has achieved cross-platform acceptance, the OpenGL Architecture Review Board maintains the library's definition, ensuring that OpenGL is implemented properly on various platforms and remains as portable as possible. Some of the industry leaders that make up the review board include Silicon Graphics, Microsoft, Digital Equipment Corporation, IBM, and Intel.

Because Windows NT is among the newer operating systems to incorporate OpenGL, programmers of PC compatibles can now take advantage of this powerful library to create 3-D applications for Windows. Although the first version of Windows 95 isn't expected to include OpenGL, a later version almost certainly will, making OpenGL a viable development library for many Windows applications that must display 3-D scenes. Such applications include CAD programs, simulations, and games.

The OpenGL Library on Windows NT

As I said previously, the main OpenGL library consists of more than 100 functions. The names of the functions in this core set all begin with the letters gl. In addition to the basic OpenGL functions, Windows NT supports four other categories of functions, including the OpenGL utility library (43 functions whose names begin with glu), the OpenGL auxiliary library (31 functions whose names begin with aux), a set of "WGL" functions unique to Windows (six functions whose names begin with wgl), and new Win32 API functions (five functions whose names have no special prefix).

The core set of 115 OpenGL functions represents the basic functions that should be implemented on any OpenGL platform. These functions allow the programmer to create various types of shapes, produce lighting effects, incorporate antialiasing and texture mapping, perform matrix transformations, and much more. Because many core functions appear in several forms, depending on the type of parameters they accept, there are actually more than 300 unique function prototypes in the set.

The OpenGL utility library includes higher-level functions that actually call on the core set to do their work. These functions simplify the use of texture images, perform high-level coordinate transformations, support polygon tessellation, and render such polygon-based objects as spheres, cylinders, and disks. (If you don't know what a lot of this stuff is, don't panic. You'll learn about most of it later in this book.) Like the core set, all the functions in the utility library are guaranteed to be supported in any OpenGL implementation.

The OpenGL auxiliary library is a set of special functions used to simplify programming examples in the *OpenGL Programming Guide*. These platform-dependent functions perform such tasks as managing windows, handling I/O, and drawing certain 3-D objects. Because these functions are for demonstration purposes, they may not be available in all implementations of OpenGL and shouldn't be used in production code.

The six "WGL" functions link OpenGL to Windows NT, enabling the programmer to create and select rendering contexts (the OpenGL version of a device context) and create bitmapped fonts that are used to place text in an OpenGL window. These functions are unique to the Windows NT implementation of OpenGL.

Finally, the five new Win32 functions deal with pixel formats and double buffering. Obviously, because these functions are extensions to the Win32 system, they aren't implemented on other OpenGL platforms.

What OpenGL Can Do

OpenGL can produce many types of 3-D graphical images, including everything from simple 3-D objects to interactive, animated scenes. To do all this, OpenGL helps you accomplish a whole list of difficult tasks, including these:

■ *Drawing Objects*. OpenGL can draw points, lines, and polygons. Using these basic shapes, you can build almost any type of 3-D image you require. Most OpenGL polygons are described by a series of vertices that you supply to OpenGL. You learn to draw objects in Chapter 5, "Drawing Shapes and Using Color."

■ *Viewing Objects*. Once you've composed the objects in a scene, you need to tell OpenGL how you want to view those objects. You accomplish this by calling the OpenGL functions that perform several types of transformations. The viewing and modeling transformations position the viewpoint and the objects that make up a scene. The projection transformation determines the viewing volume, which is the area of the scene that's visible to the viewer. Finally, the viewport transformation determines how the image representing the view is mapped to the screen. You learn about transformations in Chapter 6, "OpenGL Transformations."

■ *Specifying Color Models*. OpenGL uses a special set of functions for determining the color of objects drawn on-screen. Moreover, as the programmer, you can choose between two color modes. In RGBA mode, colors are represented by values that contain the red, green, and blue components needed to generate the chosen color. In the color-index mode, color values are indexes into a table of colors. You can also choose flat (single-color) or smooth (Gouraud) shading. You learn to use color in Chapter 5, "Drawing Shapes and Using Color," and in Chapter 7, "Lighting 3-D Objects."

■ *Applying Lighting*. Shapes drawn with OpenGL functions don't come to life until you've added lighting to the scene. OpenGL not only manipulates four types of light sources—emitted, ambient, diffuse, and specular—but also lets you specify the properties of the surfaces from which light is reflected. You study lighting in Chapter 7, "Lighting 3-D Objects."

■ *Enhancing Images*. Because of the inherent limitations of computer graphics, OpenGL supplies a number of functions for adding more realism to 3-D scenes. These functions implement the image-enhancement techniques of antialiasing, blending, and fog. Antialiasing disguises the stair-step effect so prevalent in lines drawn on a computer display, blending enables the programmer to produce translucent objects, and fog makes images far from the viewpoint seem to fade in the distance. You discover these techniques in Chapter 10, "Using Blending, Antialiasing, and Fog."

■ *Manipulating Bitmaps and Images*. OpenGL can manipulate two types of bitmapped images: bitmaps, which are little more than two-color, bit masks (often used to develop fonts); and images, which are full-color images that can be transferred between the screen and memory in various ways. You learn about bitmaps and images in Chapter 9, "Images and Texture Mapping."

■ *Texture Mapping*. Objects created from color polygons usually lack the detail required to render an effective and realistic scene. For this reason, OpenGL lets the programmer apply texture mapping (which "wraps" a 3-D object in a bit-mapped pattern) to objects thus providing all-important graphical details to a scene. Texture mapping is covered in Chapter 9, "Images and Texture Mapping."

■ *Performing Animation*. Because producing smoothly animated scenes requires building frames in memory before transferring those frames to the screen, OpenGL implements *double buffering*. When you use double buffering, you first create two identical basic scenes in memory. Then you display one scene on-screen while modifying the second scene in memory. When the second scene (or animation frame) is complete, you switch buffers to display the new scene on-screen, leaving you free to modify the first buffer as required before switching again. Chapter 8, "Creating a 3-D Scene," introduces you to double buffering.

■ *Adding Interactivity*. Most of today's applications are interactive—that is, they allow the user to modify what he or she sees on-screen in various ways. Because of the importance of this interactivity, OpenGL provides functions for selecting 3-D objects on-screen (however, these functions are not covered in this book).

OpenGL Architecture on Windows NT

OpenGL operates under a client/server model—that is, the client (the application trying to draw with OpenGL) sends commands to the server (represented by OpenGL), which interprets those commands. In many cases, the client

Basic Techniques

and the server run on the same machine. Because of the client/server model, however, OpenGL is easily used in a network environment in which many clients on separate machines request the service of a server on yet another machine. For this reason, the OpenGL implementation in Windows NT is often referred to as *network-transparent*.

Just as Windows Graphics Device Interface (a library of graphics functions) is enclosed in a dynamic-link library (called GDI32.DLL), the OpenGL library is also implemented in a DLL (called OPENGL32.DLL). Calls to OpenGL functions received from the client application are processed by OPENGL32.DLL and passed on to the server, which is implemented in WINSRV.DLL. The requests are again handed off, this time to the Win32 device driver interface (DDI), which prepares the requests for the video display driver. Figure 1.1 summarizes this process.

Fig. 1.1

The basic architecture of OpenGL on Windows NT.

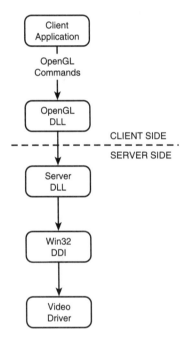

If a manufacturer has supplied an OpenGL accelerator for the system, two additional drivers may be installed as well. An OpenGL installable client driver may be placed on the client side, and a hardware-specific DDI may be added to the server side, on the same level as the Win32 DDI. This more complex architecture is shown in figure 1.2.

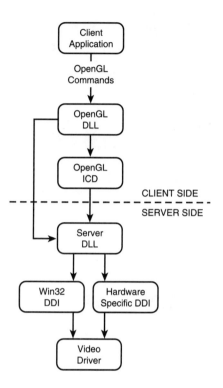

Fig. 1.2
The architecture
of an accelerated
OpenGL system on
Windows NT.

I

Basic Techniques

OpenGL Example Applications

You may be anxious by now to actually see some of the things that OpenGL
can do. You'll be happy to know that Windows NT 3.5 ships with two
OpenGL applications, both of which are screen savers. To see these screen
savers in action, start up Control Panel and double-click the Desktop icon.
You'll then see the Desktop dialog box (see fig. 1.3).

If you look at the list of screen savers in the Name drop-down list box in the
dialog box's Screen Saver section, you'll see the two OpenGL screen savers,
named 3D Pipes and 3D Flying Objects. To try out either screen saver, select
the one you want and then click Test. 3D Pipes fills your screen, slowly but
surely, with dozens of interconnected 3-D pipes. 3D Flying Objects displays
various 3-D animated objects on-screen. One of them, Textured Flag, lets you
get a look at texture mapping in action. By using the 3D Flying Objects Setup
dialog box (see fig. 1.4), you can choose the bitmap with which you want the
flag textured.

Fig. 1.3
The Desktop
dialog box.

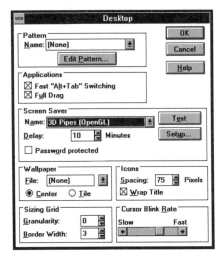

Fig. 1.4
The 3D Flying
Objects Setup
dialog box.

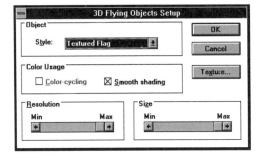

Summary

OpenGL is a library of graphics functions that represents a standard for creating 3-D applications. Thanks to OpenGL's powerful programming interface, you can create many types of sophisticated 3-D displays without getting buried in an avalanche of mathematical formulas and complicated source code. Moreover, because OpenGL is a graphics standard that's implemented similarly on many different platforms, your 3-D applications can be ported easily to other machines and operating systems.

The Windows NT implementation of OpenGL comprises five sets of functions. The core set consists of the 115 functions that must be implemented on all OpenGL platforms. Also, Windows NT includes the OpenGL utility library (also implemented on other platforms), the OpenGL auxiliary library, a set of "WGL" functions unique to Windows, and five new Win32 API functions.

OpenGL provides functions for creating and drawing objects, performing several types of transformations, specifying color models, applying lighting, using antialiasing and blending, applying fog to simulate depth, manipulating bitmaps and images, applying texture mapping, and performing animation. You can even use OpenGL to create interactive 3-D displays.

As you may have guessed, learning OpenGL is no small job, even though it's much easier than writing 3-D source code from scratch. In the chapters to come, you'll learn more about the topics touched on here. But, first, you learn the basics of drawing and transforming 2-D and 3-D objects, since those basics go a long way toward explaining how OpenGL works its magic.

I

Basic Techniques

Chapter 2

A 2-D Computer Graphics Primer

As you've learned, OpenGL provides many powerful functions for creating 3-D graphics on your computer. These functions hide many programming details that must be dealt with to produce sophisticated graphics. Still, to understand OpenGL, you need to have a little background in standard 3-D programming practices. The first step toward that goal is understanding how your computer programs can manipulate simpler, 2-D images.

This chapter, then, introduces you to the basics of 2-D graphics programming, including the formulas needed to transform (move, rotate, scale, and so on) 2-D shapes in various ways. Although transforming 2-D shapes requires that you know a set of formulas for manipulating the points that define a shape, you'll discover that these formulas are easy to use, even if you don't really understand exactly how they work.

In this chapter, you learn the following:

- About screen and Cartesian coordinates
- About using vertices to define 2-D shapes
- Translating, Scaling, and rotating 2-D shapes
- Using matrices to transform 2-D shapes

Understanding Screen Coordinates versus Cartesian Coordinates

Undoubtedly, you have at least some minimal experience with drawing images on a computer screen under Windows NT. For example, you probably know that to draw a line in a window, you must call the GDI function `MoveToEx()` to position the starting point of the line and then call the function `LineTo()` to draw the line. In a program, those two function calls would look something like this:

```
MoveToEx(hDC, x, y, 0);
LineTo(hDC, x, y);
```

The arguments for the `MoveToEx()` function are a handle to a device context (DC), the x,y coordinates of the point in the window to which you want to move, and a pointer to a `POINT` structure in which the function should store the current position before moving to the new position. If this last argument is 0, `MoveToEx()` doesn't supply the current position. The arguments for the `LineTo()` function are a handle to a DC and the x,y coordinates of the end of the line.

If you're using the Microsoft Foundation Classes (MFC), the equivalent function calls look something like this:

```
CClientDC dc(this);
dc.MoveTo(x, y);
dc.LineTo(x, y);
```

Of interest here are the x,y coordinates used for the end points that define the line. Assuming the default mapping mode of `MM_TEXT`, both sets of coordinates are based on window coordinates, which, like normal screen coordinates, begin in the upper left corner of the window, with the x coordinate increasing as you move to the right and the y coordinate increasing as you move down. Figure 2.1 shows this coordinate system.

Most computer programmers are familiar with the coordinate system shown in figure 2.1. Unfortunately, most objects in computer graphics are defined using the *Cartesian coordinate system*, which reverses the y coordinates so that they increase as you move up from the origin. Also, as shown in figure 2.2, the Cartesian coordinate system allows negative coordinates. If you remember any of your high school math, you'll recognize figure 2.2 as the plane on which you graphed equations. In computer graphics, however, you'll use the Cartesian plane as a surface that represents the world in which your graphical objects exist.

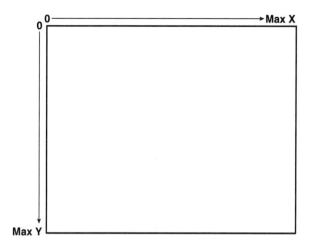

Fig. 2.1
A window's
MM_TEXT
coordinate system.

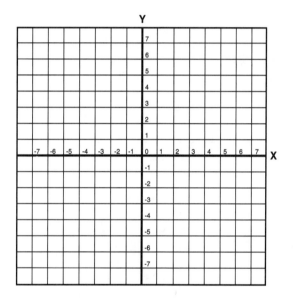

Fig. 2.2
The Cartesian
coordinate system.

You define graphical objects in the Cartesian coordinate system by specifying the coordinates of their *vertices*, which are the points at which the lines that make up the object connect. For example, a triangle can be defined by three points, as shown in figure 2.3. The defining points in the triangle are (2,5), (5,2), and (2,2).

A problem arises, however, when you try to draw an object defined in the Cartesian coordinate system on-screen. As you can see by figure 2.4, the figure comes out upside-down due to the reversal of the Y coordinates in the screen's coordinate system as compared with the Cartesian coordinate system. The C++ code (using MFC) that produces the triangle looks like this:

```
CClientDC dc(this);
dc.MoveTo(2, 5);
dc.LineTo(5, 2);
dc.LineTo(2, 2);
dc.LineTo(2, 5);
```

Fig. 2.3

Defining a triangle in the Cartesian coordinate system.

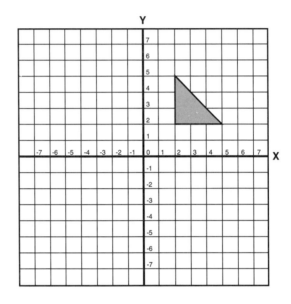

Fig. 2.4

Drawing a triangle with no mapping between the Cartesian and screen coordinate systems.

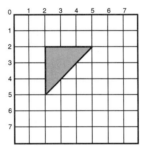

Because of the differences between a screen display and the Cartesian coordinate system, you need a way to translate points from one system to the other. In graphics terms, you must map points in the Cartesian coordinate system to points in the screen coordinate system so that objects you draw on-screen are positioned correctly. Forgetting about negative coordinates for the time being, mapping point (x1,y1) in the Cartesian coordinate system to point (x2,y2) in the screen coordinate system requires the following simple formulas, shown in C++ program code:

```
X2 = X1;
Y2 = maxY - Y1;
```

Because the x coordinate is unaffected by the mapping, x2 is simply assigned the value of x1. To reverse the y coordinate, the original y coordinate is subtracted from the window's maximum y coordinate. Of course, for this formula to work, you must know the current size of the window. You can get this value by calling the Windows API function GetClientRect(), which fills a RECT structure with the size of the window's client area. Using MFC, the following code segment draws a triangle in the window, mapping between the Cartesian coordinates and the screen coordinates:

```
int triangle[6] = {2, 5, 5, 2, 2, 2};

CClientDC dc(this);
int newX, newY, startX, startY;
RECT clientRect;
GetClientRect(&clientRect);
int maxY = clientRect.bottom;

for (int x=0; x<3; ++x)
{
    newX = triangle[x*2];
    newY = maxY - triangle[x*2+1];
    if (x == 0)
    {
        dc.MoveTo(newX, newY);
        startX = newX;
        startY = newY;
    }
    else
        dc.LineTo(newX, newY);
}

dc.LineTo(startX, startY);
```

(Note that the above code segment is not complete and will not run on your computer. Later in this chapter, you develop a complete Windows program that demonstrates the topics discussed in this chapter.)

In the preceding code, the first line defines an array that contains the Cartesian coordinates of the triangle. Next, the code gets a DC for the client area of the window and declares several local variables. The variables newX and newY will hold the screen coordinates for a point, and the variables startX and startY will hold the screen coordinates for the first point in the triangle. The RECT structure, clientRect, will hold the size of the window's client area.

After declaring the local variables, the code calls the MFC version of GetClientRect() to fill in the clientRect structure, at which point the structure's bottom member will hold the height of the window's client area. The code assigns this value to the local variable maxY.

A for loop then iterates through the triangle's coordinate array. Inside the loop, the currently indexed (x,y) coordinates are mapped from Cartesian coordinates to screen coordinates. The first mapped point is used to set the starting point of the triangle. The code uses subsequent points to draw the lines that make up the triangle. The call to LineTo() outside the loop connects the last point of the triangle to the first point.

Defining Vertex and Shape Data Types

As you may have noticed in the previous section, 2-D shapes are defined by a set of points, called *vertices*. Each vertex is connected to the next by a line. When all the vertices are connected, the shape is finished. To make handling various types of shapes in a program easier, you need to define a couple of new data types. The first data type is for a vertex, and it looks like this:

```
typedef struct vertex
{
    int x, y;
} VERTEX;
```

This structure simply holds the x and y Cartesian coordinates of a vertex.

The next data type defines a complete shape, like this:

```
typedef struct shape
{
    int numVerts;
    VERTEX* vertices;
} SHAPE;
```

This structure contains an integer to hold the number of vertices in the shape and a pointer to an array of VERTEX structures.

By using these new data types, you can write a more generalized version of the shape-drawing code, placing the loop and the variables on which it depends into its own function. That program code looks something like this:

```
VERTEX triangleVerts[3] = {2, 5, 5, 2, 2, 2};
SHAPE shape1 = {3, triangleVerts};
DrawShape(shape1);

void DrawShape(SHAPE& shape1)
```

```
    {
        CClientDC dc(this);
        int newX, newY, startX, startY;
        RECT clientRect;
        GetClientRect(&clientRect);
        int maxY = clientRect.bottom;

        for (int x=0; x<shape1.numVerts; ++x)
        {
            newX = shape1.vertices[x].x;
            newY = maxY - shape1.vertices[x].y;
            if (x == 0)
            {
                dc.MoveTo(newX, newY);
                startX = newX;
                startY = newY;
            }
            else
                dc.LineTo(newX, newY);
        }

        dc.LineTo(startX, startY);
    }
```

Because the DrawShape() function has been generalized to work with SHAPE
structures, the function can draw any type of shape you want to define.
For example, to draw a rectangle, you might define shape1 like this:

```
VERTEX rectangleVerts[4] = {10, 10, 100, 10, 100, 50, 10, 50};
SHAPE shape1 = {4, rectangleVerts};
```

In fact, the shapes you define can be as fancy as you like. The shape defined
in the following code is shown in figure 2.5:

```
VERTEX shapeVerts[6] =
    {10, 10, 75, 5, 100, 20, 100, 50, 50, 50, 50, 25};
SHAPE shape1 = {6, shapeVerts};
```

Fig. 2.5
The *SHAPE* struc-
ture lets you define
many types of
shapes.

Transforming Shapes

You now know how to create a shape by defining its vertices in Cartesian
coordinates, mapping those Cartesian coordinates to screen coordinates,
and then drawing lines between the vertices. But drawing a shape on-screen
is only the start of the battle. Now, you need to write the code needed to
manipulate your shapes in various ways so that you can draw the shapes

anywhere you want on-screen, as well as in any orientation. Such manipulations are called *transformations*. To transform a shape, you must apply some sort of formula to each vertex. You then use the new vertices to draw the shape.

Note

That only the shape's vertices are transformed is an important point. Although the lines that connect the vertices actually outline a shape, those lines aren't what get transformed. By transforming every vertex in a shape, the lines automatically outline the shape properly when it gets redrawn.

Shape transformations include *translation*, *scaling*, and *rotation*. When you translate a shape, you move it to new Cartesian coordinates before drawing it on-screen. For example, you might want to move the shape four units to the right and two units up. When you scale a shape, you change its size. You might, for example, want to draw a triangle twice as big as the one you've defined. Finally, when you rotate a shape, you turn it to a new angle. Drawing the hands on a clock might involve this type of transformation.

Translating a Shape

Translating a shape to a new position is one of the easiest transformations you can perform. To do this, you simply add or subtract a value from each vertex's x and y coordinate. Figure 2.6 shows a triangle being translated 3 units on the x axis and 2 units on the y axis.

Fig. 2.6
Translating a
triangle.

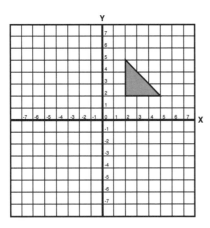 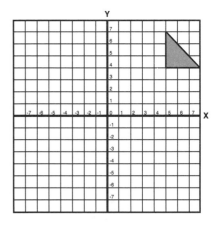

Suppose that you have the following triangle shape defined:

```
VERTEX triangleVerts[3] = {20, 50, 50, 50, 20, 100};
SHAPE shape1 = {3, triangleVerts};
```

Now, you want to translate that shape 20 units to the right and 30 units up. To do this, you add 20 to each x coordinate and 30 to each y coordinate, giving the following vertices:

```
VERTEX triangleVerts[3] = {40, 80, 70, 80, 40, 130};
```

So the formula for translating a vertex looks like this:

```
X2 = X1 + xTranslation;
Y2 = Y1 + yTranslation;
```

In your program, the entire translation would look something like this:

```
VERTEX shapeVerts[3] = {20, 50, 50, 50, 20, 100};
SHAPE shape1 = {3, shapeVerts};
Translate(shape1, 20, 30);
DrawShape(shape1);

void Translate(SHAPE& shape, int xTrans, int yTrans)
{
    for (int x=0; x<shape.numVerts; ++x)
    {
        shape.vertices[x].x += xTrans;
        shape.vertices[x].y += yTrans;
    }
}

void DrawShape(SHAPE& shape1)
{
    CClientDC dc(this);
    int newX, newY, startX, startY;
    RECT clientRect;
    GetClientRect(&clientRect);
    int maxY = clientRect.bottom;

    for (int x=0; x<shape1.numVerts; ++x)
    {
        newX = shape1.vertices[x].x;
        newY = maxY - shape1.vertices[x].y;
        if (x == 0)
        {
            dc.MoveTo(newX, newY);
            startX = newX;
            startY = newY;
        }
        else
            dc.LineTo(newX, newY);
    }

    dc.LineTo(startX, startY);
}
```

As you can see, the `Translate()` function takes as parameters a reference to a `SHAPE` structure, the amount of the x translation, and the amount of the y translation. The function uses a `for` loop to iterate through each of the shape's vertices, adding the translation values to each x and y coordinate. To translate in the negative direction (moving x left or y down), you'd simply make `xTrans` or `yTrans` negative.

Scaling a Shape

Scaling a shape is not unlike translating a shape, except that you multiply each vertex by the scaling factor rather than add or subtract from the vertex. Figure 2.7 shows a triangle being scaled by a factor of 2.

Fig. 2.7
Scaling a triangle.

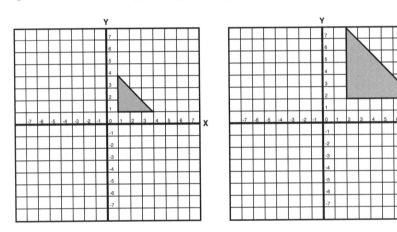

Suppose that you have the following triangle shape defined:

```
VERTEX triangleVerts[3] = {20, 50, 50, 50, 20, 100};
SHAPE shape1 = {3, triangleVerts};
```

Now, you want to scale the triangle by a factor of 4. To do this, you multiply each vertex's x and y coordinate by the scaling factor of 4, giving this set of vertices:

```
VERTEX triangleVerts[3] = {80, 200, 200, 200, 80, 400};
```

So the formula for scaling a vertex looks like this:

```
X2 = X1 * scaleFactor;
Y2 = Y1 * scaleFactor;
```

In your program, the entire scaling would look something like this:

```
VERTEX triangleVerts[3] = {20, 50, 50, 50, 20, 100};
SHAPE shape1 = {3, triangleVerts};
```

```
Scale(shape1, 4);
DrawShape(shape1);

void Scale(SHAPE& shape, float scaleFactor)
{
    for (int x=0; x<shape.numVerts; ++x)
    {
        shape.vertices[x].x =
            (int) (shape.vertices[x].x * scaleFactor);
        shape.vertices[x].y =
            (int) (shape.vertices[x].y * scaleFactor);
    }
}

void DrawShape(SHAPE& shape1)
{
    CClientDC dc(this);
    int newX, newY, startX, startY;
    RECT clientRect;
    GetClientRect(&clientRect);
    int maxY = clientRect.bottom;

    for (int x=0; x<shape1.numVerts; ++x)
    {
        newX = shape1.vertices[x].x;
        newY = maxY - shape1.vertices[x].y;
        if (x == 0)
        {
            dc.MoveTo(newX, newY);
            startX = newX;
            startY = newY;
        }
        else
            dc.LineTo(newX, newY);
    }

    dc.LineTo(startX, startY);
}
```

Basic Techniques

> **Note**
>
> Notice that the shape isn't the only thing that gets scaled. The entire coordinate system does, too. That is, a point that was two units from the origin on the X axis is four units away after scaling by two.

The Scale() function takes as parameters a reference to a SHAPE structure and the scale factor. Again, the function uses a for loop to iterate through each of the shape's vertices, this time multiplying each x and y coordinate by the scaling factor. To scale a shape to a smaller size, use a scaling factor less than 1. For example, to reduce the size of a shape by half, use a scaling factor of .5.

Tip

If you scale a shape with a negative scaling factor, you create a mirror image of the shape.

Note that, if you like, you can scale the x coordinates differently from the y coordinates. To do this, you need both an x scaling factor and a y scaling factor, giving you a scaling function that looks like this:

```
void Scale(SHAPE& shape, float xScale, float yScale)
{
    for (int x=0; x<shape.numVerts; ++x)
    {
        shape.vertices[x].x =
            (int) (shape.vertices[x].x * xScale);
        shape.vertices[x].y =
            (int) (shape.vertices[x].y * yScale);
    }
}
```

Keep in mind, though, that if you scale the x and y coordinates differently, you'll distort the shape. Figure 2.8 shows a triangle with an x scaling factor of 1 and a y scaling factor of 2.

Fig. 2.8

Scaling a triangle with different x and y factors.

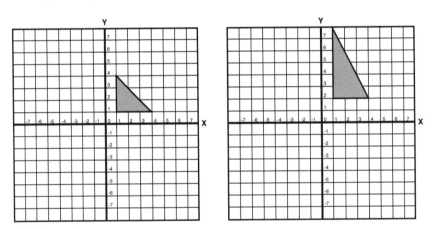

Rotating a Shape

Rotating a shape is a much more complex operation than translating or scaling because to calculate the new vertices for the rotated shape, you must resort to more sophisticated mathematics. Specifically, you must calculate sines and cosines. Luckily, as with all the math in this book, you can just plug the rotation formulas into your programs without fully understanding why they do what they do.

Figure 2.9 shows a triangle that's been rotated 45 degrees about the Cartesian origin. Notice that the entire world in which the triangle exists has been rotated, not just the shape itself. It's almost as though the triangle was drawn on a clear piece of plastic the same size as the visible part of the Cartesian plane and then the plastic was rotated 45 degrees to the left, around a pin that secures the plastic where the x and y axes cross. This is what it means to rotate an object *about the origin*. If the shape is drawn at the origin, it appears as though only the shape has rotated, rather than the entire world (see fig. 2.10).

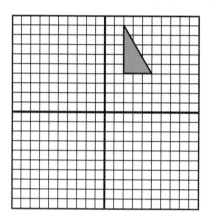
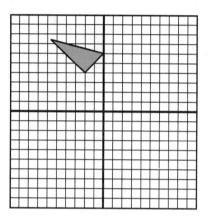

Fig. 2.9
Rotating a triangle.

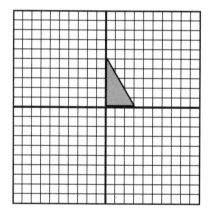
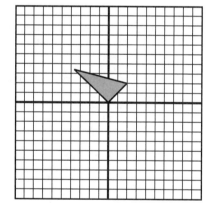

Fig. 2.10
Rotating a triangle that's drawn at the origin.

Suppose that you have the following triangle shape defined:

```
VERTEX triangleVerts[3] = {20, 50, 50, 50, 20, 100};
SHAPE shape1 = {3, triangleVerts};
```

Now, you want to rotate the triangle 45 degrees. To do this, you apply the following formulas to each vertex in the triangle:

```
rotatedX = x * cos(angle) - y * sine(angle);
rotatedY = y * cos(angle) + x * sine(angle);
```

This gives you the following set of vertices:

```
VERTEX triangleVerts[3] = {-21, 49, 0, 70, -56, 84};
```

Notice that a couple of the coordinates became negative. This is because the rotation caused the triangle to rotate to the left of the Cartesian plane's x axis (see fig. 2.9). Negative values make perfectly acceptable Cartesian coordinates. However, if you were to try and draw this rotated triangle in a window, the shape would be invisible because windows don't have negative coordinates. To make the rectangle visible, you'd have to translate it to the right, bringing the shape fully to the right of the Cartesian plane's x axis.

In your program, the entire rotation and translation would look something like this:

```
VERTEX shapeVerts[3] = {20, 50, 50, 50, 20, 100};
SHAPE shape1 = {3, shapeVerts};
Rotate(shape1, 45);
Translate(shape1, 100, 0);
DrawShape(shape1);

void Rotate(SHAPE& shape, int degrees)
{
    int rotatedX, rotatedY;

    double radians = 6.283185308 / (360.0 / degrees);
    double c = cos(radians);
    double s = sin(radians);

    for (int x=0; x<shape.numVerts; ++x)
    {
        rotatedX =
            (int) (shape.vertices[x].x * c -
            shape.vertices[x].y * s);
        rotatedY =
            (int) (shape.vertices[x].y * c +
            shape.vertices[x].x * s);

        shape.vertices[x].x = rotatedX;
        shape.vertices[x].y = rotatedY;
    }
}

void Translate(SHAPE& shape, int xTrans, int yTrans)
{
    for (int x=0; x<shape.numVerts; ++x)
    {
        shape.vertices[x].x += xTrans;
        shape.vertices[x].y += yTrans;
    }
}
```

```
void DrawShape(SHAPE& shape1)
{
    CClientDC dc(this);
    int newX, newY, startX, startY;
    RECT clientRect;
    GetClientRect(&clientRect);
    int maxY = clientRect.bottom;

    for (int x=0; x<shape1.numVerts; ++x)
    {
        newX = shape1.vertices[x].x;
        newY = maxY - shape1.vertices[x].y;
        if (x == 0)
        {
            dc.MoveTo(newX, newY);
            startX = newX;
            startY = newY;
        }
        else
            dc.LineTo(newX, newY);
    }

    dc.LineTo(startX, startY);
}
```

The Rotate() function takes as parameters a reference to a SHAPE structure and the number of degrees to rotate the shape. The function's first task is to convert the degrees to radians. *Radians* are another way to measure angles and are the type of angle measurement required by Visual C++'s sin() and cos() functions. A radian is nothing more than the distance around a circle equal to the circle's radius. There are 6.283185308 (two times pi, for you math buffs) radians around a full circle. Therefore, 0 degrees equals 0 radians, 360 degrees equals 6.283185308 radians, with every other angle falling somewhere in between.

After converting the angle to radians, the function calculates the cosine and sine of the angle. Calculating these values in advance saves having to recalculate them many times within the function's for loop. Because the sin() and cos() functions tend to be slow, such recalculations can slow things down considerably.

As with Translate() and Scale(), the Rotate() function uses a for loop to iterate through each of the shape's vertices, this time recalculating each x and y using the rotation formula.

Tip

Positive angles cause the shape to rotate counter-clockwise. To rotate a shape clockwise, use negative values for the degrees parameter.

Basic Techniques

I

Using Matrix Math in Transformations

In the preceding section, you had to use rotation and transformation calculations to view the triangle shape. Graphics programs often perform all kinds of calculations on the vertices of an object before finally drawing that object on-screen. Translation, scaling, and rotation can all be performed on a single shape just by calling the `Translate()`, `Scale()`, and `Rotate()` functions with the shape's vertices. However, performing so many calculations on many vertices can be time consuming, which is why graphics programmers often use matrix math to transform shapes.

A *matrix* is simply a table of numbers arranged in rows and columns. Similar to arrays in programming, the size of a matrix is defined by the number of rows and columns it has. For example, this is a 4×4 matrix, which has four rows and four columns:

```
4 3 2 1
5 4 2 8
3 7 0 5
9 3 6 1
```

On the other hand, the following is a 3×4 matrix, which has three rows and four columns:

```
4 7 2 4
4 6 7 3
4 5 2 2
```

Matrices are so similar to arrays, in fact, that arrays are typically used to represent matrices in computer programs. The 3×4 matrix might be represented in a program as follows:

```
int matrix[3][4] =
    {4, 7, 2, 4,
     4, 6, 7, 3,
     4, 5, 2, 2};
```

The advantage of matrices in graphics programming is that you can represent any number of transformations with a single matrix. For example, a single matrix can contain all the values you need to simultaneously translate, scale, and rotate a shape. To do this, you fill the matrix with the appropriate values and then you multiply the matrix times all the shape's vertices. Of course, the trick is knowing what values to place in the matrix. You also need to know how to multiply matrices. You'll learn both tricks in the following sections.

Using Matrix Data Types for 2-D Graphics

First, you need data types for the matrices you'll be using in your programs. Programs that deal with 2-D graphics typically use two types of matrices: 1×3 and 3×3. The 1×3 matrix is a special type of matrix known as a *vector*. Vectors can represent a vertex in a shape, by holding the vertex's x, y, and w values. What's w? Although OpenGL sometimes has a special use for this extra value, w is really used most often to simplify the matrix operations. In most cases, w is equal to 1, which means a vector representing a vertex in a shape has this form:

```
X Y 1
```

The data type for a vector, then, looks like this:

```
typedef struct vector
{
    int x, y, w;
} VECTOR;
```

The 3×3 matrix will hold the values needed to transform a vertex, which will be held in the VECTOR data type, which is also a matrix. The data type for the 3×3 matrix looks like this:

```
typedef double MATRIX3X3[3][3];
```

Using Transformation Matrices

The first step in using matrices to transform a shape is to load the matrix with the appropriate values. What values you use and where you place them in the matrix depend on the type of transformations you're doing. A matrix that's set up to translate a shape looks like this:

```
1       0       0
0       1       0
xTrans  yTrans  1
```

Just like when you were using a formula to translate the vertices of a shape, in the preceding matrix the xTrans and yTrans variables are the number of vertical and horizontal units, respectively, that you want to translate the shape. In a program, you'd initialize this matrix like this:

```
MATRIX3X3 m;
m[0][0] = 1.0;      m[0][1] = 0.0;      m[0][2] = 0.0;
m[1][0] = 0.0;      m[1][1] = 1.0;      m[1][2] = 0.0;
m[2][0] = xTrans;   m[2][1] = yTrans;   m[2][2] = 1.0;
```

A matrix for scaling a shape looks like this:

```
xScaleFactor  0             0
0             yScaleFactor  0
0             0             1
```

Here, the variable xScaleFactor is how much you want to scale the shape horizontally, whereas yScaleFactor is how much to scale vertically. In a program, you'd initialize the scaling matrix like this:

```
MATRIX3X3 m;
m[0][0] = xScaleFactor;  m[0][1] = 0.0;           m[0][2] = 0.0;
m[1][0] = 0.0;           m[1][1] = yScaleFactor;  m[1][2] = 0.0;
m[2][0] = 0.0;           m[2][1] = 0.0;           m[2][2] = 1.0;
```

Finally, a matrix for rotating a shape looks as follows:

```
cos(radians)    sin(radians)   0
-sin(radians)   cos(radians)   0
0               0              1
```

Here, the variable radians is the angle of rotation in radians. In a program, you'd initialize the rotation matrix like this:

```
MATRIX3X3 m;
m[0][0] = cos(radians);   m[0][1] = sin(radians);   m[0][2] = 0.0;
m[1][0] = -sin(radians);  m[1][1] = cos(radians);   m[1][2] = 0.0;
m[2][0] = 0.0;            m[2][1] = 0.0;            m[2][2] = 1.0;
```

Composing Transformations

Earlier, I said that you can store in a matrix all the values you need to perform translation, scaling, and rotation simultaneously. In the previous section, you saw how each transformation looks when it's stored separately in a matrix. Now, you'll learn about *composing transformations*, which is the act of combining the translation, scaling, and rotation matrices into one main transformation matrix.

To compose two transformations, you multiply their matrices together, yielding a third master matrix. You can then compose another transformation by multiplying the new matrix by yet another transformation matrix. This composition of matrices can be repeated as often as necessary. Figure 2.11 illustrates an example of matrix composition. Another way of looking at this matrix composition is shown in figure 2.12. In this figure, the results of each composition aren't shown.

Now, if you only knew how to multiply matrices! A matrix can be multiplied with any other matrix as long as the first matrix has the same number of columns as the second matrix has rows. So a 1×3 matrix can be multiplied by a 3×3 matrix, which is fortunate because that's exactly what you need to do to multiply a matrix and a vector in 2-D graphics programs. Also, a 3×3 matrix can be multiplied by a 3×3 matrix, something else you need to do in a 2-D graphics program in order to compose transformations. You'll look at multiplying vectors a little later in this chapter, but here's a function that multiplies two 3×3 matrices:

```
void MultMatrix(MATRIX3X3& product,
    MATRIX3X3& matrix1, MATRIX3X3& matrix2)
{
    for (int x=0; x<3; ++x)
        for (int y=0; y<3; ++y)
        {
            double sum = 0;
            for (int z=0; z<3; ++z)
                sum += matrix1[x][z] * matrix2[z][y];
            product[x][y] = sum;
        }
}
```

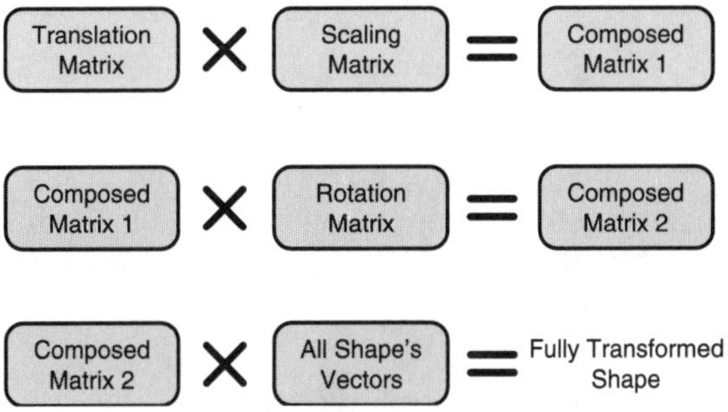

Fig. 2.11
Matrix composition.

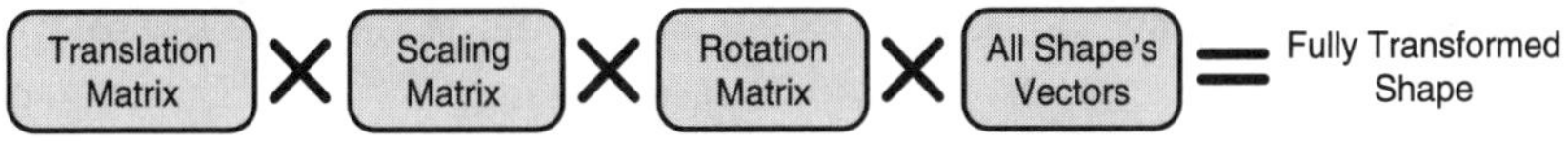

Fig. 2.12
Another view of matrix composition.

The function's three parameters are a reference to a 3×3 matrix in which to hold the product of the multiplication and references to the two matrices that should be multiplied. Here's an example of how to use the function:

```
MATRIX3X3 m1, m2, m3;

m1[0][0] = 1.0; m1[0][1] = 0.0; m1[0][2] = 0.0;
m1[1][0] = 0.0; m1[1][1] = 1.0; m1[1][2] = 0.0;
m1[2][0] = 0.0; m1[2][1] = 0.0; m1[2][2] = 1.0;

m2[0][0] = 9.0; m2[0][1] = 8.0; m2[0][2] = 7.0;
m2[1][0] = 6.0; m2[1][1] = 5.0; m2[1][2] = 4.0;
m2[2][0] = 3.0; m2[2][1] = 2.0; m2[2][2] = 3.0;

MultMatrix(m3, m1, m2);
```

Here, the code first declares three 3×3 matrices, m1, m2, and m3. Next, m1 and m2 are initialized, after which the call to MultMatrix3X3() multiplies m1 and m2 and stores the result in m3. Can you tell what m3 will hold after the multiplication? The answer is that m3 will contain exactly the same values as m2. Why? Because the values stored in m1 are what is known as an identity matrix, which, for a 3×3 matrix, looks like this:

```
1 0 0
0 1 0
0 0 1
```

> **Note**
>
> An *identity matrix* is sort of the matrix equivalent of the number 1. Just as any number times 1 equals the original number (for example, $5 \times 1 = 5$), so also any matrix times an identity matrix equals the original matrix (for example, m1 × I = m1). An identity matrix contains all zeroes except for the line of 1s that runs diagonally from the upper left corner to the lower right corner.

An identity matrix is often used in graphics programming to initialize the main matrix that'll be used to compose transformations. By initializing this main matrix to the identity matrix, you know that there aren't any strange values left over in the matrix that'll foul up your matrix multiplications.

Performing the Transformation

After you compose your transformations, you have a main matrix that contains the exact values you need to simultaneously translate, scale, and rotate a shape. To perform this transformation, you only need to multiply the main transformation matrix by each of the shape's vectors. This operation requires a matrix multiplication function that can handle not only 1×3 vectors and 3×3 matrices but can also apply the multiplication to a whole list of vectors. Here's a function that does just that:

```
void Transform(SHAPE& shape, MATRIX3X3& m)
{
    int transformedX, transformedY;

    for (int x=0; x<shape.numVerts; ++x)
    {
        transformedX = (int) (shape.vertices[x].x * m[0][0] +
            shape.vertices[x].y * m[1][0] + m[2][0]);
        transformedY = (int) (shape.vertices[x].x * m[0][1] +
            shape.vertices[x].y * m[1][1] + m[2][1]);
        shape.vertices[x].x = transformedX;
        shape.vertices[x].y = transformedY;
    }
}
```

This function takes as parameters a reference to a SHAPE structure and a reference to a MATRIX3X3 array. When this function has finished, the vertices in the SHAPE structure, shape, will have been transformed by the values in the transformation matrix, m.

Using Some Matrix Utility Functions

Now that you've got some idea of how the matrix operations work, you can start using them in your programs. To do that, however, you need a couple of utility functions that make handling matrices a little easier. First, you need a function that can initialize a matrix to an identity matrix. Such a function looks like this:

```
void InitMatrix(MATRIX3X3& m)
{
    m[0][0]=1; m[0][1]=0; m[0][2]=0;
    m[1][0]=0; m[1][1]=1; m[1][2]=0;
    m[2][0]=0; m[2][1]=0; m[2][2]=1;
}
```

The InitMatrix() function takes as a parameter a reference to a MATRIX3X3 array into which the function loads the values that comprise a 3×3 identity matrix.

Another thing you'll need to do is copy a matrix. The CopyMatrix() function looks like this:

```
void CopyMatrix(MATRIX3X3& dst, MATRIX3X3& src)
{
    for (int i=0; i<3; ++i)
        for (int j=0; j<3; ++j)
            dst[i][j] = src[i][j];
}
```

This function takes as parameters references to the destination and source matrices, both of which are the type MATRIX3X3. The function copies the src matrix into the dst matrix.

Using Functions for Composing Transformations

The last task in writing functions for a 2-D graphics program using matrices is to rewrite the Translate(), Scale(), and Rotate() functions so that they use the new matrix data types. The Translate() function ends up looking like this:

```
void Translate(MATRIX3X3& m, int xTrans, int yTrans)
{
    MATRIX3X3 m1, m2;
```

```
m1[0][0]=1;       m1[0][1]=0;       m1[0][2]=0;
m1[1][0]=0;       m1[1][1]=1;       m1[1][2]=0;
m1[2][0]=xTrans;  m1[2][1]=yTrans;  m1[2][2]=1;

MultMatrix(m2, m1, m);
CopyMatrix(m, m2);
}
```

This function takes as parameters a reference to the matrix that holds the current state of the transformation and the x and y translation values. First, the function loads a local matrix with the values that create a translation matrix, after which it multiplies the translation matrix times the main transformation matrix. The result of the multiplication, stored in the local matrix m2, is then copied into the transformation matrix.

Rewriting the Scale() function for use with matrices results in this function:

```
void Scale(MATRIX3X3& m, double xScale, double yScale)
{
    MATRIX3X3 m1, m2;

    m1[0][0]=xScale; m1[0][1]=0;       m1[0][2]=0;
    m1[1][0]=0;      m1[1][1]=yScale;  m1[1][2]=0;
    m1[2][0]=0;      m1[2][1]=0;       m1[2][2]=1;

    MultMatrix(m2, m1, m);
    CopyMatrix(m, m2);
}
```

The Scale() function takes as parameters a reference to the current transformation matrix and the x and y scaling factors. The function first initializes the local matrix m1 to the scaling matrix. It then multiplies the scaling matrix and the current transformation matrix, storing the results in the local matrix m2. The program finally copies m2 into the transformation matrix.

The last function you need is the matrix version of Rotate(). That function looks like this:

```
void Rotate(MATRIX3X3& m, int degrees)
{
    MATRIX3X3 m1, m2;

    if (degrees == 0) return;

    double radians = 6.283185308 / (360.0 / degrees);
    double c = cos(radians);
    double s = sin(radians);

    m1[0][0]=c;  m1[0][1]=s; m1[0][2]=0;
    m1[1][0]=-s; m1[1][1]=c; m1[1][2]=0;
    m1[2][0]=0;  m1[2][1]=0; m1[2][2]=1;
```

```
    MultMatrix(m2, m1, m);
    CopyMatrix(m, m2);
}
```

The Rotate() function takes as parameters a reference to the current transformation matrix and the number of degrees to rotate the shape. The function first checks whether degrees is zero. If it is, the function returns immediately to avoid a division-by-zero error. Then, the function converts the degrees to radians and calculates the cosine and sine of the angle. Next, Rotate() initializes the rotation matrix and multiplies that matrix times the current transformation matrix, storing the results in the local matrix m2. Finally, m2 gets copied into the transformation matrix.

Now that you have a set of matrix functions, you might like to see exactly how you would use those functions in a program to translate, scale, and rotate a shape. The following code segment shows you how:

```
MATRIX3X3 m;
InitMatrix(m);
Translate(m, 10, 15);
Scale(m, 0.5, 0.5);
Rotate(m, 45);
Transform(shape1, m);
DrawShape(shape1);
```

The code segment first declares a 3×3 transformation matrix called m. It then calls InitMatrix() to initialize m to an identity matrix. At this point, m looks like this:

```
1.0000000000000   0.0000000000000   0.0000000000000
0.0000000000000   1.0000000000000   0.0000000000000
0.0000000000000   0.0000000000000   1.0000000000000
```

The call to Translate() composes m with a translation matrix containing the values 10 and 15, which leaves m containing the translation. The transformation matrix, m, now looks like this:

```
1.0000000000000    0.0000000000000   0.0000000000000
0.0000000000000    1.0000000000000   0.0000000000000
10.000000000000    15.000000000000   1.0000000000000
```

After the call to Scale(), m contains the translation and scaling values:

```
0.5000000000000    0.0000000000000   0.0000000000000
0.0000000000000    0.5000000000000   0.0000000000000
10.000000000000    15.000000000000   1.0000000000000
```

Finally, the call to Rotate() leaves m containing the full transformation—translation, scaling, and rotation—for the shape:

```
 0.35355339055702    0.35355339062953   0.0000000000000
-0.35355339062953    0.35355339055702   0.0000000000000
 10.000000000000     15.000000000000    1.0000000000000
```

The call to `Transform()` applies the translation matrix m to all the vertices in shape1, after which `DrawShape()` draws the newly transformed shape on-screen.

Building a 2-D Graphics Application

You now have all the information you need to write a 2-D graphics program that can draw various shapes as well as translate, scale, and rotate those shapes. Use the following steps to create a program called GRAPH2D that demonstrates the principles you learned in this chapter. If you need help placing the following code segments in the program, refer to the listings near the end of this chapter.

> **Note**
>
> After you follow the disk installation instructions at the back of this book, you can find the executable file and the complete source code for the GRAPH2D application in the OPENGL\CHAP02 directory on your hard drive.

In the first set of steps that follows, you create the basic AppWizard application and modify the application's user interface. (I assume in the following steps that you have experience with using Visual C++ to write Windows applications. If you don't know how to perform any of the following steps, please consult your Visual C++ documentation.)

1. Use AppWizard to create an application called GRAPH2D. Set the following options in AppWizard's dialog boxes:

    Step 1: Single document

    Step 2: None

    Step 3: None and No Automation

    Step 4: Use 3D Controls

    Step 5: Leave set to defaults

    Step 6: Leave set to defaults

    Your project's final options should look like those shown in figure 2.13.

2. Double-click the GRAPH2D.RC file in the project window to bring up App Studio's browser window (see fig. 2.14).

3. Double-click the Menu folder, and then double-click IDR_MAINFRAME to bring up the menu editor (see fig. 2.15).

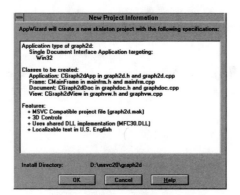

Fig. 2.13
The GRAPH2D application's final options.

Fig. 2.14
The App Studio browser window.

Fig. 2.15
The menu editor.

4. Delete all entries from the File menu except Exit (see fig. 2.16).

Fig. 2.16
The new File menu.

5. Delete the Edit menu, leaving the File and Help menus, as shown in figure 2.17.

Fig. 2.17
The menu bar after deleting the Edit menu.

6. Add a Transform menu, giving it the commands Translate, Scale, and Rotate (see fig. 2.18), with the command IDs ID_TRANSFORM_TRANSLATE, ID_TRANSFORM_SCALE, and ID_TRANSFORM_ROTATE.

Fig. 2.18
The new Transform menu.

7. Close the menu editor and bring up the dialog box editor (see fig. 2.19) by double-clicking the Dialog folder in the resource browser window and then double-clicking IDD_ABOUTBOX in the AppWizard browser window.

Fig. 2.19
The dialog box editor.

8. Modify the About dialog box so that it looks like figure 2.20.

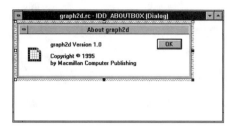

I

Basic Techniques

Fig. 2.20
The new About
dialog box.

9. Close the dialog box editor and double-click Accelerator in App Studio's
browser window. You'll see the IDR_MAINFRAME accelerator ID (see fig.
2.21). Delete the IDR_MAINFRAME accelerator table from the browser
window.

Fig. 2.21
The
IDR_MAINFRAME
accelerator table
in the browser
window.

10. Select the Resource menu's New command, and create a new dialog
box. The finished dialog box should look like figure 2.22. (Be sure to
give the dialog box the IDD_TRANSFORM ID, and give the edit controls the
IDs IDC_XAXIS and IDC_YAXIS.)

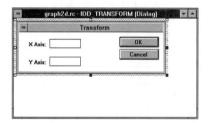

Fig. 2.22
The Transform
dialog box.

11. Select the Project menu's ClassWizard command (or click the toolbar's
ClassWizard button), and name the Transform dialog box's class
CTransformDlg (see fig. 2.23). Click the Create Class button to create the
class.

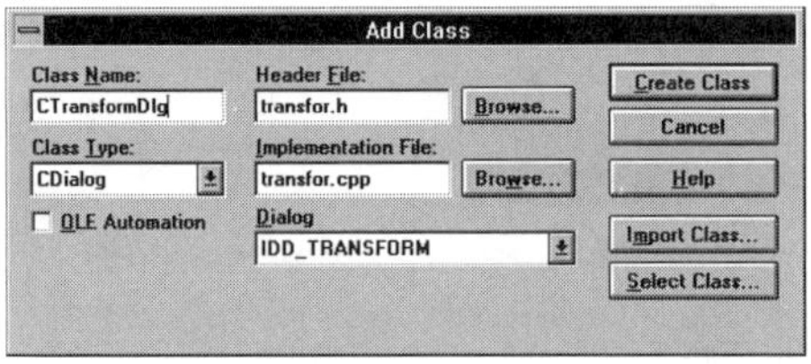

Fig. 2.23
Creating the
CTransformDlg
class.

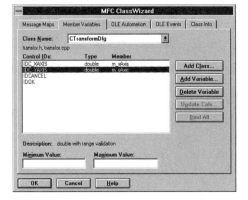

12. In the MFC ClassWizard dialog box, add variables called m_xAxis and m_yAxis of type double for the IDC_XAXIS and IDC_YAXIS controls, as shown in figure 2.24.

Fig. 2.24
Creating variables
for the edit
controls.

13. Close the App Studio browser window, being sure to save all your changes.

In the next set of steps, you add message-response functions for the commands in the Transform menu and for the WM_RBUTTONDOWN Windows message.

1. Select the Project menu's ClassWizard command to bring up the MFC ClassWizard dialog box. In the Class Name drop-down list box, select the CGraph2dView class, and make sure the Message Maps tab is selected (see fig. 2.25).

2. Use the MFC ClassWizard dialog box to add COMMAND functions for the ID_TRANSFORM_ROTATE, ID_TRANSFORM_SCALE, and ID_TRANSFORM_TRANSLATE commands. Name the functions OnTransformRotate(), OnTransformScale(), and OnTransformTranslate(), as shown in figure 2.26.

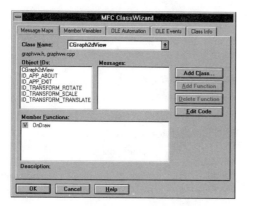

Fig. 2.25
The MFC
ClassWizard
dialog box.

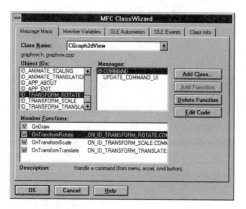

Fig. 2.26
Adding response
functions for the
Transform menu
commands.

3. Find the OnTransformRotate() function at the end of the
GRAPHVW.CPP file and add the following lines to that function, right
after the // TODO: Add your command handler code here comment:

```
CTransformDlg dlg;
dlg.m_xAxis = 0;
dlg.m_yAxis = 0;

int response = dlg.DoModal();

if (response == IDOK)
    m_rotate = (int) dlg.m_xAxis;
```

4. Find the OnTransformScale() function at the end of the GRAPHVW.CPP
file and add the following lines to that function, right after the // TODO:
Add your command handler code here comment:

```
CTransformDlg dlg;
dlg.m_xAxis = 1;
dlg.m_yAxis = 1;
```

```
                    int response = dlg.DoModal();

                    if (response == IDOK)
                    {
                        m_xScale = dlg.m_xAxis;
                        m_yScale = dlg.m_yAxis;
                    }
```

5. Find the `OnTransformTranslate()` function at the end of the
    GRAPHVW.CPP file and add the following lines to that function,
    right after the `// TODO: Add your command handler code here` comment:

```
        CTransformDlg dlg;
        dlg.m_xAxis = 0;
        dlg.m_yAxis = 0;

        int response = dlg.DoModal();

        if (response == IDOK)
        {
            m_xTranslate = dlg.m_xAxis;
            m_yTranslate = dlg.m_yAxis;
        }
```

6. Select the Project menu's ClassWizard command, and use the MFC
    ClassWizard dialog box to create a response function for the
    `WM_RBUTTONDOWN` message, as shown in figure 2.27.

Fig. 2.27
Adding the
OnRButtonDown()
function.

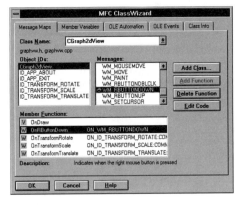

7. In the MFC ClassWizard dialog box, click the Edit Code button, and
    then add the following lines to the `OnRButtonDown()` function, right after
    the `// TODO: Add your message handler code here and/or call default`
    comment:

```
        MATRIX3X3 m;
        InitMatrix(m);
```

```
Translate(m, (int) m_xTranslate, (int) m_yTranslate);
Scale(m, m_xScale, m_yScale);
Rotate(m, m_rotate);
Transform(m_polygon, m);

m_rotate = 0;
m_xScale = 1;
m_yScale = 1;
m_xTranslate = 0;
m_yTranslate = 0;

Invalidate(TRUE);
```

In the following set of steps, you add the source code that completes the CGraph2dView class. You also add the required member function and data member declarations to the CGraph2dView class's header file.

1. Add the following lines near the top of the GRAPHVW.CPP file, right after the #endif compiler directive:

```
#include <math.h>
#include "transfor.h"
```

2. Add the following lines to the CGraph2dView class's constructor, right after the // TODO: add construction code here comment:

```
m_polygon.numVerts = 4;
m_polygon.vertices = m_vectors;
m_vectors[0].x = 0;
m_vectors[0].y = 0;
m_vectors[0].w = 1;
m_vectors[1].x = 100;
m_vectors[1].y = 0;
m_vectors[1].w = 1;
m_vectors[2].x = 100;
m_vectors[2].y = 50;
m_vectors[2].w = 1;
m_vectors[3].x = 0;
m_vectors[3].y = 75;
m_vectors[3].w = 1;

m_rotate = 0;
m_xScale = 1;
m_yScale = 1;
m_xTranslate = 0;
m_yTranslate = 0;
```

3. Add the following line to the CGraph2dView class's OnDraw() function, right after the // TODO: add draw code for native data here comment:

```
DrawShape(pDC, m_polygon);
```

4. Also in GRAPHVW.CPP, add the following functions, as shown in listing 2.2, to the end of the file: InitMatrix(), CopyMatrix(), MultMatrix(), Translate(), Scale(), Rotate(), Transform(), and DrawShape().

5. Load GRAPHVW.H and add the following lines to the top of the file, right before the `CGraph2dView` class declaration:

```
typedef double MATRIX3X3[3][3];

typedef struct vector
{
    int x, y, w;
} VECTOR;

typedef struct shape
{
    int numVerts;
    VECTOR* vertices;
} SHAPE;
```

6. Also in GRAPHVW.H, add the following lines to the `CGraph2dView` class's Attributes section, right after the `CGraph2dDoc* GetDocument()` line:

```
protected:
    SHAPE m_polygon;
    VECTOR m_vectors[4];
    int m_rotate;
    double m_xScale, m_yScale;
    double m_xTranslate, m_yTranslate;
```

7. Again in GRAPHVW.H, add the following lines to the `CGraph2dView` class's Implementation section, right after the `protected` keyword:

```
void DrawShape(CDC* pDC, SHAPE& shape1);
void Translate(MATRIX3X3& m, int xTrans, int yTrans);
void Scale(MATRIX3X3& m, double xScale, double yScale);
void Rotate(MATRIX3X3& m, int degrees);
void Transform(SHAPE& shape, MATRIX3X3& m);
void MultMatrix(MATRIX3X3& product,
    MATRIX3X3& matrix1, MATRIX3X3& matrix2);
void InitMatrix(MATRIX3X3& m);
void CopyMatrix(MATRIX3X3& dst, MATRIX3X3& src);
```

Your GRAPH2D program is now complete. To create the application, select the Build command from Visual C++'s Project menu. To run the application, choose the Project menu's Execute command.

Running the GRAPH2D Application

When you run the GRAPH2D application, you see the window shown in figure 2.28. Notice the polygon drawn in the window's lower left corner. This is the shape that you'll transform using the commands in the Transform menu. To perform a transformation, you first choose the type of transformation from the Transform menu. After entering the appropriate values into the dialog box that appears, right-click the program's window to apply the transformation you created to the shape.

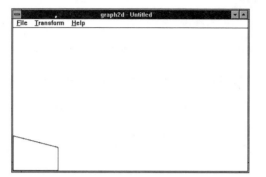

Fig. 2.28
The GRAPH2D application at startup.

Basic Techniques

For example, choose the Translate command from the Transform menu. You see the dialog box shown in figure 2.29. Enter the values **100** and **50** into the dialog box's edit controls, and then click OK. You've just set up a transformation that will translate the polygon in the window 100 units on the x axis and 50 units on the y axis. To apply the transformation to the shape, right-click inside the window. You then see a window like that shown in figure 2.30, with the polygon moved up and to the right.

Fig. 2.29
The Transform dialog box.

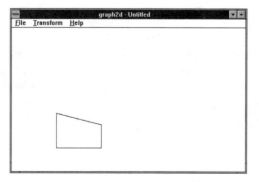

Fig. 2.30
The translated polygon.

If you like, you can compose several transformations and apply them to the shape all at once. As an example, select the Rotate command from the Transform menu, and enter **20** into the Transform dialog box's first edit field (the second edit field isn't used for rotations, nor are you really rotating around the X axis). After clicking OK, select the Transform menu's Scale command. Enter the values **.5** and **1** in the dialog box's edit fields. When you click OK, the program composes both transformations—the rotation and the scaling—into the single transformation matrix. Right-click in the window to apply the transformations to the shape. You see the window shown in figure 2.31.

Fig. 2.31
The rotated and scaled polygon.

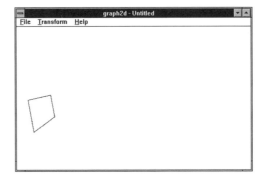

Take some time now to experiment with the various types of transformations until you're sure you understand how they work. Keep in mind that each new transformation you enter acts on the shape's current vertices—that is, if you should rotate the shape 20 degrees twice in a row, the shape will end up rotated 40 degrees. To start from scratch with the polygon back in the lower right corner of the window, restart the program.

Note

Remember that the application's window shows only a small portion of the upper right quadrant of the Cartesian plane. It's possible to rotate the shape out of this quadrant so that the shape no longer appears in the window. Similarly, you can translate the shape to a set of coordinates that also doesn't appear in the window. If the shape disappears, try performing a translation on the object to bring it back into view. (Of course, unless you have some idea of where the object is located in the Cartesian plane, you may end up translating the shape even further away from your viewing area.)

Understanding How the GRAPH2D Program Works

Now that you've had a chance to experiment with the GRAPH2D application, you may want a quick rundown on how it does its thing. First, look at the GRAPHVW.H file. The CGraph2dView class declares a number of data members, including m_polygon, which is a SHAPE structure that holds information about the current shape. The data member m_vectors is an array of VECTOR structures that hold the vertices of the m_polygon object. Finally, the data members m_rotate, m_xScale, m_yScale, m_xTranslate, and m_yTranslate hold the values for the currently selected transformations.

Look now at the GRAPHVW.CPP file. When the program runs, the CGraph2dView class's constructor first initializes the m_polygon structure and the shape's vertices, which are stored in the m_vectors[] array. The constructor also initializes the transformation variables m_rotate, m_xScale, m_yScale, m_xTranslate, and m_yTranslate to their default values. These default values won't affect the shape's vertices if you happen to right-click in the window before setting the transformation variables with the commands in the Transform menu.

When the application's window appears on-screen, the CGraph2dView class's OnDraw() function displays the shape by calling the DrawShape() function. This DrawShape() function is very similar to the previous version, except it now requires two arguments: a pointer to a device context and a reference to a SHAPE structure.

When you select a command from the Transform menu, the appropriate command-response function takes over, initializing and displaying the Transform dialog box and then saving your response in the appropriate transformation variables. When you select the Scale command, for example, the OnTransformScale() function gets called. In that function, the program first sets the dialog box's m_xAxis and m_yAxis data members to 1 so that the default scaling values of 1 for both axes are in the edit controls when the dialog box appears. The call to the dialog box's DoModal() function then displays the dialog box so that you can enter new values into the edit controls. When you click OK, the program stores your responses in the m_xScale and m_yScale variables.

Finally, when you right-click in the application's window, the program calls the OnRButtonDown() function, which applies the selected transformations to the shape's vertices. First, the function declares a matrix called m to hold the transformations and calls InitMatrix() to initialize m to an identity matrix. Calling the `Translate()`, `Scale()`, and `Rotate()` functions (with the appropriate transformation variables as arguments) then composes the transformations in the matrix, after which a call to `Transform()` applies the transformations to the shape's vertices. The function then resets the transformation variables to their default values and calls `Invalidate()` to force the application's window to redraw.

Note

You can add a couple of enhancements to the GRAPH2D program to make it easier to use. First, try adding a response function for the `WM_LBUTTONDOWN` message that resets the shape to its starting point in the window. To do this, you'd reinitialize the shape's vertices to their starting values (as is done in the `CGraph2dView` class's constructor) and then call `Invalidate(TRUE)` to force the window to repaint.

You may also want to add a dialog box that displays the values of the shape's current vertices. That way, if you should transform the shape such that it no longer appears in the window, you can see the type of translation you need to bring the shape back into view. To do this, you need to create a new dialog box with App Studio, and then create a new menu command that will display the dialog box. The response functions for the current Transform menu commands show you how to respond to a menu command and how to initialize and display a dialog box.

Exploring the Program Listings

Following are the complete listings for the `CGraph2dView` class, including the GRAPHVW.H header file and the GRAPHVW.CPP implementation file. Many other files were created by AppWizard when you started the GRAPH2D application project. Because you didn't modify those files, they aren't shown here. However, you can easily view any of the project's files by loading them with Visual C++'s editor (or any other text editor). Note that all changes you made to the following listings are sandwiched between the comment blocks labeled with START CUSTOM CODE and END CUSTOM CODE.

Listing 2.1 GRAPHVW.H—The Header File for the *CGraph2dView* Class

```
// graphvw.h : interface of the CGraph2dView class
//
//////////////////////////////////////////////////////////////////////
```

```
//////////////////////////////////////
//////////////////////////////////////
// START CUSTOM CODE
//////////////////////////////////////
//////////////////////////////////////

typedef double MATRIX3X3[3][3];

typedef struct vector
{
    int x, y, w;
} VECTOR;

typedef struct shape
{
    int numVerts;
    VECTOR* vertices;
} SHAPE;

//////////////////////////////////////
//////////////////////////////////////
// END CUSTOM CODE
//////////////////////////////////////
//////////////////////////////////////

class CGraph2dView : public CView
{
protected: // create from serialization only
    CGraph2dView();
    DECLARE_DYNCREATE(CGraph2dView)

// Attributes
public:
    CGraph2dDoc* GetDocument();

//////////////////////////////////////
//////////////////////////////////////
// START CUSTOM CODE
//////////////////////////////////////
//////////////////////////////////////

protected:
    SHAPE m_polygon;
    VECTOR m_vectors[4];
    int m_rotate;
    double m_xScale, m_yScale;
    double m_xTranslate, m_yTranslate;

//////////////////////////////////////
//////////////////////////////////////
// END CUSTOM CODE
//////////////////////////////////////
//////////////////////////////////////

// Operations
public:
```

(continues)

Listing 2.1   Continued

```
// Overrides
    // ClassWizard generated virtual function overrides
    //{{AFX_VIRTUAL(CGraph2dView)
    public:
    virtual void OnDraw(CDC* pDC); // overridden to draw this view
    protected:
    //}}AFX_VIRTUAL

// Implementation
public:
    virtual ~CGraph2dView();
#ifdef _DEBUG
    virtual void AssertValid() const;
    virtual void Dump(CDumpContext& dc) const;
#endif

protected:

    //////////////////////////////////////
    //////////////////////////////////////
    // START CUSTOM CODE
    //////////////////////////////////////
    //////////////////////////////////////

    void DrawShape(CDC* pDC, SHAPE& shape1);
    void Translate(MATRIX3X3& m, int xTrans, int yTrans);
    void Scale(MATRIX3X3& m, double xScale, double yScale);
    void Rotate(MATRIX3X3& m, int degrees);
    void Transform(SHAPE& shape, MATRIX3X3& m);
    void MultMatrix(MATRIX3X3& product,
        MATRIX3X3& matrix1, MATRIX3X3& matrix2);
    void InitMatrix(MATRIX3X3& m);
    void CopyMatrix(MATRIX3X3& dst, MATRIX3X3& src);

    //////////////////////////////////////
    //////////////////////////////////////
    // END CUSTOM CODE
    //////////////////////////////////////
    //////////////////////////////////////

// Generated message map functions
protected:
    //{{AFX_MSG(CGraph2dView)
    afx_msg void OnTransformRotate();
    afx_msg void OnTransformScale();
    afx_msg void OnTransformTranslate();
    afx_msg void OnRButtonDown(UINT nFlags, CPoint point);
    //}}AFX_MSG
    DECLARE_MESSAGE_MAP()
};

#ifndef _DEBUG  // debug version in graphvw.cpp
inline CGraph2dDoc* CGraph2dView::GetDocument()
   { return (CGraph2dDoc*)m_pDocument; }
#endif
```

Listing 2.2 GRAPHVW.CPP—Implementation File for the
CGraph2dView **Class**

```cpp
///////////////////////////////////////////////////////////////
// graphvw.cpp : implementation of the CGraph2dView class
//

#include "stdafx.h"
#include "graph2d.h"

#include "graphdoc.h"
#include "graphvw.h"

#ifdef _DEBUG
#undef THIS_FILE
static char BASED_CODE THIS_FILE[] = _ _FILE_ _;
#endif

///////////////////////////////////////
///////////////////////////////////////
// START CUSTOM CODE
///////////////////////////////////////
///////////////////////////////////////

#include <math.h>
#include "transfor.h"

///////////////////////////////////////
///////////////////////////////////////
// END CUSTOM CODE
///////////////////////////////////////
///////////////////////////////////////

///////////////////////////////////////////////////////////////
// CGraph2dView

IMPLEMENT_DYNCREATE(CGraph2dView, CView)

BEGIN_MESSAGE_MAP(CGraph2dView, CView)
    //{{AFX_MSG_MAP(CGraph2dView)
    ON_COMMAND(ID_TRANSFORM_ROTATE, OnTransformRotate)
    ON_COMMAND(ID_TRANSFORM_SCALE, OnTransformScale)
    ON_COMMAND(ID_TRANSFORM_TRANSLATE, OnTransformTranslate)
    ON_WM_RBUTTONDOWN()
    //}}AFX_MSG_MAP
END_MESSAGE_MAP()

///////////////////////////////////////////////////////////////
// CGraph2dView construction/destruction

CGraph2dView::CGraph2dView()
{
    // TODO: add construction code here
```

(continues)

Listing 2.2   Continued

```
///////////////////////////////////
///////////////////////////////////
// START CUSTOM CODE
///////////////////////////////////
///////////////////////////////////

m_polygon.numVerts = 4;
m_polygon.vertices = m_vectors;
m_vectors[0].x = 0;
m_vectors[0].y = 0;
m_vectors[0].w = 1;
m_vectors[1].x = 100;
m_vectors[1].y = 0;
m_vectors[1].w = 1;
m_vectors[2].x = 100;
m_vectors[2].y = 50;
m_vectors[2].w = 1;
m_vectors[3].x = 0;
m_vectors[3].y = 75;
m_vectors[3].w = 1;

m_rotate = 0;
m_xScale = 1;
m_yScale = 1;
m_xTranslate = 0;
m_yTranslate = 0;

///////////////////////////////////
///////////////////////////////////
// END CUSTOM CODE
///////////////////////////////////
///////////////////////////////////
}

CGraph2dView::~CGraph2dView()
{
}

/////////////////////////////////////////////////////////////////
// CGraph2dView drawing

void CGraph2dView::OnDraw(CDC* pDC)
{
    CGraph2dDoc* pDoc = GetDocument();
    ASSERT_VALID(pDoc);

    // TODO: add draw code for native data here

    ///////////////////////////////////
    ///////////////////////////////////
    // START CUSTOM CODE
    ///////////////////////////////////
    ///////////////////////////////////
```

```
    DrawShape(pDC, m_polygon);

    ///////////////////////////////////////
    ///////////////////////////////////////
    // END CUSTOM CODE
    ///////////////////////////////////////
    ///////////////////////////////////////
}

/////////////////////////////////////////////////////////////////////
// CGraph2dView diagnostics

#ifdef _DEBUG
void CGraph2dView::AssertValid() const
{
    CView::AssertValid();
}

void CGraph2dView::Dump(CDumpContext& dc) const
{
    CView::Dump(dc);
}

CGraph2dDoc* CGraph2dView::GetDocument()   // non-debug version is
                                           // inline
{
    ASSERT(m_pDocument->IsKindOf(RUNTIME_CLASS(CGraph2dDoc)));
    return (CGraph2dDoc*)m_pDocument;
}
#endif //_DEBUG

/////////////////////////////////////////////////////////////////////
// CGraph2dView message handlers

void CGraph2dView::OnTransformRotate()
{
    // TODO: Add your command handler code here

    ///////////////////////////////////////
    ///////////////////////////////////////
    // START CUSTOM CODE
    ///////////////////////////////////////
    ///////////////////////////////////////

    CTransformDlg dlg;
    dlg.m_xAxis = 0;
    dlg.m_yAxis = 0;

    int response = dlg.DoModal();

    if (response == IDOK)
        m_rotate = (int) dlg.m_xAxis;
```

(continues)

Listing 2.2 Continued

```
//////////////////////////////////////
//////////////////////////////////////
// END CUSTOM CODE
//////////////////////////////////////
//////////////////////////////////////
}

void CGraph2dView::OnTransformScale()
{
    // TODO: Add your command handler code here

    //////////////////////////////////////
    //////////////////////////////////////
    // START CUSTOM CODE
    //////////////////////////////////////
    //////////////////////////////////////

    CTransformDlg dlg;
    dlg.m_xAxis = 1;
    dlg.m_yAxis = 1;

    int response = dlg.DoModal();

    if (response == IDOK)
    {
        m_xScale = dlg.m_xAxis;
        m_yScale = dlg.m_yAxis;
    }

    //////////////////////////////////////
    //////////////////////////////////////
    // END CUSTOM CODE
    //////////////////////////////////////
    //////////////////////////////////////
}

void CGraph2dView::OnTransformTranslate()
{
    // TODO: Add your command handler code here

    //////////////////////////////////////
    //////////////////////////////////////
    // START CUSTOM CODE
    //////////////////////////////////////
    //////////////////////////////////////

    CTransformDlg dlg;
    dlg.m_xAxis = 0;
    dlg.m_yAxis = 0;

    int response = dlg.DoModal();

    if (response == IDOK)
    {
        m_xTranslate = dlg.m_xAxis;
```

```
        m_yTranslate = dlg.m_yAxis;
    }

    ////////////////////////////////////////
    ////////////////////////////////////////
    // END CUSTOM CODE
    ////////////////////////////////////////
    ////////////////////////////////////////
}

void CGraph2dView::OnRButtonDown(UINT nFlags, CPoint point)
{
    // TODO: Add your message handler code here and/or call default

    ////////////////////////////////////////
    ////////////////////////////////////////
    // START CUSTOM CODE
    ////////////////////////////////////////
    ////////////////////////////////////////

    MATRIX3X3 m;
    InitMatrix(m);

    Translate(m, (int) m_xTranslate, (int) m_yTranslate);
    Scale(m, m_xScale, m_yScale);
    Rotate(m, m_rotate);
    Transform(m_polygon, m);

    m_rotate = 0;
    m_xScale = 1;
    m_yScale = 1;
    m_xTranslate = 0;
    m_yTranslate = 0;

    Invalidate(TRUE);

    ////////////////////////////////////////
    ////////////////////////////////////////
    // END CUSTOM CODE
    ////////////////////////////////////////
    ////////////////////////////////////////

    CView::OnRButtonDown(nFlags, point);
}

////////////////////////////////////////
////////////////////////////////////////
// START CUSTOM CODE
////////////////////////////////////////
////////////////////////////////////////

void CGraph2dView::InitMatrix(MATRIX3X3& m)
{
    m[0][0]=1; m[0][1]=0; m[0][2]=0;
    m[1][0]=0; m[1][1]=1; m[1][2]=0;
    m[2][0]=0; m[2][1]=0; m[2][2]=1;
}
```

(continues)

Listing 2.2   Continued

```
void CGraph2dView::CopyMatrix(MATRIX3X3& dst, MATRIX3X3& src)
{
   for (int i=0; i<3; ++i)
      for (int j=0; j<3; ++j)
         dst[i][j] = src[i][j];
}

void CGraph2dView::MultMatrix(MATRIX3X3& product,
      MATRIX3X3& matrix1, MATRIX3X3& matrix2)
{
   for (int x=0; x<3; ++x)
      for (int y=0; y<3; ++y)
         {
            double sum = 0;
            for (int z=0; z<3; ++z)
               sum += matrix1[x][z] * matrix2[z][y];
            product[x][y] = sum;
         }
}

void CGraph2dView::Translate(MATRIX3X3& m, int xTrans, int yTrans)
{
   MATRIX3X3 m1, m2;

   m1[0][0]=1;        m1[0][1]=0;        m1[0][2]=0;
   m1[1][0]=0;        m1[1][1]=1;        m1[1][2]=0;
   m1[2][0]=xTrans;   m1[2][1]=yTrans;   m1[2][2]=1;

   MultMatrix(m2, m1, m);
   CopyMatrix(m, m2);
}

void CGraph2dView::Scale(MATRIX3X3& m,
      double xScale, double yScale)
{
   MATRIX3X3 m1, m2;

   m1[0][0]=xScale; m1[0][1]=0;        m1[0][2]=0;
   m1[1][0]=0;      m1[1][1]=yScale;   m1[1][2]=0;
   m1[2][0]=0;      m1[2][1]=0;        m1[2][2]=1;

   MultMatrix(m2, m1, m);
   CopyMatrix(m, m2);
}

void CGraph2dView::Rotate(MATRIX3X3& m, int degrees)
{
   MATRIX3X3 m1, m2;

   if (degrees == 0) return;

   double radians = 6.283185308 / (360.0 / degrees);
   double c = cos(radians);
   double s = sin(radians);
```

```
    m1[0][0]=c;  m1[0][1]=s;  m1[0][2]=0;
    m1[1][0]=-s;  m1[1][1]=c;  m1[1][2]=0;
    m1[2][0]=0;  m1[2][1]=0;  m1[2][2]=1;

    MultMatrix(m2, m1, m);
    CopyMatrix(m, m2);
}

void CGraph2dView::Transform(SHAPE& shape, MATRIX3X3& m)
{
    int transformedX, transformedY;

    for (int x=0; x<shape.numVerts; ++x)
    {
        transformedX = (int) (shape.vertices[x].x * m[0][0] +
            shape.vertices[x].y * m[1][0] + m[2][0]);
        transformedY = (int) (shape.vertices[x].x * m[0][1] +
            shape.vertices[x].y * m[1][1] + m[2][1]);
        shape.vertices[x].x = transformedX;
        shape.vertices[x].y = transformedY;
    }
}

void CGraph2dView::DrawShape(CDC* pDC, SHAPE& shape1)
{
    int newX, newY, startX, startY;
    RECT clientRect;
    GetClientRect(&clientRect);
    int maxY = clientRect.bottom;

    for (int x=0; x<shape1.numVerts; ++x)
    {
        newX = shape1.vertices[x].x;
        newY = maxY - shape1.vertices[x].y - 1;
        if (x == 0)
        {
            pDC->MoveTo(newX, newY);
            startX = newX;
            startY = newY;
        }
        else
            pDC->LineTo(newX, newY);
    }

    pDC->LineTo(startX, startY);
}

/////////////////////////////////////
/////////////////////////////////////
// END CUSTOM CODE
/////////////////////////////////////
/////////////////////////////////////
```

Summary

A program can define 2-D shapes by a set of vertices that specify points on a Cartesian plane. By converting the given points to screen coordinates and connecting the points with lines, the program can display the shape on-screen. The vertices that make up a shape can be transformed in a number of ways, including translated, scaled, and rotated. Simple formulas can perform these transformations on a point. However, when a set of shapes contains many points, applying the formulas one by one can take a lot of time.

To speed up the transformation process, a program can use matrix math to compose a number of transformations into a single transformation matrix. Then, the transformation matrix can be applied to the shape's vertices to perform all the transformations simultaneously.

In the next chapter, you apply what you've learned about 2-D shapes to the fascinating world of 3-D graphics. When you've learned how to transform 3-D shapes, you'll be ready to start experimenting with OpenGL.

Chapter 3

Moving to 3-D

You probably noticed that the title of this book includes the term "3-D." That means that, although you now know how to manipulate 2-D shapes, you've still got to convert what you know about 2-D shapes to 3-D shapes. Of course, when I talk about 3-D graphics in this book, I'm really only talking about 2-D graphics that simulate 3-D. After all, a computer screen has no depth!

In this chapter, then, you learn to convert the 2-D formulas with which you experimented in the previous chapter to formulas that can be used to manipulate 3-D shapes on-screen. Specifically, in this chapter, you learn

- About the 3-D Cartesian coordinate system

- How to define vertices for 3-D objects

- About parallel and perspective projection

- How to use matrices to transform 3-D objects

- How to animate 3-D objects

The 3-D Coordinate System

In the previous chapter, you learned about the Cartesian coordinate system, which is a way of specifying points in a 2-D grid. If you recall, the Cartesian plane has X and Y axes, allowing you to specify a point by defining its X and Y coordinates. Unfortunately, you can't describe 3-D objects with only two axes. That's because 3-D objects have depth, as well as width and height. Therefore, you need a new coordinate system in which to define your 3-D objects. To create that new coordinate system, you simply add a Z axis to the Cartesian plane, changing the plane into a cube, as shown in figure 3.1.

Fig. 3.1
The 3-D coordinate system.

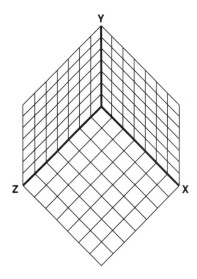

Although the X, Y, and Z axes of the 3-D coordinate system can be interpreted to be pointing in any direction, this book will treat the X axis as running left and right, the Y axis running up and down, and the Z axis running away from the viewer and into the screen. This is a logical axis orientation for many computer programs, since it leaves the coordinate system's X and Y axes running in the same direction as their screen-coordinate counterparts.

Defining a 3-D Object

Creating a 2-D shape was a simple matter of defining a set of vertices and then drawing lines between those vertices. Defining a 3-D object, on the other hand, is a bit more difficult, thanks to the addition of the Z axis, which adds many vertices to a simple shape. For example, a 2-D square requires only four vertices, whereas a cube, which is the 3-D equivalent of a square, requires eight (see fig. 3.2).

Fig. 3.2
Comparing 2-D vertices to 3-D vertices.

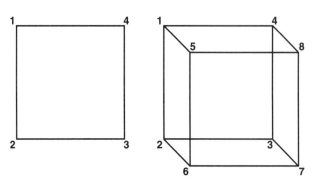

With so many extra vertices floating around in your 3-D world, there often may be some confusion about how to connect the vertices to form the required object correctly. For that reason, 3-D objects require not only that their vertices be defined, but also their *edges*, which are the lines that connect the vertices to form the 3-D object. A 3-D object that's constructed of vertices and edges is called a *wireframe model*.

To define a wireframe model, you must have a list of vertices and a list of edges. Obviously, you're going to need some new data types to define wireframe models in your programs. First, you need a data type that describes a vertex for a 3-D object. Such a vertex requires that three coordinates—X, Y, and Z—be defined. Since you'll be using matrices to transform your 3-D objects, the structure also requires the W member (you learned about W, which simplifies matrix operations, in Chapter 2, "A 2-D Computer Graphics Primer"), and so looks like this:

```
typedef struct vertex
{
    int x, y, z, w;
} VERTEX;
```

Next, you need a data type for the object's edges. To draw one of an object's edges, you need to know the starting vertex and the ending vertex. To draw the edge, you simply draw a line between the two vertices. So, the data type for an edge looks like this:

```
typedef struct edge
{
    UINT vertex1, vertex2;
} EDGE;
```

Here, the structure member vertex1 is the starting point of the edge and vertex2 is the ending point.

Finally, now that you have data types for 3-D vertices and edges, you can define the data type for a wireframe model like this:

```
typedef struct model
{
    UINT numVerts;
    VERTEX* vertices;
    UINT numEdges;
    EDGE* edges;
} MODEL;
```

As you can see, the MODEL structure contains two unsigned integers that hold the number of vertices and edges in the object. In addition, a pointer to the VERTEX data type holds the address of the object's vertex list, and a pointer to the EDGE data type holds the address of the object's edge list.

To further clarify how to create a wireframe model, you'll now use the preceding data types to define the wireframe cube shown in figure 3.3. First, you must number the vertices so that you have a consistent way of referring to them. This number scheme is also shown in figure 3.3. Then, you must define each of the cube's vertices, which have these X, Y, Z coordinates: (0, 4, 0), (4, 4, 0), (4, 4, –4), (0, 4, –4), (0, 0, 0), (4, 0, 0), (4, 0, –4), and (0, 0, –4). The cube's vertex list looks like this:

```
VERTEX cubeVerts[8] =
    {0, 4, 0,
     4, 4, 0,
     4, 4, -4,
     0, 4, -4,
     0, 0, 0,
     4, 0, 0,
     4, 0, -4,
     0, 0, -4};
```

Notice that the Z coordinates are either 0 or less than 0. Why? Look again at the grid in figure 3.3. Imagine that the surface formed by the X and Y axes is your computer's screen. Now, imagine that the values on the Z axis get smaller the further "into" the screen they go. In that case, points that are on the computer's screen have a Z coordinate of 0, whereas points that are "beyond" the screen have negative Z values.

Fig. 3.3

A wireframe cube.

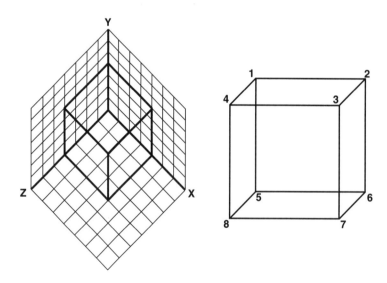

> **Note**
>
> The coordinates that define a 3-D wireframe model, such as those in the cubeVerts structure, are referred to as *local coordinates*. The local coordinates are changed into *world coordinates* when a program transforms the model's vertices using translation, scaling, or rotation. Finally, a graphics program converts the world coordinates to *screen coordinates*, so that the model can be drawn on-screen.

Now, you need to create an edge list that specifies how the vertices are connected. If you look carefully at the cube, you'll see that it has 12 edges. The edge list for the cube, then, is defined like this:

```
EDGE cubeEdges[12] =
    {1, 2,
     2, 3,
     3, 4,
     4, 1,

     5, 6,
     6, 7,
     7, 8,
     8, 5,

     5, 1,
     6, 2,
     7, 3,
     8, 4};
```

The first four pairs of vertices in the edge list form the top of the cube. The second four form the bottom, with the last four connecting the bottom to the top. Compare this edge list to the numbered vertices in figure 3.3.

Now that you have the cube's vertices and edges defined, you can define the cube itself, like this:

```
MODEL cube = {8, cubeVerts, 12, cubeEdges};
```

From Local Coordinates to Screen Coordinates

At this point, you probably want to draw your 3-D cube on-screen. However, you're confronted with a major problem: The cube's vertices are described using X, Y, and Z coordinates, whereas the screen is described using only X and Y coordinates. How the heck can you take care of the Z coordinate? There are actually two methods, called *parallel projection* and *perspective projection*.

Parallel Projection

Using parallel projection, you can draw a 3-D wireframe model on-screen simply by ignoring all the Z coordinates. This has the effect of squashing the model down into a simple 2-D shape. In the case of your cube model, the picture on-screen would be nothing more than a square. A function to draw the cube using parallel projection looks like this:

```
void DrawModel(CDC* pDC, MODEL& model)
{
    int newX, newY;
    RECT clientRect;

    GetClientRect(&clientRect);
    int maxY = clientRect.bottom;

    for (UINT i=0; i<model.numEdges; ++i)
    {
        UINT vertNum = model.edges[i].vertex1;
        newX = model.vertices[vertNum-1].x;
        newY = maxY - model.vertices[vertNum-1].y - 1;
        pDC->MoveTo(newX, newY);

        vertNum = model.edges[i].vertex2;
        newX = model.vertices[vertNum-1].x;
        newY = maxY - model.vertices[vertNum-1].y - 1;
        pDC->LineTo(newX, newY);
    }
}
```

This function first calls GetClientRect() to determine the window's maximum Y coordinate. The function then uses a for loop to draw each of the object's edges. Inside the loop, the function gets the vertex number for the starting point of the edge and uses that number to index the array of vertices to obtain the vertex's X and Y coordinates. DrawParallel() uses these coordinates in a call to MoveTo() to position the line's starting point. The X and Y coordinates for the edge's second vertex are then obtained in the same way, except this time the coordinates are used in a call to LineTo() to draw the edge.

> **Note**
>
> The X and Y coordinates for each vertex in the cube are mapped to the screen exactly as they were in the DrawShape() function presented in Chapter 2.

Perspective Projection

Although parallel projection is easy to implement in a program, it doesn't produce particularly satisfactory results (unless you're writing a drafting program). What's the point of drawing 3-D objects so that they look like 2-D shapes? One of the key elements of 3-D images is that they appear to have depth; this illusion is created in 3-D programs by the use of *perspective projection*, which makes distant objects look smaller than close-up objects (called *perspective foreshortening*). For example, using perspective projection to view your 3-D cube would make the back of the cube, which is further away, look smaller than the front of the cube, as shown in figure 3.4.

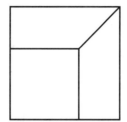

Fig. 3.4
A wireframe cube drawn using perspective projection.

You may think that the cube in figure 3.4 looks a little peculiar. That's because the cube was drawn as if your eye were positioned exactly on the cube's front, lower left corner. If you don't believe that the view is accurate, find a small box, close one eye, and then position your open eye on the box's lower left corner. You'll see an image very similar to figure 3.4.

The formulas you need for perspective projection look like this in C++ code:

```
double t = 1.0 / (1.0 - zCoord / eye);
perspX = (int) (xCoord * t);
perspY = (int) (yCoord * t);
```

The variable t is a value that's used to scale the X and Y coordinates based on the Z coordinate. The smaller the Z coordinate (the farther it is from the origin), the greater the effect of the scaling. The variables xCoord, yCoord, and zCoord are the coordinates of one of the model's vertices. The variables perspX and perspY are the screen coordinates of the vertex after applying perspective projection. The variable eye is used to determine how great an effect the perspective projection has on the model. When the eye is very close to the model (eye is a small number), you get more of a perspective effect (as shown in the first drawing in fig. 3.5) than when the eye is far away from the model (as shown in the second drawing in fig. 3.5).

Fig. 3.5
The effects of the
eye variable on
projection.

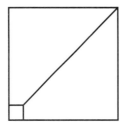 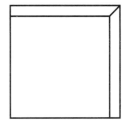

Now that you have a formula for applying perspective projection, you need a function that will apply the projection to each vertex of a wireframe model. Such a function looks like this:

```
void PerspProject(MODEL& model, double eye)
{
    for (UINT i=0; i<model.numVerts; ++i)
    {
        int xCoord = model.vertices[i].x;
        int yCoord = model.vertices[i].y;
        int zCoord = model.vertices[i].z;
        double t = 1.0 / (1.0 - zCoord / eye);
        model.vertices[i].x = (int) (xCoord * t);
        model.vertices[i].y = (int) (yCoord * t);
    }
}
```

The preceding function takes as parameters a reference to a MODEL structure and the eye value needed to calculate t. PerspProject() uses a for loop to iterate through all the vertices in the model, applying the perspective projection to each. Here's some example code that shows how to define the model, apply perspective, and then draw the resultant object:

```
VERTEX cubeVerts[8] =
    {0,    100, 0,    1,
     100, 100, 0,    1,
     100, 100, -100, 1,
     0,    100, -100, 1,
     0,    0,    0,    1,
     100, 0,    0,    1,
     100, 0,    -100, 1,
     0,    0,    -100, 1};

EDGE cubeEdges[12] =
    {1, 2,
     2, 3,
     3, 4,
     4, 1,
     5, 6,
     6, 7,
     7, 8,
     8, 5,
     5, 1,
```

```
          6, 2,
          7, 3,
          8, 4};

MODEL cube;
cube.numVerts = 8;
cube.vertices = cubeVerts;
cube.numEdges = 12;
cube.edges = cubeEdges;

PerspProject(cube, 200);
DrawModel(pDC, cube);
```

Transforming 3-D Objects

As you can see, drawing a 3-D object is not particularly difficult. Unfortunately, the objects you've managed to draw so far have not exactly been awe-inspiring. This is because your viewing angle has been locked onto the object's front, lower left corner. To view 3-D objects from different angles, you must learn how to transform them. Luckily, transforming 3-D objects is not much different from transforming 2-D objects, which you already know how to do. You simply have to take the new Z coordinate into consideration.

In the following sections, you see how to use matrix math to apply translation, scaling, and rotation to 3-D objects. Because you now have to deal with the Z axis, as well as the X and Y axes, you need a new 4×4 matrix data type. That data type looks like this:

```
typedef double MATRIX4X4[4][4];
```

You also need new functions for dealing with 4×4 matrices. The InitMatrix(), CopyMatrix(), and MultMatrix() functions now look like this:

```
void InitMatrix(MATRIX4X4& m)
{
    m[0][0]=1; m[0][1]=0; m[0][2]=0; m[0][3]=0;
    m[1][0]=0; m[1][1]=1; m[1][2]=0; m[1][3]=0;
    m[2][0]=0; m[2][1]=0; m[2][2]=1; m[2][3]=0;
    m[3][0]=0; m[3][1]=0; m[3][2]=0; m[3][3]=1;
}

void CopyMatrix(MATRIX4X4& dst, MATRIX4X4& src)
{
   for (int i=0; i<4; ++i)
      for (int j=0; j<4; ++j)
         dst[i][j] = src[i][j];
}

void MultMatrix(MATRIX4X4& product,
      MATRIX4X4& matrix1, MATRIX4X4& matrix2)
```

```
    {
        for (int x=0; x<4; ++x)
            for (int y=0; y<4; ++y)
            {
                double sum = 0;
                for (int z=0; z<4; ++z)
                    sum += matrix1[x][z] * matrix2[z][y];
                product[x][y] = sum;
            }
    }
```

3-D Translation

When you translate an object, you move it to a new location in the 3-D coordinate system. When you did this with 2-D shapes, you were able to translate the shape on its X and Y axes. Now, with 3-D objects, you also can translate on the Z axis. The addition of the Z axis means that you must modify the matrix you use to apply the translation. So, a translation matrix for a 3-D object looks like this:

```
1        0        0       0
0        1        0       0
0        0        1       0
xTrans   yTrans   zTrans  1
```

As you can see, the main difference between this translation matrix and the 2-D version is that you're now using a 4×4 matrix, and you've added the zTrans variable, which is the amount to translate on the Z axis. The function to compose this translation with the main transformation matrix looks like this:

```
void Translate(MATRIX4X4& m,
    int xTrans, int yTrans, int zTrans)
{
    MATRIX4X4 m1, m2;

    m1[0][0]=1;         m1[0][1]=0;         m1[0][2]=0;         m1[0][3]=0;
    m1[1][0]=0;         m1[1][1]=1;         m1[1][2]=0;         m1[1][3]=0;
    m1[2][0]=0;         m1[2][1]=0;         m1[2][2]=1;         m1[2][3]=0;
    m1[3][0]=xTrans;    m1[3][1]=yTrans;    m1[3][2]=zTrans;    m1[3][3]=1;

    MultMatrix(m2, m1, m);
    CopyMatrix(m, m2);
}
```

This Translate() function looks and acts much like the 2-D version you wrote in the previous chapter. However, the 3-D Translation() function enables you to translate an object on the Z axis, as well as on the X and Y axes.

3-D Scaling

When you scale a 3-D object, you multiply its vertices by some scaling factor, which effectively enlarges or reduces the object. When you did this with 2-D shapes, you were able to scale only the X and Y coordinates. Now, with 3-D objects, you also can scale the Z coordinate. Just as with the 3-D translation, the addition of the Z axis means that you must modify the matrix that you use to apply the scaling, like this:

```
xFactor  0        0        0
0        yFactor  0        0
0        0        zFactor  0
0        0        0        1
```

Again, the main difference between this scaling matrix and the 2-D version is that you're now using a 4×4 matrix. In addition, you've added the zFactor variable, which is the amount to scale on the Z axis. The function to compose the scaling with the main transformation matrix looks like this:

```
void Scale(MATRIX4X4& m,
    double xScale, double yScale, double zScale)
{
    MATRIX4X4 m1, m2;

    m1[0][0]=xScale; m1[0][1]=0;      m1[0][2]=0;      m1[0][3]=0;
    m1[1][0]=0;      m1[1][1]=yScale; m1[1][2]=0;      m1[1][3]=0;
    m1[2][0]=0;      m1[2][1]=0;      m1[2][2]=zScale; m1[2][3]=0;
    m1[3][0]=0;      m1[3][1]=0;      m1[3][2]=0;      m1[3][3]=1;

    MultMatrix(m2, m1, m);
    CopyMatrix(m, m2);
}
```

3-D Rotation

When you rotate a 3-D object, you turn it to a new orientation on the display. When you did this with 2-D shapes, you were able to rotate only around one axis. You didn't know it at the time, but you were actually rotating the shape around the Z axis. Now, with 3-D objects, you also can rotate around the X and Y axes. (Fig. 3.6 shows these rotations in relation to the X, Y, and Z axes.) There is, however, no simple matrix that can perform all three types of rotations simultaneously. Instead, you must treat each rotation as a separate transformation.

The matrix for rotation around the Z axis now looks like this:

```
cos(radians)    sin(radians)   0  0
-sin(radians)   cos(radians)   0  0
0               0              0  0
0               0              0  1
```

As you can see, the rotation around the Z axis is now done with a 4×4 matrix.

Fig. 3.6
Rotating around
three axes.

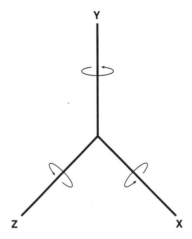

The function to compose the Z rotation with the main transformation matrix
looks like this:

```
void RotateZ(MATRIX4X4& m, int zAngle)
{
    MATRIX4X4 m1, m2;

    if (zAngle == 0) return;

    double radians = 6.283185308 / (360.0 / zAngle);
    double c = cos(radians);
    double s = sin(radians);

    m1[0][0]=c;  m1[0][1]=s;  m1[0][2]=0;  m1[0][3]=0;
    m1[1][0]=-s; m1[1][1]=c;  m1[1][2]=0;  m1[1][3]=0;
    m1[2][0]=0;  m1[2][1]=0;  m1[2][2]=1;  m1[2][3]=0;
    m1[3][0]=0;  m1[3][1]=0;  m1[3][2]=0;  m1[3][3]=1;

    MultMatrix(m2, m1, m);
    CopyMatrix(m, m2);
}
```

The rotation matrix for rotating around the X axis looks a little bit different:

```
1  0              0              0
0  cos(radians)   sin(radians)   0
0  -sin(radians)  cos(radians)   0
0  0              0              1
```

Notice that the matrix still requires the program to calculate the sine and
cosine of the rotation angle, but now those values appear in a different part
of the matrix. The function to compose the X rotation with the main trans-
formation matrix looks like this:

```
void RotateX(MATRIX4X4& m, int xAngle)
{
    MATRIX4X4 m1, m2;
```

```
        if (xAngle == 0) return;

        double radians = 6.283185308 / (360.0 / xAngle);
        double c = cos(radians);
        double s = sin(radians);

        m1[0][0]=1;  m1[0][1]=0;  m1[0][2]=0; m1[0][3]=0;
        m1[1][0]=0;  m1[1][1]=c;  m1[1][2]=s; m1[1][3]=0;
        m1[2][0]=0;  m1[2][1]=-s; m1[2][2]=c; m1[2][3]=0;
        m1[3][0]=0;  m1[3][1]=0;  m1[3][2]=0; m1[3][3]=1;

        MultMatrix(m2, m1, m);
        CopyMatrix(m, m2);
    }
```

Finally, the matrix for rotation around the Y axis also requires sines and cosines, but, again, they're located in a different part of the matrix:

```
cos(radians)    0    sin(radians)    0
-sin(radians)   0    cos(radians)    0
0               0    0               0
0               0    0               1
```

The function to compose the Y rotation with the main transformation matrix looks like this:

```
void RotateY(MATRIX4X4& m, int yAngle)
{
    MATRIX4X4 m1, m2;

    if (yAngle == 0) return;

    double radians = 6.283185308 / (360.0 / yAngle);
    double c = cos(radians);
    double s = sin(radians);

    m1[0][0]=c;  m1[0][1]=0;  m1[0][2]=-s; m1[0][3]=0;
    m1[1][0]=0;  m1[1][1]=1;  m1[1][2]=0;  m1[1][3]=0;
    m1[2][0]=s;  m1[2][1]=0;  m1[2][2]=c;  m1[2][3]=0;
    m1[3][0]=0;  m1[3][1]=0;  m1[3][2]=0;  m1[3][3]=1;

    MultMatrix(m2, m1, m);
    CopyMatrix(m, m2);
}
```

Building a 3-D Graphics Application

You now have all the information you need to write a 3-D graphics program that can draw wireframe models, as well as translate, scale, and rotate those models. Execute the following steps to create a program called GRAPH3D that demonstrates the principles you learned in this chapter. If you need help placing the following code segments in the program, please refer to the listings near the end of this chapter.

> **Note**
>
> After you follow the disk installation instructions at the back of this book, you can find the executable file and the complete source code for the GRAPH3D application in the OPENGL\CHAP03 directory on your hard drive.

In the first set of steps that follow, you create the basic AppWizard application and modify the application's user interface. (If you don't know how to perform any of the following steps, please consult your Visual C++ documentation.)

1. Use AppWizard to create an application called GRAPH3D. Set the following options in AppWizard's dialog boxes:

    Step 1: Single Document

    Step 2: None

    Step 3: None and No Automation

    Step 4: Use 3D Controls

    Step 5: Leave set to defaults

    Step 6: Leave set to defaults

    Your project's final options should look like those shown in figure 3.7.

Fig. 3.7
The GRAPH3D application's final options.

2. Double-click the GRAPH3D.RC file in the project window to bring up App Studio's browser window (see fig. 3.8).

3. Double-click the Menu folder, and then double-click IDR_MAINFRAME to bring up the menu editor (see fig. 3.9).

Fig. 3.8
The App Studio
browser window.

Fig. 3.9
The menu editor.

4. Delete all entries from the File menu except Exit (see fig. 3.10).

Fig. 3.10
The new File
menu.

5. Delete the Edit menu, leaving the File and Help menus, as shown in figure 3.11.

Fig. 3.11
After deleting the
Edit menu.

6. Add a Transform menu, giving it the commands Translate...,
Scale..., Rotate..., and Animate (see fig. 3.12), with the command IDs
ID_TRANSFORM_TRANSLATE, ID_TRANSFORM_SCALE, ID_TRANSFORM_ROTATE, and
ID_TRANSFORM_ANIMATE.

Fig. 3.12
The new Trans-
form menu.

7. Close the menu editor and bring up the dialog box editor (see fig. 3.13)
by double-clicking the Dialog folder in the browser window and then
double-clicking IDD_ABOUTBOX.

Fig. 3.13
The dialog editor.

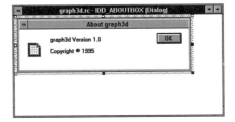

8. Modify the About dialog box so that it looks like figure 3.14.

Fig. 3.14
The new About
dialog box.

9. Close the dialog box editor and double-click Accelerator in App Studio's
browser window. You'll see the IDR_MAINFRAME accelerator ID (see fig.
3.15). Delete the IDR_MAINFRAME accelerator table from the browser win-
dow.

Fig. 3.15
The
IDR_MAINFRAME
accelerator table
in the browser
window.

10. Select the <u>R</u>esource menu's <u>N</u>ew command and create a new dialog box. The finished dialog box should look like figure 3.16.

Be sure to give the dialog box the IDD_TRANSFORM ID, and give the edit controls the IDs IDC_XAXIS, IDC_YAXIS, and IDC_ZAXIS.

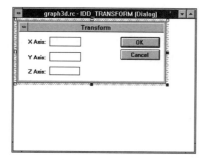

Fig. 3.16
The Transform
dialog box.

11. Select the <u>P</u>roject menu's Class<u>W</u>izard command (or click on the toolbar's ClassWizard button), and name the Transform dialog box's class CTransformDlg (see fig. 3.17). Click the <u>C</u>reate Class button to create the class.

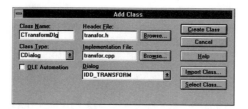

Fig. 3.17
Creating the
CTransformDlg
class.

12. In the MFC ClassWizard dialog box (make sure you have the Member Variables tab selected), add variables named m_xAxis, m_yAxis, and m_zAxis of type double for the IDC_XAXIS, IDC_YAXIS, and IDC_ZAXIS controls, as shown in figure 3.18. Click the OK button to save your changes.

Fig. 3.18
Creating variables
for the edit
controls.

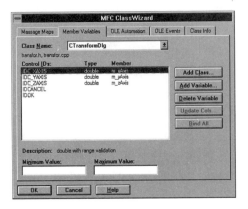

13. Close the App Studio browser window, being sure to save all your changes.

In the next set of steps, you add message-response functions for the commands in the Transform menu and for the WM_RBUTTONDOWN, WM_TIMER, and WM_DESTROY Windows messages.

1. Select the Project menu's ClassWizard command to bring up the MFC ClassWizard dialog box. In the Class Name box, select the CGraph3dView class (see fig. 3.19). Make sure you have the Message Maps tab selected.

Fig. 3.19
The MFC
ClassWizard
dialog box.

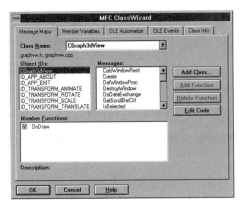

2. Use the MFC ClassWizard dialog box to add COMMAND functions for the ID_TRANSFORM_ROTATE, ID_TRANSFORM_SCALE, ID_TRANSFORM_TRANSLATE, and ID_TRANSFORM_ANIMATE commands. Name the functions OnTransformRotate(), OnTransformScale(), OnTransformTranslate(), and OnTransformAnimate(), as shown in figure 3.20.

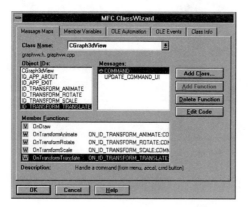

Fig. 3.20
Adding response
functions for the
Transform menu
commands.

3. Still using the MFC ClassWizard dialog box, add an UPDATE_COMMAND_UI
function for the ID_TRANSFORM_ANIMATE command. Name the function
OnUpdateTransformAnimate(), as shown in figure 3.21 (the new function
is highlighted in the Member Functions list box).

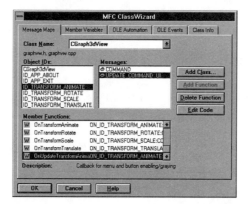

Fig. 3.21
Adding an
UPDATE_COMMAND_UI
function for the
Animate command.

4. Find the OnTransformRotate() function at the end of the
GRAPHVW.CPP file and add the following lines to that function, right
after the // TODO: Add your command handler code here comment:

```
CTransformDlg dlg;
dlg.m_xAxis = 0;
dlg.m_yAxis = 0;
dlg.m_zAxis = 0;

int response = dlg.DoModal();

if (response == IDOK)
{
    m_xRotate += (int) dlg.m_xAxis;
```

```
            m_yRotate += (int) dlg.m_yAxis;
            m_zRotate += (int) dlg.m_zAxis;
        }
```

5. Find the `OnTransformScale()` function at the end of the GRAPHVW.CPP file and add the following lines to that function, right after the `// TODO: Add your command handler code here` comment:

```
CTransformDlg dlg;
dlg.m_xAxis = 1;
dlg.m_yAxis = 1;
dlg.m_zAxis = 1;

int response = dlg.DoModal();

if (response == IDOK)
{
    m_xScale *= dlg.m_xAxis;
    m_yScale *= dlg.m_yAxis;
    m_zScale *= dlg.m_zAxis;
}
```

6. Find the `OnTransformTranslate()` function at the end of the GRAPHVW.CPP file and add the following lines to that function, right after the `// TODO: Add your command handler code here` comment:

```
CTransformDlg dlg;
dlg.m_xAxis = 0;
dlg.m_yAxis = 0;
dlg.m_zAxis = 0;

int response = dlg.DoModal();

if (response == IDOK)
{
    m_xTranslate += dlg.m_xAxis;
    m_yTranslate += dlg.m_yAxis;
    m_zTranslate += dlg.m_zAxis;
}
```

7. Find the `OnTransformAnimate()` function at the end of the GRAPHVW.CPP file and add the following lines to that function, right after the `// TODO: Add your command handler code here` comment:

```
if (m_animate)
{
    KillTimer(1);
    m_animate = FALSE;
}
else
{
    SetTimer(1, 50, NULL);
    m_animate = TRUE;
}
```

8. Find the `OnUpdateTransformAnimate()` function at the end of the
   GRAPHVW.CPP file and add the following lines to that function, right
   after the `// TODO: Add your command update UI handler code here`
   comment:

   ```
   if (m_animate)
       pCmdUI->SetCheck(TRUE);
   else
       pCmdUI->SetCheck(FALSE);
   ```

9. Select the Project menu's ClassWizard command and use the MFC
   ClassWizard dialog box to create a response function for the
   `WM_RBUTTONDOWN` message, as shown in figure 3.22.

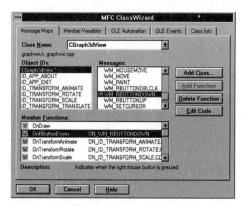

Fig. 3.22
Adding the
OnRButtonDown( )
function.

10. In the MFC ClassWizard dialog box, click the Edit Code button, and
    then add the following lines to the `OnRButtonDown()` function, right after
    the `// TODO: Add your message handler code here and/or call default`
    comment:

    ```
    InitModel();
    TransformModel();
    Invalidate(TRUE);
    ```

11. Select the Project menu's ClassWizard command, and use the MFC
    ClassWizard dialog box to create a response function for the `WM_TIMER`
    message, as shown in figure 3.23.

12. In the MFC ClassWizard dialog box, click the Edit Code button, and
    then add the following lines to the `OnTimer()` function, right after the
    `// TODO: Add your message handler code here and/or call default`
    comment:

    ```
    m_xRotate += 5;
    m_yRotate += 5;
    ```

```
m_zRotate += 5;
InitModel();
TransformModel();
Invalidate(TRUE);
```

Fig. 3.23
Adding the
OnTimer( )
function.

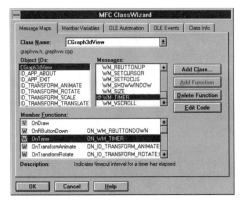

13. Select the Project menu's ClassWizard command, and use the MFC ClassWizard dialog box to create a response function for the WM_DESTROY message, as shown in figure 3.24.

Fig. 3.24
Adding the
OnDestroy( )
function.

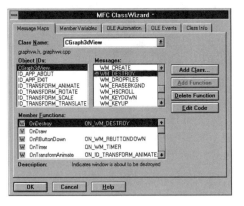

14. In the MFC ClassWizard dialog box, click the Edit Code button, and then add the following line to the OnDestroy() function, right after the // TODO: Add your message handler code here comment:

```
KillTimer(1);
```

In the following set of steps, you add the source code that completes the CGraph3dView class. You also add the required member function and data member declarations to the CGraph3dView class's header file.

1. Add the following lines near the top of the GRAPHVW.CPP file, right after the #endif compiler directive:

```
#include <math.h>
#include "transfor.h"
```

2. Add the following lines to the CGraph3dView class's constructor, right after the // TODO: add construction code here comment:

```
InitModel();

m_xRotate = 0;
m_yRotate = 0;
m_zRotate = 0;
m_xScale = 1;
m_yScale = 1;
m_zScale = 1;
m_xTranslate = 0;
m_yTranslate = 0;
m_zTranslate = 0;

TransformModel();

m_animate = FALSE;
```

3. Add the following line to the CGraph3dView class's OnDraw() function, right after the // TODO: add draw code for native data here comment:

```
DrawModel(pDC, m_cube);
```

4. Also in GRAPHVW.CPP, add the following functions, as shown in listing 3.2, to the end of the file: InitModel(), TransformModel(), DrawModel(), PerspProject(), InitMatrix(), CopyMatrix(), MultMatrix(), Translate(), Scale(), RotateX(), RotateY(), RotateZ(), and Transform().

5. Load GRAPHVW.H and add the following lines to the top of the file, right before the CGraph3dView class declaration:

```
typedef double MATRIX4X4[4][4];

typedef struct vertex
{
    int x, y, z, w;
} VERTEX;

typedef struct edge
{
    UINT vertex1, vertex2;
} EDGE;

typedef struct model
{
    UINT numVerts;
    VERTEX* vertices;
```

```
                    UINT numEdges;
                    EDGE* edges;
              } MODEL;
```

6. Also in GRAPHVW.H, add the following lines to the CGraph3dView class's Attributes section, right after the CGraph3dDoc* GetDocument() line:

```
protected:
    VERTEX m_cubeVerts[8];
    EDGE m_cubeEdges[14];
    MODEL m_cube;
    int m_xRotate, m_yRotate, m_zRotate;
    double m_xScale, m_yScale, m_zScale;
    double m_xTranslate, m_yTranslate, m_zTranslate;
    BOOL m_animate;
```

7. Again in GRAPHVW.H, add the following lines to the CGraph3dView class's Implementation section, right after the protected keyword:

```
void InitModel();
void TransformModel();
void DrawModel(CDC* pDC, MODEL& model);
void PerspProject(MODEL& model, double eye);
void Translate(MATRIX4X4& m,
    int xTrans, int yTrans, int zTrans);
void Scale(MATRIX4X4& m,
    double xScale, double yScale, double zScale);
void RotateX(MATRIX4X4& m, int xAngle);
void RotateY(MATRIX4X4& m, int yAngle);
void RotateZ(MATRIX4X4& m, int zAngle);
void Transform(MODEL& model, MATRIX4X4& m);
void MultMatrix(MATRIX4X4& product,
    MATRIX4X4& matrix1, MATRIX4X4& matrix2);
void InitMatrix(MATRIX4X4& m);
void CopyMatrix(MATRIX4X4& dst, MATRIX4X4& src);
```

Your GRAPH3D program is now complete. To create the application, select the Build command from Visual C++'s Project menu. To run the application, choose the Project menu's Execute command.

Running the GRAPH3D Application

When you run GRAPH3D, you see the window shown in figure 3.25, which displays a cube wireframe model in the lower left corner. (Note that the model has an X on the back part of the cube, which helps you keep track of which side is which as you manipulate the object.) This program works similarly to GRAPH2D, which you developed in Chapter 2, "A 2-D Computer Graphics Primer." To transform the object on-screen, select the Translate, Scale, or Rotate commands from the Transform menu. You can apply as many transformations as you want to the object, as they are not applied to the object until you right-click in the application's window. Figure 3.26 shows the cube translated 100 units on the X and Y axis and rotated 20 degrees around the Y axis.

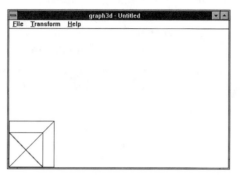

Fig. 3.25
The GRAPH3D application.

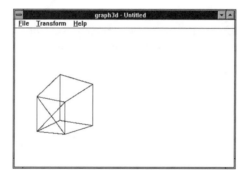

Fig. 3.26
The cube translated and rotated.

Unlike the GRAPH2D application, GRAPH3D has an Animate command in the Transform menu. When you select this command, the program continually rotates the object around all three axes.

Note

The speed of the animation depends on the speed of your computer and the size of the window. If things are running too slowly, try making the window smaller so that the program has less area to redraw for each frame of the animation.

How the GRAPH3D Program Works

First, look at the GRAPHVW.H file. The CGraph3dView class declares a number of data members, including m_cube, which is a MODEL structure that holds

information about the current wireframe model. The data member
m_cubeVerts[] is an array of VERTEX structures that holds the vertices of the
m_cube object, whereas m_cubeEdges[] is an array of EDGE structures that holds
the object's edge list. The data members m_xRotate, m_yRotate, m_zRotate,
m_xScale, m_yScale, m_zScale, m_xTranslate, m_yTranslate, and m_zTranslate
hold the values for the current state of the transformations. Finally, m_animate
is a flag that indicates whether the program should animate the model.

Note

Unlike the GRAPH2D application, which reset its transformation variables to their
default values after each transformation, GRAPH3D keeps the current state of the
transformation in the m_xRotate, m_yRotate, m_zRotate, m_xScale, m_yScale,
m_zScale, m_xTranslate, m_yTranslate, and m_zTranslate data members.
Instead of resetting the transformation variables to their default values, GRAPH3D
resets the model's vertices to their starting values before applying a transformation.
This ensures that the current perspective projection is applied only once to the
model's vertices. Applying the perspective again and again without resetting the
model's vertices to their starting values would cause the model to look more and
more stretched along the Z axis.

Look now at the GRAPHVW.CPP file. When the program runs, the
CGraph3dView class's constructor calls the local function InitModel() to initial-
ize the m_cube structure and the model's vertices and edges. The constructor
also initializes the transformation variables m_xRotate, m_yRotate, m_zRotate,
m_xScale, m_yScale, m_zScale, m_xTranslate, m_yTranslate, and m_zTranslate
to their default values. These default values are used in the constructor's call
to TransformModel(), which applies the default transformation to the cube
model before the model is displayed for the first time. Finally, the constructor
initializes the m_animate flag to FALSE.

When the application's window appears on-screen, the CGraph3dView class's
OnDraw() function displays the model by calling the local DrawModel()
function.

When you select a command from the Transform menu, the appropriate
command-response function takes over, initializing and displaying the Trans-
form dialog box, and then saving your response in the appropriate transfor-
mation variables. For example, when you select the Scale command, the
OnTransformScale() function is called. In that function, the program first sets
the dialog box's m_xAxis, m_yAxis, and m_zAxis data members to 1, so that the
default scaling values of 1 for the three axes are in the edit controls when the

dialog box appears. The call to the dialog box's DoModal() function then displays the dialog box so that you can enter new values into the edit controls. When you click the OK button, the program updates the m_xScale, m_yScale, and m_zScale variables based on your response.

When you right-click in the application's window, the program calls the OnRButtonDown() function, which applies the selected transformations to the shape's vertices. First, the function calls InitModel() to ensure that the model's vertices are set to their starting values. Then, OnRButtonDown() calls TransformModel() to apply the current transformation and calls Invalidate() to force the application's window to redraw its display.

Finally, when you select the Transform menu's Animate command, the message-response function OnTransformAnimate() is called. The first time this function is called, the m_animate flag is FALSE, so OnTransformAnimate() calls SetTimer() to start a Windows timer and changes m_animate to TRUE. If OnTransformAnimate() is called when m_animate is TRUE, the program calls KillTimer() to turn off the Windows timer and toggles m_animate back to FALSE.

After SetTimer() is called, the program starts to receive WM_TIMER messages. The application handles these messages with the OnTimer() function, which increments the angle of rotation for each of the object's axes, and then calls InitModel(), TransformModel(), and Invalidate() to apply the new rotation and to force the window to display the new animation frame.

> **Note**
>
> Another way to speed up the GRAPH3D program if it runs too slowly on your system is to change the number of degrees by which the OnTimer() function increments the m_xRotate, m_yRotate, and m_zRotate variables. The bigger the increment, the faster the model rotates on-screen. Of course, larger increments also mean less fluid animation.

Although selecting the Transform menu's Animate command a second time turns off the Windows timer, you might exit the program with the animation feature still active. Because it's important to kill any timers that your application starts, GRAPH3D uses the OnDestroy() function, which the program calls whenever the application receives a WM_DESTROY message, to call KillTimer(). Because Windows sends the WM_DESTROY message whenever you exit the application, this extra call to KillTimer() ensures that the timer is never left running.

The last function of interest is `OnUpdateTransformAnimate()`, which is called whenever you display the _T_ransform menu and is responsible for checking and unchecking the _A_nimate command in the menu. This function simply checks the value of `m_animate` and calls the `SetCheck()` function with a value of `TRUE` or `FALSE`.

Enhancing the GRAPH3D Application

Want to improve GRAPH3D? How about adding a response function for the `WM_LBUTTONDOWN` message that resets the shape to its starting point in the window. To do this, you'd reinitialize the shape's vertices to their starting values and then call `Invalidate(TRUE)` to force the window to repaint.

You also may want to add a dialog box that displays the values of the shape's current vertices. That way, if you should transform the shape such that it no longer appears in the window, you can see the type of translation you need to bring the shape back into view. To do this, you need to create a new dialog box with App Studio, and then create a new menu command that will display the dialog box. The response functions for the current _T_ransform menu commands show you how to respond to a menu command and how to initialize and display a dialog box.

Finally, you may want to animate other transformations besides just rotations. You could go so far as to provide an animation feature for each of the possible transformations, one for each axis. For example, you might want to add commands to animate the translations along the X, Y, and Z axes. If you do this, you'll want to check for the size of the window so that you don't translate the object out of view.

The Program Listings

Following are the complete listings for the `CGraph3dView` class, including the GRAPHVW.H header file and the GRAPHVW.CPP implementation file. Many other files were created by AppWizard when you started the GRAPH3D application project. Because you did not modify those files, they are not shown here. However, you easily can view any of the project's files by loading them with Visual C++'s editor (or any other text editor). Note that all modifications you made to the following listings are sandwiched between the comment blocks labeled with `START CUSTOM CODE` and `END CUSTOM CODE`.

Listing 3.1   GRAPHVW.H—The Header File for the *CGraph3dView* Class

```
// graphvw.h : interface of the CGraph3dView class
//
/////////////////////////////////////////////////////////////////

///////////////////////////////////////
///////////////////////////////////////
// START CUSTOM CODE
///////////////////////////////////////
///////////////////////////////////////

typedef double MATRIX4X4[4][4];

typedef struct vertex
{
    int x, y, z, w;
} VERTEX;

typedef struct edge
{
    UINT vertex1, vertex2;
} EDGE;

typedef struct model
{
    UINT numVerts;
    VERTEX* vertices;
    UINT numEdges;
    EDGE* edges;
} MODEL;

///////////////////////////////////////
///////////////////////////////////////
// END CUSTOM CODE
///////////////////////////////////////
///////////////////////////////////////

class CGraph3dView : public CView
{
protected: // create from serialization only
    CGraph3dView();
    DECLARE_DYNCREATE(CGraph3dView)

// Attributes
public:
    CGraph3dDoc* GetDocument();

///////////////////////////////////////
///////////////////////////////////////
// START CUSTOM CODE
///////////////////////////////////////
///////////////////////////////////////
```

(continues)

Listing 3.1   Continued

```
protected:
    VERTEX m_cubeVerts[8];
    EDGE m_cubeEdges[14];
    MODEL m_cube;
    int m_xRotate, m_yRotate, m_zRotate;
    double m_xScale, m_yScale, m_zScale;
    double m_xTranslate, m_yTranslate, m_zTranslate;
    BOOL m_animate;

///////////////////////////////////////
///////////////////////////////////////
// END CUSTOM CODE
///////////////////////////////////////
///////////////////////////////////////

// Operations
public:

// Overrides
    // ClassWizard generated virtual function overrides
    //{{AFX_VIRTUAL(CGraph3dView)
    public:
    virtual void OnDraw(CDC* pDC);  // overridden to draw this view
    protected:
    //}}AFX_VIRTUAL

// Implementation
public:
    virtual ~CGraph3dView();
#ifdef _DEBUG
    virtual void AssertValid() const;
    virtual void Dump(CDumpContext& dc) const;
#endif

protected:

    ///////////////////////////////////////
    ///////////////////////////////////////
    // START CUSTOM CODE
    ///////////////////////////////////////
    ///////////////////////////////////////

    void InitModel();
    void TransformModel();
    void DrawModel(CDC* pDC, MODEL& model);
    void PerspProject(MODEL& model, double eye);
    void Translate(MATRIX4X4& m,
        int xTrans, int yTrans, int zTrans);
    void Scale(MATRIX4X4& m,
        double xScale, double yScale, double zScale);
    void RotateX(MATRIX4X4& m, int xAngle);
    void RotateY(MATRIX4X4& m, int yAngle);
    void RotateZ(MATRIX4X4& m, int zAngle);
```

```
        void Transform(MODEL& model, MATRIX4X4& m);
        void MultMatrix(MATRIX4X4& product,
            MATRIX4X4& matrix1, MATRIX4X4& matrix2);
        void InitMatrix(MATRIX4X4& m);
        void CopyMatrix(MATRIX4X4& dst, MATRIX4X4& src);

        ///////////////////////////////////////
        ///////////////////////////////////////
        // END CUSTOM CODE
        ///////////////////////////////////////
        ///////////////////////////////////////

// Generated message map functions
protected:
        //{{AFX_MSG(CGraph3dView)
        afx_msg void OnTransformAnimate();
        afx_msg void OnTransformRotate();
        afx_msg void OnTransformScale();
        afx_msg void OnTransformTranslate();
        afx_msg void OnUpdateTransformAnimate(CCmdUI* pCmdUI);
        afx_msg void OnRButtonDown(UINT nFlags, CPoint point);
        afx_msg void OnTimer(UINT nIDEvent);
        afx_msg void OnDestroy();
        //}}AFX_MSG
        DECLARE_MESSAGE_MAP()
};

#ifndef _DEBUG  // debug version in graphvw.cpp
inline CGraph3dDoc* CGraph3dView::GetDocument()
    { return (CGraph3dDoc*)m_pDocument; }
#endif

        ///////////////////////////////////////////////////////////////
```

Listing 3.2   GRAPHVW.CPP—The Implementation File for the *CGraph3dView* Class

```
// graphvw.cpp : implementation of the CGraph3dView class
//

#include "stdafx.h"
#include "graph3d.h"

#include "graphdoc.h"
#include "graphvw.h"

#ifdef _DEBUG
#undef THIS_FILE
static char BASED_CODE THIS_FILE[] = _ _FILE_ _;
#endif
```

(continues)

Listing 3.2 Continued

```
/////////////////////////////////////
/////////////////////////////////////
// START CUSTOM CODE
/////////////////////////////////////
/////////////////////////////////////

#include <math.h>
#include "transfor.h"

/////////////////////////////////////
/////////////////////////////////////
// END CUSTOM CODE
/////////////////////////////////////
/////////////////////////////////////

/////////////////////////////////////////////////////////////////
// CGraph3dView

IMPLEMENT_DYNCREATE(CGraph3dView, CView)

BEGIN_MESSAGE_MAP(CGraph3dView, CView)
    //{{AFX_MSG_MAP(CGraph3dView)
    ON_COMMAND(ID_TRANSFORM_ANIMATE, OnTransformAnimate)
    ON_COMMAND(ID_TRANSFORM_ROTATE, OnTransformRotate)
    ON_COMMAND(ID_TRANSFORM_SCALE, OnTransformScale)
    ON_COMMAND(ID_TRANSFORM_TRANSLATE, OnTransformTranslate)
    ON_UPDATE_COMMAND_UI(ID_TRANSFORM_ANIMATE,
        OnUpdateTransformAnimate)
    ON_WM_RBUTTONDOWN()
    ON_WM_TIMER()
    ON_WM_DESTROY()
    //}}AFX_MSG_MAP
END_MESSAGE_MAP()

/////////////////////////////////////////////////////////////////
// CGraph3dView construction/destruction

CGraph3dView::CGraph3dView()
{
    // TODO: add construction code here

    /////////////////////////////////////
    /////////////////////////////////////
    // START CUSTOM CODE
    /////////////////////////////////////
    /////////////////////////////////////

    InitModel();

    m_xRotate = 0;
    m_yRotate = 0;
    m_zRotate = 0;
    m_xScale = 1;
```

```
    m_yScale = 1;
    m_zScale = 1;
    m_xTranslate = 0;
    m_yTranslate = 0;
    m_zTranslate = 0;

    TransformModel();

    m_animate = FALSE;

    ///////////////////////////////////
    ///////////////////////////////////
    // END CUSTOM CODE
    ///////////////////////////////////
    ///////////////////////////////////
}

CGraph3dView::~CGraph3dView()
{
}

/////////////////////////////////////////////////////////////////
// CGraph3dView drawing

void CGraph3dView::OnDraw(CDC* pDC)
{
    CGraph3dDoc* pDoc = GetDocument();
    ASSERT_VALID(pDoc);

    // TODO: add draw code for native data here

    ///////////////////////////////////
    ///////////////////////////////////
    // START CUSTOM CODE
    ///////////////////////////////////
    ///////////////////////////////////

    DrawModel(pDC, m_cube);

    ///////////////////////////////////
    ///////////////////////////////////
    // END CUSTOM CODE
    ///////////////////////////////////
    ///////////////////////////////////
}

/////////////////////////////////////////////////////////////////
// CGraph3dView diagnostics

#ifdef _DEBUG
void CGraph3dView::AssertValid() const
{
    CView::AssertValid();
}
```

(continues)

Listing 3.2 Continued

```
void CGraph3dView::Dump(CDumpContext& dc) const
{
    CView::Dump(dc);
}

CGraph3dDoc*
    CGraph3dView::GetDocument() // non-debug version is inline
{
    ASSERT(m_pDocument->IsKindOf(RUNTIME_CLASS(CGraph3dDoc)));
    return (CGraph3dDoc*)m_pDocument;
}
#endif //_DEBUG

/////////////////////////////////////////////////////////////////////
// CGraph3dView message handlers

void CGraph3dView::OnTransformAnimate()
{
    // TODO: Add your command handler code here

    //////////////////////////////////////
    //////////////////////////////////////
    // START CUSTOM CODE
    //////////////////////////////////////
    //////////////////////////////////////

    if (m_animate)
    {
        KillTimer(1);
        m_animate = FALSE;
    }
    else
    {
        SetTimer(1, 50, NULL);
        m_animate = TRUE;
    }

    //////////////////////////////////////
    //////////////////////////////////////
    // END CUSTOM CODE
    //////////////////////////////////////
    //////////////////////////////////////
}

void CGraph3dView::OnTransformRotate()
{
    // TODO: Add your command handler code here

    //////////////////////////////////////
    //////////////////////////////////////
    // START CUSTOM CODE
    //////////////////////////////////////
    //////////////////////////////////////
```

```
        CTransformDlg dlg;
        dlg.m_xAxis = 0;
        dlg.m_yAxis = 0;
        dlg.m_zAxis = 0;

        int response = dlg.DoModal();

        if (response == IDOK)
        {
            m_xRotate += (int) dlg.m_xAxis;
            m_yRotate += (int) dlg.m_yAxis;
            m_zRotate += (int) dlg.m_zAxis;
        }

        /////////////////////////////////////
        /////////////////////////////////////
        // END CUSTOM CODE
        /////////////////////////////////////
        /////////////////////////////////////
}

void CGraph3dView::OnTransformScale()
{
    // TODO: Add your command handler code here

        /////////////////////////////////////
        /////////////////////////////////////
        // START CUSTOM CODE
        /////////////////////////////////////
        /////////////////////////////////////

        CTransformDlg dlg;
        dlg.m_xAxis = 1;
        dlg.m_yAxis = 1;
        dlg.m_zAxis = 1;

        int response = dlg.DoModal();

        if (response == IDOK)
        {
            m_xScale += dlg.m_xAxis;
            m_yScale += dlg.m_yAxis;
            m_zScale += dlg.m_zAxis;
        }

        /////////////////////////////////////
        /////////////////////////////////////
        // END CUSTOM CODE
        /////////////////////////////////////
        /////////////////////////////////////
}

void CGraph3dView::OnTransformTranslate()
```

(continues)

Listing 3.2 Continued

```
{
    // TODO: Add your command handler code here

    /////////////////////////////////////////
    /////////////////////////////////////////
    // START CUSTOM CODE
    /////////////////////////////////////////
    /////////////////////////////////////////

    CTransformDlg dlg;
    dlg.m_xAxis = 0;
    dlg.m_yAxis = 0;
    dlg.m_zAxis = 0;

    int response = dlg.DoModal();

    if (response == IDOK)
    {
        m_xTranslate += dlg.m_xAxis;
        m_yTranslate += dlg.m_yAxis;
        m_zTranslate += dlg.m_zAxis;
    }

    /////////////////////////////////////////
    /////////////////////////////////////////
    // END CUSTOM CODE
    /////////////////////////////////////////
    /////////////////////////////////////////
}

void CGraph3dView::OnUpdateTransformAnimate(CCmdUI* pCmdUI)
{
    // TODO: Add your command update UI handler code here

    /////////////////////////////////////////
    /////////////////////////////////////////
    // START CUSTOM CODE
    /////////////////////////////////////////
    /////////////////////////////////////////

    if (m_animate)
        pCmdUI->SetCheck(TRUE);
    else
        pCmdUI->SetCheck(FALSE);

    /////////////////////////////////////////
    /////////////////////////////////////////
    // END CUSTOM CODE
    /////////////////////////////////////////
    /////////////////////////////////////////
}
```

```
void CGraph3dView::OnRButtonDown(UINT nFlags, CPoint point)
{
    // TODO: Add your message handler code here and/or call default

    /////////////////////////////////////
    /////////////////////////////////////
    // START CUSTOM CODE
    /////////////////////////////////////
    /////////////////////////////////////

    InitModel();
    TransformModel();
    Invalidate(TRUE);

    /////////////////////////////////////
    /////////////////////////////////////
    // END CUSTOM CODE
    /////////////////////////////////////
    /////////////////////////////////////

    CView::OnRButtonDown(nFlags, point);
}

void CGraph3dView::OnTimer(UINT nIDEvent)
{
    // TODO: Add your message handler code here and/or call default

    /////////////////////////////////////
    /////////////////////////////////////
    // START CUSTOM CODE
    /////////////////////////////////////
    /////////////////////////////////////

    m_xRotate += 5;
    m_yRotate += 5;
    m_zRotate += 5;
    InitModel();
    TransformModel();
    Invalidate(TRUE);

    /////////////////////////////////////
    /////////////////////////////////////
    // END CUSTOM CODE
    /////////////////////////////////////
    /////////////////////////////////////

    CView::OnTimer(nIDEvent);
}

void CGraph3dView::OnDestroy()
{
    CView::OnDestroy();

    // TODO: Add your message handler code here
```

(continues)

Listing 3.2 Continued

```
/////////////////////////////////////
/////////////////////////////////////
// START CUSTOM CODE
/////////////////////////////////////
/////////////////////////////////////

    KillTimer(1);

/////////////////////////////////////
/////////////////////////////////////
// END CUSTOM CODE
/////////////////////////////////////
/////////////////////////////////////
}

/////////////////////////////////////
/////////////////////////////////////
// START CUSTOM CODE
/////////////////////////////////////
/////////////////////////////////////

void CGraph3dView::InitModel()
{
    VERTEX cubeVerts[8] =
        {0,   100, 0,    1,
         100, 100, 0,    1,
         100, 100, -100, 1,
         0,   100, -100, 1,
         0,   0,   0,    1,
         100, 0,   0,    1,
         100, 0,   -100, 1,
         0,   0,   -100, 1};

    EDGE cubeEdges[14] =
        {1, 2,
         2, 3,
         3, 4,
         4, 1,
         5, 6,
         6, 7,
         7, 8,
         8, 5,
         5, 1,
         6, 2,
         7, 3,
         8, 4,
         3, 8,
         4, 7};

    memcpy(m_cubeVerts, cubeVerts, sizeof(m_cubeVerts));
    memcpy(m_cubeEdges, cubeEdges, sizeof(m_cubeEdges));
    m_cube.numVerts = 8;
    m_cube.vertices = m_cubeVerts;
```

```
        m_cube.numEdges = 14;
        m_cube.edges = m_cubeEdges;
    }

    void CGraph3dView::TransformModel()
    {
        MATRIX4X4 m;
        InitMatrix(m);

        Translate(m, (int) m_xTranslate,
            (int) m_yTranslate, (int) m_zTranslate);
        Scale(m, m_xScale, m_yScale, m_zScale);
        RotateX(m, m_xRotate);
        RotateY(m, m_yRotate);
        RotateZ(m, m_zRotate);
        Transform(m_cube, m);
        PerspProject(m_cube, 300);
    }

    void CGraph3dView::DrawModel(CDC* pDC, MODEL& model)
    {
        int newX, newY;
        RECT clientRect;

        GetClientRect(&clientRect);
        int maxY = clientRect.bottom;

        for (UINT i=0; i<model.numEdges; ++i)
        {
            UINT vertNum = model.edges[i].vertex1;
            newX = model.vertices[vertNum-1].x;
            newY = maxY - model.vertices[vertNum-1].y - 1;
            pDC->MoveTo(newX, newY);

            vertNum = model.edges[i].vertex2;
            newX = model.vertices[vertNum-1].x;
            newY = maxY - model.vertices[vertNum-1].y - 1;
            pDC->LineTo(newX, newY);
        }
    }

    void CGraph3dView::PerspProject(MODEL& model, double eye)
    {
        for (UINT i=0; i<model.numVerts; ++i)
        {
            int xCoord = model.vertices[i].x;
            int yCoord = model.vertices[i].y;
            int zCoord = model.vertices[i].z;
            double t = 1.0 / (1.0 - zCoord / eye);
            model.vertices[i].x = (int) (xCoord * t);
            model.vertices[i].y = (int) (yCoord * t);
        }
    }
```

(continues)

Listing 3.2 Continued

```
void CGraph3dView::InitMatrix(MATRIX4X4& m)
{
    m[0][0]=1; m[0][1]=0; m[0][2]=0; m[0][3]=0;
    m[1][0]=0; m[1][1]=1; m[1][2]=0; m[1][3]=0;
    m[2][0]=0; m[2][1]=0; m[2][2]=1; m[2][3]=0;
    m[3][0]=0; m[3][1]=0; m[3][2]=0; m[3][3]=1;
}

void CGraph3dView::CopyMatrix(MATRIX4X4& dst, MATRIX4X4& src)
{
   for (int i=0; i<4; ++i)
     for (int j=0; j<4; ++j)
        dst[i][j] = src[i][j];
}

void CGraph3dView::MultMatrix(MATRIX4X4& product,
      MATRIX4X4& matrix1, MATRIX4X4& matrix2)
{
    for (int x=0; x<4; ++x)
        for (int y=0; y<4; ++y)
        {
            double sum = 0;
            for (int z=0; z<4; ++z)
                sum += matrix1[x][z] * matrix2[z][y];
            product[x][y] = sum;
        }
}

void CGraph3dView::Translate(MATRIX4X4& m,
    int xTrans, int yTrans, int zTrans)
{
    MATRIX4X4 m1, m2;

    m1[0][0]=1;      m1[0][1]=0;      m1[0][2]=0;      m1[0][3]=0;
    m1[1][0]=0;      m1[1][1]=1;      m1[1][2]=0;      m1[1][3]=0;
    m1[2][0]=0;      m1[2][1]=0;      m1[2][2]=1;      m1[2][3]=0;
    m1[3][0]=xTrans; m1[3][1]=yTrans; m1[3][2]=zTrans; m1[3][3]=1;

    MultMatrix(m2, m1, m);
    CopyMatrix(m, m2);
}

void CGraph3dView::Scale(MATRIX4X4& m,
    double xScale, double yScale, double zScale)
{
    MATRIX4X4 m1, m2;

    m1[0][0]=xScale; m1[0][1]=0;      m1[0][2]=0;      m1[0][3]=0;
    m1[1][0]=0;      m1[1][1]=yScale; m1[1][2]=0;      m1[1][3]=0;
    m1[2][0]=0;      m1[2][1]=0;      m1[2][2]=zScale; m1[2][3]=0;
    m1[3][0]=0;      m1[3][1]=0;      m1[3][2]=0;      m1[3][3]=1;

    MultMatrix(m2, m1, m);
    CopyMatrix(m, m2);
}
```

```
void CGraph3dView::RotateX(MATRIX4X4& m, int xAngle)
{
    MATRIX4X4 m1, m2;

    if (xAngle == 0) return;

    double radians = 6.283185308 / (360.0 / xAngle);
    double c = cos(radians);
    double s = sin(radians);

    m1[0][0]=1;  m1[0][1]=0;  m1[0][2]=0; m1[0][3]=0;
    m1[1][0]=0;  m1[1][1]=c;  m1[1][2]=s; m1[1][3]=0;
    m1[2][0]=0;  m1[2][1]=-s; m1[2][2]=c; m1[2][3]=0;
    m1[3][0]=0;  m1[3][1]=0;  m1[3][2]=0; m1[3][3]=1;

    MultMatrix(m2, m1, m);
    CopyMatrix(m, m2);
}

void CGraph3dView::RotateY(MATRIX4X4& m, int yAngle)
{
    MATRIX4X4 m1, m2;

    if (yAngle == 0) return;

    double radians = 6.283185308 / (360.0 / yAngle);
    double c = cos(radians);
    double s = sin(radians);

    m1[0][0]=c;  m1[0][1]=0;  m1[0][2]=-s; m1[0][3]=0;
    m1[1][0]=0;  m1[1][1]=1;  m1[1][2]=0;  m1[1][3]=0;
    m1[2][0]=s;  m1[2][1]=0;  m1[2][2]=c;  m1[2][3]=0;
    m1[3][0]=0;  m1[3][1]=0;  m1[3][2]=0;  m1[3][3]=1;

    MultMatrix(m2, m1, m);
    CopyMatrix(m, m2);
}

void CGraph3dView::RotateZ(MATRIX4X4& m, int zAngle)
{
    MATRIX4X4 m1, m2;

    if (zAngle == 0) return;

    double radians = 6.283185308 / (360.0 / zAngle);
    double c = cos(radians);
    double s = sin(radians);

    m1[0][0]=c;  m1[0][1]=s; m1[0][2]=0; m1[0][3]=0;
    m1[1][0]=-s; m1[1][1]=c; m1[1][2]=0; m1[1][3]=0;
    m1[2][0]=0;  m1[2][1]=0; m1[2][2]=1; m1[2][3]=0;
    m1[3][0]=0;  m1[3][1]=0; m1[3][2]=0; m1[3][3]=1;

    MultMatrix(m2, m1, m);
    CopyMatrix(m, m2);
}
```

(continues)

Listing 3.2 Continued

```
void CGraph3dView::Transform(MODEL& shape, MATRIX4X4& m)
{
    int transformedX, transformedY, transformedZ;

    for (UINT i=0; i<shape.numVerts; ++i)
    {
        transformedX = (int) (shape.vertices[i].x * m[0][0] +
            shape.vertices[i].y * m[1][0] +
            shape.vertices[i].z * m[2][0] + m[3][0]);
        transformedY = (int) (shape.vertices[i].x * m[0][1] +
            shape.vertices[i].y * m[1][1] +
            shape.vertices[i].z * m[2][1] + m[3][1]);
        transformedZ = (int) (shape.vertices[i].x * m[0][2] +
            shape.vertices[i].y * m[1][2] +
            shape.vertices[i].z * m[2][2] + m[3][2]);
        shape.vertices[i].x = transformedX;
        shape.vertices[i].y = transformedY;
        shape.vertices[i].z = transformedZ;
    }
}

//////////////////////////////////////
//////////////////////////////////////
// END CUSTOM CODE
//////////////////////////////////////
//////////////////////////////////////
```

Summary

Whereas 2-D objects are defined on a Cartesian grid, 3-D objects are defined in a cube-like grid that has X, Y, and Z axes. To display a 3-D wireframe model, you must have a list of the model's vertices and a list of the model's edges. The edge list shows how the vertices are connected to create the wireframe model.

Because a display screen has only X and Y coordinates, whereas a 3-D model has X, Y, and Z coordinates, a graphics program needs some way to convert a model's vertices so that they can be displayed on a 2-D plane. This process is known as projection. Parallel projection simply drops all the object's Z coordinates, drawing the object as if it were a 2-D shape. Perspective projection gives more realistic results by scaling the X and Y coordinates by the Z coordinate, which provides for perspective foreshortening, where the further from the origin an object is, the smaller it looks.

Finally, transformations on a 3-D object's vertices are very similar to those done on 2-D shapes, except you must use 4×4 matrices to represent the transformation, rather than 3×3 matrices.

Now that you have some background in 3-D graphics programming, you can better understand the way that OpenGL works. In the next chapter, then, you start learning to program with OpenGL.

Chapter 4

The Minimum OpenGL Program

Knowing a few basics about 3-D graphics programming is the first step towards learning to use OpenGL. You took care of that requirement in the previous two chapters. The second step in learning to use OpenGL is discovering how OpenGL is implemented on Windows NT. This includes learning how to initialize a Windows NT OpenGL application and how to incorporate OpenGL into a Microsoft Foundation Classes (MFC) program that was created by Visual C++'s AppWizard. When you reach the end of this chapter, you will have created a basic OpenGL program upon which you can build your own 3-D applications.

In this chapter, you learn

- About the requirements for a minimum OpenGL program

- About OpenGL's special data types

- How to create rendering contexts and pixel formats

- How to set up a Microsoft Foundation Classes program for OpenGL

OpenGL Data Types

Anyone who has done Windows programming knows that Windows defines many special data types that make it easier to handle the many values needed in a Windows program. Such data types include HDC, HBRUSH, COLORREF, RECT, POINT, UINT, and dozens of others. OpenGL, too, defines many data types that you can use in OpenGL programs. These data types are shown in table 4.1.

Table 4.1 OpenGL Data Types	
Data Type	**Equivalent Type**
GLbyte	signed char
GLshort	short
GLint	long
GLsizei	long
GLfloat	float
GLclampf	float
GLdouble	double
GLclampd	double
GLubyte	unsigned char
GLboolean	unsigned char
GLushort	unsigned short
GLuint	unsigned long
GLenum	unsigned long
GLbitfield	unsigned long
GLvoid	void
HGLRC	HGDIOBJ

You'll see these data types used as you explore the many example programs and code segments in this book.

Rendering Contexts

As you know, just about every Windows program must handle *device contexts*, which contain information about how graphical information should be displayed in a window. A device context (DC) specifies pen and brush colors, drawing modes, palette contents, mapping modes, and other attributes that Windows must know to display graphical information. For example, before you can print text in a window, you must have created a DC for the window's client area. You must supply a handle to the DC as an argument to every function that draws in the window or affects the DC in some way.

Windows NT OpenGL programs must use DCs, just like any other Windows programs. However, they also must deal with something called a *rendering context*, which is sort of like OpenGL's version of a DC. An OpenGL application's rendering context holds information that OpenGL needs to associate OpenGL with Windows NT's windowing system. An OpenGL application must create a rendering context, after which it must make the rendering context current right before using OpenGL to draw to a window. Making the rendering context current binds it to the window's DC. After drawing to a window, the application makes the rendering context not current, which unbinds the rendering context from the DC. Finally, sometime before the program ends, the rendering context must be deleted.

> **Note**
>
> A rendering context is implicit in any calls to OpenGL functions. This differs from a device context, for which every GDI function needs a handle passed. That is, you need a rendering-context handle only when making the rendering context current. Most other OpenGL functions do not require a handle to a rendering context. They operate with whatever rendering context is current.

Five of the "WGL" functions supplied with Windows NT's implementation of OpenGL are responsible for managing rendering contexts. Table 4.2 lists those functions and a description of their use. You see how to use these functions later in this chapter, in the section entitled "Creating a Rendering Context."

Table 4.2   WGL Functions for Managing Rendering Contexts

Function Name	Use
wglCreateContext()	Creates a new rendering context
wglDeleteContext()	Deletes a rendering context
wglGetCurrentContext()	Returns a handle to the current rendering context
wglGetCurrentDC()	Gets a handle to the DC that's associated with the current rendering context
wglMakeCurrent()	Makes a rendering context current

Pixel Formats

Before your program can create a rendering context, it must set the device's *pixel format*, which contains the attributes for the device's drawing surface. These attributes include whether the drawing surface uses RGBA or indexed color mode, whether the pixel buffer uses single or double buffering, the number of color bits, the number of bits used in the depth and stencil buffers, and other OpenGL graphical information. (You learn about most of this stuff later in the book.)

The Win32 functions that manage pixel formats are shown in table 4.3. You learn how to use these functions later in this section.

Table 4.3 Win32 Functions for Managing Pixel Formats	
Function Name	**Use**
ChoosePixelFormat()	Returns the pixel format that most closely matches the requested pixel format
DescribePixelFormat()	Obtains information about a given pixel format
GetPixelFormat()	Gets the pixel format of the given device context
SetPixelFormat()	Sets the pixel format of the given device context

The *PIXELFORMATDESCRIPTOR* Structure

Each OpenGL display device supports a specific number of pixel formats. These available pixel formats are, of course, based on the abilities of the display. The attributes of a particular pixel format are represented by a PIXELFORMATDESCRIPTOR structure, which contains 26 fields of information. Win32 defines the PIXELFORMATDESCRIPTOR structure as shown in the following code:

```
typedef struct tagPIXELFORMATDESCRIPTOR
{
    WORD  nSize;
    WORD  nVersion;
    DWORD dwFlags;
    BYTE  iPixelType;
    BYTE  cColorBits;
    BYTE  cRedBits;
    BYTE  cRedShift;
    BYTE  cGreenBits;
    BYTE  cGreenShift;
    BYTE  cBlueBits;
```

```
          BYTE   cBlueShift;
          BYTE   cAlphaBits;
          BYTE   cAlphaShift;
          BYTE   cAccumBits;
          BYTE   cAccumRedBits;
          BYTE   cAccumGreenBits;
          BYTE   cAccumBlueBits;
          BYTE   cAccumAlphaBits;
          BYTE   cDepthBits;
          BYTE   cStencilBits;
          BYTE   cAuxBuffers;
          BYTE   iLayerType;
          BYTE   bReserved;
          DWORD  dwLayerMask;
          DWORD  dwVisibleMask;
          DWORD  dwDamageMask;
      } PIXELFORMATDESCRIPTOR, *PPIXELFORMATDESCRIPTOR,
        FAR *LPPIXELFORMATDESCRIPTOR;
```

When you're ready to set a device context's pixel format, you must fill
in the PIXELFORMATDESCRIPTOR structure and pass its address as an argument
of the SetPixelFormat() function. Table 4.4 describes each member of the
PIXELFORMATDESCRIPTOR structure.

Table 4.4   The *PIXELFORMATDESCRIPTOR* Structure

Member	Description
nSize	Size in bytes of the PIXELFORMATDESCRIPTOR structure.
nVersion	Version number of the structure, currently 1.
dwFlags	Property flags for the pixel format. Bit flags that can be used are PFD_DRAW_TO_BITMAP, PFD_DRAW_TO_WINDOW, PFD_DOUBLEBUFFER, PFD_GENERIC_FORMAT, PFD_NEED_PALETTE, PFD_NEED_SYSTEM_PALETTE, PFD_STEREO, PFD_SUPPORT_GDI, and PFD_SUPPORT_OPENGL. See table 4.5 for a description of these flags.
iPixelType	Describes the color data of a pixel. Must be PFD_TYPE_RGBA (for the RGBA color mode) or PFD_TYPEINDEX (for the indexed color mode).
cColorBits	Number of bits used to represent a color, which determines the number of available colors. For example, a value of 8 here provides as many as 256 colors.
cRedBits	Number of red bits in the RGBA color buffer.
cRedShift	The shift count for red bits in the RGBA color buffer.

(continues)

Table 4.4 Continued

Member	Description
cGreenBits	Number of green bits in the RGBA color buffer.
cGreenShift	The shift count for green bits in the RGBA color buffer.
cBlueBits	Number of blue bits in the RGBA color buffer.
cBlueShift	The shift count for blue bits in the RGBA color buffer.
cAlphaBits	Number of alpha bits in the RGBA color buffer.
cAlphaShift	The shift count for alpha bits in the RGBA color buffer.
cAccumBits	Number of bits per pixel in the accumulation buffer.
cAccumRedBits	Number of red bits per pixel in the accumulation buffer.
cAccumGreenBits	Number of green bits per pixel in the accumulation buffer.
cAccumBlueBits	Number of blue bits per pixel in the accumulation buffer.
cAccumAlphaBits	Number of alpha bits per pixel in the accumulation buffer.
cDepthBits	Number of bits per pixel in the depth buffer.
cStencilBits	Number of bits per pixel in the stencil buffer.
cAuxBuffers	Number of auxiliary buffers. Not supported under Windows NT.
iLayerType	Specifies the layer type. Must be PFD_MAIN_PLANE under the current Windows NT implementation. Other types that may be supported on other implementations of OpenGL are PFD_OVERLAY_PLANE and PFD_UNDERLAY_PLANE.
bReserved	Must be 0.
dwLayerMask	Specifies the layer mask. Not supported under Windows NT.
dwVisibleMask	Specifies the visible mask. Not supported under Windows NT.
dwDamageMask	Specifies the damage mask. Not supported under Windows NT.

Table 4.5 Pixel Format Property Flags

Flag	Description
PFD_DRAW_TO_BITMAP	Application can draw to a bitmap in a memory device context.
PFD_DRAW_TO_WINDOW	Application can draw to an on-screen window or some other device.
PFD_DOUBLEBUFFER	If set, selects double buffering.
PFD_GENERIC_FORMAT	If set, selects the generic pixel format, which is supported by the GDI.
PFD_NEED_PALETTE	If set, a logical palette is required.
PFD_NEED_SYSTEM_PALETTE	If set, the system uses OpenGL hardware that supports only one hardware palette.
PFD_STEREO	If set, selects the stereoscopic buffer. Not supported under Windows NT.
PFD_SUPPORT_GDI	If set, the buffer supports GDI drawing functions. Cannot be used with the PFD_DOUBLEBUFFER flag.
PFD_SUPPORT_OPENGL	If set, the buffer supports OpenGL drawing functions.

Initializing the *PIXELFORMATDESCRIPTOR* Structure

How do you know how to fill in the PIXELFORMATDESCRIPTOR structure to get the results you want? Obviously, the structure is complex and requires a good understanding of OpenGL and its implementation under Windows NT. You'll be happy to know that, for now, you can use default values for most of the structure's members. As you work your way through this book, you'll understand more and more about pixel formats. The default values that work well on most systems are as shown here:

```
PIXELFORMATDESCRIPTOR pfd =
{
    sizeof(PIXELFORMATDESCRIPTOR), // Structure size.
    1,                             // Structure version number.
    PFD_DRAW_TO_WINDOW |           // Property flags.
        PFD_SUPPORT_OPENGL,
    PFD_TYPE_RGBA,
    24,                            // 24-bit color.
    0, 0, 0, 0, 0, 0,              // Not concerned with these.
    0, 0, 0, 0, 0, 0, 0,           // No alpha or accum buffer.
    32,                            // 32-bit depth buffer.
```

```
        0, 0,                   // No stencil or aux buffer.
        PFD_MAIN_PLANE,         // Main layer type.
        0,                      // Reserved.
        0, 0, 0                 // Unsupported.
    };
```

Here, the property flags in dwFlags enable the application to draw to a window using OpenGL functions, whereas the PFD_TYPE_DATA flag in iPixelType selects the RGBA color mode. The 24 in cColorBits selects 24-bit color for 16.7 million colors. (On a 256-color system, the colors will be dithered.) The cRedBits through cBlueShift members are set to 0. The application will not use alpha or accumulation buffers, so the cAccumBits through cAccumAlphaBits members are all set to 0.

The 32 in cDepthBits selects a 32-bit depth buffer. (The depth buffer helps OpenGL remove hidden surfaces from 3-D objects.) The next two zeroes indicate that the application will not use stencil or auxiliary buffers. (A stencil buffer enables an application to restrict drawing to a specific region of a window. Auxiliary buffers aren't supported under Windows NT.) The PFD_MAIN_PLANE flag in iLayerType is the only flag value you can currently use for the layer type under Windows NT. Finally, the reserved and unsupported structure members are all set to 0.

Setting the Pixel Format

Once you have the PIXELFORMATDESCRIPTOR structure initialized, you can set the pixel format. The following code segment from an MFC program shows how this is done:

```
    CClientDC clientDC(this);
    int pixelFormat = ChoosePixelFormat(clientDC.m_hDC, &pfd);
    BOOL result = SetPixelFormat(clientDC.m_hDC, pixelFormat, &pfd);
```

In the first line, the program gets a DC for the client area of the application's window.

The call to ChoosePixelFormat() in the second line then requests a pixel-format index for a pixel format that most closely matches the format requested. This function's two arguments are a handle to the DC for which to select the pixel format and the address of the PIXELFORMATDESCRIPTOR structure that holds the attributes of the requested pixel format. If the function call fails, ChoosePixelFormat() returns a 0; otherwise, it returns the pixel-format index.

The third line in the preceding code sample calls SetPixelFormat() to set the pixel format. The function's three arguments are a handle to the DC, the pixel-format index, and the address of the PIXELFORMATDESCRIPTOR structure. The function returns TRUE if it succeeds; otherwise, it returns FALSE.

Enumerating Pixel Formats

Notice that the ChoosePixelFormat() function returns an index to the pixel
format that *best matches the requested format*. For many programs, this little
caveat may not cause problems. However, you can never be quite sure of the
pixel format you actually set unless you examine that format and verify that
it's suitable for your application. Luckily, the DescribePixelFormat() function
enables you to examine any available pixel format. One way to ensure that
you get exactly the pixel format you want, then, is to examine all the avail-
able pixel formats and choose the one that *you* think is best for the applica-
tion, rather than leaving this task to Windows. Here's a code segment that
shows how to do this:

```
PIXELFORMATDESCRIPTOR pfd;
CClientDC clientDC(this);

int numFormats =
    DescribePixelFormat(clientDC.m_hDC, 1, sizeof(pfd), &pfd);

for (int i=1; i<=numFormats; ++i)
{
    DescribePixelFormat(clientDC.m_hDC, i, sizeof(pfd), &pfd);

    //
    // Examine the PIXELFORMATDESCRIPTOR structure here.
    //
}
```

In the preceding code, the first line declares a PIXELFORMATDESCRIPTOR struc-
ture named pfd, whereas the second line gets a DC for the client area of the
application's window.

The third line then calls DescribePixelFormat() to get the number of pixel
formats supported on the current platform. This function's four arguments
are a handle to the DC, the pixel index to examine, and the size and address
of the PIXELFORMATDESCRIPTOR structure. DescribePixelFormat() returns the
number of available pixel formats or a 0 if the function call fails. When call-
ing DescribePixelFormat() to get the number of available formats, use 1 for
the second argument.

After getting the pixel-format count, the above code segment uses a
for loop to iterate from 1 to the number of available formats. In the loop,
the code calls DescribePixelFormat() to fill in the PIXELFORMATDESCRIPTOR
structure for each format, represented by the loop variable i. After each
call to DescribePixelFormat(), your program should examine the
PIXELFORMATDESCRIPTOR structure for the attributes required by the application.

The only pixel-format function you didn't use in the previous code examples was GetPixelFormat(). This straightforward function simply returns the index of a device context's current pixel format. It's called like this:

```
int pixelFormat = GetPixelFormat(hDC);
```

GetPixelFormat()'s single argument is the handle of the DC for which you want the pixel format. If the function fails, it returns a 0.

Creating a Rendering Context

As I said previously, you must create and make current a rendering context before you can draw to a window using OpenGL functions. Depending on the needs of your program, there are two techniques you can use to manage rendering contexts:

- Create the rendering context and make it current in response to the WM_CREATE message. Delete the rendering context, including making it not current, in response to the WM_DESTROY message.

- Create the rendering context in response to the WM_CREATE message, but make it current only when you're ready to draw with OpenGL and make it not current immediately upon completion of OpenGL drawing. Delete the rendering context in response to the WM_DESTROY message.

> **Note**
>
> If you're using threads in your Windows NT application, you must be aware that a rendering context is made current for the calling thread only. Only the thread with the current rendering context can call OpenGL functions. Moreover, a thread can have only one rendering context current at any specific time. Even if your application is not using multiple threads, the same rules apply. After all, an application always has at least one thread.

Method 1 of Creating a Rendering Context

Each of these rendering-context managing techniques has its advantages and disadvantages. The advantage of the first method is that your program needs to make the rendering context current only once. Because making a rendering context current takes up a lot of processor time, the first method enables your application to respond slightly faster to WM_PAINT messages.

The disadvantage is that you must retain a DC for the entire program run. Also, Visual C++ programs created with AppWizard don't seem to function properly using this method.

Method 2 of Managing a Rendering Context

In the second method of managing a rendering context, the program creates and releases the window's DC each time the program must draw to the window, so the program need not keep the DC for the entire program run. Each time the program creates the DC, however, it also must make the rendering context current.

An implementation of the second method of managing a rendering context in an MFC program would look something like this:

```
int COpenglView::OnCreate(LPCREATESTRUCT lpCreateStruct)
{
    if (CView::OnCreate(lpCreateStruct) == -1)
        return -1;

    // TODO: Add your specialized creation code here

    //////////////////////////////////////
    //////////////////////////////////////
    // START CUSTOM CODE
    //////////////////////////////////////
    //////////////////////////////////////

    PIXELFORMATDESCRIPTOR pfd =
    {
        sizeof(PIXELFORMATDESCRIPTOR), // Structure size.
        1,                             // Structure version number.
        PFD_DRAW_TO_WINDOW |           // Property flags.
            PFD_SUPPORT_OPENGL,
        PFD_TYPE_RGBA,
        24,                            // 24-bit color.
        0, 0, 0, 0, 0, 0,              // Not concerned with these.
        0, 0, 0, 0, 0, 0, 0,           // No alpha or accum buffer.
        32,                            // 32-bit depth buffer.
        0, 0,                          // No stencil or aux buffer.
        PFD_MAIN_PLANE,                // Main layer type.
        0,                             // Reserved.
        0, 0, 0                        // Unsupported.
    };

    CClientDC clientDC(this);
    int pixelFormat =
        ChoosePixelFormat(clientDC.m_hDC, &pfd);
    BOOL success =
        SetPixelFormat(clientDC.m_hDC, pixelFormat, &pfd);

    m_hRC = wglCreateContext(clientDC.m_hDC);
```

```
/////////////////////////////////////
/////////////////////////////////////
// END CUSTOM CODE
/////////////////////////////////////
/////////////////////////////////////

    return 0;
}

void COpenglView::OnDraw(CDC* pDC)
{
    COpengl1Doc* pDoc = GetDocument();
    ASSERT_VALID(pDoc);

    // TODO: add draw code for native data here

    /////////////////////////////////////
    /////////////////////////////////////
    // START CUSTOM CODE
    /////////////////////////////////////
    /////////////////////////////////////

    wglMakeCurrent(pDC->m_hDC, m_hRC);
    DrawWithOpenGL();
    wglMakeCurrent(pDC->m_hDC, NULL);

    /////////////////////////////////////
    /////////////////////////////////////
    // END CUSTOM CODE
    /////////////////////////////////////
    /////////////////////////////////////
}

void COpenglView::OnDestroy()
{
    CView::OnDestroy();

    // TODO: Add your message handler code here

    /////////////////////////////////////
    /////////////////////////////////////
    // START CUSTOM CODE
    /////////////////////////////////////
    /////////////////////////////////////

    wglDeleteContext(m_hRC);

    /////////////////////////////////////
    /////////////////////////////////////
    // END CUSTOM CODE
    /////////////////////////////////////
    /////////////////////////////////////
}
```

The OnCreate() function responds to the WM_CREATE message by first getting a DC for the client area of the window. OnCreate() then calls

`ChoosePixelFormat()` to retrieve an index to the suggested pixel format for the DC and calls `SetPixelFormat()` to set the pixel format.

Next, `OnCreate()` calls `wglCreateContext()` to create a rendering context that is compatible with the given DC. This function's single argument is the handle of the DC. If successful, `wglCreateContext()` returns a handle to the rendering context; otherwise, the function returns 0.

In this program segment, `OnCreate()` creates only a temporary DC, which, because of its local scope, is automatically deleted when the function returns. Because the DC is deleted, it is not possible to make the rendering context current at this point in the program.

When it's time to update the contents of the application's window, MFC calls the view class's `OnDraw()` function. Now, it is up to the `OnDraw()` function to make the rendering context current, which it does by calling `wglMakeCurrent()` using the handle of the DC object (the paint DC) passed to the function. This function's two arguments are a handle to a DC and the handle of the rendering context. If successful, `wglMakeCurrent()` returns TRUE; otherwise, it returns FALSE.

After making the rendering context current, `OnDraw()` calls the local function `DrawWithOpenGL()` to draw the window's display, after which a second call to `wglMakeCurrent()`, with NULL as the second parameter, makes the rendering context not current. (You, of course, have to write the `DrawWithOpenGL()` function so that it creates whatever OpenGL graphics your application needs to display.)

Finally, when the application closes, MFC calls the view class's `OnDestroy()` function. In `OnDestroy()`, the program only needs to call `wglDeleteContext()`, to delete the rendering context. This function's single parameter is the handle of the rendering context. If successful, `wglDeleteContext()` returns TRUE; otherwise, it returns FALSE. Because the DC was created and destroyed in response to the `WM_PAINT` message, there is no DC to delete at the end of the program.

Tip

You can kill two birds with one stone—making the current rendering context not current, while making a new rendering context current—by using a handle to a new rendering context as the second argument of the `wglMakeCurrent()` function.

> **Note**
>
> When calling `wglMakeCurrent()` to make a rendering context not current (in other words, with the second parameter set to NULL), the DC handle in the first parameter is ignored. For this reason, when making a rendering context not current, both `wglMakeCurrent()` arguments can be given as NULL. I, however, like the symmetry of using the DC handle both when making the rendering context current and when making it not current.

Caution

A device context should not be deleted while it is still bound to a rendering context. Before deleting the device context, call wglMakeCurrent() with a second argument of NULL to unbind the device context from the rendering context.

Other Rendering-Context Functions

In the preceding code examples, you saw how to use the wglCreateContext(), wglDeleteContext(), and wglMakeCurrent() functions. You did not, however, gain any experience with the wglGetCurrentContext() and wglGetCurrentDC() functions, which enable you to retrieve information about rendering and device contexts. A call to wglGetCurrentContext() looks like this:

```
HGLRC hRC = wglGetCurrentContext();
```

If successful, this function returns a handle to the current rendering context; otherwise, it returns NULL.

You call wglGetCurrentDC() like this:

```
HDC hDC = wglGetCurrentDC();
```

If successful, this function returns a handle to the device context bound to the current rendering context; otherwise, it returns NULL.

Building the Minimum OpenGL Application

Now that you have all the theoretical stuff out of the way, you actually can put what you've learned to use. Execute the following steps to create a program called MINOGL (MINimum OpenGL) that demonstrates the programming techniques you read about in this chapter. If you need help placing the following code segments in the program, please refer to the listings near the end of this chapter.

Note

After following the disk installation instructions at the back of this book, you can find the executable file and the complete source code for the MINOGL application in the OPENGL\CHAP04 directory on your hard drive.

In the first set of steps that follow, you create the basic AppWizard application and modify the application's user interface. (If you don't know how to perform any of the following steps, please consult your Visual C++ documentation.)

1. Use AppWizard to create an application called MINOGL. Set the following options in AppWizard's dialog boxes:

> Step 1: Single Document
>
> Step 2: None
>
> Step 3: None and No Automation
>
> Step 4: Use 3D Controls
>
> Step 5: Leave set to defaults
>
> Step 6: Leave set to defaults

Your project's final options should look like those shown in figure 4.1.

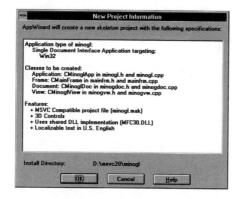

Fig. 4.1
The MINOGL application's final options.

2. Double-click the MINOGL.RC file in the project window to bring up App Studio's browser window (see fig. 4.2).

3. Double-click the Menu folder, and then double-click IDR_MAINFRAME to bring up the menu editor (see fig. 4.3).

4. Delete all entries from the File menu except Exit (see fig. 4.4).

5. Delete the Edit menu, leaving the File and Help menus, as shown in figure 4.5.

Fig. 4.2
The App Studio
browser window.

Fig. 4.3
The menu editor.

Fig. 4.4
The new File
menu.

Fig. 4.5
After deleting the
Edit menu.

6. Close the menu editor, and bring up the dialog box editor (see fig. 4.6), by double-clicking the Dialog folder in the browser window and then double-clicking IDD_ABOUTBOX in AppWizard's browser window.

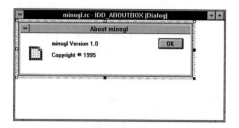

Fig. 4.6
The dialog editor.

Basic Techniques

7. Modify the About dialog box so that it looks like figure 4.7.

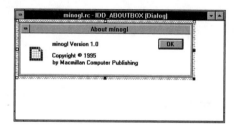

Fig. 4.7
The new About
dialog box.

8. Close the dialog box editor, and double-click Accelerator in App Studio's browser window. You'll see the IDR_MAINFRAME accelerator ID (see fig. 4.8). Delete the IDR_MAINFRAME accelerator table from the browser window.

Fig. 4.8
The
IDR_MAINFRAME
accelerator table
in the browser
window.

9. Close the App Studio browser window, being sure to save all your changes (see fig. 4.9).

In the next set of steps, you add message-response functions for the WM_CREATE and WM_DESTROY Windows messages, as well as override the view class's PreCreateWindow() function.

1. Select the Project menu's Class<u>W</u>izard command (or click the toolbar's ClassWizard button) to bring up the MFC ClassWizard dialog box. In the Class <u>N</u>ame box, select the `CMinoglView` class (see fig. 4.9). Make sure you have the Message Maps tab selected.

Fig. 4.9
The MFC ClassWizard dialog box.

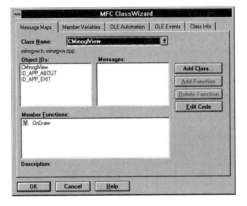

2. Use the MFC ClassWizard dialog box to create a response function for the `WM_CREATE` message, as shown in figure 4.10.

Fig. 4.10
Adding the *OnCreate( )* function.

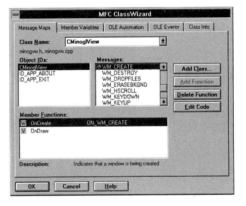

3. In the MFC ClassWizard dialog box, click the <u>E</u>dit Code button, and then add the following lines to the `OnCreate()` function, right after the `// TODO: Add your specialized creation code here` comment:

```
PIXELFORMATDESCRIPTOR pfd =
{
    sizeof(PIXELFORMATDESCRIPTOR), // Structure size.
    1,                             // Structure version number.
```

```
    PFD_DRAW_TO_WINDOW ¦          // Property flags.
    PFD_SUPPORT_OPENGL,
    PFD_TYPE_RGBA,
    24,                           // 24-bit color.
    0, 0, 0, 0, 0, 0,             // Not concerned with these.
    0, 0, 0, 0, 0, 0, 0,          // No alpha or accum buffer.
    32,                           // 32-bit depth buffer.
    0, 0,                         // No stencil or aux buffer.
    PFD_MAIN_PLANE,               // Main layer type.
    0,                            // Reserved.
    0, 0, 0                       // Unsupported.
};

CClientDC clientDC(this);

int pixelFormat =
    ChoosePixelFormat(clientDC.m_hDC, &pfd);
BOOL success =
    SetPixelFormat(clientDC.m_hDC, pixelFormat, &pfd);

m_hRC = wglCreateContext(clientDC.m_hDC);
```

4. Select the Project menu's ClassWizard command, and use the MFC ClassWizard dialog box to create a response function for the WM_DESTROY message, as shown in figure 4.11.

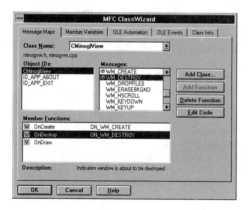

Fig. 4.11
Adding the
OnDestroy()
function.

5. In the MFC ClassWizard dialog box, click the Edit Code button, and then add the following lines to the OnDestroy() function, right after the // TODO: Add your message handler code here comment:

```
    wglDeleteContext(m_hRC);
```

6. Select the Project menu's ClassWizard command, and use the MFC ClassWizard dialog box to override the view class's PreCreateWindow() function, as shown in figure 4.12.

Fig. 4.12

Overriding the
PreCreateWindow( )
function.

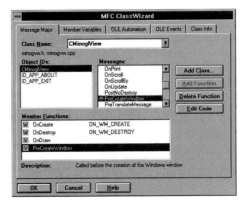

7. In the MFC ClassWizard dialog box, click the Edit Code button, and
   then add the following line to the PreCreateWindow( ) function, right
   after the // TODO: Add your specialized code here and/or call the
   base class comment:

   ```
   cs.style |= WS_CLIPCHILDREN | WS_CLIPSIBLINGS;
   ```

In this final set of steps, you add the source code that completes the
CMinoglView class. You also add the required member function and data
member declarations to the CMinoglView class's header file and add the
OPENGL32.LIB library file to the project.

1. In the MINOGVW.CPP file, add the following lines to the CMinoglView
   class's OnDraw( ) function, right after the // TODO: add draw code for
   native data here comment:

   ```
   wglMakeCurrent(pDC->m_hDC, m_hRC);
   DrawWithOpenGL();
   wglMakeCurrent(pDC->m_hDC, NULL);
   ```

2. Also in MINOGVW.CPP, add the following function to the end of the
   file:

   ```
   void CMinoglView::DrawWithOpenGL()
   {
       glClearColor(0.0f, 0.0f, 0.0f, 0.0f);
       glClear(GL_COLOR_BUFFER_BIT);
       glColor3f(1.0f, 1.0f, 1.0f);

       glBegin(GL_LINES);
           glVertex2f (0.25f, 0.25f);
           glVertex2f (0.75f, 0.25f);
       glEnd();
   ```

```
        glFlush();
    }
```

3. Load MINOGVW.H, and add the following line to the top of the file, right before the `CMinoglView` class declaration:

    ```
    #include <gl\gl.h>
    ```

4. Also in MINOGVW.H, add the following lines to the `CMinoglView` class's Attributes section, right after the `CMinoglDoc* GetDocument()` line:

    ```
    protected:
        HGLRC m_hRC;
    ```

5. Again in MINOGVW.H, add the following line to the `CMinoglView` class's Implementation section, right after the `protected` keyword:

    ```
    void DrawWithOpenGL();
    ```

6. Select the Project menu's Files command, and then use the Project Files dialog box to add the OPENGL32.LIB file (found in the MSVC20\LIB directory) to the project, as shown in figure 4.13.

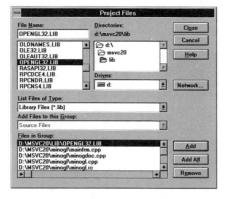

Fig. 4.13
Adding
OPENGL32.LIB
to the MINOGL
project.

Your MINOGL program is now complete. To create the application, select the Build command from Visual C++'s Project menu. To run the application, choose the Project menu's Execute command.

Running the MINOGL Application

When you run MINOGL, you see the window shown in figure 4.14, which displays a line drawn in a black window. Although not particularly fancy, that line is your first OpenGL graphic.

Fig. 4.14
The MINOGL
application.

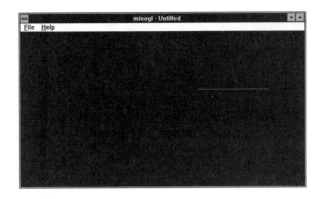

How the MINOGL Program Works

You already know the basics of setting up an OpenGL program under Windows NT. You learned those basics earlier in this chapter. As you may have noticed, the MINOGL application uses the rendering-context management method that requires that the rendering context be made current each time the application must draw to the window.

When the application starts up, the CMinoglView class's PreCreateWindow() function is called. This function modifies the window's style to include the WS_CLIPCHILDREN and WS_CLIPSIBLINGS flags. If you don't include these flags in the window's style, the SetPixelFormat() function will return an error. This has to do with the fact that child windows do not necessarily have the same pixel format as the parent window. The WS_CLIPCHILDREN and WS_CLIPSIBLINGS flags prohibit OpenGL from displaying output in child windows.

When it's time to create the application's window, the CMinoglView class's OnCreate() function is called. OnCreate() sets the window's pixel format and creates the application's rendering context, a handle to which is stored in the class data member m_hRC.

Once the window is on-screen, the OnDraw() function is called to paint the window's client area. This function makes the rendering context current, calls the local function DrawWithOpenGL() to draw the window's display, and then makes the rendering context not current.

DrawWithOpenGL() is really the only function that calls OpenGL functions. (The rendering-context functions are all extensions to OpenGL that are specific to Windows NT.) Later in the book, you'll see how these OpenGL functions work. But, for now, I'll give you a quick overview of what DrawWithOpenGL() does. The call to glClearColor() sets the background color, while the call to glClear() clears the window with the background color, which, in this case, is black. The call to glColor3f() sets the drawing color, after which the program defines a line by calling glBegin(), glVertex2f(), and glEnd(). The call to glFlush() forces OpenGL to draw the line on the display.

> **Note**
>
> You can use the MINOGL program as the starting point for any number of simple OpenGL applications. To customize the display created by OpenGL, you need only modify the DrawWithOpenGL() function so that it draws the display you want. Of course, more complex OpenGL applications will likely require more extensive changes to MINOGL.

Recall that, to access OpenGL functions, you had to add the OPENGL32.LIB file to your MINOGL project. This library file contains the information the linker needs to enable the program to access the functions in the dynamic link library OPENGL32.DLL. The compiler, too, needs information about the OpenGL functions the program uses. This information is found in the GL.H file, which is included at the top of the MINOGVW.H file. GL.H also defines the OpenGL data types and many constants that may be used in OpenGL programs.

The Program Listings

Following are the complete listings for the CMinoglView class, including the MINOGVW.H header file and the MINOGVW.CPP implementation file. Many other files were created by AppWizard when you started the MINOGL application project. Because you did not modify those files, they are not shown here. However, you easily can view any of the project's files by loading them with Visual C++'s editor (or any other text editor). Note that all modifications you made to the following listings are sandwiched between the comment blocks labeled with START CUSTOM CODE and END CUSTOM CODE.

Listing 4.1 MINOGVW.H—The Header File for the *CMinoglView* Class

```
// minogvw.h : interface of the CMinoglView class
//
/////////////////////////////////////////////////////////////////
```

(continues)

Listing 4.1 Continued

```
////////////////////////////////////
////////////////////////////////////
// START CUSTOM CODE
////////////////////////////////////
////////////////////////////////////

#include <gl\gl.h>

////////////////////////////////////
////////////////////////////////////
// END CUSTOM CODE
////////////////////////////////////
////////////////////////////////////

class CMinoglView : public CView
{
protected: // create from serialization only
    CMinoglView();
    DECLARE_DYNCREATE(CMinoglView)

// Attributes
public:
    CMinoglDoc* GetDocument();

////////////////////////////////////
////////////////////////////////////
// START CUSTOM CODE
////////////////////////////////////
////////////////////////////////////

protected:
    HGLRC m_hRC;

////////////////////////////////////
////////////////////////////////////
// END CUSTOM CODE
////////////////////////////////////
////////////////////////////////////

// Operations
public:

// Overrides
    // ClassWizard generated virtual function overrides
    //{{AFX_VIRTUAL(CMinoglView)
    public:
    virtual void OnDraw(CDC* pDC);  // overridden to draw this view
    protected:
    virtual BOOL PreCreateWindow(CREATESTRUCT& cs);
    //}}AFX_VIRTUAL

// Implementation
public:
```

```
    virtual ~CMinoglView();
#ifdef _DEBUG
    virtual void AssertValid() const;
    virtual void Dump(CDumpContext& dc) const;
#endif

protected:

    ////////////////////////////////////////
    // START CUSTOM CODE
    ////////////////////////////////////////
    ////////////////////////////////////////

    void DrawWithOpenGL();

    ////////////////////////////////////////
    ////////////////////////////////////////
    // END CUSTOM CODE
    ////////////////////////////////////////
    ////////////////////////////////////////

// Generated message map functions
protected:
    //{{AFX_MSG(CMinoglView)
    afx_msg int OnCreate(LPCREATESTRUCT lpCreateStruct);
    afx_msg void OnDestroy();
    //}}AFX_MSG
    DECLARE_MESSAGE_MAP()
};

#ifndef _DEBUG  // debug version in minogvw.cpp
inline CMinoglDoc* CMinoglView::GetDocument()
    { return (CMinoglDoc*)m_pDocument; }
#endif

///////////////////////////////////////////////////////////////////
```

Listing 4.2   MINOGVW.CPP—Implementation File for the *CMinoglView* Class

```
// minogvw.cpp : implementation of the CMinoglView class
//

#include "stdafx.h"
#include "minogl.h"

#include "minogdoc.h"
#include "minogvw.h"

#ifdef _DEBUG
#undef THIS_FILE
static char BASED_CODE THIS_FILE[] = __FILE__;
```

(continues)

Listing 4.2 Continued

```
#endif

/////////////////////////////////////////////////////////////
// CMinoglView

IMPLEMENT_DYNCREATE(CMinoglView, CView)

BEGIN_MESSAGE_MAP(CMinoglView, CView)
    //{{AFX_MSG_MAP(CMinoglView)
    ON_WM_CREATE()
    ON_WM_DESTROY()
    //}}AFX_MSG_MAP
END_MESSAGE_MAP()

/////////////////////////////////////////////////////////////
// CMinoglView construction/destruction

CMinoglView::CMinoglView()
{
    // TODO: add construction code here

}

CMinoglView::~CMinoglView()
{
}

/////////////////////////////////////////////////////////////
// CMinoglView drawing

void CMinoglView::OnDraw(CDC* pDC)
{
    CMinoglDoc* pDoc = GetDocument();
    ASSERT_VALID(pDoc);

    // TODO: add draw code for native data here

    ////////////////////////////////////////
    ////////////////////////////////////////
    // START CUSTOM CODE
    ////////////////////////////////////////
    ////////////////////////////////////////

    wglMakeCurrent(pDC->m_hDC, m_hRC);
    DrawWithOpenGL();
    wglMakeCurrent(pDC->m_hDC, NULL);

    ////////////////////////////////////////
    ////////////////////////////////////////
    // END CUSTOM CODE
    ////////////////////////////////////////
    ////////////////////////////////////////
}
```

```
/////////////////////////////////////////////////////////////////
// CMinoglView diagnostics

#ifdef _DEBUG
void CMinoglView::AssertValid() const
{
    CView::AssertValid();
}

void CMinoglView::Dump(CDumpContext& dc) const
{
    CView::Dump(dc);
}

CMinoglDoc* CMinoglView::GetDocument() // non-debug version is inline
{
    ASSERT(m_pDocument->IsKindOf(RUNTIME_CLASS(CMinoglDoc)));
    return (CMinoglDoc*)m_pDocument;
}
#endif //_DEBUG

/////////////////////////////////////////////////////////////////
// CMinoglView message handlers

int CMinoglView::OnCreate(LPCREATESTRUCT lpCreateStruct)
{
    if (CView::OnCreate(lpCreateStruct) == -1)
        return -1;

    // TODO: Add your specialized creation code here

    ///////////////////////////////////////
    ///////////////////////////////////////
    // START CUSTOM CODE
    ///////////////////////////////////////
    ///////////////////////////////////////

    PIXELFORMATDESCRIPTOR pfd =
    {
        sizeof(PIXELFORMATDESCRIPTOR), // Structure size.
        1,                             // Structure version number.
        PFD_DRAW_TO_WINDOW |           // Property flags.
        PFD_SUPPORT_OPENGL,
        PFD_TYPE_RGBA,
        24,                            // 24-bit color.
        0, 0, 0, 0, 0, 0,              // Not concerned with these.
        0, 0, 0, 0, 0, 0, 0,           // No alpha or accum buffer.
        32,                            // 32-bit depth buffer.
        0, 0,                          // No stencil or aux buffer.
        PFD_MAIN_PLANE,                // Main layer type.
        0,                             // Reserved.
        0, 0, 0                        // Unsupported.
    };
```

(continues)

Listing 4.2 Continued

```
        CClientDC clientDC(this);

        int pixelFormat =
            ChoosePixelFormat(clientDC.m_hDC, &pfd);
        BOOL success =
            SetPixelFormat(clientDC.m_hDC, pixelFormat, &pfd);

        m_hRC = wglCreateContext(clientDC.m_hDC);

        ////////////////////////////////////////
        ////////////////////////////////////////
        // END CUSTOM CODE
        ////////////////////////////////////////
        ////////////////////////////////////////

        return 0;
    }

    void CMinoglView::OnDestroy()
    {
        CView::OnDestroy();

        // TODO: Add your message handler code here

        ////////////////////////////////////////
        ////////////////////////////////////////
        // START CUSTOM CODE
        ////////////////////////////////////////
        ////////////////////////////////////////

        wglDeleteContext(m_hRC);

        ////////////////////////////////////////
        ////////////////////////////////////////
        // END CUSTOM CODE
        ////////////////////////////////////////
    }

    BOOL CMinoglView::PreCreateWindow(CREATESTRUCT& cs)
    {
        // TODO: Add your specialized code here and/or
        //       call the base class

        ////////////////////////////////////////
        ////////////////////////////////////////
        // START CUSTOM CODE
        ////////////////////////////////////////
        ////////////////////////////////////////

        cs.style |= WS_CLIPCHILDREN | WS_CLIPSIBLINGS;

        ////////////////////////////////////////
        ////////////////////////////////////////
```

```
    // END CUSTOM CODE
    /////////////////////////////////////////
    /////////////////////////////////////////

    return CView::PreCreateWindow(cs);
}

/////////////////////////////////////////
/////////////////////////////////////////
// START CUSTOM CODE
/////////////////////////////////////////
/////////////////////////////////////////

void CMinoglView::DrawWithOpenGL()
{
    glClearColor(0.0f, 0.0f, 0.0f, 0.0f);
    glClear(GL_COLOR_BUFFER_BIT);
    glColor3f(1.0f, 1.0f, 1.0f);

    glBegin(GL_LINES);
        glVertex2f(0.25f, 0.25f);
        glVertex2f(0.75f, 0.25f);
    glEnd();

    glFlush();
}

/////////////////////////////////////////
/////////////////////////////////////////
// END CUSTOM CODE
/////////////////////////////////////////
/////////////////////////////////////////
```

Summary

To call OpenGL functions successfully, your program must create a rendering context—which is OpenGL's version of a device context—for the window into which OpenGL will draw. To create a rendering context, you must first set the window's pixel format.

When ready to draw with OpenGL functions, the program must make the rendering context current, which binds the rendering context to the window's device context. Sometime before the program ends, the rendering context must be made not current and then deleted.

The functions you studied in this chapter are the following:

`int ChoosePixelFormat(HDC, PIXELFORMATDESCRIPTOR*)`

Requests a pixel-format index for a pixel format that most closely matches the format requested. This function's two arguments are a handle to the DC for which to select the pixel format and the address of the `PIXELFORMATDESCRIPTOR` structure that holds the attributes of the requested pixel format. If successful, the function returns the pixel-format index; otherwise, it returns 0.

`int DescribePixelFormat(HDC, int, UINT, PIXELFORMATDESCRIPTOR*)`

Fills a `PIXELFORMATDESCRIPTOR` structure with information about the given pixel format. This function's four arguments are a handle to the DC, the pixel index to examine, and the size and address of the `PIXELFORMATDESCRIPTOR` structure. If successful, the function returns the number of available pixel formats; otherwise, it returns 0.

`int GetPixelFormat(HDC)`

Returns the index of a device context's current pixel format. The function's single argument is the handle of the DC for which you want the pixel format. If the function fails, it returns a 0.

`BOOL SetPixelFormat(HDC, int, PIXELFORMATDESCRIPTOR*)`

Sets the pixel format. The function's three arguments are a handle to the DC, the pixel-format index, and the address of the `PIXELFORMATDESCRIPTOR` structure. The function returns TRUE if it succeeds; otherwise, it returns FALSE.

`HGLRC wglCreateContext(HDC)`

Creates a rendering context compatible with the given DC. This function's single argument is the handle of the DC. If successful, the function returns a handle to the rendering context; otherwise, it returns 0.

`BOOL wglDeleteContext(HGLRC)`

Deletes a rendering context. This function's single parameter is the handle of the rendering context. If successful, the function returns TRUE; otherwise, it returns FALSE.

`HGLRC wglGetCurrentContext(VOID)`

If successful, this function returns a handle to the current rendering context; otherwise, it returns NULL.

```
HDC wglGetCurrentDC(VOID)
```

If successful, this function returns a handle to the device context bound to the current rendering context; otherwise, it returns NULL.

```
BOOL wglMakeCurrent(HDC, HGLRC)
```

Makes a rendering context current, which binds the rendering context to the given DC. This function's two arguments are a handle to a DC and the handle to the rendering context. To make a rendering context not current, use NULL for the second argument. If successful, the function returns TRUE; otherwise, it returns FALSE.

You now know how to set up an MFC program to use OpenGL, which means you're ready to start studying OpenGL itself. In the next chapter, you learn how to define colors in OpenGL, as well as how to define and draw various basic shapes.

Chapter 5

Drawing Shapes and Using Color

OpenGL is a versatile library. Not only can it draw simple shapes such as points, lines, and polygons, it also can combine various types of shapes into special images like triangle fans, polygon strips, and line loops. In addition, you can set the colors with which shapes are drawn and even combine multiple shapes into more complex, nonconvex polygons. In this chapter, you learn

- How to call OpenGL functions

- About OpenGL states

- How to choose colors

- How to define shapes

- About the basic shapes supported by OpenGL

Syntax of OpenGL Functions

You may recall that in Chapter 1, "Introducing OpenGL," I said that OpenGL features more than 100 different functions, all of which begin with the prefix gl. You may also remember that I said that these core OpenGL functions come in several forms with different suffixes, depending on the type and number of parameters they accept.

Take, for example, the glVertex2f() command that you saw briefly in the previous chapter. The 2f is the suffix. In this case, the suffix indicates that the command takes two floating-point (in OpenGL terms, the type is GLfloat) values as parameters. The glVertex command actually has 24 forms:

glVertex2d()	glVertex2f()
glVertex3d()	glVertex3f()
glVertex4d()	glVertex4f()
glVertex2i()	glVertex2s()
glVertex3i()	glVertex3s()
glVertex4i()	glVertex4s()
glVertex2dv()	glVertex2fv()
glVertex3dv()	glVertex3fv()
glVertex4dv()	glVertex4fv()
glVertex2iv()	glVertex2sv()
glVertex3iv()	glVertex3sv()
glVertex4iv()	glVertex4sv()

As you can see, these different forms vary in the name's suffix (and thus also in the number and type of arguments they accept).

Notice that the last 12 commands above end with a v, whereas the first 12 have no v. The v indicates that the arguments for the command or function call are given in a *vector* (the graphical version of an array), rather than individually in the argument list. In any case, the number in the suffix indicates the number of values required by the command or function. Table 5.1 summarizes the suffixes and their meanings.

Table 5.1 OpenGL Command Suffixes

Suffix	Meaning
b	Takes GLbyte arguments.
d	Takes GLdouble or GLclampd arguments.
f	Takes GLfloat or GLclampf arguments.
i	Takes GLint or GLsizei arguments.

Suffix	Meaning
s	Takes GLshort arguments.
ub	Takes GLubyte or GLboolean arguments.
ui	Takes GLuint, GLenum, or GLbitfield arguments.
us	Takes GLushort arguments.
bv	Takes GLbyte arguments in a vector.
dv	Takes GLdouble or GLclampd arguments in a vector.
fv	Takes GLfloat or GLclampf arguments in a vector.
iv	Takes GLint or GLsizei arguments in a vector.
sv	Takes GLshort arguments in a vector.
ubv	Takes GLubyte or GLboolean arguments in a vector.
uiv	Takes GLuint, GLenum, or GLbitfield arguments in a vector.
usv	Takes GLushort arguments in a vector.

Note

Because of the many possible variations of OpenGL command and function names, when I refer to a function in a general context, I'll ignore the suffix. So, for example, I'll refer to all variations of the glVertex command as glVertex().

OpenGL and States

The OpenGL environment that you set up in your program maintains a specific *state*. For example, when you set the drawing color with a call to glColor(), that color remains in effect until you call glColor() again to change it. This idea is familiar to all Windows programmers, because device contexts work similarly. When you select a pen into a device context, all lines drawn will be the width and color of the selected pen. The pen remains in effect until it is replaced with a new one.

The various attributes that make up OpenGL's state are stored in *state variables*. To make it easy to get quick results in an OpenGL program, all the state variables have a default state, which remains in effect until you call the appropriate function to change that specific attribute. For example, the clearing color (whose state variable is referenced by the GL_COLOR_CLEAR_VALUE constant) has a default value of black and the drawing color (whose state variable is referenced by the GL_CURRENT_COLOR constant) has a default value of white.

> **Note**
>
> Although the default values of the state variables ensure that OpenGL is in a usable state at program startup, you should make it a habit to explicitly set attributes that are important to your application. This way, you (or someone else trying to maintain your code) won't have to guess the current value of important state variables. Doing so helps make your source code self-documenting.

There are almost 200 state variables, all of which are listed in the online OpenGL documentation that came with your copy of Visual C++ 2.0. You can also find a list of the OpenGL state variables in Appendix B of the *OpenGL Programming Guide*.

The Minimum OpenGL Program Revisited

In Chapter 4, "The Minimum OpenGL Program," you wrote a small program that did nothing more than draw a line in the window's client area. Although the program sets the window's pixel format and creates a rendering context, all the program's actual OpenGL function calls are in the DrawWithOpenGL() function, which looks like this:

```
void CMinoglView::DrawWithOpenGL()
{
    glClearColor(0.0f, 0.0f, 0.0f, 0.0f);
    glClear(GL_COLOR_BUFFER_BIT);
    glColor3f(1.0f, 1.0f, 1.0f);

    glBegin(GL_LINES);
        glVertex2f(0.25f, 0.25f);
        glVertex2f(0.75f, 0.25f);
    glEnd();

    glFlush();
}
```

Now that you know about OpenGL function suffixes, you can take a closer look at DrawWithOpenGL(). In the sections that follow, you'll see what each line does and why it's important to an OpenGL program.

Setting the Clear Color

In the first line of DrawWithOpenGL(), the program calls glClearColor(), which sets the RGBA-mode color that's used to clear the background of an OpenGL image. This function takes four arguments, which are GLclampf values that represent the color's red, green, blue, and alpha components, respectively.

When in RGBA mode, colors in OpenGL, just like colors in Windows, are represented by red, green, and blue values that are combined to produce the requested color. In OpenGL, the red, green, or blue component of a color can be a value from 0.0 to 1.0, with 1.0 being the highest possible intensity of that color component. So, the call to glClearColor() in DrawWithOpenGL() sets the clear color to black, because all three color components are being set to their lowest possible intensity. Changing all the values in the function call to 1.0 would set the clear color to white, whereas setting the red component to 0.0, the green component to 0.0, and the blue component to 1.0 would set the clear color to blue.

What's with the alpha component given as the fourth argument in the call to glClearColor()? OpenGL uses the alpha component for special effects such as blending. Normally, the alpha value has no effect on the color being set.

> **Note**
>
> OpenGL has two color modes: RGBA and indexed. Because the indexed color mode is not as useful as the RGBA mode, it is not covered in this book. However, you should be aware that the indexed color mode exists and that it specifies colors as indexes into a color table.

Clearing the Color Buffer

The second line in DrawWithOpenGL() clears the color buffer with the current clearing color. The glClear() function takes as its single parameter a series of bit flags that indicate which buffers to clear. The function returns no value. The color buffer (indicated by the GL_COLOR_BUFFER_BIT flag) is the area of memory that holds the actual image to be displayed on-screen. OpenGL uses other types of buffers, including depth and stencil buffers, that help it process images.

Setting the Current Drawing Color

Next, the call to glColor3f() in DrawWithOpenGL() sets the current drawing color. The function's three arguments (indicated by the 3f suffix) are GLfloat values specifying the color's red, green, and blue components. There are 32 versions of the glColor() function, depending on the function suffix and the number and type of arguments.

After setting the drawing color, any objects created by OpenGL function calls will be drawn in the selected drawing color. As you learned when you read about OpenGL's state variables, this color remains in effect until you change it with another call to glColor().

Later in the book, you'll discover that the color of objects on-screen can be profoundly affected by other graphical operations. For example, applying different colored lighting effects to an image will, just as in the real world, change the color of the viewed object. Other operations that affect colors include shading, fogging, and blending. You learn about these OpenGL graphical operations later in the book, in Chapter 7, "Lighting 3-D Objects," and Chapter 10, "Using Blending, Antialiasing, and Fog."

> **Note**
>
> On a 256-color system, selected colors may not appear on the screen as you expect. This is because Windows' standard palette contains only 20 colors, which makes it difficult for OpenGL to create the display you want. As you'll see in Chapter 7, "Lighting 3-D Objects," you can improve OpenGL's color handling on a 256-color machine by creating something called a logical palette.

Defining a Shape

Before you can command OpenGL to draw a shape, you have to tell OpenGL what the shape looks like. You do this by defining vertices for the object, in much the same way you learned to use vertices in Chapter 2, "A 2-D Computer Graphics Primer," and in Chapter 3, "Moving to 3-D." The main difference is that you'll no longer use your own data types such as VERTEX and MODEL to define objects. Instead, you'll use OpenGL's glBegin(), glVertex(), and glEnd() commands.

Looking at the DrawWithOpenGL() function, the program first calls glBegin(GL_LINES) to begin defining a shape. In this case, the shape is a line, indicated by the GL_LINES flag. Other flags you can use with glBegin() are GL_POINTS, GL_LINE_STRIP, GL_LINE_LOOP, GL_TRIANGLES, GL_TRIANGLE_STRIP, GL_TRIANGLE_FAN, GL_QUADS, GL_QUAD_STRIP, and GL_POLYGON.

Because a line has two vertices (one for each end point), after the call to glBegin(), DrawWithOpenGL() twice calls glVertex2f(). The glVertex2f() function, which defines a vertex, takes as arguments GLfloat values that represent the X and Y coordinates of the vertex. There are 24 versions of the `glVertex()` function, depending on the function suffix and the number and type of arguments.

> **Note**
>
> You may be wondering how a 3-D library such as OpenGL can define an object with only X and Y coordinates. What happened to the Z and W values you learned about in Chapter 3? As it happens, although the `glVertex2f()` function defines only two vertices, there are still Z and W values associated with those vertices. They just get the default values of 0.0 for Z and 1.0 for W.

More complex shapes such as polygons require more calls to `glVertex()` to define the vertices that make up their shape. As you begin to define more and more sophisticated graphics, you'll see that most applications require very long lists of vertices, tucked away between many pairs of calls to `glBegin()` and `glEnd()`. For example, to define four lines that form a rectangle, you might write the following:

```
glBegin(GL_LINES);

    glVertex2f(0.0f, 0.0f);
    glVertex2f(1.0f, 0.0f);

    glVertex2f(0.0f, 0.0f);
    glVertex2f(0.0f, 1.0f);

    glVertex2f(0.0f, 1.0f);
    glVertex2f(1.0f, 1.0f);

    glVertex2f(1.0f, 1.0f);
    glVertex2f(1.0f, 0.0f);

glEnd();
```

The values of the preceding vertices are based on the default Cartesian coordinates set up in OpenGL. The default coordinates form a 2×2×2 cube, with the origin of 0,0 in the center of the cube. Therefore, the preceding vertices create a rectangle in the upper right corner of the window, as shown in figure 5.1.

To end the shape definition, `DrawWithOpenGL()` calls `glEnd()`. This function, which always must follow a list of `glVertex()` function calls, requires no parameters.

Fig. 5.1
A rectangle drawn
by OpenGL.

Note

The glVertex() function is just one of ten functions you can call between
glBegin() and glEnd(). The other valid functions are glCallList(),
glCallLists(), glColor(), glEdgeFlag(), glEvalCoord(), glIndex(),
glMaterial(), glNormal(), and glTexCoord().

Ensuring that Drawing Operations Are Completed

So far, the program has set the clear color, cleared the background, set the
drawing color, and defined a line. Although the final image has probably
appeared on-screen by this point in the program, you usually should end a
drawing operation with a call to glFlush(). This ensures that any buffered
OpenGL commands are executed. The glFlush() command requires no argu-
ments. A similar function is glFinish(), which performs the same task as
glFlush(), but returns only when the drawing operations are complete.

Defining and Drawing Points

In the previous sections, you got a quick look at how you define shapes in
OpenGL. You learned that to create a shape, you define the shape's vertices.
The glBegin() function starts the shape definition, its single argument being
the type of shape you're about to create. The shapes are represented by the
constants GL_POINTS, GL_LINE, GL_LINE_STRIP, GL_LINE_LOOP, GL_TRIANGLES,
GL_TRIANGLE_STRIP, GL_TRIANGLE_FAN, GL_QUADS, GL_QUAD_STRIP, and GL_POLYGON.

Many of the shapes that OpenGL can draw look just the way they sound. The
shape created by glBegin(GL_POINTS), for example, produces a point, which is
a single dot, on-screen. You define a series of points like this:

```
glBegin(GL_POINTS);
    glVertex2f(0.0f, 0.0f);
    glVertex2f(0.75f, 0.75f);
    glVertex2f(-0.75f, -0.75f);
    glVertex2f(-0.75f, 0.75f);
    glVertex2f(0.75f, -0.75f);
glEnd();
```

Here, each glVertex() command defines a single point. As you can see, you can define as many points as you like between a pair of glBegin() and glEnd() commands. Notice that the preceding code segment defines points on a 2-D Cartesian plane, since the vertices are defined with only the X and Y coordinates. As mentioned previously, these points really do have Z and W values, as well, but, if you supply only X and Y coordinates, OpenGL automatically sets Z and W to their default values of 0 and 1, respectively. If you were defining points in 3-D Cartesian coordinates, the preceding code segment might look like this:

```
glBegin(GL_POINTS);
    glVertex3f(0.0f, 0.0f, 0.0f);
    glVertex3f(0.75f, 0.75f, 1.0f);
    glVertex3f(-0.75f, -0.75f, 1.0f);
    glVertex3f(-0.75f, 0.75f, -1.0f);
    glVertex3f(0.75f, -0.75f, -1.0f);
glEnd();
```

Here, the code uses the 3f version of the glVertex() command in order to define 3-D X,Y,Z coordinates.

With today's high-resolution monitors, a single point is difficult to see on-screen. Luckily, OpenGL includes the glPointSize() function, which enables you to draw points of any size. For example, the following function call sets the point size to four pixels:

```
glPointSize(4.0f);
```

This function's single argument is a GLfloat value indicating the requested point diameter. To determine the range of supported point sizes, you can call glGetFloatv() like this:

```
GLfloat ps[2];
glGetFloatv(GL_POINT_SIZE_RANGE, ps);
```

Here, ps is the two-element array of GLfloat values that will hold the minimum and maximum point sizes. The call to glGetFloatv() requires as arguments a constant indicating the values you want to retrieve and the address of the GLfloat array in which to store those values. There are almost 150 constants you can use with the various forms of the glGet() function. They are listed in your Visual C++ online documentation, or you can find them in both the *OpenGL Programming Guide* and *OpenGL Reference Manual*.

You can get the current point size in much the same way:

```
GLfloat ps;
glGetFloatv(GL_POINT_SIZE, &ps);
```

In this case, ps is the GLfloat variable that will hold the current point size. The address of this variable is given as the second argument to the glGetFloatv() function call.

The following code segment produces the display shown in figure 5.2:

```
glClearColor(1.0f, 1.0f, 1.0f, 1.0f);
glClear(GL_COLOR_BUFFER_BIT);
glColor3f(0.0f, 0.0f, 0.0f);

GLfloat ps[2];
glGetFloatv(GL_POINT_SIZE_RANGE, ps);

glPointSize(ps[1]);

glBegin(GL_POINTS);
    glVertex2f(0.0f, 0.0f);
    glVertex2f(0.75f, 0.75f);
    glVertex2f(-0.75f, -0.75f);
    glVertex2f(-0.75f, 0.75f);
    glVertex2f(0.75f, -0.75f);
glEnd();

glFlush();
```

Fig. 5.2
Drawing points
with OpenGL.

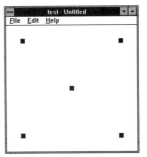

Note

Although you can set the diameter of a point, the size of the point actually drawn on-screen is affected by such graphical operations as antialiasing, which attempts to smooth the "stairstep" effect from lines on a computer screen. (Antialiasing is covered in Chapter 10, "Using Blending, Antialiasing, and Fog." This is also true for other shapes you may define and draw with OpenGL.

Defining and Drawing Lines

After the point, the next most simple shape you can draw with OpenGL is a line. You had a quick introduction to lines earlier in this chapter. You learned that a line is defined by two vertices that represent the line's starting and ending points:

```
glBegin(GL_LINES);
    glVertex2f(1.0f, 1.0f);
    glVertex2f(1.0f, 0.0f);
glEnd();
```

You also learned that you can define any number of lines to draw shapes on-screen:

```
glBegin(GL_LINES);

    glVertex2f(0.0f, 1.0f);
    glVertex2f(1.0f, 1.0f);

    glVertex2f(1.0f, 1.0f);
    glVertex2f(1.0f, 0.0f);

glEnd();
```

Just as with points, you can define the size of your lines. You do this by calling the glLineWidth() function:

```
glLineWidth(4.0f);
```

This function's single argument is a GLfloat value indicating the requested line width.

To determine the range of supported line widths, you can call glGetFloatv():

```
GLfloat lw[2];
glGetFloatv(GL_LINE_WIDTH_RANGE, lw);
```

Here, lw is the two-element array of GLfloat values that will hold the minimum and maximum line widths.

You can also call glGetFloatv() to get the current line width:

```
GLfloat lw;
glGetFloatv(GL_LINE_WIDTH, &lw);
```

In this case, lw is the GLfloat variable that will hold the current line width. The address of this variable is given as the second argument to the glGetFloatv() function call.

The following code segment produces the display shown in figure 5.3:

```
glClearColor(1.0f, 1.0f, 1.0f, 1.0f);
glClear(GL_COLOR_BUFFER_BIT);
glColor3f(0.0f, 0.0f, 0.0f);

GLfloat lw[2];
glGetFloatv(GL_LINE_WIDTH_RANGE, lw);

glLineWidth(lw[1]);

glBegin(GL_LINES);

    glVertex2f(-0.75f, 0.75f);
    glVertex2f(0.75f, 0.75f);

    glVertex2f(-0.75f, 0.25f);
    glVertex2f(0.75f, 0.25f);

    glVertex2f(-0.75f, -0.25f);
    glVertex2f(0.75f, -0.25f);

    glVertex2f(-0.75f, -0.75f);
    glVertex2f(0.75f, -0.75f);

glEnd();

glFlush();
```

Fig. 5.3
Drawing lines
with OpenGL.

Drawing Stippled Lines

OpenGL programs aren't limited to ordinary solid lines. They can also draw
stippled lines, which are lines composed of a series of dots and dashes. The
first step in drawing stippled lines is to call `glLineStipple()` to specify a
stipple pattern. To do this, you first must define the pattern that you want to
use. A stipple pattern is defined by creating a binary value in which 1 repre-
sents a dot and 0 indicates no dot.

For example, the following stipple pattern would result in a line of alternat-
ing blank spaces and dashes:

0000000011111111

On the other hand, the following pattern creates a line made of short dashes:

0000111100001111

To use the stipple pattern as an argument in a call to `glLineStipple()`, you first must convert the pattern to a hexadecimal value. In the preceding cases, the first example would be represented by the hex value `0x00FF`, whereas the second would be `0x0F0F`.

Once you have your pattern defined, you call `glLineStipple()` to give the pattern to OpenGL:

```
glLineStipple(1, 0x0F0F);
```

This function's two arguments are a `GLint` value indicating the pattern repeat factor and a `GLushort` value containing the stipple pattern. The repeat factor determines how many times the dots represented by the binary values should be repeated. For example, if the repeat pattern is 2, OpenGL will draw a line that is defined as 01010101 as if it were defined as 0011001100110011. You can think of the repeat factor as a horizontal scaling of the line.

After setting the stipple pattern, you must enable line stippling by calling `glEnable()`:

```
glEnable(GL_LINE_STIPPLE);
```

The `glEnable()` function takes a single argument, which is the OpenGL capability that you want enabled. For example, the constant `GL_LINE_STIPPLE` turns on OpenGL's line-stippling capability, whereas `GL_LIGHTING` turns on OpenGL's ability to apply lighting to images. There are almost 50 constants you can use with the `glEnable()`—and `glDisable()`—functions. They are listed in your Visual C++ online documentation. You can also find them in the *OpenGL Reference Manual*.

The following code segment produces the display shown in figure 5.4:

```
glClearColor(1.0f, 1.0f, 1.0f, 1.0f);
glClear(GL_COLOR_BUFFER_BIT);
glColor3f(0.0f, 0.0f, 0.0f);

GLfloat lw[2];
glGetFloatv(GL_LINE_WIDTH_RANGE, lw);

glLineWidth(lw[1]);

glLineStipple(1, 0x4444);
```

```
glEnable(GL_LINE_STIPPLE);

glBegin(GL_LINES);

    glVertex2f(-0.75f, 0.75f);
    glVertex2f(0.75f, 0.75f);

    glVertex2f(-0.75f, 0.25f);
    glVertex2f(0.75f, 0.25f);

    glVertex2f(-0.75f, -0.25f);
    glVertex2f(0.75f, -0.25f);

    glVertex2f(-0.75f, -0.75f);
    glVertex2f(0.75f, -0.75f);

glEnd();

glFlush();
```

Fig. 5.4
Drawing stippled
lines with
OpenGL.

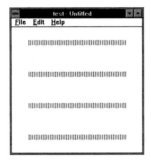

Drawing Line Strips

Another type of line shape that you can draw with OpenGL is a *line strip*,
which is just a series of interconnected lines. When you define a line strip,
the first pair of vertices defines the first line, with each vertex after that defin-
ing the next point to which OpenGL should draw. If you've had experience
with drawing lines under Windows, you'll recognize a line strip as being the
same as a MoveTo() command followed by a series of LineTo() commands.
To define a line strip, you use the GL_LINE_STRIP constant as glBegin()'s
argument, after which you define the vertices.

The following code segment produces the display shown in figure 5.5:

```
glClearColor(1.0f, 1.0f, 1.0f, 1.0f);
glClear(GL_COLOR_BUFFER_BIT);
glColor3f(0.0f, 0.0f, 0.0f);

GLfloat lw[2];
```

```
glGetFloatv(GL_LINE_WIDTH_RANGE, lw);

glLineWidth(lw[1] / 2);

glBegin(GL_LINE_STRIP);

    glVertex2f(-1.00f, 0.75f);
    glVertex2f(1.0f, 0.75f);

    glVertex2f(-1.0f, 0.25f);
    glVertex2f(1.0f, 0.25f);

    glVertex2f(-1.0f, -0.25f);
    glVertex2f(1.0f, -0.25f);

    glVertex2f(-1.0f, -0.75f);
    glVertex2f(1.0f, -0.75f);

glEnd();

glFlush();
```

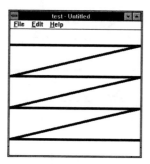

Fig. 5.5
Drawing a line
strip with OpenGL.

Drawing Line Loops

Similar to a line strip, a *line loop* is a series of interconnected lines with the
last vertex connected to the first. Just as with a line strip, when you define a
line loop, the first pair of vertices defines the first line, with each vertex after
that defining the next point to which OpenGL should draw. To define a line
loop, you use the GL_LINE_LOOP constant as glBegin()'s argument. The follow-
ing code segment produces the display shown in figure 5.6:

```
glClearColor(1.0f, 1.0f, 1.0f, 1.0f);
glClear(GL_COLOR_BUFFER_BIT);
glColor3f(0.0f, 0.0f, 0.0f);

GLfloat lw[2];
glGetFloatv(GL_LINE_WIDTH_RANGE, lw);

glLineWidth(lw[1] / 2);
```

```
glBegin(GL_LINE_LOOP);

    glVertex2f(-1.00f, 0.75f);
    glVertex2f(1.0f, 0.75f);

    glVertex2f(-1.0f, 0.25f);
    glVertex2f(1.0f, 0.25f);

    glVertex2f(-1.0f, -0.25f);
    glVertex2f(1.0f, -0.25f);

    glVertex2f(-1.0f, -0.75f);
    glVertex2f(1.0f, -0.75f);

glEnd();

glFlush();
```

Fig. 5.6

Drawing a line loop with OpenGL.

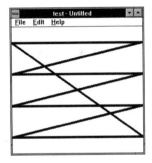

Defining and Drawing Polygons

As you know, a polygon is a shape created by drawing lines (also called edges) between a set of vertices. (This is a lot like creating a picture with a connect-the-dots puzzle.) A polygon must have at least three edges, but there is no maximum number. Therefore, the simplest polygon is a triangle, with the most complex polygon being comprised of as many edges as can be displayed on-screen.

Under OpenGL, though, polygons are much more sophisticated objects than the polygons you used in Chapter 2, "A 2-D Computer Graphics Primer," and Chapter 3, "Moving to 3-D." For one thing, OpenGL can draw polygons as points, outlines, or solid objects. OpenGL can even fill a polygon with a pattern that you define.

In addition, much like a shape cut from a piece of paper, an OpenGL polygon has both a front and a back, each of which may be drawn its own way. When

you think of a polygon being drawn on a 2-D Cartesian plane, having a front
and a back seems kind of pointless. But, when using 3-D Cartesian coordi-
nates, you can turn a polygon around and see the other side. In this case, it's
often helpful to have the back of the polygon look different from the front.

Suppose, for example, that you used five square, filled polygons to construct
a cube that's missing one side. By drawing the polygon's backs differently
from the fronts, the inside of the cube would look different, making it more
obvious when you were looking into the cube rather than just looking at one
of its solid sides.

To tell OpenGL how to draw a polygon, you call the `glPolygonMode()`
function:

```
glPolygonMode(GL_FRONT_AND_BACK, GL_LINE);
```

This function's two arguments are `GLenum` values. The first, which can be
`GL_FRONT`, `GL_BACK`, or `GL_FRONT_AND_BACK`, indicates the polygon face whose
drawing mode you want to set. The `GL_FRONT` constant selects the front face,
while `GL_BACK` selects the back face and `GL_FRONT_AND_BACK` selects both faces.
The second argument indicates the drawing mode for the selected face.
This mode can be `GL_POINT` (which tells OpenGL to draw only points at the
polygon's vertices), `GL_LINE` (which tells OpenGL to draw wireframe poly-
gons), or `GL_FILL` (which tells OpenGL to draw solid polygons).

How do you tell OpenGL which side of a polygon is the front and which is
the back? You do this by the order in which you define the vertices that make
up the polygon. Specifically, a polygon is considered to be *front facing* when
its vertices are defined in a counterclockwise direction. However, if you have
an object created from polygons that are defined in the clockwise direction,
you can explicitly tell OpenGL to reverse its notion about front-facing poly-
gons. Just call the `glFrontFace()` function:

```
glFrontFace(GL_CW);
```

This call to `glFrontFace()` tells OpenGL that front-facing polygons are de-
fined in the clockwise direction. As you can see, the `glFrontFace()` function
takes a single argument, which is the constant that controls which type of
polygon is front facing. The `GL_CW` constant selects clockwise vertices, whereas
the `GL_CCW` (the OpenGL default) selects counterclockwise vertices.

Defining a polygon is almost as easy as defining a line. You just need at least
three vertices. In addition, you have to be sure that you define the vertices in
the right direction, depending upon the current value of the `GL_FRONT_FACE`
state variable. As mentioned previously, the default vertex-definition
direction is counterclockwise, so the following code defines a front-facing
square:

```
glBegin(GL_POLYGON);
    glVertex2f(-0.5f, 0.5f);
    glVertex2f(-0.5f, -0.5f);
    glVertex2f(0.5f, -0.5f);
    glVertex2f(0.5f, 0.5f);
glEnd();
```

As you can see, to define a polygon, you use the GL_POLYGON constant with glBegin(). Then, you define the polygon's vertices in counterclockwise order (assuming the default setting for front-facing polygons). As always, the shape's definition ends with a call to gl_End().

The following code produces the display shown in figure 5.7:

```
glClearColor(1.0f, 1.0f, 1.0f, 1.0f);
glClear(GL_COLOR_BUFFER_BIT);
glColor3f(0.0f, 0.0f, 0.0f);

glPolygonMode(GL_FRONT, GL_LINE);
glPolygonMode(GL_BACK, GL_FILL);

glFrontFace(GL_CCW);

glBegin(GL_POLYGON);
    glVertex2f(-0.5f, 0.5f);
    glVertex2f(-0.5f, -0.5f);
    glVertex2f(0.5f, -0.5f);
    glVertex2f(0.5f, 0.5f);
glEnd();

glFlush();
```

Fig. 5.7

Drawing a
polygon with
OpenGL.

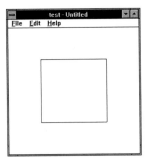

Notice that, in the preceding code segment, two calls to glPolygonMode() request that the front of the polygon be drawn as a wireframe object, whereas the back of the polygon should be drawn as a solid shape. Because the polygon is front facing, only the front of the polygon shows in the display.

Changing the call `glFrontFace(GL_CCW)` to `glFrontFace(GL_CW)` tells OpenGL that the polygon should now be considered back facing, which gives the display shown in figure 5.8. Now, the other side of the polygon, which was set to be filled, faces front.

Fig. 5.8
Drawing the polygon as back facing.

Drawing Stippled Polygons

Just as you can draw lines with a user-defined stipple pattern, so also can you draw polygons filled with whatever pattern you want. The first step in drawing a stippled polygon is to define the pattern with which OpenGL should fill the polygon. This pattern is a 32×32 bitmap where each 1 in the pattern produces a dot on-screen.

For example, look at figure 5.9. This is a valid stipple pattern for use with OpenGL polygons. You can see that the pattern is constructed within a 32×32 grid. Each filled square in the grid represents a bit value of 1.

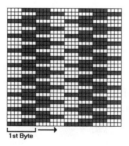

1st Byte

Fig. 5.9
An OpenGL polygon stipple pattern.

Once you have the pattern designed, you must convert the grid into hexadecimal values (specifically, an array of `GLubyte` values) that you can use in a program. This conversion starts with the byte in the lower left corner of the grid, working towards the right and up. The data that represents the stipple pattern in figure 5.9 looks like this:

```
GLubyte pattern[] =
{
    0xff, 0x00, 0xff, 0x00,
    0x0f, 0xf0, 0x0f, 0xf0,
    0x00, 0xff, 0x00, 0xff,
    0x0f, 0xf0, 0x0f, 0xf0,
    0xff, 0x00, 0xff, 0x00,
    0x0f, 0xf0, 0x0f, 0xf0,
    0x00, 0xff, 0x00, 0xff,
    0x0f, 0xf0, 0x0f, 0xf0,
    0xff, 0x00, 0xff, 0x00,
    0x0f, 0xf0, 0x0f, 0xf0,
    0x00, 0xff, 0x00, 0xff,
    0x0f, 0xf0, 0x0f, 0xf0,
    0xff, 0x00, 0xff, 0x00,
    0x0f, 0xf0, 0x0f, 0xf0,
    0x00, 0xff, 0x00, 0xff,
    0x0f, 0xf0, 0x0f, 0xf0,
    0xff, 0x00, 0xff, 0x00,
    0x0f, 0xf0, 0x0f, 0xf0,
    0x00, 0xff, 0x00, 0xff,
    0x0f, 0xf0, 0x0f, 0xf0,
    0xff, 0x00, 0xff, 0x00,
    0x0f, 0xf0, 0x0f, 0xf0,
    0x00, 0xff, 0x00, 0xff,
    0x0f, 0xf0, 0x0f, 0xf0,
    0xff, 0x00, 0xff, 0x00,
    0x0f, 0xf0, 0x0f, 0xf0,
    0x00, 0xff, 0x00, 0xff,
    0x0f, 0xf0, 0x0f, 0xf0,
    0xff, 0x00, 0xff, 0x00,
    0x0f, 0xf0, 0x0f, 0xf0,
    0x00, 0xff, 0x00, 0xff,
    0x0f, 0xf0, 0x0f, 0xf0
};
```

Notice that there are 32 rows of data in the preceding array. Each row is a row in the pattern shown in figure 5.9, although oriented bottom-up. That is, the first row of data in the array is the bottom row of the stipple pattern, whereas the last row of data is the first row of the pattern.

To give the stipple pattern to OpenGL, you call the glPolygonStipple() function:

```
glPolygonStipple(pattern);
```

This function's single parameter is the address of the data that defines the stipple pattern.

Now that you have your pattern defined and have told OpenGL what pattern you want to use, you must enable polygon stippling by calling `glEnable()` with the `GL_POLYGON_STIPPLE` flag:

```
glEnable(GL_POLYGON_STIPPLE);
```

At this point, any solid polygons you draw will be filled with the selected stipple pattern. When you want to go back to drawing regular polygons, you call `glDisable()` to turn off polygon stippling:

```
glDisable(GL_POLYGON_STIPPLE);
```

The following code segment produces the image shown in figure 5.10:

```
GLubyte pattern[] =
{
    0xff, 0x00, 0xff, 0x00, 0x0f, 0xf0, 0x0f, 0xf0,
    0x00, 0xff, 0x00, 0xff, 0x0f, 0xf0, 0x0f, 0xf0,
    0xff, 0x00, 0xff, 0x00, 0x0f, 0xf0, 0x0f, 0xf0,
    0x00, 0xff, 0x00, 0xff, 0x0f, 0xf0, 0x0f, 0xf0,
    0xff, 0x00, 0xff, 0x00, 0x0f, 0xf0, 0x0f, 0xf0,
    0x00, 0xff, 0x00, 0xff, 0x0f, 0xf0, 0x0f, 0xf0,
    0xff, 0x00, 0xff, 0x00, 0x0f, 0xf0, 0x0f, 0xf0,
    0x00, 0xff, 0x00, 0xff, 0x0f, 0xf0, 0x0f, 0xf0,
    0xff, 0x00, 0xff, 0x00, 0x0f, 0xf0, 0x0f, 0xf0,
    0x00, 0xff, 0x00, 0xff, 0x0f, 0xf0, 0x0f, 0xf0,
    0xff, 0x00, 0xff, 0x00, 0x0f, 0xf0, 0x0f, 0xf0,
    0x00, 0xff, 0x00, 0xff, 0x0f, 0xf0, 0x0f, 0xf0,
    0xff, 0x00, 0xff, 0x00, 0x0f, 0xf0, 0x0f, 0xf0,
    0x00, 0xff, 0x00, 0xff, 0x0f, 0xf0, 0x0f, 0xf0,
    0xff, 0x00, 0xff, 0x00, 0x0f, 0xf0, 0x0f, 0xf0,
    0x00, 0xff, 0x00, 0xff, 0x0f, 0xf0, 0x0f, 0xf0
};

glClearColor(1.0f, 1.0f, 1.0f, 1.0f);
glClear(GL_COLOR_BUFFER_BIT);
glColor3f(0.0f, 0.0f, 0.0f);

glPolygonMode(GL_FRONT_AND_BACK, GL_FILL);
glPolygonStipple(pattern);
glEnable(GL_POLYGON_STIPPLE);

glBegin(GL_POLYGON);
    glVertex2f(-0.5f, 0.5f);
    glVertex2f(-0.5f, -0.5f);
    glVertex2f(0.5f, -0.5f);
    glVertex2f(0.5f, 0.5f);
glEnd();

glFlush();

glDisable(GL_POLYGON_STIPPLE);
```

Fig. 5.10
A stippled
polygon.

> ### Note
>
> OpenGL includes a special function called `glRect()` that is designed to draw rect-
> angles efficiently. The `glRect()` function comes in eight versions, depending on the
> number and type of arguments supplied to the function. The `glRecti()` function,
> for example, takes four `GLint` arguments that specify the rectangle's opposing cor-
> ners, whereas the `glRectd()` function takes four arguments of the `GLdouble` type.

Drawing Outlined Nonconvex Polygons

OpenGL applies a couple of restrictions to the polygons it draws. First, an
OpenGL polygon cannot have intersecting edges. Second, all OpenGL poly-
gons must be *convex*—that is, they cannot contain concave areas on their
borders or holes in their interior (see fig. 5.11).

> ### Note
>
> Generally, if you can connect any two points on the polygon's edges such that a line
> drawn between the points isn't contained entirely inside the polygon, the polygon is
> not convex.

OpenGL's polygon restrictions aren't as troublesome as they may first appear
to be, because you can create just about any shape using two or more convex
polygons (see fig. 5.12). However, as you can see in the first image in figure
5.12, a problem arises when you want to draw a wireframe nonconvex poly-
gon. When you draw the two or more polygons that compose the shape, you
end up with interior lines that you don't want.

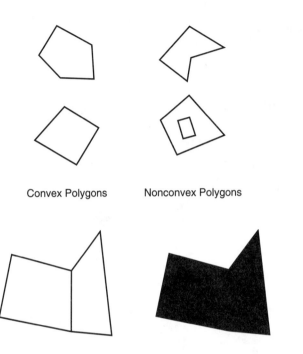

Fig. 5.11
Convex and
nonconvex
polygons.

Convex Polygons   Nonconvex Polygons

Fig. 5.12
Creating a
nonconvex
polygon from two
convex polygons.

You can avoid this problem by using OpenGL's `glEdgeFlag()` function, which turns off edge drawing between specific vertices. If you call `glEdgeFlag(FALSE)` before defining a vertex, OpenGL draws no edge between that vertex and the next vertex you define. You call `glEdgeFlag(TRUE)` to turn edge drawing back on.

Consider the three rectangles being used in figure 5.13 to create an L shape, which is a nonconvex polygon. The following OpenGL code produces the L shape without the interior lines, as shown in figure 5.14:

```
glClearColor(1.0f, 1.0f, 1.0f, 1.0f);
glClear(GL_COLOR_BUFFER_BIT);
glColor3f(0.0f, 0.0f, 0.0f);

glPolygonMode(GL_FRONT_AND_BACK, GL_LINE);

glBegin(GL_POLYGON);
    glEdgeFlag(TRUE);
    glVertex2f(-0.2f, 0.3f);
    glEdgeFlag(FALSE);
    glVertex2f(-0.2f, -0.1f);
    glEdgeFlag(TRUE);
    glVertex2f(0.0f, -0.1f);
    glVertex2f(0.0f, 0.3f);
glEnd();
```

```
glBegin(GL_POLYGON);
    glEdgeFlag(TRUE);
    glVertex2f(-0.2f, -0.1f);
    glVertex2f(-0.2f, -0.4f);
    glEdgeFlag(FALSE);
    glVertex2f(0.0f, -0.4f);
    glVertex2f(0.0f, -0.1f);
glEnd();

glBegin(GL_POLYGON);
    glEdgeFlag(FALSE);
    glVertex2f(0.0f, -0.1f);
    glEdgeFlag(TRUE);
    glVertex2f(0.0f, -0.4f);
    glVertex2f(0.3f, -0.4f);
    glVertex2f(0.3f, -0.1f);
glEnd();

glFlush();
```

Fig. 5.13
Creating an L
shape with three
wireframe
rectangles.

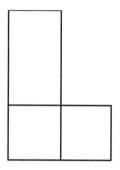

Fig. 5.14
Creating an L
shape without
interior lines.

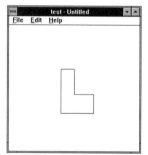

Drawing Triangles

OpenGL supports the drawing of several special polygons, one of which is the
triangle. Defining a triangle is not unlike defining any other polygon, except
you use the GL_TRIANGLES constant in the call to glBegin(), after which you

define each triangle's vertices. You can define as many triangles as you like, but each must have three vertices defined. The following code segment produces the image shown in figure 5.15:

```
glClearColor(1.0f, 1.0f, 1.0f, 1.0f);
glClear(GL_COLOR_BUFFER_BIT);
glColor3f(0.0f, 0.0f, 0.0f);

glPolygonMode(GL_FRONT_AND_BACK, GL_LINE);

glBegin(GL_TRIANGLES);

    glVertex2f(-0.5f, 0.3f);
    glVertex2f(-0.5f, -0.5f);
    glVertex2f(0.5f, -0.5f);

    glVertex2f(-0.5f, 0.8f);
    glVertex2f(-0.5f, 0.5f);
    glVertex2f(0.5f, 0.5f);

glEnd();

glFlush();
```

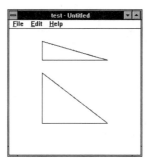

Fig. 5.15
OpenGL triangles.

Drawing Triangle Strips

Another triangle shape you can draw with OpenGL is a *triangle strip*, which is a series of connected rectangles. Each triangle shares an edge with the previously drawn triangle, which means that after defining the three vertices for the first triangle in the strip, you need only define one vertex for each additional triangle in the strip. (The adjoining side implicitly defines the other two vertices.)

The order in which you define the vertices of a triangle strip is important. The first triangle in the strip has its vertices defined as in figure 5.16.

Fig. 5.16
The vertices of the first triangle in a triangle strip.

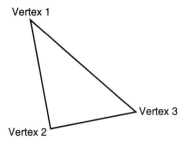

The rules that govern triangle strips dictate that the side shared by the next triangle is defined by vertex 3 and vertex 2, in that order. Vertex 4 defines the next triangle in the strip, as shown in figure 5.17.

Fig. 5.17
Adding the second triangle to the strip.

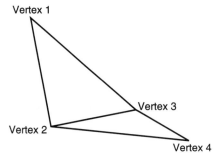

Similarly, now vertex 3 and vertex 4 define the adjoining side for the third triangle in the strip, as shown in figure 5.18. (Remember that all the triangles' vertices must be defined in counterclockwise order if the triangles are to be front facing. That's why the vertex ordering in a triangle strip can be a little confusing.)

Fig. 5.18
Adding the third triangle to the strip.

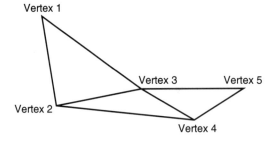

As you add triangles to the strip, the adjoining sides are determined in the same way as previously. For example, a fourth triangle would share the side created by vertices 5 and 4. The following table summarizes how the vertices are used in a triangle strip:

Triangle Number	Side 1	Side 2	Side 3
1	Vertex 1	Vertex 2	Vertex 3
2	Vertex 3	Vertex 2	Vertex 4
3	Vertex 3	Vertex 4	Vertex 5
4	Vertex 5	Vertex 4	Vertex 6
5	Vertex 5	Vertex 6	Vertex 7
6	Vertex 7	Vertex 6	Vertex 8
7	Vertex 7	Vertex 8	Vertex 9

The following code segment produces the display shown in figure 5.19:

```
glClearColor(1.0f, 1.0f, 1.0f, 1.0f);
glClear(GL_COLOR_BUFFER_BIT);
glColor3f(0.0f, 0.0f, 0.0f);

glPolygonMode(GL_FRONT_AND_BACK, GL_LINE);

glBegin(GL_TRIANGLE_STRIP);

    glVertex2f(-0.75f, 0.25f);
    glVertex2f(-0.75f, -0.25f);
    glVertex2f(-0.25f, 0.25f);

    glVertex2f(0.0f, -0.25f);

    glVertex2f(0.25f, 0.5f);

    glVertex2f(0.50f, 0.3f);

    glVertex2f(0.75f, 0.3f);

glEnd();

glFlush();
```

Fig. 5.19
A triangle strip.

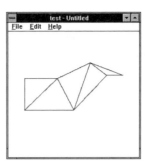

Drawing Triangle Fans

The last way you can draw triangles with OpenGL is as a *triangle fan* (denoted by the GL_TRIANGLE_FAN constant), which is a series of triangles that all share a single vertex defining the pivot of a fan shape. Like a triangle strip, a triangle fan is created by first defining three vertices for the first triangle. Then, because each succeeding triangle shares a side with the previous triangle, you define a single vertex for each additional triangle in the fan. Figure 5.20 shows the order in which you must define the vertices of a triangle fan. The following table summarizes that vertex order:

Triangle Number	Side 1	Side 2	Side 3
1	Vertex 1	Vertex 2	Vertex 3
2	Vertex 1	Vertex 3	Vertex 4
3	Vertex 1	Vertex 4	Vertex 5
4	Vertex 1	Vertex 5	Vertex 6
5	Vertex 1	Vertex 6	Vertex 7
6	Vertex 1	Vertex 7	Vertex 8
7	Vertex 1	Vertex 8	Vertex 9

The following code segment produces the image shown in figure 5.21:

```
glClearColor(1.0f, 1.0f, 1.0f, 1.0f);
glClear(GL_COLOR_BUFFER_BIT);
glColor3f(0.0f, 0.0f, 0.0f);

glPolygonMode(GL_FRONT_AND_BACK, GL_LINE);
```

```
glBegin(GL_TRIANGLE_FAN);

    glVertex2f(-0.25f, 0.25f);
    glVertex2f(-0.25f, -0.25f);
    glVertex2f(0.25f, 0.25f);

    glVertex2f(0.25f, 0.5f);

    glVertex2f(-0.05f, 0.7f);

    glVertex2f(-0.45f, 0.5f);

glEnd();

glFlush();
```

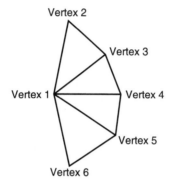

Fig. 5.20
Defining the
vertices of a
triangle fan.

Fig. 5.21
A triangle fan.

Drawing Quadrilaterals

Any four-sided polygon is called a *quadrilateral*. As you may have guessed,
OpenGL provides a couple of ways of drawing this special type of shape. You
define a quadrilateral in much the same way you defined other shapes dis-
cussed in this chapter, except you use the GL_QUADS constant as glBegin()'s
argument. Between the glBegin() and glEnd() commands, you can define as

many quadrilaterals as you want, but you must be sure that you define four vertices, in counterclockwise order, for each. The following code creates the display shown in figure 5.22:

```
glClearColor(1.0f, 1.0f, 1.0f, 1.0f);
glClear(GL_COLOR_BUFFER_BIT);
glColor3f(0.0f, 0.0f, 0.0f);

glPolygonMode(GL_FRONT_AND_BACK, GL_LINE);

glBegin(GL_QUADS);

    glVertex2f(-0.75f, 0.75f);
    glVertex2f(-0.75f, 0.25f);
    glVertex2f(-0.25f, 0.0f);
    glVertex2f(0.0f, 0.5f);

    glVertex2f(-0.55f, -0.25f);
    glVertex2f(-0.75f, -0.45f);
    glVertex2f(-0.25f, -0.7f);
    glVertex2f(0.5f, -0.25f);

    glVertex2f(0.5f, 0.75f);
    glVertex2f(0.25f, 0.1f);
    glVertex2f(0.75f, 0.2f);
    glVertex2f(0.8f, 0.65f);

glEnd();

glFlush();
```

Fig. 5.22
Three quadri-
laterals.

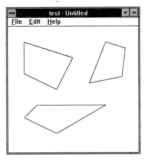

Drawing Quadrilateral Strips

Another way you can draw quadrilaterals is as a *quadrilateral strip*, which is a series of quadrilaterals joined together by sharing two vertices. To tell OpenGL that you want to draw a quadrilateral strip, you use the GL_QUAD_STRIP constant with the glBegin() command. You create a quadrilateral strip by defining four vertices for the first quadrilateral and then defining two additional vertices for each additional quadrilateral in the strip. However, the order in which you define the vertices is important. The following table summarizes the order in which to define a quadrilateral strip's vertices, whereas figure 5.23 shows the vertices marked on an actual quadrilateral strip.

Quadrilateral Number	Side 1	Side 2	Side 3	Side 4
1	Vertex 1	Vertex 2	Vertex 3	Vertex 4
2	Vertex 3	Vertex 4	Vertex 5	Vertex 6
3	Vertex 5	Vertex 6	Vertex 7	Vertex 8
4	Vertex 7	Vertex 8	Vertex 9	Vertex 10
5	Vertex 9	Vertex 10	Vertex 11	Vertex 12
6	Vertex 11	Vertex 12	Vertex 13	Vertex 14
7	Vertex 13	Vertex 14	Vertex 15	Vertex 16

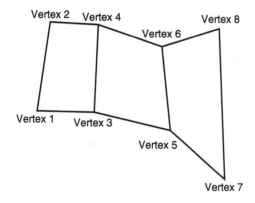

Fig. 5.23
Defining vertices for a quadrilateral strip.

The following code creates the display shown in figure 5.24:

```
glClearColor(1.0f, 1.0f, 1.0f, 1.0f);
glClear(GL_COLOR_BUFFER_BIT);
glColor3f(0.0f, 0.0f, 0.0f);

glPolygonMode(GL_FRONT_AND_BACK, GL_LINE);

glBegin(GL_QUAD_STRIP);

    glVertex2f(-0.75f, 0.25f);
```

```
        glVertex2f(-0.65f, 0.75f);
        glVertex2f(-0.55f, 0.1f);
        glVertex2f(-0.25f, 0.6f);

        glVertex2f(-0.15f, -0.2f);
        glVertex2f(0.0f, 0.45f);

        glVertex2f(0.25f, -0.7f);
        glVertex2f(0.5f, 0.65f);

        glVertex2f(0.75f, -0.3f);
        glVertex2f(0.85f, 0.45f);

    glEnd();

    glFlush();
```

Fig. 5.24
A quadrilateral
strip.

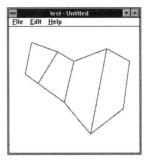

Building a Shape-Drawing Demo Application

Now that you know about the many shapes that OpenGL can draw, you're ready to put together a program that demonstrates the concepts discussed in this chapter. Execute the following steps to create a program called OGLSHAPE. If you need help placing the following code segments in the program, please refer to the listings near the end of this chapter.

> **Note**
>
> After you follow the disk installation instructions at the back of this book, you can find the executable file and the complete source code for the OGLSHAPE application in the OPENGL\CHAP05 directory on your hard drive.

In the first set of steps that follow, you create the basic AppWizard application and modify the application's user interface. (If you don't know how to perform any of the following steps, please consult your Visual C++ documentation.)

1. Use AppWizard to create an application called OGLSHAPE. Set the following options in AppWizard's dialog boxes:

   Step 1: Single Document

   Step 2: None

   Step 3: None and No Automation

   Step 4: Use 3D Controls

   Step 5: Leave set to defaults

   Step 6: Leave set to defaults

   Your project's final options should look like those shown in figure 5.25.

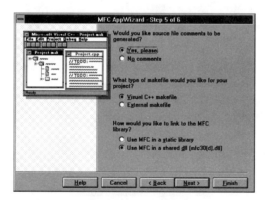

Fig. 5.25
The OGLSHAPE application's final options.

2. Double-click the OGLSHAPE.RC file in the project window to bring up App Studio's browser window (see fig. 5.26).

Fig. 5.26
The App Studio browser window.

3. Double-click the Menu folder, and then double-click IDR_MAINFRAME to bring up the menu editor (see fig. 5.27).

Fig. 5.27

The menu editor.

4. Delete all entries from the File menu except Exit (see fig. 5.28).

Fig. 5.28

The new File menu.

5. Delete the Edit menu, leaving the File and Help menus, as shown in figure 5.29.

Fig. 5.29

After deleting the Edit menu.

6. Add a Draw menu, giving it the commands Points, Lines, Line Strip, Line Loop, Polygons, Nonconvex, Triangles, Triangle Strip, Triangle Fan, Quadrilaterals, and Quad Strip (see fig. 5.30), with the command

IDs ID_DRAW_POINTS, ID_DRAW_LINES, ID_DRAW_LINESTRIP,
ID_DRAW_LINELOOP, ID_DRAW_POLYGONS, ID_DRAW_NONCONVEX,
ID_DRAW_TRIANGLES, ID_DRAW_TRIANGLESTRIP, ID_DRAW_TRIANGLEFAN,
ID_DRAW_QUADRILATERALS, and ID_DRAW_QUADSTRIP.

Fig. 5.30
The new Draw
menu.

7. Close the menu editor and bring up the dialog box editor (see fig. 5.31)
   by double-clicking the Dialog folder in the browser window and then
   double-clicking IDD_ABOUTBOX in the AppWizard browser window.

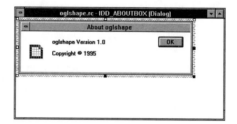

Fig. 5.31
The dialog editor.

8. Modify the About dialog box so that it looks like figure 5.32.

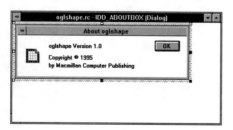

Fig. 5.32
The new About
dialog box.

9. Close the dialog box editor and double-click Accelerator in App Studio's browser window. You'll see the IDR_MAINFRAME accelerator ID (see fig. 5.33). Delete the IDR_MAINFRAME accelerator table from the browser window.

Fig. 5.33
The IDR_MAINFRAME accelerator table in the browser window.

10. Close the App Studio browser window, being sure to save all your changes.

In the next set of steps, you add message-response functions for the WM_CREATE and WM_DESTROY Windows messages, as well as override the view class's PreCreateWindow() function. You also add message-response functions for the Draw menu's commands.

1. Select the Project menu's ClassWizard command (or click the toolbar's ClassWizard button) to bring up the MFC ClassWizard dialog box. In the Class Name box, select the COglshapeView class (see fig. 5.34). Make sure you have the Message Maps tab selected.

Fig. 5.34
The MFC ClassWizard dialog box.

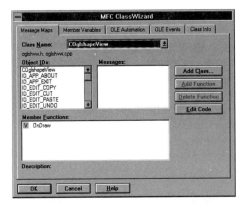

2. Use the MFC ClassWizard dialog box to create a response function for
   the WM_CREATE message, as shown in figure 5.35.

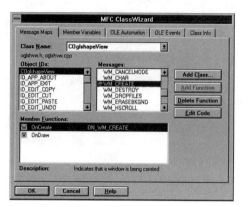

Fig. 5.35
Adding the
OnCreate( )
function.

3. In the MFC ClassWizard dialog box, click the Edit Code button, and
   then add the following lines to the OnCreate() function, right after the
   // TODO: Add your specialized creation code here comment:

```
PIXELFORMATDESCRIPTOR pfd =
{
    sizeof(PIXELFORMATDESCRIPTOR), // Structure size.
    1,                             // Structure version number.
    PFD_DRAW_TO_WINDOW |           // Property flags.
        PFD_SUPPORT_OPENGL,
    PFD_TYPE_RGBA,
    24,                            // 24-bit color.
    0, 0, 0, 0, 0, 0,              // Not concerned with these.
    0, 0, 0, 0, 0, 0, 0,           // No alpha or accum buffer.
    32,                            // 32-bit depth buffer.
    0, 0,                          // No stencil or aux buffer.
    PFD_MAIN_PLANE,                // Main layer type.
    0,                             // Reserved.
    0, 0, 0                        // Unsupported.
};

CClientDC clientDC(this);

int pixelFormat =
    ChoosePixelFormat(clientDC.m_hDC, &pfd);
BOOL success =
    SetPixelFormat(clientDC.m_hDC, pixelFormat, &pfd);

m_hRC = wglCreateContext(clientDC.m_hDC);
```

4. Select the Project menu's ClassWizard command, and use the MFC
   ClassWizard dialog box to create a response function for the WM_DESTROY
   message, as shown in figure 5.36.

Fig. 5.36
Adding the
OnDestroy()
function.

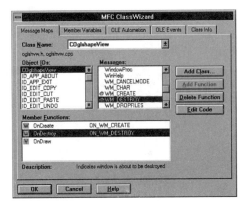

5. In the MFC ClassWizard dialog box, click the Edit Code button and then add the following lines to the OnDestroy() function, right after the // TODO: Add your message handler code here comment:

```
wglDeleteContext(m_hRC);
```

6. Select the Project menu's ClassWizard command, and use the MFC ClassWizard dialog box to override the view class's PreCreateWindow() function, as shown in figure 5.37.

Fig. 5.37
Overriding the
PreCreateWindow()
function.

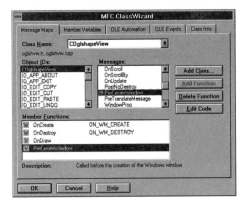

7. In the MFC ClassWizard dialog box, click the Edit Code button, and then add the following line to the PreCreateWindow() function, right after the // TODO: Add your specialized code here and/or call the base class comment:

```
cs.style |= WS_CLIPCHILDREN | WS_CLIPSIBLINGS;
```

8. Select the Project menu's ClassWizard command, and use the MFC ClassWizard dialog box to add COMMAND and UPDATE_COMMAND_UI functions for each of the Draw menu's commands, as shown in figure 5.38.

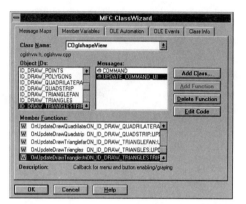

Fig. 5.38
Adding *COMMAND* and *UPDATE_COMMAND _UI* functions.

9. Complete the COMMAND and UPDATE_COMMAND_UI functions by adding the code shown in those functions in listing 5.2, found near the end of this chapter.

In this following set of steps, you add the source code that completes the COglshapeView class. You also add the required member function and data member declarations to the COglshapeView class's header file.

1. In the OGLSHVW.CPP file, add the following lines to the COglshapeView class's OnDraw() function, right after the // TODO: add draw code for native data here comment:

```
wglMakeCurrent(pDC->m_hDC, m_hRC);
DrawWithOpenGL();
wglMakeCurrent(pDC->m_hDC, NULL);
```

2. Also in OGLSHVW.CPP, add the following functions, as shown in listing 5.2, to the end of the file: DrawWithOpenGL(), DrawPoints(), DrawLines(), DrawLineStrip(), DrawLineLoop(), DrawPolygons(), DrawNonconvex(), DrawTriangles(), DrawTriangleStrip(), DrawTriangleFan(), DrawQuads(), and DrawQuadStrip().

3. Load OGLSHVW.H and add the following lines to the top of the file, right before the COglshapeView class declaration:

```
#include <gl\gl.h>

enum {Points, Lines, LineStrip, LineLoop, Polygons, Nonconvex,
        Triangles, TriangleStrip, TriangleFan, Quads, QuadStrip};
```

4. Also in OGLSHVW.H, add the following lines to the `COglshapeView`
   class's Attributes section, right after the `COglshapeDoc* GetDocument()`
   line:

```
protected:
    HGLRC m_hRC;
    int m_shape;
```

5. Again in OGLSHVW.H, add the following lines to the `COglshapeView`
   class's Implementation section, right after the `protected` keyword:

```
void DrawWithOpenGL();
void DrawPoints();
void DrawLines();
void DrawLineStrip();
void DrawLineLoop();
void DrawPolygons();
void DrawNonconvex();
void DrawTriangles();
void DrawTriangleStrip();
void DrawTriangleFan();
void DrawQuads();
void DrawQuadStrip();
```

In the remaining steps, you override the `CMainFrame` class's `PreCreateWindow()`
function to control the size of the application's window. You also add the
OPENGL32.LIB library file to the project.

1. Select the Project menu's ClassWizard command to bring up the MFC
   ClassWizard dialog box. In the Class Name box, select the `CMainFrame`
   class (see fig. 5.39). Make sure you have the Message Maps tab selected.

Fig. 5.39
The MFC
ClassWizard dialog
box.

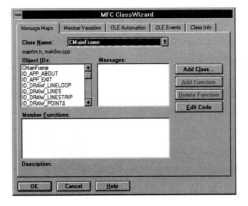

2. Use the MFC ClassWizard dialog box to override the `CMainFrame` class's `PreCreateWindow()` function, as shown in figure 5.40.

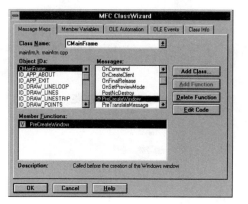

Fig. 5.40
Overriding the
CMainFrame class's
PreCreateWindow( )
function.

3. In the MFC ClassWizard dialog box, click the Edit Code button, and then add the following lines to the `PreCreateWindow()` function, right after the `// TODO: Add your specialized code here and/or call the base class` comment:

```
cs.cx = 300;
cs.cy = 320;
```

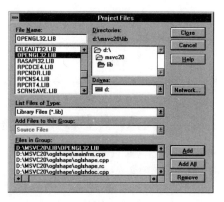

Fig. 5.41
Adding
GLU32.LIB and
OPENGL32.LIB to
the OGLSHAPE
project.

Your OGLSHAPE program is now complete. To create the application, select the Build command from Visual C++'s Project menu. To run the application, choose the Project menu's Execute command.

Running the OGLSHAPE Application

When you run OGLSHAPE, the main window appears. The Draw menu contains the various OpenGL shapes that the program can display (see fig. 5.42). For example, if you choose the Polygons command, you see the window shown in figure 5.43. This window contains both a wireframe polygon and a stippled polygon.

Fig. 5.42
The OGLSHAPE application's Draw menu.

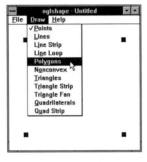

Fig. 5.43
Drawing polygons with OGLSHAPE.

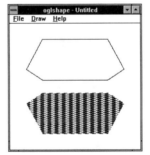

How the OGLSHAPE Program Works

Looking at the `COglshapeView` class's implementation file, OGLSHVW.CPP, you can see that OGLSHAPE initializes OpenGL just as previous programs did. However, now the program uses the data member `m_shape` to keep track of the current shape to display. The variable `m_shape` always contains one of the values defined in the enumeration shown at the top of the view class's header file, OGLSHVW.H.

Whenever the user selects a new shape from the <u>D</u>raw menu, the menu command's message-response function sets m_shape to the new shape value and calls Invalidate() to force the window to redraw. For example, if the user selects the Li<u>n</u>e Loop command, the OnDrawLineLoop() function is called, where the program sets m_shape to LineLoop and calls Invalidate() to redraw the window with the line-loop shape.

The series of OnUpdate functions keeps the correct menu command check-marked, which tells the user which shape is currently on-screen. If the currently selected shape is Polygons, for example, the OnUpdateDrawPolygons() function checks whether m_shape equals Polygons. It does, so the function calls SetCheck(TRUE) to turn on the command's checkmark. If m_shape didn't equal Polygons, the function would call SetCheck(FALSE) to turn off the checkmark. The other OnUpdate functions work similarly.

This program's version of DrawWithOpenGL() does no actual drawing. Instead, it clears the color buffer, sets the colors, and then calls the appropriate function for the shape the program must draw. DrawWithOpenGL() ends with a call to glFlush(), which ensures that OpenGL completes all drawing commands.

The only other thing of interest in the program is the PreCreateWindow() function in the CMainFrame class's implementation file, MAINFRM.CPP. The lines you added to this function simply set the size of the frame window. By making the window's client area square, OpenGL draws the various images with the proper aspect ratio. (That is, a square looks square, rather than a rectangle that's been squashed along one axis.)

The Program Listings

Following are the complete listings for the COglshapeView class, including the OGLSHVW.H header file and the OGLSHVW.CPP implementation file. Also included here is the MAINFRM.CPP file, which is the implementation of the CMainFrame class. Many other files were created by AppWizard when you started the OGLSHAPE application project. Because you did not modify those files, they are not shown here. However, you easily can view any of the project's files by loading them with Visual C++'s editor (or any other text editor). Note that all modifications you made to the following listings are sandwiched between the comment blocks labeled with START CUSTOM CODE and END CUSTOM CODE.

Listing 5.1 OGLSHVW.H—The Header File for the *COglshapeView* Class

```
// oglshvw.h : interface of the COglshapeView class
//
/////////////////////////////////////////////////////////////////

/////////////////////////////////////////
/////////////////////////////////////////
// START CUSTOM CODE
/////////////////////////////////////////
/////////////////////////////////////////

#include <gl\gl.h>

enum {Points, Lines, LineStrip, LineLoop, Polygons, Nonconvex,
      Triangles, TriangleStrip, TriangleFan, Quads, QuadStrip};

/////////////////////////////////////////
/////////////////////////////////////////
// END CUSTOM CODE
/////////////////////////////////////////
/////////////////////////////////////////

class COglshapeView : public CView
{
protected: // create from serialization only
    COglshapeView();
    DECLARE_DYNCREATE(COglshapeView)

// Attributes
public:
    COglshapeDoc* GetDocument();

/////////////////////////////////////////
/////////////////////////////////////////
// START CUSTOM CODE
/////////////////////////////////////////
/////////////////////////////////////////

protected:
    HGLRC m_hRC;
    int m_shape;

/////////////////////////////////////////
/////////////////////////////////////////
// END CUSTOM CODE
/////////////////////////////////////////
/////////////////////////////////////////

// Operations
public:

// Overrides
    // ClassWizard generated virtual function overrides
```

```
    //{{AFX_VIRTUAL(COglshapeView)
    public:
    virtual void OnDraw(CDC* pDC); // overridden to draw this view
    protected:
    virtual BOOL PreCreateWindow(CREATESTRUCT& cs);
    //}}AFX_VIRTUAL

// Implementation
public:
    virtual ~COglshapeView();
#ifdef _DEBUG
    virtual void AssertValid() const;
    virtual void Dump(CDumpContext& dc) const;
#endif

protected:

    /////////////////////////////////////
    /////////////////////////////////////
    // START CUSTOM CODE
    /////////////////////////////////////
    /////////////////////////////////////

    void DrawWithOpenGL();
    void DrawPoints();
    void DrawLines();
    void DrawLineStrip();
    void DrawLineLoop();
    void DrawPolygons();
    void DrawNonconvex();
    void DrawTriangles();
    void DrawTriangleStrip();
    void DrawTriangleFan();
    void DrawQuads();
    void DrawQuadStrip();

    /////////////////////////////////////
    /////////////////////////////////////
    // END CUSTOM CODE
    /////////////////////////////////////
    /////////////////////////////////////

// Generated message map functions
protected:
    //{{AFX_MSG(COglshapeView)
    afx_msg int OnCreate(LPCREATESTRUCT lpCreateStruct);
    afx_msg void OnDestroy();
    afx_msg void OnDrawLineloop();
    afx_msg void OnUpdateDrawLineloop(CCmdUI* pCmdUI);
    afx_msg void OnDrawLines();
    afx_msg void OnUpdateDrawLines(CCmdUI* pCmdUI);
    afx_msg void OnDrawLinestrip();
    afx_msg void OnUpdateDrawLinestrip(CCmdUI* pCmdUI);
    afx_msg void OnDrawPoints();
    afx_msg void OnUpdateDrawPoints(CCmdUI* pCmdUI);
```

(continues)

Listing 5.1   Continued

```
    afx_msg void OnDrawPolygons();
    afx_msg void OnUpdateDrawPolygons(CCmdUI* pCmdUI);
    afx_msg void OnDrawQuadrilaterals();
    afx_msg void OnUpdateDrawQuadrilaterals(CCmdUI* pCmdUI);
    afx_msg void OnDrawQuadstrip();
    afx_msg void OnUpdateDrawQuadstrip(CCmdUI* pCmdUI);
    afx_msg void OnDrawTrianglefan();
    afx_msg void OnUpdateDrawTrianglefan(CCmdUI* pCmdUI);
    afx_msg void OnDrawTriangles();
    afx_msg void OnUpdateDrawTriangles(CCmdUI* pCmdUI);
    afx_msg void OnDrawTrianglestrip();
    afx_msg void OnUpdateDrawTrianglestrip(CCmdUI* pCmdUI);
    afx_msg void OnDrawNonconvex();
    afx_msg void OnUpdateDrawNonconvex(CCmdUI* pCmdUI);
    //}}AFX_MSG
    DECLARE_MESSAGE_MAP()
};

#ifndef _DEBUG  // debug version in oglshvw.cpp
inline COglshapeDoc* COglshapeView::GetDocument()
   { return (COglshapeDoc*)m_pDocument; }
#endif


/////////////////////////////////////////////////////////////////////
```

Listing 5.2   OGLSHVW.CPP—The Implementation File for the *COglshapeView* Class

```
// oglshvw.cpp : implementation of the COglshapeView class
//

#include "stdafx.h"
#include "oglshape.h"

#include "oglshdoc.h"
#include "oglshvw.h"

#ifdef _DEBUG
#undef THIS_FILE
static char BASED_CODE THIS_FILE[] = _ _FILE_ _;
#endif

/////////////////////////////////////////////////////////////////////
// COglshapeView

IMPLEMENT_DYNCREATE(COglshapeView, CView)

BEGIN_MESSAGE_MAP(COglshapeView, CView)
    //{{AFX_MSG_MAP(COglshapeView)
    ON_WM_CREATE()
```

```
    ON_WM_DESTROY()
    ON_COMMAND(ID_DRAW_LINELOOP, OnDrawLineloop)
    ON_UPDATE_COMMAND_UI(ID_DRAW_LINELOOP, OnUpdateDrawLineloop)
    ON_COMMAND(ID_DRAW_LINES, OnDrawLines)
    ON_UPDATE_COMMAND_UI(ID_DRAW_LINES, OnUpdateDrawLines)
    ON_COMMAND(ID_DRAW_LINESTRIP, OnDrawLinestrip)
    ON_UPDATE_COMMAND_UI(ID_DRAW_LINESTRIP, OnUpdateDrawLinestrip)
    ON_COMMAND(ID_DRAW_POINTS, OnDrawPoints)
    ON_UPDATE_COMMAND_UI(ID_DRAW_POINTS, OnUpdateDrawPoints)
    ON_COMMAND(ID_DRAW_POLYGONS, OnDrawPolygons)
    ON_UPDATE_COMMAND_UI(ID_DRAW_POLYGONS, OnUpdateDrawPolygons)
    ON_COMMAND(ID_DRAW_QUADRILATERALS, OnDrawQuadrilaterals)
    ON_UPDATE_COMMAND_UI(ID_DRAW_QUADRILATERALS,
                         OnUpdateDrawQuadrilaterals)
    ON_COMMAND(ID_DRAW_QUADSTRIP, OnDrawQuadstrip)
    ON_UPDATE_COMMAND_UI(ID_DRAW_QUADSTRIP, OnUpdateDrawQuadstrip)
    ON_COMMAND(ID_DRAW_TRIANGLEFAN, OnDrawTrianglefan)
    ON_UPDATE_COMMAND_UI(ID_DRAW_TRIANGLEFAN,
       OnUpdateDrawTrianglefan)
    ON_COMMAND(ID_DRAW_TRIANGLES, OnDrawTriangles)
    ON_UPDATE_COMMAND_UI(ID_DRAW_TRIANGLES, OnUpdateDrawTriangles)
    ON_COMMAND(ID_DRAW_TRIANGLESTRIP, OnDrawTrianglestrip)
    ON_UPDATE_COMMAND_UI(ID_DRAW_TRIANGLESTRIP,
                         OnUpdateDrawTrianglestrip)
    ON_COMMAND(ID_DRAW_NONCONVEX, OnDrawNonconvex)
    ON_UPDATE_COMMAND_UI(ID_DRAW_NONCONVEX, OnUpdateDrawNonconvex)
    //}}AFX_MSG_MAP
END_MESSAGE_MAP()


/////////////////////////////////////////////////////////////////
// COglshapeView construction/destruction

COglshapeView::COglshapeView()
{
    // TODO: add construction code here

}

COglshapeView::~COglshapeView()
{
}

/////////////////////////////////////////////////////////////////
// COglshapeView drawing

void COglshapeView::OnDraw(CDC* pDC)
{
    COglshapeDoc* pDoc = GetDocument();
    ASSERT_VALID(pDoc);

    // TODO: add draw code for native data here

    /////////////////////////////////////////
    /////////////////////////////////////////
```

(continues)

Listing 5.2   Continued

```
    // START CUSTOM CODE
    //////////////////////////////////////
    //////////////////////////////////////

    wglMakeCurrent(pDC->m_hDC, m_hRC);
    DrawWithOpenGL();
    wglMakeCurrent(pDC->m_hDC, NULL);

    //////////////////////////////////////
    //////////////////////////////////////
    // END CUSTOM CODE
    //////////////////////////////////////
    //////////////////////////////////////
}

/////////////////////////////////////////////////////////////////
// COglshapeView diagnostics

#ifdef _DEBUG
void COglshapeView::AssertValid() const
{
    CView::AssertValid();
}

void COglshapeView::Dump(CDumpContext& dc) const
{
    CView::Dump(dc);
}

COglshapeDoc* COglshapeView::GetDocument() // non-debug version is
                                           // inline
{
    ASSERT(m_pDocument->IsKindOf(RUNTIME_CLASS(COglshapeDoc)));
    return (COglshapeDoc*)m_pDocument;
}
#endif //_DEBUG

/////////////////////////////////////////////////////////////////
// COglshapeView message handlers

int COglshapeView::OnCreate(LPCREATESTRUCT lpCreateStruct)
{
    if (CView::OnCreate(lpCreateStruct) == -1)
        return -1;

    // TODO: Add your specialized creation code here

    //////////////////////////////////////
    //////////////////////////////////////
    // START CUSTOM CODE
    //////////////////////////////////////
    //////////////////////////////////////
```

```
    PIXELFORMATDESCRIPTOR pfd =
    {
        sizeof(PIXELFORMATDESCRIPTOR), // Structure size.
        1,                             // Structure version number.
        PFD_DRAW_TO_WINDOW |           // Property flags.
            PFD_SUPPORT_OPENGL,
        PFD_TYPE_RGBA,
        24,                            // 24-bit color.
        0, 0, 0, 0, 0, 0,              // Not concerned with these.
        0, 0, 0, 0, 0, 0, 0,           // No alpha or accum buffer.
        32,                            // 32-bit depth buffer.
        0, 0,                          // No stencil or aux buffer.
        PFD_MAIN_PLANE,                // Main layer type.
        0,                             // Reserved.
        0, 0, 0                        // Unsupported.
    };

    CClientDC clientDC(this);

    int pixelFormat =
        ChoosePixelFormat(clientDC.m_hDC, &pfd);
    BOOL success =
        SetPixelFormat(clientDC.m_hDC, pixelFormat, &pfd);

    m_hRC = wglCreateContext(clientDC.m_hDC);

    m_shape = Points;

    //////////////////////////////////////
    //////////////////////////////////////
    // END CUSTOM CODE
    //////////////////////////////////////
    //////////////////////////////////////

    return 0;
}

void COglshapeView::OnDestroy()
{
    CView::OnDestroy();

    // TODO: Add your message handler code here

    //////////////////////////////////////
    //////////////////////////////////////
    // START CUSTOM CODE
    //////////////////////////////////////
    //////////////////////////////////////

    wglDeleteContext(m_hRC);

    //////////////////////////////////////
    //////////////////////////////////////
    // END CUSTOM CODE
```

(continues)

Listing 5.2 Continued

```
    /////////////////////////////////////
    /////////////////////////////////////
}

BOOL COglshapeView::PreCreateWindow(CREATESTRUCT& cs)
{
    // TODO: Add your specialized code here and/or call the base
    // class

    /////////////////////////////////////
    /////////////////////////////////////
    // START CUSTOM CODE
    /////////////////////////////////////
    /////////////////////////////////////

    cs.style |= WS_CLIPCHILDREN | WS_CLIPSIBLINGS;

    /////////////////////////////////////
    /////////////////////////////////////
    // END CUSTOM CODE
    /////////////////////////////////////
    /////////////////////////////////////

    return CView::PreCreateWindow(cs);
}

void COglshapeView::OnDrawLineloop()
{
    // TODO: Add your command handler code here

    /////////////////////////////////////
    /////////////////////////////////////
    // START CUSTOM CODE
    /////////////////////////////////////
    /////////////////////////////////////

    m_shape = LineLoop;
    Invalidate();

    /////////////////////////////////////
    /////////////////////////////////////
    // END CUSTOM CODE
    /////////////////////////////////////
    /////////////////////////////////////
}

void COglshapeView::OnUpdateDrawLineloop(CCmdUI* pCmdUI)
{
    // TODO: Add your command update UI handler code here

    /////////////////////////////////////
    /////////////////////////////////////
    // START CUSTOM CODE
```

```
    ////////////////////////////////////
    ////////////////////////////////////

    if (m_shape == LineLoop)
        pCmdUI->SetCheck(TRUE);
    else
        pCmdUI->SetCheck(FALSE);

    ////////////////////////////////////
    ////////////////////////////////////
    // END CUSTOM CODE
    ////////////////////////////////////
    ////////////////////////////////////
}

void COglshapeView::OnDrawLines()
{
    // TODO: Add your command handler code here

    ////////////////////////////////////
    ////////////////////////////////////
    // START CUSTOM CODE
    ////////////////////////////////////
    ////////////////////////////////////

    m_shape = Lines;
    Invalidate();

    ////////////////////////////////////
    ////////////////////////////////////
    // END CUSTOM CODE
    ////////////////////////////////////
    ////////////////////////////////////
}

void COglshapeView::OnUpdateDrawLines(CCmdUI* pCmdUI)
{
    // TODO: Add your command update UI handler code here

    ////////////////////////////////////
    ////////////////////////////////////
    // START CUSTOM CODE
    ////////////////////////////////////
    ////////////////////////////////////

    if (m_shape == Lines)
        pCmdUI->SetCheck(TRUE);
    else
        pCmdUI->SetCheck(FALSE);

    ////////////////////////////////////
    ////////////////////////////////////
    // END CUSTOM CODE
    ////////////////////////////////////
```

(continues)

Listing 5.2 Continued

```
    ////////////////////////////////////
}

void COglshapeView::OnDrawLinestrip()
{
    // TODO: Add your command handler code here

    ////////////////////////////////////
    ////////////////////////////////////
    // START CUSTOM CODE
    ////////////////////////////////////
    ////////////////////////////////////

    m_shape = LineStrip;
    Invalidate();

    ////////////////////////////////////
    ////////////////////////////////////
    // END CUSTOM CODE
    ////////////////////////////////////
    ////////////////////////////////////
}

void COglshapeView::OnUpdateDrawLinestrip(CCmdUI* pCmdUI)
{
    // TODO: Add your command update UI handler code here

    ////////////////////////////////////
    ////////////////////////////////////
    // START CUSTOM CODE
    ////////////////////////////////////
    ////////////////////////////////////

    if (m_shape == LineStrip)
        pCmdUI->SetCheck(TRUE);
    else
        pCmdUI->SetCheck(FALSE);

    ////////////////////////////////////
    ////////////////////////////////////
    // END CUSTOM CODE
    ////////////////////////////////////
    ////////////////////////////////////
}

void COglshapeView::OnDrawNonconvex()
{
    // TODO: Add your command handler code here

    ////////////////////////////////////
    ////////////////////////////////////
    // START CUSTOM CODE
    ////////////////////////////////////
```

```
    ///////////////////////////////////////

    m_shape = Nonconvex;
    Invalidate();

    ///////////////////////////////////////
    ///////////////////////////////////////
    // END CUSTOM CODE
    ///////////////////////////////////////
    ///////////////////////////////////////
}

void COglshapeView::OnUpdateDrawNonconvex(CCmdUI* pCmdUI)
{
    // TODO: Add your command update UI handler code here

    ///////////////////////////////////////
    ///////////////////////////////////////
    // START CUSTOM CODE
    ///////////////////////////////////////
    ///////////////////////////////////////

    if (m_shape == Nonconvex)
        pCmdUI->SetCheck(TRUE);
    else
        pCmdUI->SetCheck(FALSE);

    ///////////////////////////////////////
    ///////////////////////////////////////
    // END CUSTOM CODE
    ///////////////////////////////////////
    ///////////////////////////////////////
}

void COglshapeView::OnDrawPoints()
{
    // TODO: Add your command handler code here

    ///////////////////////////////////////
    ///////////////////////////////////////
    // START CUSTOM CODE
    ///////////////////////////////////////
    ///////////////////////////////////////

    m_shape = Points;
    Invalidate();

    ///////////////////////////////////////
    ///////////////////////////////////////
    // END CUSTOM CODE
    ///////////////////////////////////////
    ///////////////////////////////////////
}
```

Basic Techniques

(continues)

Listing 5.2 Continued

```cpp
void COglshapeView::OnUpdateDrawPoints(CCmdUI* pCmdUI)
{
    // TODO: Add your command update UI handler code here

    //////////////////////////////////////
    //////////////////////////////////////
    // START CUSTOM CODE
    //////////////////////////////////////
    //////////////////////////////////////

    if (m_shape == Points)
        pCmdUI->SetCheck(TRUE);
    else
        pCmdUI->SetCheck(FALSE);

    //////////////////////////////////////
    //////////////////////////////////////
    // END CUSTOM CODE
    //////////////////////////////////////
    //////////////////////////////////////
}

void COglshapeView::OnDrawPolygons()
{
    // TODO: Add your command handler code here

    //////////////////////////////////////
    //////////////////////////////////////
    // START CUSTOM CODE
    //////////////////////////////////////
    //////////////////////////////////////

    m_shape = Polygons;
    Invalidate();

    //////////////////////////////////////
    //////////////////////////////////////
    // END CUSTOM CODE
    //////////////////////////////////////
    //////////////////////////////////////
}

void COglshapeView::OnUpdateDrawPolygons(CCmdUI* pCmdUI)
{
    // TODO: Add your command update UI handler code here

    //////////////////////////////////////
    //////////////////////////////////////
    // START CUSTOM CODE
    //////////////////////////////////////
    //////////////////////////////////////

    if (m_shape == Polygons)
```

```
            pCmdUI->SetCheck(TRUE);
        else
            pCmdUI->SetCheck(FALSE);

        ///////////////////////////////////////
        ///////////////////////////////////////
        // END CUSTOM CODE
        ///////////////////////////////////////
        ///////////////////////////////////////
}

void COglshapeView::OnDrawQuadrilaterals()
{
        // TODO: Add your command handler code here

        ///////////////////////////////////////
        ///////////////////////////////////////
        // START CUSTOM CODE
        ///////////////////////////////////////
        ///////////////////////////////////////

        m_shape = Quads;
        Invalidate();

        ///////////////////////////////////////
        ///////////////////////////////////////
        // END CUSTOM CODE
        ///////////////////////////////////////
        ///////////////////////////////////////
}

void COglshapeView::OnUpdateDrawQuadrilaterals(CCmdUI* pCmdUI)
{
        // TODO: Add your command update UI handler code here

        ///////////////////////////////////////
        ///////////////////////////////////////
        // START CUSTOM CODE
        ///////////////////////////////////////
        ///////////////////////////////////////

        if (m_shape == Quads)
            pCmdUI->SetCheck(TRUE);
        else
            pCmdUI->SetCheck(FALSE);

        ///////////////////////////////////////
        ///////////////////////////////////////
        // END CUSTOM CODE
        ///////////////////////////////////////
        ///////////////////////////////////////
}

void COglshapeView::OnDrawQuadstrip()
```

(continues)

Listing 5.2 Continued

```
{
    // TODO: Add your command handler code here

    //////////////////////////////////////
    //////////////////////////////////////
    // START CUSTOM CODE
    //////////////////////////////////////
    //////////////////////////////////////

    m_shape = QuadStrip;
    Invalidate();

    //////////////////////////////////////
    //////////////////////////////////////
    // END CUSTOM CODE
    //////////////////////////////////////
    //////////////////////////////////////
}

void COglshapeView::OnUpdateDrawQuadstrip(CCmdUI* pCmdUI)
{
    // TODO: Add your command update UI handler code here

    //////////////////////////////////////
    //////////////////////////////////////
    // START CUSTOM CODE
    //////////////////////////////////////
    //////////////////////////////////////

    if (m_shape == QuadStrip)
        pCmdUI->SetCheck(TRUE);
    else
        pCmdUI->SetCheck(FALSE);

    //////////////////////////////////////
    //////////////////////////////////////
    // END CUSTOM CODE
    //////////////////////////////////////
    //////////////////////////////////////
}

void COglshapeView::OnDrawTrianglefan()
{
    // TODO: Add your command handler code here

    //////////////////////////////////////
    //////////////////////////////////////
    // START CUSTOM CODE
    //////////////////////////////////////
    //////////////////////////////////////

    m_shape = TriangleFan;
    Invalidate();
```

```
    ///////////////////////////////////
    ///////////////////////////////////
    // END CUSTOM CODE
    ///////////////////////////////////
    ///////////////////////////////////
}

void COglshapeView::OnUpdateDrawTrianglefan(CCmdUI* pCmdUI)
{
    // TODO: Add your command update UI handler code here

    ///////////////////////////////////
    ///////////////////////////////////
    // START CUSTOM CODE
    ///////////////////////////////////
    ///////////////////////////////////

    if (m_shape == TriangleFan)
        pCmdUI->SetCheck(TRUE);
    else
        pCmdUI->SetCheck(FALSE);

    ///////////////////////////////////
    ///////////////////////////////////
    // END CUSTOM CODE
    ///////////////////////////////////
    ///////////////////////////////////
}

void COglshapeView::OnDrawTriangles()
{
    // TODO: Add your command handler code here

    ///////////////////////////////////
    ///////////////////////////////////
    // START CUSTOM CODE
    ///////////////////////////////////
    ///////////////////////////////////

    m_shape = Triangles;
    Invalidate();

    ///////////////////////////////////
    ///////////////////////////////////
    // END CUSTOM CODE
    ///////////////////////////////////
    ///////////////////////////////////
}

void COglshapeView::OnUpdateDrawTriangles(CCmdUI* pCmdUI)
{
    // TODO: Add your command update UI handler code here
```

(continues)

Listing 5.2 Continued

```
/////////////////////////////////////
/////////////////////////////////////
// START CUSTOM CODE
/////////////////////////////////////
/////////////////////////////////////

    if (m_shape == Triangles)
        pCmdUI->SetCheck(TRUE);
    else
        pCmdUI->SetCheck(FALSE);

/////////////////////////////////////
/////////////////////////////////////
// END CUSTOM CODE
/////////////////////////////////////
/////////////////////////////////////
}

void COglshapeView::OnDrawTrianglestrip()
{
    // TODO: Add your command handler code here

/////////////////////////////////////
/////////////////////////////////////
// START CUSTOM CODE
/////////////////////////////////////
/////////////////////////////////////

    m_shape = TriangleStrip;
    Invalidate();

/////////////////////////////////////
/////////////////////////////////////
// END CUSTOM CODE
/////////////////////////////////////
/////////////////////////////////////
}

void COglshapeView::OnUpdateDrawTrianglestrip(CCmdUI* pCmdUI)
{
    // TODO: Add your command update UI handler code here

/////////////////////////////////////
/////////////////////////////////////
// START CUSTOM CODE
/////////////////////////////////////
/////////////////////////////////////

    if (m_shape == TriangleStrip)
        pCmdUI->SetCheck(TRUE);
    else
        pCmdUI->SetCheck(FALSE);
```

Basic Techniques

```
//////////////////////////////////////
//////////////////////////////////////
// END CUSTOM CODE
//////////////////////////////////////
//////////////////////////////////////
}


//////////////////////////////////////
//////////////////////////////////////
// START CUSTOM CODE
//////////////////////////////////////
//////////////////////////////////////

void COglshapeView::DrawWithOpenGL()
{
    glClearColor(1.0f, 1.0f, 1.0f, 1.0f);
    glClear(GL_COLOR_BUFFER_BIT);
    glColor3f(0.0f, 0.0f, 0.0f);

    switch(m_shape)
    {
        case Points        : DrawPoints(); break;
        case Lines         : DrawLines(); break;
        case LineStrip     : DrawLineStrip(); break;
        case LineLoop      : DrawLineLoop(); break;
        case Polygons      : DrawPolygons(); break;
        case Triangles     : DrawTriangles(); break;
        case TriangleStrip : DrawTriangleStrip(); break;
        case TriangleFan   : DrawTriangleFan(); break;
        case Quads         : DrawQuads(); break;
        case QuadStrip     : DrawQuadStrip(); break;
        case Nonconvex     : DrawNonconvex(); break;
    }

    glFlush();
}

void COglshapeView::DrawPoints()
{
    GLfloat ps[2];
    glGetFloatv(GL_POINT_SIZE_RANGE, ps);

    glPointSize(ps[1]);

    glBegin(GL_POINTS);
        glVertex2f(0.0f, 0.0f);
        glVertex2f(0.75f, 0.75f);
        glVertex2f(-0.75f, -0.75f);
        glVertex2f(-0.75f, 0.75f);
        glVertex2f(0.75f, -0.75f);
    glEnd();
}

void COglshapeView::DrawLines()
```

(continues)

Listing 5.2 Continued

```
{
    GLfloat lw[2];
    glGetFloatv(GL_LINE_WIDTH_RANGE, lw);

    if (lw[1] >= 4.0f)
        glLineWidth(4.0f);
    else
        glLineWidth(lw[1]);

    glBegin(GL_LINES);

        glVertex2f(-0.75f, 0.75f);
        glVertex2f(0.75f, 0.75f);

        glVertex2f(-0.75f, 0.25f);
        glVertex2f(0.75f, 0.25f);

    glEnd();

    glLineStipple(1, 0x4444);
    glEnable(GL_LINE_STIPPLE);

    glBegin(GL_LINES);

        glVertex2f(-0.75f, -0.25f);
        glVertex2f(0.75f, -0.25f);

        glVertex2f(-0.75f, -0.75f);
        glVertex2f(0.75f, -0.75f);

    glEnd();

    glDisable(GL_LINE_STIPPLE);
}

void COglshapeView::DrawLineStrip()
{
    GLfloat lw[2];
    glGetFloatv(GL_LINE_WIDTH_RANGE, lw);

    if (lw[1] >= 4.0f)
        glLineWidth(4.0f);
    else
        glLineWidth(lw[1]);

    glBegin(GL_LINE_STRIP);

        glVertex2f(-1.00f, 0.75f);
        glVertex2f(1.0f, 0.75f);

        glVertex2f(-1.0f, 0.25f);
        glVertex2f(1.0f, 0.25f);
```

```
        glVertex2f(-1.0f, -0.25f);
        glVertex2f(1.0f, -0.25f);

        glVertex2f(-1.0f, -0.75f);
        glVertex2f(1.0f, -0.75f);

    glEnd();
}

void COglshapeView::DrawLineLoop()
{
    GLfloat lw[2];
    glGetFloatv(GL_LINE_WIDTH_RANGE, lw);

    if (lw[1] >= 4.0f)
        glLineWidth(4.0f);
    else
        glLineWidth(lw[1]);

    glBegin(GL_LINE_LOOP);

        glVertex2f(-1.00f, 0.75f);
        glVertex2f(1.0f, 0.75f);

        glVertex2f(-1.0f, 0.25f);
        glVertex2f(1.0f, 0.25f);

        glVertex2f(-1.0f, -0.25f);
        glVertex2f(1.0f, -0.25f);

        glVertex2f(-1.0f, -0.75f);
        glVertex2f(1.0f, -0.75f);

    glEnd();
}

void COglshapeView::DrawPolygons()
{
    glLineWidth(1.0f);
    glPolygonMode(GL_FRONT_AND_BACK, GL_LINE);

    glBegin(GL_POLYGON);
        glVertex2f(-0.5f, 0.75f);
        glVertex2f(-0.75f, 0.27f);
        glVertex2f(-0.5f, 0.10f);
        glVertex2f(0.5f, 0.10f);
        glVertex2f(0.75f, 0.27f);
        glVertex2f(0.5f, 0.75f);
    glEnd();

    GLubyte pattern[] =
    {
        0xff, 0x00, 0xff, 0x00, 0x0f, 0xf0, 0x0f, 0xf0,
        0x00, 0xff, 0x00, 0xff, 0x0f, 0xf0, 0x0f, 0xf0,
```

(continues)

Listing 5.2 Continued

```
          0xff, 0x00, 0xff, 0x00, 0x0f, 0xf0, 0x0f, 0xf0,
          0x00, 0xff, 0x00, 0xff, 0x0f, 0xf0, 0x0f, 0xf0,
          0xff, 0x00, 0xff, 0x00, 0x0f, 0xf0, 0x0f, 0xf0,
          0x00, 0xff, 0x00, 0xff, 0x0f, 0xf0, 0x0f, 0xf0,
          0xff, 0x00, 0xff, 0x00, 0x0f, 0xf0, 0x0f, 0xf0,
          0x00, 0xff, 0x00, 0xff, 0x0f, 0xf0, 0x0f, 0xf0,
          0xff, 0x00, 0xff, 0x00, 0x0f, 0xf0, 0x0f, 0xf0,
          0x00, 0xff, 0x00, 0xff, 0x0f, 0xf0, 0x0f, 0xf0,
          0xff, 0x00, 0xff, 0x00, 0x0f, 0xf0, 0x0f, 0xf0,
          0x00, 0xff, 0x00, 0xff, 0x0f, 0xf0, 0x0f, 0xf0,
          0xff, 0x00, 0xff, 0x00, 0x0f, 0xf0, 0x0f, 0xf0,
          0x00, 0xff, 0x00, 0xff, 0x0f, 0xf0, 0x0f, 0xf0,
          0xff, 0x00, 0xff, 0x00, 0x0f, 0xf0, 0x0f, 0xf0,
          0x00, 0xff, 0x00, 0xff, 0x0f, 0xf0, 0x0f, 0xf0
    };

    glPolygonMode(GL_FRONT_AND_BACK, GL_FILL);
    glPolygonStipple(pattern);
    glEnable(GL_POLYGON_STIPPLE);

    glBegin(GL_POLYGON);
        glVertex2f(-0.5f, -0.10f);
        glVertex2f(-0.75f, -0.27f);
        glVertex2f(-0.5f, -0.75f);
        glVertex2f(0.5f, -0.75f);
        glVertex2f(0.75f, -0.27f);
        glVertex2f(0.5f, -0.10f);
    glEnd();

    glDisable(GL_POLYGON_STIPPLE);
}

void COglshapeView::DrawNonconvex()
{
    glPolygonMode(GL_FRONT_AND_BACK, GL_LINE);

    glBegin(GL_POLYGON);
        glEdgeFlag(TRUE);
        glVertex2f(-0.2f, 0.3f);
        glEdgeFlag(FALSE);
        glVertex2f(-0.2f, -0.1f);
        glEdgeFlag(TRUE);
        glVertex2f(0.0f, -0.1f);
        glVertex2f(0.0f, 0.3f);
    glEnd();

    glBegin(GL_POLYGON);
        glEdgeFlag(TRUE);
        glVertex2f(-0.2f, -0.1f);
        glVertex2f(-0.2f, -0.4f);
        glEdgeFlag(FALSE);
        glVertex2f(0.0f, -0.4f);
        glVertex2f(0.0f, -0.1f);
```

```
        glEnd();

        glBegin(GL_POLYGON);
            glEdgeFlag(FALSE);
            glVertex2f(0.0f, -0.1f);
            glEdgeFlag(TRUE);
            glVertex2f(0.0f, -0.4f);
            glVertex2f(0.3f, -0.4f);
            glVertex2f(0.3f, -0.1f);
        glEnd();

        glEnd();
}

void COglshapeView::DrawTriangles()
{
    glPolygonMode(GL_FRONT_AND_BACK, GL_LINE);

    glBegin(GL_TRIANGLES);

        glVertex2f(-0.5f, 0.3f);
        glVertex2f(-0.5f, -0.5f);
        glVertex2f(0.5f, -0.5f);

        glVertex2f(-0.5f, 0.8f);
        glVertex2f(-0.5f, 0.5f);
        glVertex2f(0.5f, 0.5f);

    glEnd();
}

void COglshapeView::DrawTriangleStrip()
{
    glPolygonMode(GL_FRONT_AND_BACK, GL_LINE);

    glBegin(GL_TRIANGLE_STRIP);

        glVertex2f(-0.75f, 0.25f);
        glVertex2f(-0.75f, -0.25f);
        glVertex2f(-0.25f, 0.25f);

        glVertex2f(0.0f, -0.25f);

        glVertex2f(0.25f, 0.5f);

        glVertex2f(0.50f, 0.3f);

        glVertex2f(0.75f, 0.3f);

    glEnd();
}

void COglshapeView::DrawTriangleFan()
{
```

(continues)

Listing 5.2 Continued

```
        glPolygonMode(GL_FRONT_AND_BACK, GL_LINE);

        glBegin(GL_TRIANGLE_FAN);

            glVertex2f(-0.25f, 0.25f);
            glVertex2f(-0.25f, -0.25f);
            glVertex2f(0.25f, 0.25f);

            glVertex2f(0.25f, 0.5f);

            glVertex2f(-0.05f, 0.7f);

            glVertex2f(-0.45f, 0.5f);

        glEnd();
}

void COglshapeView::DrawQuads()
{
    glPolygonMode(GL_FRONT_AND_BACK, GL_LINE);

    glBegin(GL_QUADS);

        glVertex2f(-0.75f, 0.75f);
        glVertex2f(-0.75f, 0.25f);
        glVertex2f(-0.25f, 0.0f);
        glVertex2f(0.0f, 0.5f);

        glVertex2f(-0.55f, -0.25f);
        glVertex2f(-0.75f, -0.45f);
        glVertex2f(-0.25f, -0.7f);
        glVertex2f(0.5f, -0.25f);

        glVertex2f(0.5f, 0.75f);
        glVertex2f(0.25f, 0.1f);
        glVertex2f(0.75f, 0.2f);
        glVertex2f(0.8f, 0.65f);

    glEnd();
}

void COglshapeView::DrawQuadStrip()
{
    glPolygonMode(GL_FRONT_AND_BACK, GL_LINE);

    glBegin(GL_QUAD_STRIP);

        glVertex2f(-0.75f, 0.25f);
        glVertex2f(-0.65f, 0.75f);
        glVertex2f(-0.55f, 0.1f);
        glVertex2f(-0.25f, 0.6f);

        glVertex2f(-0.15f, -0.2f);
```

```
        glVertex2f(0.0f, 0.45f);

        glVertex2f(0.25f, -0.7f);
        glVertex2f(0.5f, 0.65f);

        glVertex2f(0.75f, -0.3f);
        glVertex2f(0.85f, 0.45f);

    glEnd();
}


////////////////////////////////////
////////////////////////////////////
// END CUSTOM CODE
////////////////////////////////////
////////////////////////////////////
```

Listing 5.3   MAINFRM.CPP—The Implementation File for the
***CMainFrame* Class**

```
// mainfrm.cpp : implementation of the CMainFrame class
//

#include "stdafx.h"
#include "oglshape.h"

#include "mainfrm.h"

#ifdef _DEBUG
#undef THIS_FILE
static char BASED_CODE THIS_FILE[] = _ _FILE_ _;
#endif

/////////////////////////////////////////////////////////////////////
// CMainFrame

IMPLEMENT_DYNCREATE(CMainFrame, CFrameWnd)

BEGIN_MESSAGE_MAP(CMainFrame, CFrameWnd)
    //{{AFX_MSG_MAP(CMainFrame)
        // NOTE - the ClassWizard will add and remove mapping
        // macros here.
        //    DO NOT EDIT what you see in these blocks of
        //      generated code !
    //}}AFX_MSG_MAP
END_MESSAGE_MAP()

/////////////////////////////////////////////////////////////////////
// CMainFrame construction/destruction

CMainFrame::CMainFrame()
{
```

(continues)

Listing 5.3 Continued

```cpp
        // TODO: add member initialization code here

}

CMainFrame::~CMainFrame()
{
}

/////////////////////////////////////////////////////////////////////
// CMainFrame diagnostics

#ifdef _DEBUG
void CMainFrame::AssertValid() const
{
    CFrameWnd::AssertValid();
}

void CMainFrame::Dump(CDumpContext& dc) const
{
    CFrameWnd::Dump(dc);
}

#endif //_DEBUG

/////////////////////////////////////////////////////////////////////
// CMainFrame message handlers

BOOL CMainFrame::PreCreateWindow(CREATESTRUCT& cs)
{
    // TODO: Add your specialized code here and/or call the base
    // class

    ////////////////////////////////////////
    ////////////////////////////////////////
    // START CUSTOM CODE
    ////////////////////////////////////////
    ////////////////////////////////////////

    cs.cx = 300;
    cs.cy = 320;

    ////////////////////////////////////////
    ////////////////////////////////////////
    // END CUSTOM CODE
    ////////////////////////////////////////
    ////////////////////////////////////////

    return CFrameWnd::PreCreateWindow(cs);
}
```

Summary

Some OpenGL functions come in many versions depending on the number and type of arguments used with the function. These different function versions are differentiated by the suffix added to the basic function name.

OpenGL functions often change the value of an OpenGL state variable. These state variables—such as the current drawing color—remain in effect until they are changed. This is similar to the way Windows handles device contexts.

In a simple OpenGL program, you usually begin by setting the clearing color and drawing color and then clearing the color buffer so that you have a "blank slate" on which to draw your images. Then, you define your image's vertices between pairs of `glBegin()` and `glEnd()` functions. The single argument given to `glBegin()` determines the type of shape you're defining with the vertices.

Shapes that you can draw with OpenGL include points, lines, polygons, and triangles. In addition, you can combine many of these shapes into polygon strips, triangle fans, line loops, and other types of more complex drawings. Although OpenGL cannot handle nonconvex polygons, you can create such shapes by piecing together several convex polygons.

The functions you studied in this chapter are the following:

    `void glBegin(GLenum)`

Begins a vertex list that defines the shape indicated by the flag given as the function's single argument. Flags you can use with `glBegin()` are `GL_POINTS`, `GL_LINES`, `GL_LINE_STRIP`, `GL_LINE_LOOP`, `GL_TRIANGLES`, `GL_TRIANGLE_STRIP`, `GL_TRIANGLE_FAN`, `GL_QUADS`, `GL_QUAD_STRIP`, and `GL_POLYGON`.

    `void glClear(GLbitfield)`

Clears one or more OpenGL buffers. The function's single parameter is a series of bit flags that indicate which buffers to clear. The color buffer (indicated by the `GL_COLOR_BUFFER_BIT` flag) is the area of memory that holds the actual image to be displayed on-screen. Other bit flags you can use with this function include `GL_DEPTH_BUFFER_BIT` and `GL_STENCIL_BUFFER_BIT`.

    `void glClearColor(GLclampf, GLclampf, GLclampf, GLclampf)`

Sets the RGBA color used to clear the background of an OpenGL image. This function's four arguments are the color's red, green, blue, and alpha components, respectively.

void glColor3f(GLfloat, GLfloat, GLfloat)

Sets the current drawing color. The function's three arguments are the color's red, green, and blue components. There are 32 versions of the glColor() function, depending on the function suffix and the number and type of arguments.

void glDisable(GLenum)

Turns off OpenGL drawing and image-processing capabilities. The function's single argument is a constant representing the OpenGL capability that you want enabled. Use the same constants you use with glEnable().

void glEdgeFlag(GLboolean)

Turns off edge drawing between specific vertices. If you call glEdgeFlag(FALSE) before defining a vertex, OpenGL draws no edge between that vertex and the next vertex you define. Call glEdgeFlag(TRUE) to turn edge drawing back on.

void glEnable(GLenum)

Turns on OpenGL drawing and image-processing capabilities. The function takes a single argument, which is a constant representing the OpenGL capability that you want enabled. There are almost 50 constants you can use with the glEnable() functions. They are listed in your Visual C++ online documentation. You can also find them in the *OpenGL Reference Manual*.

void glEnd(void)

Ends a vertex list. This function requires no arguments.

void glFinish(void)

Forces OpenGL to complete all drawing commands and returns only when those operations are complete.

void glFlush(void)

Forces OpenGL to complete all drawing commands.

void glFrontFace(GLenum)

Determines whether the vertices of front-facing polygons are defined counterclockwise (the default) or clockwise. The GL_CW constant selects clockwise vertices, whereas the GL_CCW selects counterclockwise vertices.

void glGetFloatv(GLenum, GLfloat*)

Returns the values of state variables. The function requires as arguments a constant indicating the values you want to retrieve and the address of the array in which to store those values. There are almost 150 constants you can use with the four forms of the glGet() function. They are listed in your Visual C++ online documentation, or you can find them in both the *OpenGL Programming Guide* and the *OpenGL Reference Manual*.

void glLineStipple(GLint, GLushort)

Sets the line stipple pattern. This function's two arguments are the pattern repeat factor and the stipple pattern. The repeat factor determines how many times the dots and spaces represented by the binary values should be repeated.

void glLineWidth(GLfloat)

Sets the line width. This function's single argument is the requested line width.

void glPointSize(GLfloat)

Sets the point size. This function's single argument is the requested point diameter.

void glPolygonMode(GLenum, GLenum)

Sets the polygon drawing mode. The first argument, which can be GL_FRONT, GL_BACK, or GL_FRONT_AND_BACK, indicates the polygon face whose drawing mode you want to set. The second argument indicates the drawing mode for the selected face. This mode can be GL_POINT, GL_LINE, or GL_FILL.

void glPolygonStipple(GLubyte*)

Sets the polygon stipple pattern. This function's single parameter is the address of the data that defines the 32×32 stipple pattern.

void glRecti(GLint, GLint, GLint, GLint)

May draw rectangles faster than rectangles defined as regular polygons. This function takes four arguments that specify the rectangle's opposing corners. The glRect() function comes in eight versions, depending on the number and type of arguments supplied to the function.

void glVertex2f(GLfloat, GLfloat)

Defines a vertex. The glVertex2f() function takes as arguments the X and Y coordinates of the vertex. There are 24 versions of the glVertex() function, depending on the function suffix and the number and type of arguments.

void glVertex3f(GLfloat, GLfloat, GLfloat)

Defines a vertex. The glVertex3f() function takes as arguments the X, Y, and Z coordinates of the vertex. There are 24 versions of the glVertex() function, depending on the function suffix and the number and type of arguments.

Now that you have some OpenGL shape-drawing experience, it's time to get back to matrix operations and 3-D graphics programming. In the next chapter, you learn how OpenGL uses matrices to create various views of 3-D scenes.

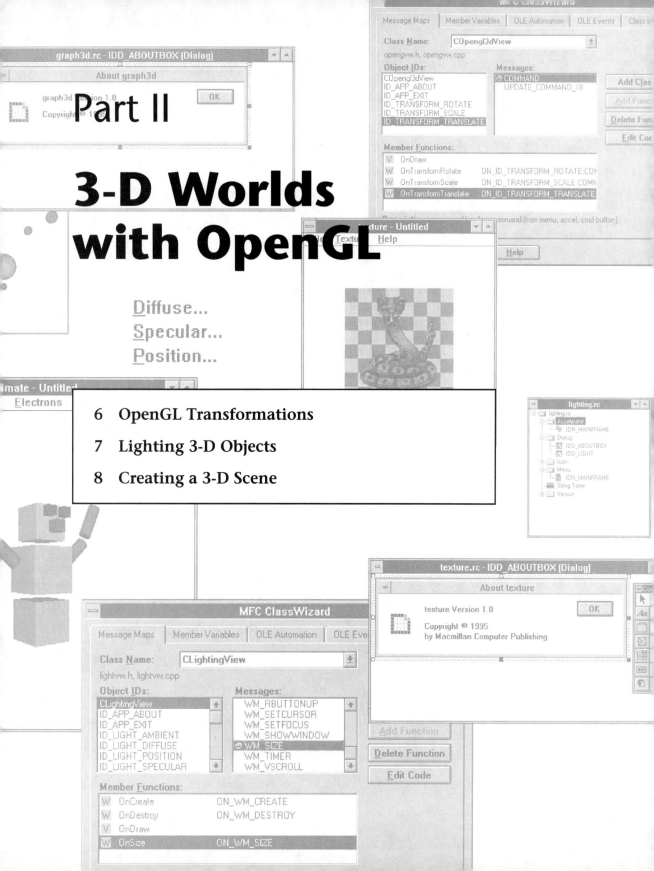

Part II

3-D Worlds with OpenGL

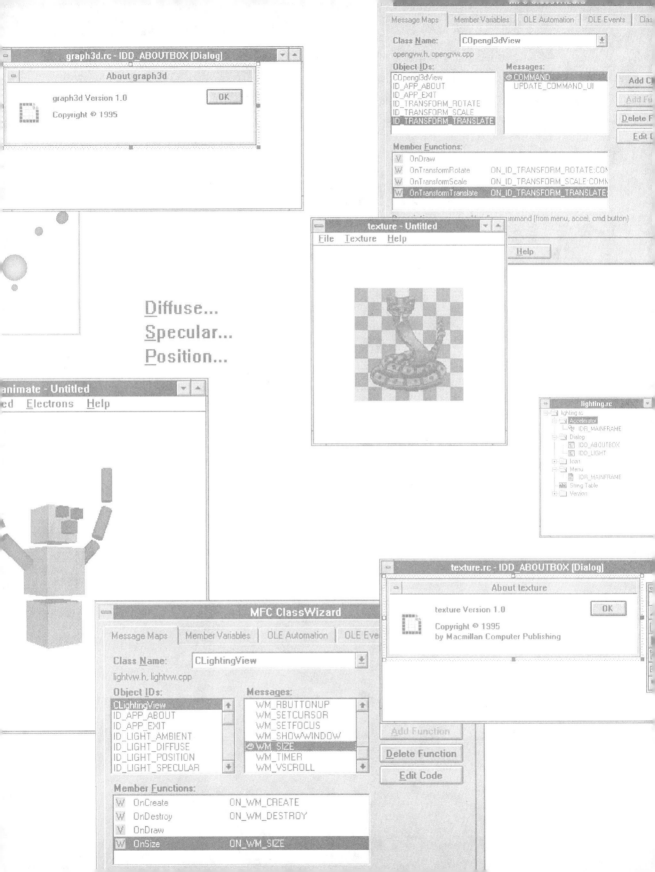

Chapter 6

OpenGL Transformations

In Chapters 2, "A 2-D Computer Graphics Primer," and 3, "Moving to 3-D," you learned the formulas you need to transform 2-D and 3-D objects on-screen. In addition, you discovered how to use matrices to simplify applying transformations—including translations, scaling, and rotations—to objects in a scene. Now, you're ready to see how OpenGL handles matrices to perform the same types of transformations.

Building 3-D Objects from Polygons

Before you get too deep into this chapter, you need to know how to create 3-D objects from OpenGL's polygons. The best way to think of this process is to imagine that you've got pieces of paper cut into various shapes (the polygons), and now you've got to glue those shapes together in order to form some sort of 3-D object.

Imagine, for example, that you've got six one-inch squares of paper (see fig. 6.1). Now, you want to put those squares together to form a one-inch cube. Imagine further that you have a larger cube that's created from a 3-D Cartesian grid two inches square. This second cube represents the world in which you'll assemble the paper squares into an object. You create the paper cube by placing the paper squares into the grid cube at positions such that the final cube ends up centered on the grid coordinates 0,0,0. That is, the 3-D coordinates 0,0,0 are exactly centered inside both cubes (see fig. 6.2).

Fig. 6.1
The six polygons needed to form a cube.

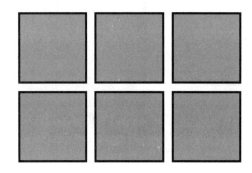

Fig. 6.2
The assembled cube.

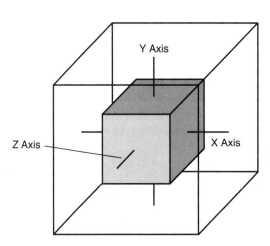

This is exactly the way that you create 3-D objects in an OpenGL program, except, of course, you don't use paper. Instead, you tell OpenGL the coordinates of each polygon by supplying a list of vertices. This list not only tells OpenGL how to draw the polygons, but also where to position them within the 3-D Cartesian grid.

OpenGL's default 3-D grid is a cube that's two units square with the origin at the center. This means that X, Y, and Z coordinates can range from –1.0 to 1.0, with other values being outside of the cube. Using the cube in figure 6.2 as a reference, values on the X axis increase from left to right, values on the Y axis increase from bottom to top, and values on the Z axis increase from back to front. So, to form the cube shown in figure 6.2, you'd use the following code to specify each polygon's vertices:

```
glBegin(GL_POLYGON);
    glVertex3f(-0.5f, 0.5f, 0.5f);
    glVertex3f(-0.5f, -0.5f, 0.5f);
    glVertex3f(0.5f, -0.5f, 0.5f);
    glVertex3f(0.5f, 0.5f, 0.5f);
glEnd();
```

```
glBegin(GL_POLYGON);
    glVertex3f(0.5f, 0.5f, 0.5f);
    glVertex3f(0.5f, -0.5f, 0.5f);
    glVertex3f(0.5f, -0.5f, -0.5f);
    glVertex3f(0.5f, 0.5f, -0.5f);
glEnd();

glBegin(GL_POLYGON);
    glVertex3f(0.5f, 0.5f, -0.5f);
    glVertex3f(0.5f, -0.5f, -0.5f);
    glVertex3f(-0.5f, -0.5f, -0.5f);
    glVertex3f(-0.5f, 0.5f, -0.5f);
glEnd();

glBegin(GL_POLYGON);
    glVertex3f(-0.5f, 0.5f, -0.5f);
    glVertex3f(-0.5f, -0.5f, -0.5f);
    glVertex3f(-0.5f, -0.5f, 0.5f);
    glVertex3f(-0.5f, 0.5f, 0.5f);
glEnd();

glBegin(GL_POLYGON);
    glVertex3f(-0.5f, -0.5f, 0.5f);
    glVertex3f(-0.5f, -0.5f, -0.5f);
    glVertex3f(0.5f, -0.5f, -0.5f);
    glVertex3f(0.5f, -0.5f, 0.5f);
glEnd();

glBegin(GL_POLYGON);
    glVertex3f(-0.5f, 0.5f, -0.5f);
    glVertex3f(-0.5f, 0.5f, 0.5f);
    glVertex3f(0.5f, 0.5f, 0.5f);
    glVertex3f(0.5f, 0.5f, -0.5f);
glEnd();
```

In the preceding code segment, the first polygon being defined is the front of
the cube, the second is the right side, the third is the back, the fourth is the
left side, the fifth is the bottom, and the sixth is the top. Notice that the ver-
tices are defined such that the fronts of the polygons form the outside of the
cube, whereas the backs are inside the cube. That is, the vertices of front-
facing polygons (such as the front side of the cube) are defined counterclock-
wise, whereas the vertices of back-facing polygons (such as the back side of
the cube) are defined clockwise.

> **Caution**
>
> When defining the vertices of polygons that make up a 3-D object, it's imperative
> that you define the vertices in the proper direction. In its default state, OpenGL
> expects the vertices of each front-facing polygon to be defined counterclockwise.
> Failure to observe this rule may yield unexpected results.

The Projection Transformation

If you were to plug the vertices defined in the previous section into an OpenGL program, you'd get a window something like that shown in figure 6.3. You see only a square because OpenGL is displaying the cube object using orthographic (parallel) projection, which you learned about in Chapter 3, "Moving to 3-D." That is, objects farther away, such as the back of the cube, are not shown smaller than objects close up. As a result, the back of the cube is the same size as the front and so isn't visible.

Fig. 6.3
The cube displayed using orthographic projection.

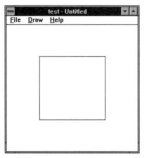

To make the cube look more realistic, you have to display it using perspective projection (which you also learned about in Chapter 3, "Moving to 3-D").

Selecting the Projection Matrix

The first step in using perspective projection is to tell OpenGL that you want to manipulate the projection matrix:

```
glMatrixMode(GL_PROJECTION);
```

OpenGL uses three different matrix stacks to transform the vertices of objects it must display. For the time being, you can think of a matrix stack as simply a single 4 × 4 matrix. The `glMatrixMode()` function enables you to select the matrix with which you want to work. The function's single argument, which can be `GL_MODELVIEW`, `GL_PROJECTION`, or `GL_TEXTURE`, is a constant representing the matrix you want to manipulate.

> **Note**
>
> A matrix stack is much like the stack your computer uses, except a matrix stack stores the values for a series of related matrices, rather than the types of values that you can store on a computer stack. You'll learn more about matrix stacks later in this book.

The preceding call to glMatrixMode() uses the GL_PROJECTION constant to select OpenGL's projection matrix, since that's the matrix you need in order to apply perspective projection to the objects you want to display.

Initializing a Matrix

Previously, you learned that, before you can use a matrix to transform an object's vertices, you usually want to load the matrix with the identity matrix. (You learned about the identity matrix, which is the matrix equivalent of the number 1, in Chapter 2, "A 2-D Computer Graphics Primer.") OpenGL has a special function that handles this task:

```
glLoadIdentity();
```

The glLoadIdentity() function loads the currently selected matrix with the identity matrix. This ensures that the matrix starts off fresh, without values that may affect calculations to come.

Defining a Viewing Volume

The next step in applying perspective projection is to call the glFrustum() function to tell OpenGL the limits of the *viewing volume*, which is the 3-D area in which your objects exist. A call to glFrustum() looks something like this:

```
glFrustum(-1.0, 1.0, -1.0, 1.0, 2.0, 7.0);
```

This function creates a perspective matrix and multiplies it times the currently selected matrix. The function takes as arguments six GLdouble arguments that define the left, right, bottom, top, near, and far coordinates of the viewing volume, as shown in figure 6.4.

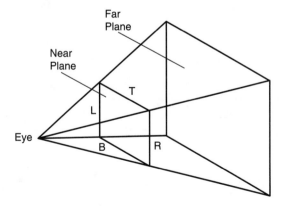

Fig. 6.4
Defining the viewing volume.

The near and far arguments represent the distance from the "eye" and so must be positive values. The eye is the point from which you're currently viewing the scene, which, unless you change it, is at (0,0,0), the origin of the 3-D Cartesian grid. The near plane is the beginning of the viewing volume; any objects or parts of objects between the eye and the near plane do not appear in the scene.

The far plane represents the end of the viewing volume. Any objects or parts of objects beyond the far plane also do not appear in the scene. Finally, the L, R, T, and B letters in the figure represent the left, right, top, and bottom coordinates of the viewing plane.

> **Note**
>
> You can think of the near viewing plane as being the client area of the window in which the scene will appear on the screen. Specifically, the near plane's left and bottom coordinates get mapped to the window's lower left corner, and the right and top coordinates get mapped to the window's upper right corner.

Just as with the near and far planes, anything that appears outside the left, right, bottom, and top boundaries does not appear in the scene. That is, objects that extend beyond the viewing volume are clipped, whereas objects fully outside the viewing volume don't appear at all. As you can see, the coordinates of the viewing volume define six polygons, which, for obvious reasons, often are called the *clipping planes*.

In figure 6.5, you can see the world that a call to `glFrustum()` defines. To appear in the scene, an object must be inside this world.

Fig. 6.5
The world created by defining a viewing volume.

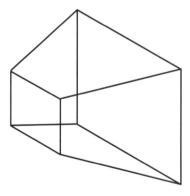

> **Note**
>
> If you need to use orthographic (parallel) projection in a program, you can use the glOrtho() and gluOrtho2D() functions to set up the projection. You can find information on these functions in your Visual C++ on-line documentation.

The Modelview Transformation

Although at this point, you've told OpenGL what the viewing volume looks like, and you've defined your cube object, you still won't see anything on-screen. Why? Because the cube is currently outside of the viewing volume. You might want to picture this situation as shown in figure 6.6 (shown in a 2-D side view for clarity).

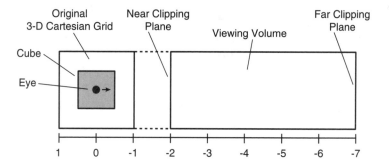

Fig. 6.6
The cube and the new viewing volume.

The call to glFrustum(-1.0, 1.0, -1.0, 1.0, 2.0, 7.0) set the near clipping plane to be two units from the eye and set the far clipping plane to be seven units from the eye. But the cube is still positioned at the origin, well outside the viewing volume. Moreover, because the near clipping plane's position must be expressed as a positive distance from the eye, it's currently impossible to include all of the cube in the view. The solution to this problem is to translate the object into view.

> **Note**
>
> You can specify up to six extra clipping planes (in addition to the six clipping planes formed by a call to glFrustum()) with OpenGL's glClipPlane() function. You might want to do this, for example, to display an object in a cutaway view. You can find details on glClipPlane() in your Visual C++ on-line documentation.

Performing Translation

Now you need to translate the cube down the Z axis, to place it into the viewing volume. The following three lines of code accomplish this task:

```
glMatrixMode(GL_MODELVIEW);
glLoadIdentity();
glTranslatef(0.0f, 0.0f, -3.5f);
```

The first line tells OpenGL that you now want to work with the modelview matrix, the second line initializes the modelview matrix to the identity matrix, and the third line translates the cube three and a half units down the Z axis. The glTranslatef() function creates a translation matrix and multiplies that matrix times the currently selected matrix. Its three arguments are GLfloat values that indicate the amount of translation on the X, Y, and Z axes, respectively. Another version of the function, glTranslated(), takes GLdouble arguments.

After the preceding lines execute, you could imagine the situation as shown in figure 6.7. Now, the cube is within the viewing volume, and so is visible in the scene that appears on-screen. Of course, because the cube is farther away from the eye, it appears smaller than it would up closer.

Fig. 6.7
The cube translated into the viewing volume.

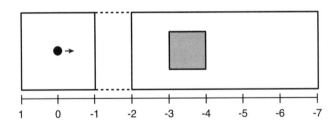

The following code segment produces the display shown in figure 6.8:

```
glMatrixMode(GL_PROJECTION);
glLoadIdentity();
glFrustum(-1.0, 1.0, -1.0, 1.0, 2.0, 7.0);

glMatrixMode(GL_MODELVIEW);
glLoadIdentity();
glTranslatef(0.0f, 0.0f, -3.5f);

glClearColor(1.0f, 1.0f, 1.0f, 1.0f);
glClear(GL_COLOR_BUFFER_BIT);
glColor3f(0.0f, 0.0f, 0.0f);

glPolygonMode(GL_FRONT_AND_BACK, GL_LINE);
```

```
glBegin(GL_POLYGON);
    glVertex3f(-0.5f, 0.5f, 0.5f);
    glVertex3f(-0.5f, -0.5f, 0.5f);
    glVertex3f(0.5f, -0.5f, 0.5f);
    glVertex3f(0.5f, 0.5f, 0.5f);
glEnd();

glBegin(GL_POLYGON);
    glVertex3f(0.5f, 0.5f, 0.5f);
    glVertex3f(0.5f, -0.5f, 0.5f);
    glVertex3f(0.5f, -0.5f, -0.5f);
    glVertex3f(0.5f, 0.5f, -0.5f);
glEnd();

glBegin(GL_POLYGON);
    glVertex3f(0.5f, 0.5f, -0.5f);
    glVertex3f(0.5f, -0.5f, -0.5f);
    glVertex3f(-0.5f, -0.5f, -0.5f);
    glVertex3f(-0.5f, 0.5f, -0.5f);
glEnd();

glBegin(GL_POLYGON);
    glVertex3f(-0.5f, 0.5f, -0.5f);
    glVertex3f(-0.5f, -0.5f, -0.5f);
    glVertex3f(-0.5f, -0.5f, 0.5f);
    glVertex3f(-0.5f, 0.5f, 0.5f);
glEnd();

glBegin(GL_POLYGON);
    glVertex3f(-0.5f, -0.5f, 0.5f);
    glVertex3f(-0.5f, -0.5f, -0.5f);
    glVertex3f(0.5f, -0.5f, -0.5f);
    glVertex3f(0.5f, -0.5f, 0.5f);
glEnd();

glBegin(GL_POLYGON);
    glVertex3f(-0.5f, 0.5f, -0.5f);
    glVertex3f(-0.5f, 0.5f, 0.5f);
    glVertex3f(0.5f, 0.5f, 0.5f);
    glVertex3f(0.5f, 0.5f, -0.5f);
glEnd();

glFlush();
```

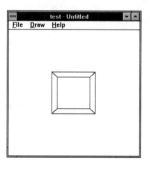

Fig. 6.8
The cube as it appears on-screen.

II

3-D Worlds with OpenGL

This code example sets up the projection and modelview transformations, and then draws a cube on-screen. To draw the cube, OpenGL must apply the transformations to each of the cube's vertices. It does this in a specific order, first applying the modelview transformation and then the perspective transformation, followed by the viewport transformation. (You learn about the viewport transformation later in this chapter, in the section entitled "The Viewport Transformation.")

You can, of course, translate the object on the other axes, as well. For example, suppose you replaced the modelview-transformation code in the previous example with this:

```
glMatrixMode(GL_MODELVIEW);
glLoadIdentity();
glTranslatef(0.75f, 0.75f, -3.5f);
```

Now, OpenGL not only translates the cube down the Z axis, but also up and to the right. The image produced by this translation is shown in figure 6.9.

Fig. 6.9
The cube translated on all three axes.

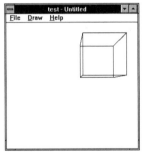

Note

Another way of handling transformations is with the gluLookAt() function, which enables you to look at a scene without having to specify the necessary translation and rotation. Look for detailed information on the gluLookAt() function in your Visual C++ on-line documentation.

Performing Scaling

Just as you can translate an object with OpenGL, so too can you scale the object. For example, the following function call doubles the size of an object:

```
glScalef(2.0f, 2.0f, 2.0f);
```

The glScalef() function creates a scaling matrix and multiplies that matrix times the currently selected matrix. Its three arguments are GLfloat values that specify the scaling factors for the X, Y, and Z axes. As is typical with OpenGL, another version of the function, glScaled(), takes GLdouble arguments.

The following code (the call to the DrawCube() function defines the cube's vertices) produces the display shown in figure 6.10:

```
glMatrixMode(GL_PROJECTION);
glLoadIdentity();
glFrustum(-1.0, 1.0, -1.0, 1.0, 2.0, 7.0);

glMatrixMode(GL_MODELVIEW);
glLoadIdentity();
glTranslatef(0.0f, 0.0f, -3.5f);
glScalef(2.0f, 1.0f, 1.0f);

glClearColor(1.0f, 1.0f, 1.0f, 1.0f);
glClear(GL_COLOR_BUFFER_BIT);
glColor3f(0.0f, 0.0f, 0.0f);
glPolygonMode(GL_FRONT_AND_BACK, GL_LINE);

DrawCube();

glFlush();
```

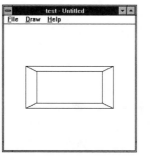

Fig. 6.10
The cube scaled on the X axis.

Performing Rotation

The last transformation you can apply to a scene is rotation. For example, the following function call rotates the cube object 20 degrees on the Z axis:

```
glRotatef(20.0f, 0.0f, 0.0f, 1.0f);
```

The glRotatef() function creates a rotation matrix and multiplies that matrix times the currently selected matrix. Its four arguments are GLfloat values that specify the counterclockwise angle of the rotation and the X,Y,Z coordinates of a vector about which to rotate. (To specify rotation around a specific axis, make the argument for that axis 1.0 and the arguments for the other axes 0.0.) Another version of the function, glRotated(), takes GLdouble arguments.

The following code produces the display shown in figure 6.11:

```
glMatrixMode(GL_PROJECTION);
glLoadIdentity();
glFrustum(-1.0, 1.0, -1.0, 1.0, 2.0, 7.0);

glMatrixMode(GL_MODELVIEW);
glLoadIdentity();
glTranslatef(0.0f, 0.0f, -3.5f);
glRotatef(20.0f, 1.0f, 0.0f, 0.0f);
glRotatef(20.0f, 0.0f, 1.0f, 0.0f);
glRotatef(20.0f, 0.0f, 0.0f, 1.0f);

glClearColor(1.0f, 1.0f, 1.0f, 1.0f);
glClear(GL_COLOR_BUFFER_BIT);
glColor3f(0.0f, 0.0f, 0.0f);
glPolygonMode(GL_FRONT_AND_BACK, GL_LINE);

DrawCube();

glFlush();
```

Fig. 6.11

The cube rotated about all the axes.

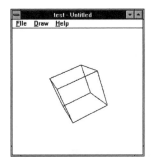

Caution

The three calls to glRotatef() in the preceding sample code are not equivalent to the single call glRotatef(20.0f, 1.0f, 1.0f, 1.0f), which rotates the scene around a vector drawn from the origin through the point at (1.0, 1.0, 1.0).

> **Note**
>
> If you'd rather deal with your matrices directly as you did in Chapters 1, "Introducing OpenGL," and 2, "A 2-D Computer Graphics Primer," you can use OpenGL's `glLoadMatrix()` and `glMultMatrix()` functions, which load the current matrix with a set of values and multiply the current matrix by a given matrix, respectively. You can find more information on these functions in your Visual C++ on-line documentation.

The Viewport Transformation

I said previously that, to draw a scene, OpenGL must apply transformations to each of the scene's vertices and that OpenGL does these transformations in a specific order. First, OpenGL applies the modelview transformation, which positions the model with respect to the viewpoint. Then, OpenGL performs the perspective (or projection) transformation, which applies clipping and perspective to the scene. Finally, OpenGL performs the viewport transformation, which determines how the vertices are mapped to the screen. A *viewport* is simply the rectangle into which the scene is drawn.

Setting the Viewport

So far, you've been using the default viewport mapping to display graphics, which works fine as long as you don't need to specify a specific viewport. However, you might want to use only part of a window as your viewport, or you may want the viewport to change when the window is resized. To handle these and other situations, OpenGL supplies the `glViewport()` function, which sets the size and position of the viewport. A call to `glViewport()` looks like this:

```
glViewport(left, bottom, width, height);
```

This function takes four parameters. The first two are `GLint` values that specify the viewport's lower left corner. The second two are `GLsizei` values that specify the viewport's width and height.

Dealing with Aspect Ratio

Depending on the results you want to obtain, you may set the viewport to be the same size as your window, regardless of the size of the viewing volume. Then, whenever the user changes the size of the window, you may reset the viewport to the new window size. This would force the image to be scaled based on the window's *aspect ratio*, which is simply a rectangle's width divided by the rectangle's height.

For example, if the window were square, a square polygon drawn in the window would still look square (see fig. 6.12). However, if the window were elongated, the square would be stretched along with the window (see fig. 6.13). Specifically, if the aspect ratio of the viewport and the aspect ratio of the viewing volume are the same, OpenGL draws the model undistorted.

Fig. 6.12

A square drawn in a square viewport.

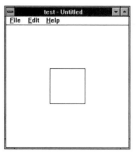

Fig. 6.13

A square drawn in a rectangular viewport.

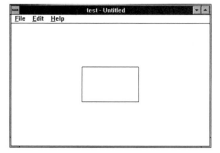

To change the size of the viewport whenever the user changes the size of the window, you respond to the WM_SIZE Windows message. An application receives this message when the window is first displayed and also whenever the user changes the size of the window. In an MFC OpenGL program, you might handle the WM_SIZE message in the OnSize() function, like this:

```
void COpengl3dView::OnSize(UINT nType, int cx, int cy)
{
    CView::OnSize(nType, cx, cy);

    // TODO: Add your message handler code here
```

```
      CClientDC clientDC(this);
      wglMakeCurrent(clientDC.m_hDC, m_hRC);

      glMatrixMode(GL_PROJECTION);
      glLoadIdentity();

      glFrustum(-1.0, 1.0, -1.0, 1.0, 2.0, 7.0);
      glViewport(0, 0, cx, cy);
      wglMakeCurrent(NULL, NULL);
   }
```

The preceding function first creates a DC for the client window, and then uses a handle to this DC as the first argument in the call to wglMakeCurrent(), which associates the OpenGL rendering context with the DC. Then, OnSize() calls glMatrixMode() with an argument of GL_PROJECTION to tell OpenGL that the program wants to manipulate the projection matrix. The call to glLoadIdentity() initializes the projection matrix to the identity matrix. Finally, OnSize() calls glFrustum() to define a viewing volume, glViewport() to set the viewport to the size of the client window, and wglMakeCurrent() with NULL arguments to make the rendering context not current.

Determining the correct arguments for the glFrustum() function can be a confusing task. That's why OpenGL's utility library includes the gluPerspective() function, which enables you to define a viewing volume in a more intuitive way. A typical call to gluPerspective() looks like this:

```
      gluPerspective(viewAngle, aspectRatio, nearPlane, farPlane);
```

Here, the first argument is a GLdouble value that gives the field-of-view angle, which is the angle formed between lines drawn to the top of the near clipping plane and the bottom of the near clipping plane (see fig. 6.14). As this angle gets larger, the near and far clipping planes get taller.

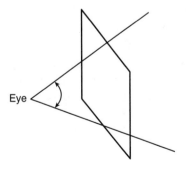

Fig. 6.14
The field-of-view angle.

Eye

The second argument is a GLdouble value that gives the aspect ratio of the viewing volume. An aspect ratio of 1.0 provides a viewing volume that's as wide as it is tall. The smaller the aspect ratio, the taller the rectangle as compared to its width. For example, an aspect ratio of 0.50 gives a viewing volume that's twice as tall as it is wide.

The last two arguments are GLdouble values that give the distance from the viewpoint to the near and far clipping planes, respectively. These must always be positive values.

If you want to keep the viewport and viewing volume aspect ratios the same no matter how the user changes the window's size, you could use code like this in response to the WM_SIZE message:

```
CClientDC clientDC(this);
wglMakeCurrent(clientDC.m_hDC, m_hRC);

glMatrixMode (GL_PROJECTION);
glLoadIdentity ();
GLdouble aspectRatio =  (GLdouble) cx / (GLdouble) cy;
gluPerspective (40.0, aspectRatio, 3.5, 10.0);
glViewport (0, 0, cx, cy);

wglMakeCurrent(NULL, NULL);
```

When setting the viewing volume and viewport with the preceding code, a square always looks square no matter how the user sizes the window. However, as you reduce the window's height, the square gets smaller and smaller.

Building a 3-D OpenGL Application

As you've learned in this chapter, transforming 3-D objects with OpenGL is much easier than writing your own program code to do the same thing (which you did in Chapter 3, "Moving to 3-D"). Now that you know the OpenGL commands to perform these transformations, it's time to put together an OpenGL application that enables the user to manipulate a 3-D object in various ways. Follow the steps beginning on the next page to create a program called OPENGL3D that demonstrates the principles you learned in this chapter. If you need help placing the following code segments in the program, please refer to the listings near the end of this chapter.

Note

After following the disk installation instructions at the the back of the book, you can find the executable file and the complete source code for the OPENGL3D application in the OPENCL\CHAP06 on your hard drive.

In the first set of steps that follow, you create the basic AppWizard application and modify the application's user interface. (If you don't know how to perform any of the following steps, please consult your Visual C++ documentation.)

1. Use AppWizard to create an application called OPENGL3D. Set the following options in AppWizard's dialog boxes:

> Step 1: Single Document
>
> Step 2: None
>
> Step 3: None and No Automation
>
> Step 4: Use 3D Controls
>
> Step 5: Leave set to defaults
>
> Step 6: Leave set to defaults

Your project's final options should look like those shown in figure 6.15.

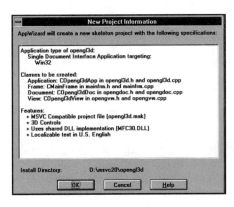

Fig. 6.15
The OPENGL3D application's final options.

2. Double-click the OPENGL3D.RC file in the project window to bring up App Studio's browser window (see fig. 6.16).

II

3-D Worlds with OpenGL

Fig. 6.16
The App Studio
browser window.

3. Double-click the Menu folder, and then double-click IDR_MAINFRAME to bring up the menu editor (see fig. 6.17).

Fig. 6.17
The menu editor.

4. Delete all entries from the File menu except Exit (see fig. 6.18).

Fig. 6.18
The new File
menu.

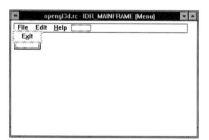

5. Delete the Edit menu, leaving the File and Help menus, as shown in figure 6.19.

Fig. 6.19
After deleting
the Edit menu.

6. Add a Transform menu, giving it the commands Translate, Scale, and
Rotate (see fig. 6.20), with the command IDs ID_TRANSFORM_TRANSLATE,
ID_TRANSFORM_SCALE, and ID_TRANSFORM_ROTATE.

Fig. 6.20
The new
Transform
menu.

II

3-D Worlds with OpenGL

7. Close the menu editor and bring up the dialog box editor (see fig. 6.21)
by double-clicking the Dialog folder in the browser window and then
double-clicking IDD_ABOUTBOX.

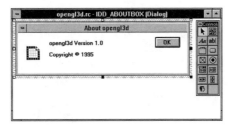

Fig. 6.21
The dialog
editor.

8. Modify the About dialog box so that it looks like figure 6.22.

Fig. 6.22
The new About
dialog box.

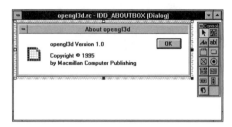

9. Close the dialog box editor and double-click Accelerator in App Studio's browser window. You'll see the IDR_MAINFRAME accelerator ID (see fig. 6.23). Delete the IDR_MAINFRAME accelerator table from the browser window.

Fig. 6.23
The
IDR_MAINFRAME
accelerator table
in the browser
window.

10. Select the Resource menu's New command and create a new dialog box. The finished dialog box should look like figure 6.24. (Be sure to give the dialog box the IDD_TRANSFORM ID, and give the edit controls the IDs IDC_XAXIS, IDC_YAXIS, and IDC_ZAXIS.)

Fig. 6.24
The Transform
dialog box.

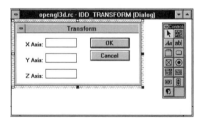

11. Select the Project menu's ClassWizard command (or click the toolbar's ClassWizard button), and name the Transform dialog box's class CTransformDlg (see fig. 6.25). Click the Create Class button to create the class.

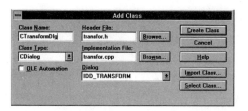

Fig. 6.25
Creating the
CTransformDlg
class.

12. In the MFC ClassWizard dialog box, select the Member Variables tab.
Then, add variables (called m_xAxis, m_yAxis, and m_zAxis) of type double
for the IDC_XAXIS, IDC_YAXIS, and IDC_ZAXIS controls, as shown in figure
6.26. Click the OK button to save your changes.

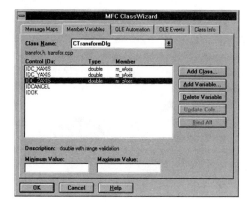

Fig. 6.26
Creating
variables for
the edit
controls.

II

3-D Worlds with OpenGL

13. Close the App Studio browser window, being sure to save all your
changes.

In the next set of steps, you add message-response functions for the
application's Transform menu. You also add response functions for the
WM_CREATE, WM_DESTROY, WM_RBUTTONDOWN, and WM_SIZE Windows messages, as
well as override the view class's PreCreateWindow() function.

1. Select the Project menu's ClassWizard command to bring up
the MFC ClassWizard dialog box. In the Class Name box, select the
COpengl3dView class (see fig. 6.27). Make sure you have the Message
Maps tab selected.

Fig. 6.27
The MFC
ClassWizard
dialog box.

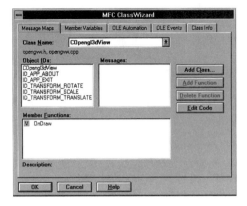

2. Use the MFC ClassWizard dialog box to add COMMAND functions for the
ID_TRANSFORM_ROTATE, ID_TRANSFORM_SCALE, and ID_TRANSFORM_TRANSLATE
commands. Accept the default names (OnTransformRotate(),
OnTransformScale(), and OnTransformTranslate()) for the functions, as
shown in figure 6.28.

Fig. 6.28
Adding response
functions for the
Transform menu
commands.

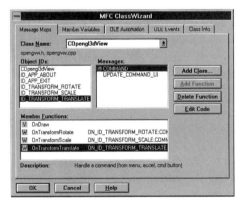

3. Find the OnTransformRotate() function near the end of the
OPENGVW.CPP file and add the following lines to that function, right
after the // TODO: Add your command handler code here comment:

```
CTransformDlg dlg;
dlg.m_xAxis = 0.0f;
dlg.m_yAxis = 0.0f;
dlg.m_zAxis = 0.0f;
```

```
int response = dlg.DoModal();

if (response == IDOK)
{
    m_xRotate += (GLfloat) dlg.m_xAxis;
    m_yRotate += (GLfloat) dlg.m_yAxis;
    m_zRotate += (GLfloat) dlg.m_zAxis;
}
```

4. Find the OnTransformScale() function near the end of the
OPENGVW.CPP file and add the following lines to that function, right
after the // TODO: Add your command handler code here comment:

```
CTransformDlg dlg;
dlg.m_xAxis = 1.0f;
dlg.m_yAxis = 1.0f;
dlg.m_zAxis = 1.0f;

int response = dlg.DoModal();

if (response == IDOK)
{
    m_xScale *= (GLfloat) dlg.m_xAxis;
    m_yScale *= (GLfloat) dlg.m_yAxis;
    m_zScale *= (GLfloat) dlg.m_zAxis;
}
```

5. Find the OnTransformTranslate() function at the end of the
OPENGVW.CPP file and add the following lines to that function, right
after the // TODO: Add your command handler code here comment:

```
CTransformDlg dlg;
dlg.m_xAxis = 0.0f;
dlg.m_yAxis = 0.0f;
dlg.m_zAxis = 0.0f;

int response = dlg.DoModal();

if (response == IDOK)
{
    m_xTranslate += (GLfloat) dlg.m_xAxis;
    m_yTranslate += (GLfloat) dlg.m_yAxis;
    m_zTranslate += (GLfloat) dlg.m_zAxis;
}
```

6. Use the MFC ClassWizard dialog box to create a response function for
the WM_CREATE message, as shown in figure 6.29.

Fig. 6.29
Adding the
OnCreate()
function.

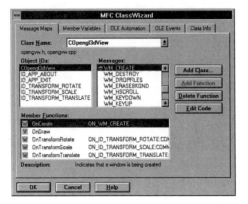

7. In the MFC ClassWizard dialog box, click the Edit Code button, and then add the following lines to the OnCreate() function, right after the // TODO: Add your specialized creation code here comment:

```
PIXELFORMATDESCRIPTOR pfd =
{
    sizeof(PIXELFORMATDESCRIPTOR),  // Structure size.
    1,                              // Structure version number.
    PFD_DRAW_TO_WINDOW |            // Property flags.
        PFD_SUPPORT_OPENGL,
    PFD_TYPE_RGBA,
    24,                             // 24-bit color.
    0, 0, 0, 0, 0, 0,               // Not concerned with these.
    0, 0, 0, 0, 0, 0, 0,            // No alpha or accum buffer.
    32,                             // 32-bit depth buffer.
    0, 0,                           // No stencil or aux buffer.
    PFD_MAIN_PLANE,                 // Main layer type.
    0,                              // Reserved.
    0, 0, 0                         // Unsupported.
};

CClientDC clientDC(this);

int pixelFormat =
    ChoosePixelFormat(clientDC.m_hDC, &pfd);
BOOL success =
    SetPixelFormat(clientDC.m_hDC, pixelFormat, &pfd);

m_hRC = wglCreateContext(clientDC.m_hDC);
```

8. Select the Project menu's ClassWizard command, and use the MFC ClassWizard dialog box to create a response function for the WM_DESTROY message, as shown in figure 6.30.

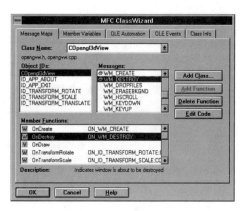

Fig. 6.30
Adding the
OnDestroy()
function.

9. In the MFC ClassWizard dialog box, click the Edit Code button, and then add the following line to the OnDestroy() function, right after the // TODO: Add your message handler code here comment:

   ```
   wglDeleteContext(m_hRC);
   ```

10. Select the Project menu's ClassWizard command, and use the MFC ClassWizard dialog box to override the view class's PreCreateWindow() function, as shown in figure 6.31.

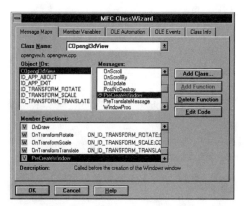

Fig. 6.31
Overriding the
PreCreateWindow()
function.

11. In the MFC ClassWizard dialog box, click the Edit Code button, and then add the following line to the PreCreateWindow() function, right after the // TODO: Add your specialized code here and/or call the base class comment:

   ```
   cs.style |= WS_CLIPCHILDREN | WS_CLIPSIBLINGS;
   ```

12. Select the Project menu's ClassWizard command, and use the MFC ClassWizard dialog box to create a response function for the WM_RBUTTONDOWN message, as shown in figure 6.32.

Fig. 6.32
Adding the
OnRButtonDown( )
function.

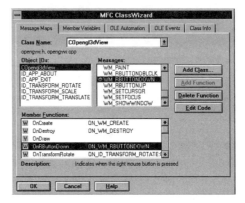

13. In the MFC ClassWizard dialog box, click the Edit Code button, and then add the following lines to the OnRButtonDown() function, right after the // TODO: Add your message handler code here and/or call default comment:

```
Invalidate(TRUE);
```

14. Select the Project menu's ClassWizard command, and use the MFC ClassWizard dialog box to create a response function for the WM_SIZE message, as shown in figure 6.33.

Fig. 6.33
Adding the
OnSize( ) function.

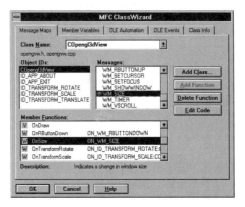

15. In the MFC ClassWizard dialog box, click the Edit Code button, and then add the following lines to the OnSize() function, right after the // TODO: Add your message handler code here comment:

```
CClientDC clientDC(this);
wglMakeCurrent(clientDC.m_hDC, m_hRC);
glMatrixMode(GL_PROJECTION);
glLoadIdentity();
glFrustum(-1.0, 1.0, -1.0, 1.0, 2.0, 7.0);
glViewport(0, 0, cx, cy);
wglMakeCurrent(NULL, NULL);
```

In the following set of steps, you add the source code that completes the
COpengl3dView class. You also add the required member function and data
member declarations to the COpengl3dView class's header file and add the
OPENGL32.LIB library file to the project.

1. Add the following line near the top of the OPENGVW.CPP file, right
after the #endif compiler directive:

```
#include "transfor.h"
```

2. Add the following lines to the COpengl3dView class's constructor, right
after the // TODO: add construction code here comment:

```
m_xRotate = 0.0f;
m_yRotate = 0.0f;
m_zRotate = 0.0f;
m_xScale = 1.0f;
m_yScale = 1.0f;
m_zScale = 1.0f;
m_xTranslate = 0.0f;
m_yTranslate = 0.0f;
m_zTranslate = -3.5f;
```

3. In the OPENGVW.CPP file, add the following lines to the COpengl3dView
class's OnDraw() function, right after the // TODO: add draw code for
native data here comment:

```
wglMakeCurrent(pDC->m_hDC, m_hRC);
DrawWithOpenGL();
wglMakeCurrent(pDC->m_hDC, NULL);
```

4. Also in OPENGVW.CPP, add the following function to the end of the
file:

```
void COpengl3dView::DrawWithOpenGL()
{
    glMatrixMode(GL_MODELVIEW);
    glLoadIdentity();
    glTranslatef(m_xTranslate, m_yTranslate, m_zTranslate);
    glScalef(m_xScale, m_yScale, m_zScale);
    glRotatef(m_xRotate, 1.0f, 0.0f, 0.0f);
    glRotatef(m_yRotate, 0.0f, 1.0f, 0.0f);
    glRotatef(m_zRotate, 0.0f, 0.0f, 1.0f);

    glClearColor(1.0f, 1.0f, 1.0f, 1.0f);
```

II

3-D Worlds with OpenGL

```
          glClear(GL_COLOR_BUFFER_BIT);
          glColor3f(0.0f, 0.0f, 0.0f);

          glPolygonMode(GL_FRONT_AND_BACK, GL_LINE);

          glBegin(GL_POLYGON);
              glVertex3f(-0.5f, 0.0f, -0.5f);
              glVertex3f(-0.5f, 0.0f, 0.5f);
              glVertex3f(0.5f, 0.0f, 0.5f);
              glVertex3f(0.5f, 0.0f, -0.5f);
          glEnd();

          glBegin(GL_POLYGON);
              glVertex3f(-0.5f, 0.0f, 0.5f);
              glVertex3f(0.5f, 0.0f, 0.5f);
              glVertex3f(0.0f, 0.5f, 0.0f);
          glEnd();

          glBegin(GL_POLYGON);
              glVertex3f(0.5f, 0.0f, 0.5f);
              glVertex3f(0.5f, 0.0f, -0.5f);
              glVertex3f(0.0f, 0.5f, 0.0f);
          glEnd();

          glBegin(GL_POLYGON);
              glVertex3f(0.5f, 0.0f, -0.5f);
              glVertex3f(-0.5f, 0.0f, -0.5f);
              glVertex3f(0.0f, 0.5f, 0.0f);
          glEnd();

          glBegin(GL_POLYGON);
              glVertex3f(-0.5f, 0.0f, -0.5f);
              glVertex3f(-0.5f, 0.0f, 0.5f);
              glVertex3f(0.0f, 0.5f, 0.0f);
          glEnd();

          glFlush();
      }
```

5. Load OPENGVW.H and add the following lines to the top of the file, right before the COpengl3dView class declaration:

```
#include <gl\gl.h>
```

6. Still in OPENGVW.H, add the following lines to the COpengl3dView class's Attributes section, right after the COpengl3dDoc* GetDocument() line:

```
protected:
    GLfloat m_xRotate, m_yRotate, m_zRotate;
    GLfloat m_xScale, m_yScale, m_zScale;
    GLfloat m_xTranslate, m_yTranslate, m_zTranslate;
    HGLRC m_hRC;
```

7. Again in OPENGVW.H, add the following line to the `COpengl3dView` class's Implementation section, right after the `protected` keyword:

```
void DrawWithOpenGL();
```

8. Select the Project menu's Files command, and then use the Project Files dialog box to add the OPENGL32.LIB file (found in the MSVC20\LIB directory) to the project, as shown in figure 6.34.

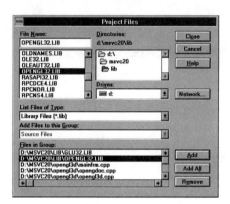

Fig. 6.34
Adding OPENGL32.LIB to the OPENGL3D project.

II

3-D Worlds with OpenGL

Your OPENGL3D program is now complete. To create the application, select the Build command from Visual C++'s Project menu. To run the application, choose the Project menu's Execute command.

Running the OPENGL3D Application

When you run OPENGL3D, you see the window shown in figure 6.35, which displays a pyramid wireframe model in the center of the display. To transform the object on the screen, select the Translate, Scale, or Rotate commands from the Transform menu. You can apply as many transformations as you want to the object because they are not applied to the object until you right-click in the application's window. Figure 6.36 shows the pyramid translated 0.5 units on the X axis and rotated 20 degrees around the X, Y, and Z axes.

Fig. 6.35
The OPENGL3D
application.

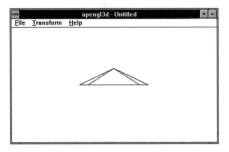

Fig. 6.36
The pyramid
translated and
rotated.

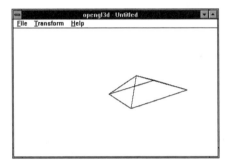

How the OPENGL3D Program Works

Looking at the COpengl3dView class's implementation file, OPENGVW.CPP, you can see that OPENGL3D initializes OpenGL just as previous programs did. However, now the program uses several data members—m_xRotate, m_yRotate, m_zRotate, m_xScale, m_yScale, m_zScale, m_xTranslate, m_yTranslate, and m_zTranslate—to store the currently selected transformations. The user sets these transformations by selecting commands from the Transform menu. When the user right-clicks inside the application's window, the program applies the current transformations and displays the results.

The user can size the window any way he or she wants. When he or she does, the OnSize() function responds to the WM_SIZE message by resetting the viewport to the new size of the window. All the projection and viewport transformations, in fact, are enclosed in the OnSize() function, whereas all the modelview transformations are enclosed in the DrawWithOpenGL() function. Notice that the pyramid shape is scaled (distorted) depending on the shape of the window. This is because OPENGL3D makes no attempt to keep the viewport and viewing volume aspect ratios the same.

This program's version of DrawWithOpenGL() prepares the modelview matrix based on the contents of the transformation variables and then applies those transformations as it draws the pyramid on the screen.

Note

In the `DrawWithOpenGL()` function, the program always applies transformations in the same order—translation, followed by scaling, and then rotation—regardless of the order in which you entered the transformations. Keep this in mind as you view the results. As you discover in Chapter 8, "Creating a 3-D Scene," applying transformations in a different order causes objects to appear differently on the display.

The Program Listings

Following are the complete listings for the `COpengl3dView` class, including the OPENGVW.H header file and the OPENGVW.CPP implementation file. Many other files were created by AppWizard when you started the OPENGL3D application project. Because you did not modify those files, they are not shown here. However, you can easily view any of the project's files by loading them with Visual C++'s editor (or any other text editor). Note that all modifications you made to the following listings are sandwiched between the comment blocks labeled with START CUSTOM CODE and END CUSTOM CODE.

Listing 6.1   OPENGVW.H—The Header File for the *COpengl3dView* Class

```
// opengvw.h : interface of the COpengl3dView class
//
/////////////////////////////////////////////////////////////////////

///////////////////////////////////////
///////////////////////////////////////
// START CUSTOM CODE
///////////////////////////////////////
///////////////////////////////////////

#include <gl\gl.h>

///////////////////////////////////////
///////////////////////////////////////
// END CUSTOM CODE
///////////////////////////////////////
///////////////////////////////////////

class COpengl3dView : public CView
{
protected: // create from serialization only
    COpengl3dView();
    DECLARE_DYNCREATE(COpengl3dView)
```

(continues)

Listing 6.1 Continued

```
// Attributes
public:
    COpengl3dDoc* GetDocument();

/////////////////////////////////////
/////////////////////////////////////
// START CUSTOM CODE
/////////////////////////////////////
/////////////////////////////////////

protected:
    GLfloat m_xRotate, m_yRotate, m_zRotate;
    GLfloat m_xScale, m_yScale, m_zScale;
    GLfloat m_xTranslate, m_yTranslate, m_zTranslate;
    HGLRC m_hRC;

/////////////////////////////////////
/////////////////////////////////////
// END CUSTOM CODE
/////////////////////////////////////
/////////////////////////////////////

// Operations
public:

// Overrides
    // ClassWizard generated virtual function overrides
    //{{AFX_VIRTUAL(COpengl3dView)
    public:
virtual void OnDraw(CDC* pDC);  // overridden to draw this view
    protected:
    virtual BOOL PreCreateWindow(CREATESTRUCT& cs);
    //}}AFX_VIRTUAL

// Implementation
public:
    virtual ~COpengl3dView();
#ifdef _DEBUG
    virtual void AssertValid() const;
    virtual void Dump(CDumpContext& dc) const;
#endif

protected:

    /////////////////////////////////////
    /////////////////////////////////////
    // START CUSTOM CODE
    /////////////////////////////////////
    /////////////////////////////////////

    void DrawWithOpenGL();
```

```
/////////////////////////////////////
/////////////////////////////////////
// END CUSTOM CODE
/////////////////////////////////////
/////////////////////////////////////

// Generated message map functions
protected:
    //{{AFX_MSG(COpengl3dView)
    afx_msg void OnTransformRotate();
    afx_msg void OnTransformScale();
    afx_msg void OnTransformTranslate();
    afx_msg int OnCreate(LPCREATESTRUCT lpCreateStruct);
    afx_msg void OnDestroy();
    afx_msg void OnRButtonDown(UINT nFlags, CPoint point);
    afx_msg void OnSize(UINT nType, int cx, int cy);
    //}}AFX_MSG
    DECLARE_MESSAGE_MAP()
};

#ifndef _DEBUG  // debug version in opengvw.cpp
inline COpengl3dDoc* COpengl3dView::GetDocument()
    { return (COpengl3dDoc*)m_pDocument; }
#endif
```

///

Listing 6.2   OPENGVW.CPP—Implementation File for the *COpengl3dView* Class

```
// opengvw.cpp : implementation of the COpengl3dView class
//

#include "stdafx.h"
#include "opengl3d.h"

#include "opengdoc.h"
#include "opengvw.h"

#ifdef _DEBUG
#undef THIS_FILE
static char BASED_CODE THIS_FILE[] = __FILE__;
#endif

/////////////////////////////////////
/////////////////////////////////////
// START CUSTOM CODE
/////////////////////////////////////
/////////////////////////////////////

#include "transfor.h"
```

(continues)

Listing 6.2 Continued

```
/////////////////////////////////////
/////////////////////////////////////
// END CUSTOM CODE
/////////////////////////////////////
/////////////////////////////////////


////////////////////////////////////////////////////////////////
// COpengl3dView

IMPLEMENT_DYNCREATE(COpengl3dView, CView)

BEGIN_MESSAGE_MAP(COpengl3dView, CView)
    //{{AFX_MSG_MAP(COpengl3dView)
    ON_COMMAND(ID_TRANSFORM_ROTATE, OnTransformRotate)
    ON_COMMAND(ID_TRANSFORM_SCALE, OnTransformScale)
    ON_COMMAND(ID_TRANSFORM_TRANSLATE, OnTransformTranslate)
    ON_WM_CREATE()
    ON_WM_DESTROY()
    ON_WM_RBUTTONDOWN()
    ON_WM_SIZE()
    //}}AFX_MSG_MAP
END_MESSAGE_MAP()

////////////////////////////////////////////////////////////////
// COpengl3dView construction/destruction

COpengl3dView::COpengl3dView()
{
    // TODO: add construction code here

    /////////////////////////////////////
    /////////////////////////////////////
    // START CUSTOM CODE
    /////////////////////////////////////
    /////////////////////////////////////

    m_xRotate = 0.0f;
    m_yRotate = 0.0f;
    m_zRotate = 0.0f;
    m_xScale = 1.0f;
    m_yScale = 1.0f;
    m_zScale = 1.0f;
    m_xTranslate = 0.0f;
    m_yTranslate = 0.0f;
    m_zTranslate = -3.5f;

    /////////////////////////////////////
    /////////////////////////////////////
    // END CUSTOM CODE
    /////////////////////////////////////
    /////////////////////////////////////
}
```

```
COpengl3dView::~COpengl3dView()
{
}

/////////////////////////////////////////////////////////////////
// COpengl3dView drawing

void COpengl3dView::OnDraw(CDC* pDC)
{
    COpengl3dDoc* pDoc = GetDocument();
    ASSERT_VALID(pDoc);

    // TODO: add draw code for native data here

    /////////////////////////////////////
    /////////////////////////////////////
    // START CUSTOM CODE
    /////////////////////////////////////
    /////////////////////////////////////

    wglMakeCurrent(pDC->m_hDC, m_hRC);
    DrawWithOpenGL();
    wglMakeCurrent(pDC->m_hDC, NULL);

    /////////////////////////////////////
    /////////////////////////////////////
    // END CUSTOM CODE
    /////////////////////////////////////
    /////////////////////////////////////
}

/////////////////////////////////////////////////////////////////
// COpengl3dView diagnostics

#ifdef _DEBUG
void COpengl3dView::AssertValid() const
{
    CView::AssertValid();
}

void COpengl3dView::Dump(CDumpContext& dc) const
{
    CView::Dump(dc);
}

COpengl3dDoc* COpengl3dView::GetDocument() // non-debug version
                                           // is inline
{
    ASSERT(m_pDocument->IsKindOf(RUNTIME_CLASS(COpengl3dDoc)));
    return (COpengl3dDoc*)m_pDocument;
}
#endif //_DEBUG

/////////////////////////////////////////////////////////////////
// COpengl3dView message handlers
```

(continues)

3-D Worlds with OpenGL

Listing 6.2 Continued

```
void COpengl3dView::OnTransformRotate()
{
    // TODO: Add your command handler code here

    //////////////////////////////////////
    //////////////////////////////////////
    // START CUSTOM CODE
    //////////////////////////////////////
    //////////////////////////////////////

    CTransformDlg dlg;
    dlg.m_xAxis = 0.0f;
    dlg.m_yAxis = 0.0f;
    dlg.m_zAxis = 0.0f;

    int response = dlg.DoModal();

    if (response == IDOK)
    {
        m_xRotate += (GLfloat) dlg.m_xAxis;
        m_yRotate += (GLfloat) dlg.m_yAxis;
        m_zRotate += (GLfloat) dlg.m_zAxis;
    }

    //////////////////////////////////////
    //////////////////////////////////////
    // END CUSTOM CODE
    //////////////////////////////////////
    //////////////////////////////////////
}

void COpengl3dView::OnTransformScale()
{
    // TODO: Add your command handler code here

    //////////////////////////////////////
    //////////////////////////////////////
    // START CUSTOM CODE
    //////////////////////////////////////
    //////////////////////////////////////

    CTransformDlg dlg;
    dlg.m_xAxis = 1.0f;
    dlg.m_yAxis = 1.0f;
    dlg.m_zAxis = 1.0f;

    int response = dlg.DoModal();

    if (response == IDOK)
    {
        m_xScale *= (GLfloat) dlg.m_xAxis;
        m_yScale *= (GLfloat) dlg.m_yAxis;
        m_zScale *= (GLfloat) dlg.m_zAxis;
    }
```

```
    /////////////////////////////////////
    /////////////////////////////////////
    // END CUSTOM CODE
    /////////////////////////////////////
    /////////////////////////////////////
}

void COpengl3dView::OnTransformTranslate()
{
    // TODO: Add your command handler code here

    /////////////////////////////////////
    /////////////////////////////////////
    // START CUSTOM CODE
    /////////////////////////////////////
    /////////////////////////////////////

    CTransformDlg dlg;
    dlg.m_xAxis = 0.0f;
    dlg.m_yAxis = 0.0f;
    dlg.m_zAxis = 0.0f;

    int response = dlg.DoModal();

    if (response == IDOK)
    {
        m_xTranslate += (GLfloat) dlg.m_xAxis;
        m_yTranslate += (GLfloat) dlg.m_yAxis;
        m_zTranslate += (GLfloat) dlg.m_zAxis;
    }

    /////////////////////////////////////
    /////////////////////////////////////
    // END CUSTOM CODE
    /////////////////////////////////////
    /////////////////////////////////////
}

int COpengl3dView::OnCreate(LPCREATESTRUCT lpCreateStruct)
{
    if (CView::OnCreate(lpCreateStruct) == -1)
        return -1;

    // TODO: Add your specialized creation code here

    /////////////////////////////////////
    /////////////////////////////////////
    // START CUSTOM CODE
    /////////////////////////////////////
    /////////////////////////////////////

    PIXELFORMATDESCRIPTOR pfd =
    {
        sizeof(PIXELFORMATDESCRIPTOR), // Structure size.
        1,                             // Structure version number.
```

(continues)

3-D Worlds with OpenGL

II

Listing 6.2 Continued

```
            PFD_DRAW_TO_WINDOW ¦          // Property flags.
            PFD_SUPPORT_OPENGL,
            PFD_TYPE_RGBA,
            24,                           // 24-bit color.
            0, 0, 0, 0, 0, 0,             // Not concerned with these.
            0, 0, 0, 0, 0, 0, 0,          // No alpha or accum buffer.
            32,                           // 32-bit depth buffer.
            0, 0,                         // No stencil or aux buffer.
            PFD_MAIN_PLANE,               // Main layer type.
            0,                            // Reserved.
            0, 0, 0                       // Unsupported.
        };

        CClientDC clientDC(this);

        int pixelFormat =
            ChoosePixelFormat(clientDC.m_hDC, &pfd);
        BOOL success =
            SetPixelFormat(clientDC.m_hDC, pixelFormat, &pfd);

        m_hRC = wglCreateContext(clientDC.m_hDC);

        ///////////////////////////////////////
        ///////////////////////////////////////
        // END CUSTOM CODE
        ///////////////////////////////////////
        ///////////////////////////////////////

        return 0;
    }

    void COpengl3dView::OnDestroy()
    {
        CView::OnDestroy();

        // TODO: Add your message handler code here

        ///////////////////////////////////////
        ///////////////////////////////////////
        // START CUSTOM CODE
        ///////////////////////////////////////
        ///////////////////////////////////////

        wglDeleteContext(m_hRC);

        ///////////////////////////////////////
        ///////////////////////////////////////
        // END CUSTOM CODE
        ///////////////////////////////////////
        ///////////////////////////////////////
    }
```

```
BOOL COpengl3dView::PreCreateWindow(CREATESTRUCT& cs)
{
    // TODO: Add your specialized code here
    // and/or call the base class

    /////////////////////////////////////
    /////////////////////////////////////
    // START CUSTOM CODE
    /////////////////////////////////////
    /////////////////////////////////////

    cs.style |= WS_CLIPCHILDREN | WS_CLIPSIBLINGS;

    /////////////////////////////////////
    /////////////////////////////////////
    // END CUSTOM CODE
    /////////////////////////////////////
    /////////////////////////////////////

    return CView::PreCreateWindow(cs);
}

void COpengl3dView::OnRButtonDown(UINT nFlags, CPoint point)
{

    // TODO: Add your message handler code here and/or call default

    /////////////////////////////////////
    /////////////////////////////////////
    // START CUSTOM CODE
    /////////////////////////////////////
    /////////////////////////////////////

    Invalidate(TRUE);

    /////////////////////////////////////
    /////////////////////////////////////
    // END CUSTOM CODE
    /////////////////////////////////////
    /////////////////////////////////////

    CView::OnRButtonDown(nFlags, point);
}

void COpengl3dView::OnSize(UINT nType, int cx, int cy)
{
    CView::OnSize(nType, cx, cy);

    // TODO: Add your message handler code here

    /////////////////////////////////////
    /////////////////////////////////////
    // START CUSTOM CODE
    /////////////////////////////////////
    /////////////////////////////////////
```

II

3-D Worlds with OpenGL

(continues)

Listing 6.2   Continued

```
        CClientDC clientDC(this);
        wglMakeCurrent(clientDC.m_hDC, m_hRC);
        glMatrixMode(GL_PROJECTION);
        glLoadIdentity();
        glFrustum(-1.0, 1.0, -1.0, 1.0, 2.0, 7.0);
        glViewport(0, 0, cx, cy);
        wglMakeCurrent(NULL, NULL);

        ////////////////////////////////////////
        ////////////////////////////////////////
        // END CUSTOM CODE
        ////////////////////////////////////////
        ////////////////////////////////////////
    }

////////////////////////////////////////
////////////////////////////////////////
// START CUSTOM CODE
////////////////////////////////////////
////////////////////////////////////////

void COpengl3dView::DrawWithOpenGL()
{
    glMatrixMode(GL_MODELVIEW);
    glLoadIdentity();
    glTranslatef(m_xTranslate, m_yTranslate, m_zTranslate);
    glScalef(m_xScale, m_yScale, m_zScale);
    glRotatef(m_xRotate, 1.0f, 0.0f, 0.0f);
    glRotatef(m_yRotate, 0.0f, 1.0f, 0.0f);
    glRotatef(m_zRotate, 0.0f, 0.0f, 1.0f);

    glClearColor(1.0f, 1.0f, 1.0f, 1.0f);
    glClear(GL_COLOR_BUFFER_BIT);
    glColor3f(0.0f, 0.0f, 0.0f);

    glPolygonMode(GL_FRONT_AND_BACK, GL_LINE);

    glBegin(GL_POLYGON);
        glVertex3f(-0.5f, 0.0f, -0.5f);
        glVertex3f(-0.5f, 0.0f, 0.5f);
        glVertex3f(0.5f, 0.0f, 0.5f);
        glVertex3f(0.5f, 0.0f, -0.5f);
    glEnd();

    glBegin(GL_POLYGON);
        glVertex3f(-0.5f, 0.0f, 0.5f);
        glVertex3f(0.5f, 0.0f, 0.5f);
        glVertex3f(0.0f, 0.5f, 0.0f);
    glEnd();

    glBegin(GL_POLYGON);
        glVertex3f(0.5f, 0.0f, 0.5f);
        glVertex3f(0.5f, 0.0f, -0.5f);
        glVertex3f(0.0f, 0.5f, 0.0f);
    glEnd();
```

```
glBegin(GL_POLYGON);
    glVertex3f(0.5f, 0.0f, -0.5f);
    glVertex3f(-0.5f, 0.0f, -0.5f);
    glVertex3f(0.0f, 0.5f, 0.0f);
glEnd();

glBegin(GL_POLYGON);
    glVertex3f(-0.5f, 0.0f, -0.5f);
    glVertex3f(-0.5f, 0.0f, 0.5f);
    glVertex3f(0.0f, 0.5f, 0.0f);
glEnd();

glFlush();
}

////////////////////////////////////
////////////////////////////////////
// END CUSTOM CODE
////////////////////////////////////
////////////////////////////////////
```

II

3-D Worlds with OpenGL

Summary

Under OpenGL, 3-D objects are comprised of many polygons carefully positioned in the viewing space. When positioning polygons, it's important that you define the vertices of front-facing polygons counterclockwise, unless you explicitly change this orientation by calling the glFrontFace() function.

OpenGL performs several transformations on an object's vertices before displaying that object. These are, in the order of application, the modelview transformation, the projection transformation, and the viewport transformation. The modelview transformation is defined in the modelview matrix, and the projection and viewport transformations are defined in the projection matrix. When calling the functions that affect a matrix, you must first be sure to call glMatrixMode() to select the correct matrix.

OpenGL features functions that create a viewing volume, as well as functions that compose transformations, including translation, scaling, and rotation. Using these functions relieves you from having to deal directly with matrix math.

The functions you studied in this chapter are the following:

void glFrustum(GLdouble, GLdouble, GLdouble, GLdouble, GLdouble, GLdouble)

Creates a perspective matrix and multiplies it times the currently selected matrix. The function takes as arguments the left, right, bottom, top, near, and far coordinates of the viewing volume. The near and far arguments represent the distance from the "eye" and so must be positive values.

`void glLoadIdentity(void)`

Loads the currently selected matrix with the identity matrix.

`void glMatrixMode(GLenum)`

Selects the matrix with which you want to work. The function's single argument, which can be `GL_MODELVIEW`, `GL_PROJECTION`, or `GL_TEXTURE`, is a constant representing the matrix you want to manipulate.

`void gluPerspective(GLdouble, GLdouble, GLdouble, GLdouble)`

Defines a viewing volume. The first argument gives the field-of-view angle, which is the angle formed between lines drawn to the top of the near clipping plane and the bottom of the near clipping plane. The second argument gives the aspect ratio of the viewing volume. The last two arguments give the distance from the viewpoint to the near and far clipping planes, respectively. These last two arguments must be positive values.

`void glRotatef(GLfloat, GLfloat, GLfloat, GLfloat)`

Creates a rotation matrix and multiplies that matrix times the currently selected matrix. Its four arguments are the counterclockwise angle of the rotation and the X,Y,Z coordinates of a vector about which to rotate. Another version of the function, `glRotated()`, takes `GLdouble` arguments.

`void glScalef(GLfloat, GLfloat, GLfloat)`

Creates a scaling matrix and multiplies that matrix times the currently selected matrix. Its three arguments are the scaling factors for the X, Y, and Z axes. Another version of the function, `glScaled()`, takes `GLdouble` arguments.

`void glTranslatef(GLfloat, GLfloat, GLfloat)`

Creates a translation matrix and multiplies that matrix times the currently selected matrix. Its three arguments are the amount of translation on the X, Y, and Z axes, respectively. Another version of the function, `glTranslated()`, takes `GLdouble` arguments.

`void glViewport(GLint, GLint, GLsizei, GLsizei)`

Sets the size and position of the viewport. This function's four parameters are X and Y coordinates of the viewport's lower-left corner and the viewport's width and height.

Chapter 7

Lighting 3-D Objects

Until now, you've used OpenGL to display wireframe objects, rather than realistically rendered 3-D objects. One reason for this is that wireframe objects enable you to see all parts of an object as you transform it. A more important reason, though, is that 3-D objects with filled surfaces don't look so great until you've applied lighting to them. In this chapter, you learn how to light 3-D objects and bring them to life.

As you work through this chapter, you learn how to

- Define light sources
- Produce ambient, diffuse, specular, and emitted light
- Define material properties
- Define normal vectors for polygon vertices
- Create a logical palette

Types of Light

In earlier chapters, you learned that you can make objects look three-dimensional by applying perspective. This makes objects (or parts of objects) that are farther away look smaller than objects that are closer to the viewpoint. However, what you may not have suspected was that, without lighting to provide important visual cues, 3-D objects don't look 3-D at all.

Look at figure 7.1, for example. Hard to believe that's a 3-D cube in the window, isn't it? The lack of lighting causes OpenGL to display the object without color and, more importantly, without the shading that helps your eyes decipher a 3-D image. In figure 7.2, on the other hand, lighting has been applied to the 3-D cube, providing both color and shading.

Fig. 7.1
An unlighted
cube.

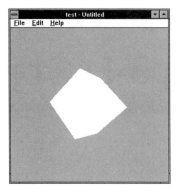

Fig. 7.2
A lighted cube.

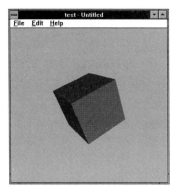

As you can see, adding lighting to an OpenGL scene makes a big difference in how the scene looks on the screen. So that you can light your 3-D scenes in various ways, OpenGL supports four types of light: ambient, diffuse, specular, and emitted. *Ambient* light is the light that appears to come from all directions at once. For example, the glow that fills a well-lighted room is mostly ambient light. *Diffuse* light comes from a single direction. The more directly diffuse light strikes an object's surface, the brighter that surface appears to be, but once diffuse light strikes a surface, it reflects in all directions. The lamp light reflected off a table top is an example of diffuse light. *Specular* light is the light that forms bright, usually white, spots on highly reflective surfaces. And, finally, *emitted* light is the light given off by an object such as a lamp.

Of course, all light—even ambient light—comes from somewhere. In an OpenGL program you can specify up to eight different light sources. In addition, you can specify the light-reflecting properties of the objects' surfaces in the scene. How an object looks depends upon the light that it reflects. For example, if an object's surface is set to reflect blue light, OpenGL displays the object with various shades of blue (assuming that white light is striking the object).

Defining a Light Source

I said previously that OpenGL allows eight different light sources. Each light source has several properties that control how the light affects a scene. These properties include (but are not limited to) ambient light, diffuse light, specular light, and position. You must specify for each light source the percentage of red, green, and blue components contained in the ambient, diffuse, and specular light. You must also specify the light's X, Y, Z, and W coordinates. In the next section, you handle these tasks by creating arrays that hold the required values.

Setting Up Arrays of Lighting Values

The following arrays contain possible values for defining a light source:

```
GLfloat ambientLight0[] = {0.3f, 0.3f, 0.3f, 1.0f};
GLfloat diffuseLight0[] = {0.5f, 0.5f, 0.5f, 1.0f};
GLfloat specularLight0[] = {0.0f, 0.0f, 0.0f, 1.0f};
GLfloat positionLight0[] = {0.0f, 0.0f, 1.0f, 0.0f};
```

In the ambientLight0[] array, the color content of the ambient light is set to 30 percent red, 30 percent green, and 30 percent blue. (The 1.0 is the alpha component and should be ignored. You see one way to use the alpha component in Chapter 10, "Using Blending, Antialiasing, and Fog.") The diffuseLight0[] array, on the other hand, holds the color content of the diffuse light, which, in this case, is 50 percent red, 50 percent green, and 50 percent blue.

Because the red, green, and blue components of the ambient and diffuse light are equal, they define a specific brightness of white light. Varying the percentages of the color components yields a colored light. For example, as the red component gets larger, the light becomes more and more red. (As with any OpenGL RGBA values, you must limit lighting values to the range 0.0 to 1.0.)

The specularLight0[] array in the sample code segment holds values for the darkest white light (or no light at all).

Finally, the positionLight0[] array holds the position for the light source, specified as X, Y, Z, and W coordinates. If the W coordinate is 0, OpenGL considers the light source to be directional, whereas a value of 1 yields a positional light source. (Only 0 and 1 are valid values for W, in this case.) *Directional light* is light whose source is an infinite distance from the scene, meaning that the light rays are parallel to the objects in the scene. The sun is an example of directional light. *Positional light*, on the other hand, is located near the scene, so its light rays strike the objects in the scene at various angles. A lamp in your living room is an example of a positional light source.

Passing the Arrays to OpenGL

Once you have set up your arrays, you must give to OpenGL the values that define your light source. You do this by calling the glLightfv() function, as shown here:

```
glLightfv(GL_LIGHT0, GL_AMBIENT, ambientLight0);
glLightfv(GL_LIGHT0, GL_DIFFUSE, diffuseLight0);
glLightfv(GL_LIGHT0, GL_SPECULAR, specularLight0);
glLightfv(GL_LIGHT0, GL_POSITION, positionLight0);
```

The glLightfv() function's three arguments are the light source to define, a constant indicating the light property you want to change, and the address of an array containing the values to which the light property will be set. In the case of specifying ambient, diffuse, or specular light, the values in the array are the RGBA setting for the light's color. In the case of specifying the light's position, the values in the array are the X, Y, Z, and W coordinates of the light source.

Because OpenGL supports up to eight independent light sources, the first argument can be a constant from GL_LIGHT0 through GL_LIGHT7.

The second argument must be one of ten constants defined by OpenGL, as shown in table 7.1. The most common constants used with this function are GL_AMBIENT, GL_DIFFUSE, GL_SPECULAR, and GL_POSITION.

Table 7.1 Property Constants for the *glLightfv( )* Function

Constant	Meaning
GL_AMBIENT	Specifies ambient light.
GL_CONSTANT_ATTENUATION	Specifies the amount of light attenuation based on a constant factor.
GL_DIFFUSE	Specifies diffuse light.
GL_LINEAR_ATTENUATION	Specifies the amount of light attenuation based on the distance between the light and the object.

Constant	Meaning
GL_POSITION	Specifies the light's position.
GL_QUADRATIC_ATTENUATION	Specifies the amount of light attenuation based on the square of the distance between the light and the object.
GL_SPECULAR	Specifies specular light.
GL_SPOT_CUTOFF	Specifies the spread angle of a spotlight.
GL_SPOT_DIRECTION	Specifies the direction of a spotlight.
GL_SPOT_EXPONENT	Specifies the intensity of a spotlight with respect to the angle of the light.

Note

Light attenuation is the ability of OpenGL to decrease the light that reaches a scene based on the distance of the light from the scene. If you're interested in this aspect of OpenGL's lighting model, you can find more information in your on-line Visual C++ documentation.

Other versions of the glLight() function—glLightf(), glLighti(), and glLightiv()—are used to set other properties of a light source. For example, you can use one or more of these functions to define a spotlight in a scene. As you'll see later in this chapter, a spotlight enables you to create a directed light source with a narrow beam.

Enabling a Light Source

Once you have your light source (or sources) defined, you must turn them on, just like flicking a switch on a lamp. To turn on the light source defined in this section, you use code something like this:

```
glEnable(GL_LIGHTING);
glEnable(GL_LIGHT0);
```

You learned about the glEnable() function in Chapter 5, "Drawing Shapes and Using Color." In this case, the first call to glEnable() turns on the lighting model, and the second call turns on light 0.

> **Note**
>
> A light source's position is affected by modelview transformations just like any other object in a 3-D scene. The transformation occurs whenever you call the `glLight()` function to specify a light's position or direction. For this reason, you'll usually want to call `glMatrixMode(GL_MODELVIEW)` and `glLoadIdentity()` before calling `glLight()`, just as you would before defining a polygon's vertices. Of course, if you want to transform the light's position and direction along with other objects in the scene, you'll also want to perform your translations, scaling, and rotations before calling `glLight()`.

Defining Material Properties

The next thing you must do is define the surface properties of the objects in your scene. The reflective properties of a material can have a dramatic effect on how a scene looks. For example, a white cube in a red light looks red rather than white, whereas a red cube in a green light looks black. Moreover, some materials are shinier than others and so reflect light differently.

Understanding Color and Light

The color of an object in a scene depends upon the color of light it reflects. For example, if an object reflects green light, the object looks green in white light. The red and blue components of the light get absorbed by the object, with only the green component making it to your eyes.

Normally, both ambient and diffuse light reflect from an object in the same way. In other words, if an object reflects green light, it does so for both ambient and diffuse light. Specular light, on the other hand, is almost always the same color as the light striking the object. For example, consider a cube displayed in yellow light (yellow light is comprised of equal amounts of red and green light). If you want the cube to look red, you'd usually set the cube's material properties to reflect red ambient and diffuse light. To make the cube look shiny, you'd normally set it to reflect yellow specular light.

OpenGL enables you to define the properties of an object so that you can specify the type of light the object reflects and so indirectly specify the object's final color.

Setting Up Arrays of Material Values

The first step in defining a material's properties is to set up arrays containing the values for the reflection of ambient/diffuse and specular light:

```
GLfloat materialAmbient[] = {0.0f, 0.7f, 0.0f, 1.0f};
GLfloat materialSpecular[] = {1.0f, 1.0f, 1.0f, 1.0f};
```

These arrays each contain the RGBA values for a particular type of reflected light—that is, the RGBA values represent the color of the light that bounces off the cube's material. The `materialAmbient[]` array defines a material that reflects 70 percent of the green light it receives but no red or blue light. The `materialSpecular[]` array defines a material that reflects bright white light, reflecting 100 percent of the red, green, and blue components.

Passing the Material Arrays to OpenGL

To actually give the material definition to OpenGL, you use pointers to the arrays as arguments in `glMaterialfv()` calls, like this:

```
glMaterialfv(GL_FRONT, GL_AMBIENT_AND_DIFFUSE, materialAmbient);
glMaterialfv(GL_FRONT, GL_SPECULAR, materialSpecular);
```

The `glMaterialfv()` function takes as arguments a constant specifying the polygon faces for which you're defining a material, a constant specifying the property of the material you're defining, and a pointer to the array containing the values to which to set the material property. The first argument can be `GL_FRONT`, `GL_BACK`, or `GL_FRONT_AND_BACK`, which select the front, back, or front and back faces of the polygons that make up an object. For a solid object like a cube, you usually want to specify `GL_FRONT` because the back faces of the cube's polygons are never visible. If the cube is missing a side, however, you probably want to use `GL_FRONT_AND_BACK` because both the front and back faces of the polygons may be visible in any particular scene.

The second argument can be one of the constants in table 7.2. This constant tells OpenGL which property of the material you want to define. Because ambient and diffuse light almost always act alike when being reflected off an object, you'll most likely use the `GL_AMBIENT_AND_DIFFUSE` constant and so simultaneously define how both types of light reflect from the object. The `glMaterial()` function comes in four versions, depending on the number and type of arguments.

Table 7.2 Property Constants for the *glMaterialfv( )* Function

Constant	Meaning
GL_AMBIENT	Specifies reflected ambient light.
GL_AMBIENT_AND_DIFFUSE	Specifies both ambient and diffuse reflected light.

(continues)

Table 7.2 Continued	
Constant	**Meaning**
GL_COLOR_INDEXES	Specifies color indexes for lighting.
GL_DIFFUSE	Specifies reflected diffuse light.
GL_EMISSION	Specifies emitted light.
GL_SHININESS	Specifies the material's shininess.
GL_SPECULAR	Specifies reflected specular light.

Note

This chapter's discussion assumes that you're using OpenGL in the RGBA color mode. If you're interested in lighting using the indexed color mode, you can find more information in your Visual C++ on-line documentation.

If your object reflects specular light, you should tell OpenGL how shiny the material is, which is a factor in determining how much specular light is reflected. You can do this by calling the glMaterialf() function:

```
glMaterialf(GL_FRONT, GL_SHININESS, 60.0f);
```

The glMaterialf() function's arguments are a constant specifying the polygon faces for which you're defining a material, the GL_SHININESS constant (your only choice in this case), and a value from 0 to 128 defining the shininess of the material with 0 being the most shiny.

Note

You may be a little confused about the difference between light sources and reflected light. When you define your light sources, you decide how much ambient, diffuse, and specular light is available in a scene. When you define material properties, you decide how much of the available ambient, diffuse, and specular light is reflected off an object.

Defining Normals

Now that you've got a light source and material defined, it might be nice to have an object on which the light can shine. Unfortunately, this isn't as easy as just defining a few vertices. In order for OpenGL's lighting model to work properly, you must define not only an object's vertices but also normals for each vertex in the object.

Understanding Normals and Vertices

A *normal* is a special type of unit vector that indicates exactly which way a polygon is facing, enabling OpenGL to calculate the angle at which light hits the polygon. Now, I suppose you want to know what a unit vector is! A *unit vector* is kind of like a little arrow that is exactly one unit in length (a unit being whatever unit of measure you're using in your Cartesian grid; for example, a unit vector that points directly up the Y axis from the origin would start at point (0,0,0) and end at (0,1,0)). For a normal, the vector is usually perpendicular to the surface of the polygon with which it's associated (see fig. 7.3).

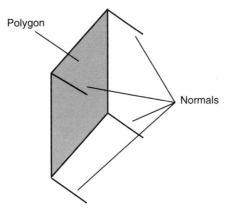

Polygon

Normals

Fig. 7.3

Normals for a polygon's vertices.

You can define the normals for the vertices of a polygon by calling the `glNormal3f()` function before calling `glVertex()` to define the vertices, like this:

```
glBegin(GL_POLYGON);
    glNormal3f((GLfloat)x, (GLfloat)y, (GLfloat)z);
    glVertex3f(-0.5f, 0.0f, -0.5f);
    glVertex3f(-0.5f, 0.0f, 0.5f);
    glVertex3f(0.5f, 0.0f, 0.5f);
    glVertex3f(0.5f, 0.0f, -0.5f);
glEnd();
```

The `glNormal3f()` function takes as arguments `GLfloat` values specifying the X, Y, and Z coordinates of the normal. (These coordinates are the ending point of the normal relative to the vertex.) The function also comes in nine other versions, depending on the type and number of arguments.

II

3-D Worlds with OpenGL

Note that the normal is associated with each vertex that's defined in the above code segment. This normal stays current until you call `glNormal()` again to define a new normal.

Calculating Normals

Here's the bad news: unless you've spent the last five years studying mathematics, calculating normals for polygons can be hazardous to your health. Luckily for you, I put together a quick function called `CalcNormal()` that can calculate a normal from the X, Y, and Z coordinates of any three points on the polygon (as long as those three points don't form a straight line). You'll usually use the coordinates of three of the polygon's vertices for `CalcNormal()`'s arguments, like this:

```
double p1[] = {-0.5, 0.0, -0.5};
double p2[] = {-0.5, 0.0, 0.5};
double p3[] = {0.5, 0.0, 0.5};
double n[3];
CalcNormal(p1, p2, p3, n);
```

Here, you've defined four arrays of `double` values. The first three arrays hold the X, Y, and Z coordinates of three of the polygon's vertices. The fourth array, `n[]`, contains the coordinates for the normal. As you can see, `CalcNormal()`'s four arguments are pointers to the four arrays. After calling `CalcNormal()`, you can use the `n[]` array to define the normal for the current polygon's vertices:

```
glBegin(GL_POLYGON);
    glNormal3f((GLfloat)n[0], (GLfloat)n[1], (GLfloat)n[2]);
    glVertex3f(-0.5f, 0.0f, -0.5f);
    glVertex3f(-0.5f, 0.0f, 0.5f);
    glVertex3f(0.5f, 0.0f, 0.5f);
    glVertex3f(0.5f, 0.0f, -0.5f);
glEnd();
```

For you folks who like math, here's what the `CalcNormal()` function looks like (the comments in the code briefly describe the mathematical calculations taking place):

```
void CalcNormal(double *p1,
    double *p2, double *p3, double *n)
{
    // Form two vectors from the points.
    double a[3], b[3];
    a[0] = p2[0] - p1[0];
    a[1] = p2[1] - p1[1];
    a[2] = p2[2] - p1[2];
    b[0] = p3[0] - p1[0];
    b[1] = p3[1] - p1[1];
    b[2] = p3[2] - p1[2];
```

```
// Calculate the cross product of the two vectors.
n[0] = a[1] * b[2] - a[2] * b[1];
n[1] = a[2] * b[0] - a[0] * b[2];
n[2] = a[0] * b[1] - a[1] * b[0];

// Normalize the new vector.
double length = sqrt(n[0]*n[0]+n[1]*n[1]+n[2]*n[2]);
if (length != 0)
{
    n[0] = n[0] / length;
    n[1] = n[1] / length;
    n[2] = n[2] / length;
}
}
```

Specifying a Shade Model and Enabling Depth Testing

One important aspect of an OpenGL scene is the shade model used to display objects in the scene. Specifically, OpenGL can render a scene using smooth or flat shading. To choose a shading model, you call the `glShadeModel()` function, like this:

```
glShadeModel(GL_FLAT);
```

The `glShadeModel()` function takes a single argument, which is a constant representing the shading model you want. This constant can be GL_SMOOTH, which specifies smooth shading, or GL_FLAT, which specifies flat shading. *Smooth shading* forces OpenGL to determine a shade color for each pixel that makes up a polygon, whereas *flat shading* lets OpenGL color an entire polygon with a single shade color. Figures 7.4 and 7.5 show the effects of shading on a sphere.

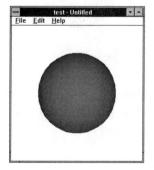

Fig. 7.4
A sphere with smooth shading.

II

3-D Worlds with OpenGL

Fig. 7.5
A sphere with
flat shading.

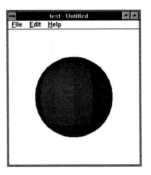

In order to draw and shade polygons properly, OpenGL needs to know the relative position of each of the polygons in the scene. Obviously, in most cases, polygons behind other polygons should not be visible. Determining which polygons are in front of other polygons is called *depth testing*. Before OpenGL can handle depth testing properly, you must enable depth testing with the glEnable() function, like this:

```
glEnable(GL_DEPTH_TEST);
```

If you fail to enable depth testing when working with 3-D objects, you'll almost certainly get weird results (see fig. 7.6). This is because without depth testing, OpenGL has a difficult time determining which polygons to draw and which to ignore.

Fig. 7.6
A sphere drawn
without depth
testing.

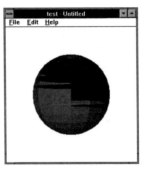

Just enabling depth testing isn't enough, though. Because OpenGL uses a special buffer for depth testing, you must clear this buffer before rendering a scene. You do this just as you clear the color buffer, by calling the glClear() function:

```
glClear(GL_COLOR_BUFFER_BIT | GL_DEPTH_BUFFER_BIT);
```

Here, the function's single argument is a value calculated by ORing together the GL_COLOR_BUFFER_BIT and GL_DEPTH_BUFFER_BIT constants. This enables the single function call to clear both the color and depth buffers.

Defining a Spotlight

There may be times when you'd like to define a light source with a narrowly focused beam. For these eventualities, OpenGL offers the spotlight. In addition to defining a spotlight like any other OpenGL light source, you must also make the spotlight a positional light, give the light beam a cutoff angle, and define the light's position and direction. Here's how you might define a spotlight in a program:

```
GLfloat ambientLight1[] = {0.2f, 0.2f, 0.2f, 1.0f};
GLfloat diffuseLight1[] = {1.0f, 1.0f, 1.0f, 1.0f};
GLfloat specularLight1[] = {0.0f, 0.0f, 0.0f, 1.0f};
GLfloat positionLight1[] = {0.0f, 0.0f, -2.0f, 1.0f};
GLfloat directionLight1[] = {0.0f, 0.0f, -1.0f};

glLightfv(GL_LIGHT1, GL_AMBIENT, ambientLight1);
glLightfv(GL_LIGHT1, GL_DIFFUSE, diffuseLight1);
glLightfv(GL_LIGHT1, GL_SPECULAR, specularLight1);
glLightfv(GL_LIGHT1, GL_POSITION, positionLight1);
glLightf(GL_LIGHT1, GL_SPOT_CUTOFF, 10.0f);
glLightfv(GL_LIGHT1, GL_SPOT_DIRECTION, directionLight1);
```

The first thing you should notice in the previous code segment is that the W coordinate of the light's position (in the positionLight1[] array) is 1.0, which specifies a positional light (like a table lamp). If this value were 0.0, the light would be a directional light (like the sun).

The next difference is the function call glLightf(GL_LIGHT1, GL_SPOT_CUTOFF, 10.0f), which limits the spotlight's beam to a 20-degree arc. The third argument of 10.0 in the function call is the angle between the center and outside of the beam. The effects of this narrow spotlight on a sphere are shown in figure 7.7. Increasing the angle provides a wider beam. For example, figure 7.8 shows the same spotlight widened to a 60-degree beam (by providing 30.0 as the third argument to the glLightf() function call).

Fig. 7.7
A narrow spotlight
beam shining on a
sphere.

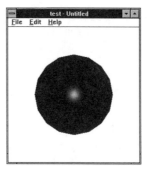

Fig. 7.8
A wider spotlight
beam shining on a
sphere.

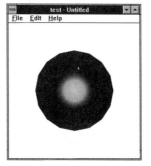

The last important difference between this spotlight and the other light
you defined earlier in this chapter is the function call `glLightfv(GL_LIGHT1,`
`GL_SPOT_DIRECTION, directionLight1)`, which sets the direction in which the
spotlight points. The direction coordinates for this function call are in the
`directionLight1[]` array, which holds the X, Y, and Z values 0.0, 0.0, and
–1.0. These coordinates specify the point at which the light is aimed. Figure
7.9 shows the results of angling the spotlight to the right by using the direc-
tion coordinates 1.0, 0.0, –1.0.

Fig. 7.9
An angled
spotlight beam
shining on a
sphere.

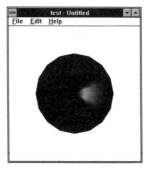

Displaying a Lighted 3-D Object

Whew! Obviously, it takes a great deal of thought and work to define even
a simple lighted scene. (Not even a fraction as much work as it would take
without OpenGL, though.) When you consider the almost infinite ways in
which the light in a scene can interact with the objects in the scene, it's
enough to boggle the mind. If you suspect that it takes a lot of experimenta-
tion to really understand all this stuff, you're right. So in this section, you get
to see firsthand how OpenGL's lighting model works.

> **Note**
>
> All the sample source code in this chapter assumes that the default OpenGL lighting
> model is in effect. If you'd like to learn more about the parameters you can set for the
> lighting model, read about the glLightModel() function in your Visual C++ on-line
> documentation.

The Effects of Ambient Light

As you now know, a scene can have three kinds of light: ambient, diffuse,
and specular. In addition, the material properties of objects in a scene deter-
mine the type of light reflected from the object and so also determine the
color and shading effects used on the object. To better understand how all
this lighting stuff works, look at the following code segment:

```
glShadeModel(GL_SMOOTH);
glEnable(GL_DEPTH_TEST);
glClearColor(1.0f, 1.0f, 1.0f, 1.0f);
glClear(GL_COLOR_BUFFER_BIT | GL_DEPTH_BUFFER_BIT);

glMatrixMode(GL_MODELVIEW);
glLoadIdentity();

GLfloat materialAmbient[] = {0.0f, 1.0f, 0.0f, 1.0f};
GLfloat materialSpecular[] = {0.7f, 0.7f, 0.7f, 1.0f};

glMaterialfv(GL_FRONT, GL_AMBIENT_AND_DIFFUSE, materialAmbient);
glMaterialfv(GL_FRONT, GL_SPECULAR, materialSpecular);
glMaterialf(GL_FRONT, GL_SHININESS, 100.0f);

GLfloat ambientLight0[] = {0.7f, 0.7f, 0.7f, 1.0f};
GLfloat diffuseLight0[] = {0.0f, 0.0f, 0.0f, 1.0f};
GLfloat specularLight0[] = {0.0f, 0.0f, 0.0f, 1.0f};
GLfloat positionLight0[] = {0.0f, 0.0f, 1.0f, 0.0f};

glLightfv(GL_LIGHT0, GL_AMBIENT, ambientLight0);
glLightfv(GL_LIGHT0, GL_DIFFUSE, diffuseLight0);
glLightfv(GL_LIGHT0, GL_SPECULAR, specularLight0);
glLightfv(GL_LIGHT0, GL_POSITION, positionLight0);
```

```
glEnable(GL_LIGHTING);
glEnable(GL_LIGHT0);

glTranslatef(m_xTranslate, m_yTranslate, m_zTranslate);
glScalef(m_xScale, m_yScale, m_zScale);
glRotatef(m_xRotate, 1.0f, 0.0f, 0.0f);
glRotatef(m_yRotate, 0.0f, 1.0f, 0.0f);
glRotatef(m_zRotate, 0.0f, 0.0f, 1.0f);

auxSolidSphere(1.0);

glFlush();
```

This code segment defines a material that reflects green ambient/diffuse light and white specular light. The light source in the scene is set to give off only white ambient light. Finally, the object in the scene is a solid sphere, which is drawn at the scene's origin by the auxiliary OpenGL function, auxSolidSphere(). This function takes as a single argument the radius of the sphere. (The auxSolidSphere() function calculates its own normals.)

The scene produced by the above code is shown in figure 7.10. Notice that the sphere looks like nothing more than a filled circle. This is because the sphere is reflecting only ambient light, which comes at the object from every direction. Each polygon that makes up the sphere reflects exactly the same amount of light. In other words, ambient light alone provides no shading effects that clue the eye as to the object's 3-D nature.

Fig. 7.10
A sphere shown in only ambient light.

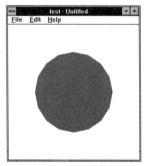

The Effects of Diffuse Light

Now, assume that the programmer changes the arrays that define the light source so that the scene contains only diffuse light. Those arrays would look like this:

```
GLfloat ambientLight0[] = {0.0f, 0.0f, 0.0f, 1.0f};
GLfloat diffuseLight0[] = {0.7f, 0.7f, 0.7f, 1.0f};
GLfloat specularLight0[] = {0.0f, 0.0f, 0.0f, 1.0f};
GLfloat positionLight0[] = {0.0f, 0.0f, 1.0f, 0.0f};
```

Changing the lighting as shown previously gives the image in figure 7.11. Because diffuse light comes from a specific direction, the light rays strike the object at different angles, so some light rays must travel farther to strike a polygon than others. This gives the shading effect shown in the figure.

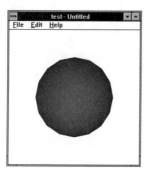

Fig. 7.11
A sphere shown in only diffuse light.

The Effects of Specular Light

Now suppose the programmer changes the arrays so that the scene contains only specular light, like this:

```
GLfloat ambientLight0[] = {0.0f, 0.0f, 0.0f, 1.0f};
GLfloat diffuseLight0[] = {0.0f, 0.0f, 0.0f, 1.0f};
GLfloat specularLight0[] = {0.7f, 0.7f, 0.7f, 1.0f};
GLfloat positionLight0[] = {0.0f, 0.0f, 1.0f, 0.0f};
```

Changing the lighting as shown previously gives the image shown in figure 7.12. Because the scene contains no ambient or diffuse light, the sphere is mostly dark. The light spot you see is the specular light, which causes a "hot spot" on the sphere's reflective surface.

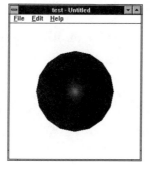

Fig. 7.12
A sphere shown in only specular light.

II

3-D Worlds with OpenGL

Combining Ambient, Diffuse, and Specular Light

To create a realistic scene, you must carefully balance the types of light given off by light sources and the types of light reflected from the objects' surfaces. Changing the lighting, position, and material arrays as shown in the following code produces the image shown in figure 7.13. Finally, a sphere that looks reasonably realistic!

```
GLfloat ambientLight0[] = {0.2f, 0.2f, 0.2f, 1.0f};
GLfloat diffuseLight0[] = {0.7f, 0.7f, 0.7f, 1.0f};
GLfloat specularLight0[] = {1.0f, 1.0f, 1.0f, 1.0f};
GLfloat positionLight0[] = {1.0f, 0.5f, 1.0f, 0.0f};
GLfloat materialAmbient[] = {1.0f, 0.0f, 0.0f, 1.0f};
GLfloat materialSpecular[] = {1.0f, 1.0f, 1.0f, 1.0f};
```

Fig. 7.13
A sphere shown in ambient, diffuse, and specular light.

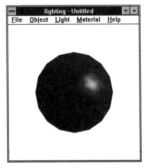

Building a 3-D Lighting Demo Application

Assuming that you're not now thoroughly confused, it's time to put together a program that demonstrates OpenGL's lighting model. Actually, even if you are confused, the program you're about to build enables you to experiment with different light settings and so immediately see what effects they have. You'll soon discover that, although defining lights and materials is a meticulous task, it's not a particularly complex one.

> **Note**
>
> After following the disk installation instructions at the back of this book, you can find the executable file and the complete source code for the LIGHTING application in the OPENGL\CHAP07 directory on your hard drive.

In the following set of steps, you create the basic AppWizard application and modify the application's user interface.

1. Use AppWizard to create an application called LIGHTING. Set the following options in AppWizard's dialog boxes:

       Step 1: Single Document

       Step 2: None

       Step 3: None and No Automation

       Step 4: Use 3D Controls

       Step 5: Leave set to defaults

       Step 6: Leave set to defaults

Your project's final options should look like those shown in figure 7.14.

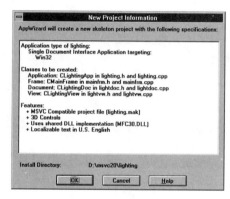

Fig. 7.14
The LIGHTING application's final options.

2. Double-click the lighting.rc file in the project window to display App Studio's browser window (see fig. 7.15).

Fig. 7.15
The App Studio browser window.

3. Double-click the Menu folder, and then double-click IDR_MAINFRAME to display the menu editor (see fig. 7.16).

II

3-D Worlds with OpenGL

Fig. 7.16
The menu editor.

4. Delete all entries from the File menu except Exit (see fig. 7.17).

Fig. 7.17
The new File
menu.

5. Delete the Edit menu, leaving the File and Help menus (see fig. 7.18).

Fig. 7.18
After deleting the
Edit menu.

6. Add an Object menu, giving it the commands Sphere and Cube (see fig. 7.19), with the command IDs `ID_OBJECT_SPHERE` and `ID_OBJECT_CUBE`.

Color Gallery

A lighted cube (Chapter 7).

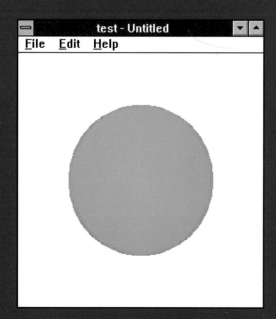

A sphere with smooth shading (Chapter 7).

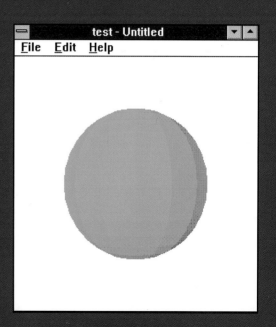

A sphere with flat shading (Chapter 7).

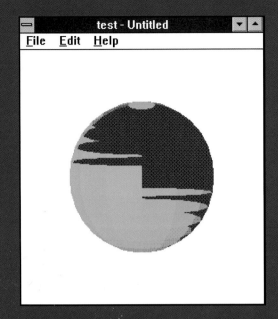

A sphere drawn without depth testing (Chapter 7).

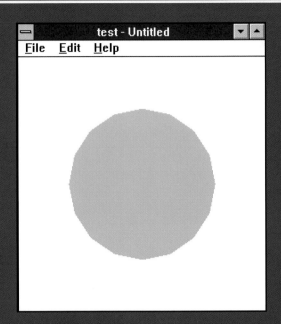

A sphere shown in only ambient light (Chapter 7).

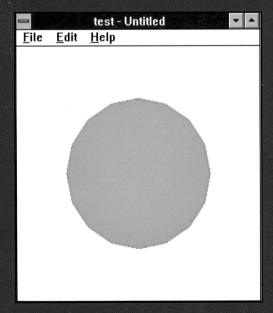

A sphere shown in only diffuse light (Chapter 7).

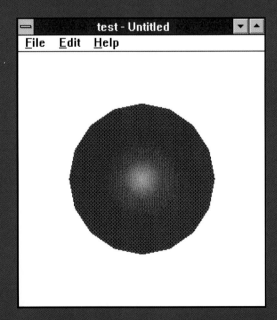

A sphere shown in only specular light (Chapter 7).

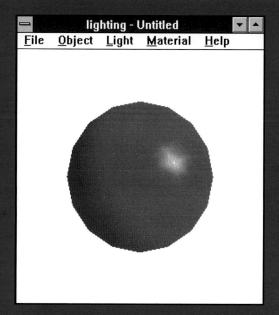

A sphere shown in ambient, diffuse, and specular light (Chapter 7).

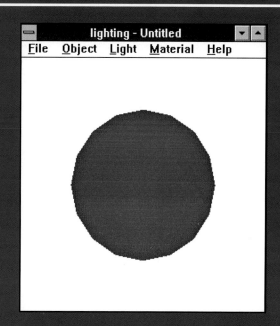

A lighted sphere in the LIGHTING application (Chapter 7).

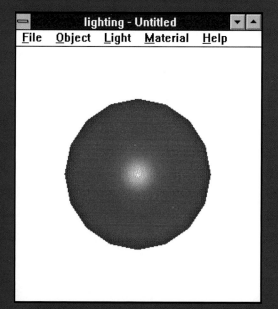

A lighted sphere with a spot of specular light (Chapter 7).

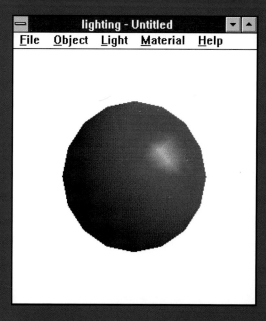

The sphere after moving the light source (Chapter 7).

Color Gallery

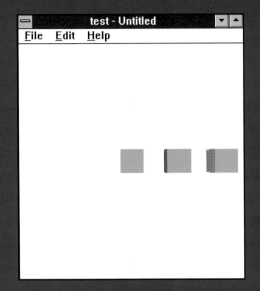

The three cubes in an actual OpenGL display (Chapter 8).

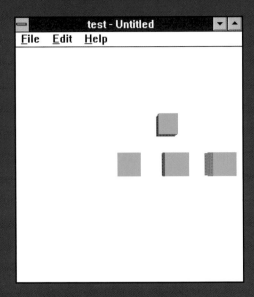

The four cubes in an actual OpenGL display (Chapter 8).

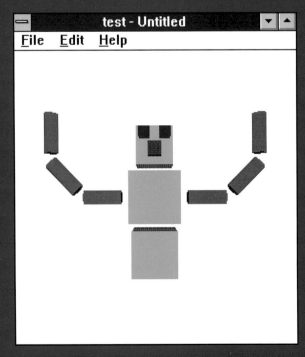

An OpenGL robot (Chapter 8).

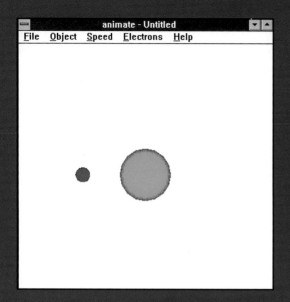

The ANIMATE application at startup
(Chapter 8).

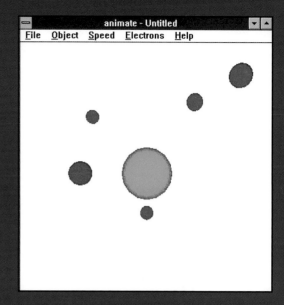

The atom with five electrons
(Chapter 8).

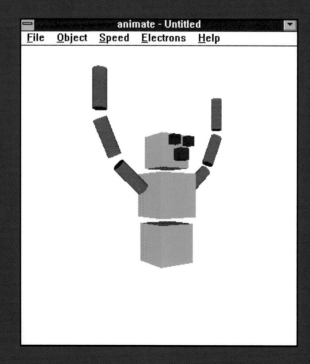

The robot animation (Chapter 8).

Color Gallery

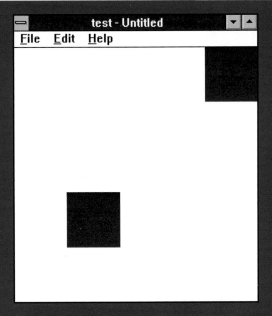

Reading and drawing OpenGL images (Chapter 9).

The TEXTURE application at startup (Chapter 9).

The rotated polygon (Chapter 9).

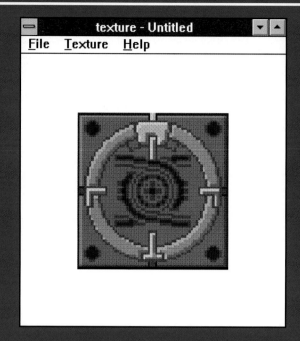

The Aztec texture (Chapter 9).

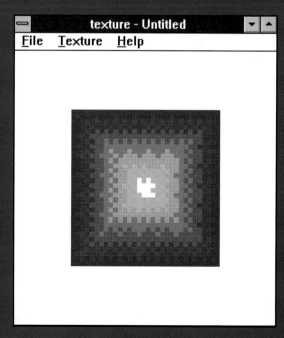

The Gradient texture (Chapter 9).

Color Gallery

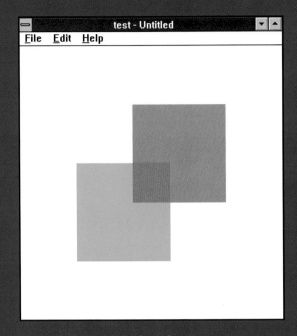

Using blending with polygons (Chapter 10).

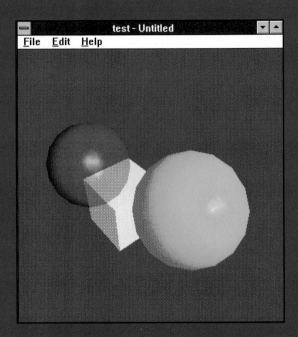

Using blending with 3-D scenes (Chapter 10).

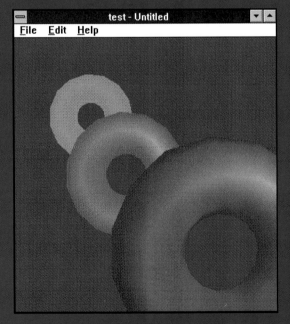

Fogging in a 3-D scene (Chapter 10).

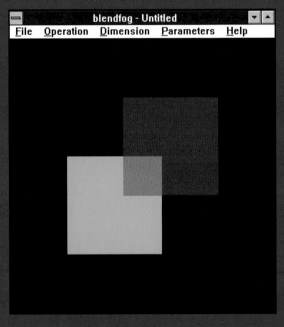

The BLENDFOG application at startup (Chapter 10).

Fig. 7.19
The new Object
menu.

7. Add a Light menu, giving it the commands Ambient..., Diffuse...,
Specular..., and Position... (see fig. 7.20), with the command IDs
`ID_LIGHT_AMBIENT`, `ID_LIGHT_DIFFUSE`, `ID_LIGHT_SPECULAR`, and
`ID_LIGHT_POSITION`.

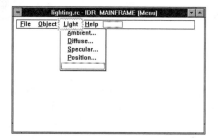

Fig. 7.20
The new Light
menu.

8. Add a Material menu, giving it the commands Ambient/Diffuse...,
Specular..., Shininess..., and Emitted... (see fig. 7.21), with the
command IDs `ID_MATERIAL_AMBIENTDIFFUSE`, `ID_MATERIAL_SPECULAR`,
`ID_MATERIAL_SHININESS`, and `ID_MATERIAL_EMITTED`.

Fig. 7.21
The new Material
menu.

9. Close the menu editor, and display the dialog box editor (see fig. 7.22)
by double-clicking the Dialog folder in the resource browser window
and then double-clicking `IDD_ABOUTBOX`.

II

3-D Worlds with OpenGL

Fig. 7.22
The dialog box
editor.

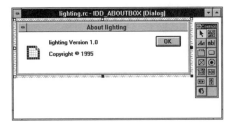

10. Modify the About Lighting dialog box so that it looks like figure 7.23, and then close the dialog box editor.

Fig. 7.23
The new About
Lighting dialog
box.

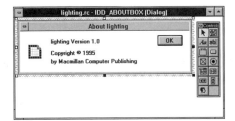

11. Select the Resource menu's New command, and create a new dialog box. (You can also right-click the Dialog folder in the browser window, and then select New Dialog.) The finished dialog box should look like figure 7.24. (Be sure to give the dialog box the IDD_LIGHT ID, and give the edit controls the IDs IDC_VALUE1, IDC_VALUE2, IDC_VALUE3, and IDC_VALUE4.)

Fig. 7.24
The Lighting and
Material Values
dialog box.

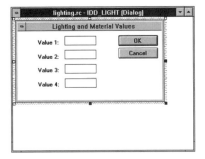

12. Select the Project menu's ClassWizard command (or click the Toolbar's ClassWizard button), and name the Lighting and Material Values dialog box's class CLightDlg (see fig. 7.25). Click the Create Class button to create the class.

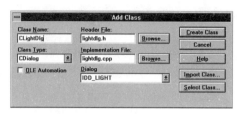

Fig. 7.25
Creating the
CLightDlg class.

13. In the MFC ClassWizard dialog box, select the Member Variables
    tab and add variables of type float for the IDC_VALUE1, IDC_VALUE2,
    IDC_VALUE3, and IDC_VALUE4 controls (see fig. 7.26). Click the OK button
    to save your changes.

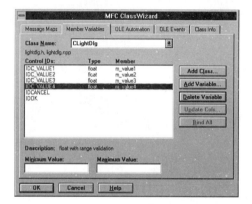

Fig. 7.26
Creating variables
for the edit
controls.

14. Close the dialog box editor, and double-click the Accelerator folder in
    the resource browser window. You see the IDR_MAINFRAME accelerator ID
    (see fig. 7.27). Delete the IDR_MAINFRAME accelerator table from the
    browser window.

Fig. 7.27
The
IDR_MAINFRAME
accelerator table ID
in the browser
window.

15. Close the App Studio browser window, being sure to save all your
    changes.

II

3-D Worlds with OpenGL

In the next set of steps, you add message-response functions for the WM_CREATE, WM_DESTROY, and WM_SIZE Windows messages. You also override the CLightingView class's PreCreateWindow() function.

1. Select the Project menu's ClassWizard command to display the MFC ClassWizard dialog box. Make sure that you have the Message Maps tab selected, and in the Class Name box, select the CLightingView class (see fig. 7.28).

Fig. 7.28
The MFC
ClassWizard
dialog box.

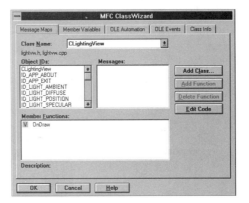

2. Use the MFC ClassWizard dialog box to create a response function for the WM_CREATE message (see fig. 7.29).

Fig. 7.29
Adding the
OnCreate( )
function.

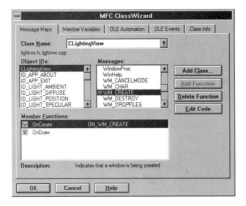

3. In the MFC ClassWizard dialog box, click the Edit Code button, and then add the following lines to the OnCreate() function, right after the // TODO: Add your specialized creation code here comment:

```
PIXELFORMATDESCRIPTOR pfd =
{
    sizeof(PIXELFORMATDESCRIPTOR),  // Structure size.
    1,                              // Structure version number.
    PFD_DRAW_TO_WINDOW |            // Property flags.
        PFD_SUPPORT_OPENGL,
    PFD_TYPE_RGBA,
    24,                             // 24-bit color.
    0, 0, 0, 0, 0, 0,               // Not concerned with these.
    0, 0, 0, 0, 0, 0, 0,            // No alpha or accum buffer.
    32,                             // 32-bit depth buffer.
    0, 0,                           // No stencil or aux buffer.
    PFD_MAIN_PLANE,                 // Main layer type.
    0,                              // Reserved.
    0, 0, 0                         // Unsupported.
};

CClientDC clientDC(this);

int pixelFormat =
    ChoosePixelFormat(clientDC.m_hDC, &pfd);
BOOL success =
    SetPixelFormat(clientDC.m_hDC, pixelFormat, &pfd);
DescribePixelFormat(clientDC.m_hDC, pixelFormat,
    sizeof(pfd), &pfd);

if (pfd.dwFlags & PFD_NEED_PALETTE)
    SetupLogicalPalette();

m_hRC = wglCreateContext(clientDC.m_hDC);
```

4. Select the Project menu's ClassWizard command, and use the MFC
ClassWizard dialog box to create a response function for the WM_DESTROY
message (see fig. 7.30).

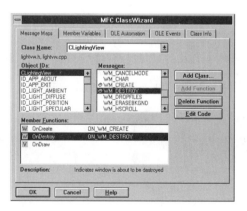

Fig. 7.30
Adding the
OnDestroy( )
function.

5. In the MFC ClassWizard dialog box, click the Edit Code button, and then add the following lines to the `OnDestroy()` function, right after the `// TODO: Add your message handler code here` comment:

```
wglDeleteContext(m_hRC);
if (m_hPalette)
    DeleteObject(m_hPalette);
```

6. Select the Project menu's ClassWizard command, and use the MFC ClassWizard dialog box to create a response function for the `WM_SIZE` message (see fig. 7.31).

Fig. 7.31
Adding the
OnSize( ) function.

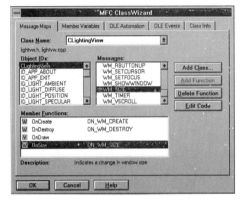

7. In the MFC ClassWizard dialog box, click the Edit Code button, and then add the following lines to the `OnSize()` function, right after the `// TODO: Add your message handler code here` comment:

```
CClientDC clientDC(this);
wglMakeCurrent(clientDC.m_hDC, m_hRC);
glMatrixMode(GL_PROJECTION);
glLoadIdentity();
glFrustum(-1.0, 1.0, -1.0, 1.0, 2.0, 7.0);
glViewport(0, 0, cx, cy);
wglMakeCurrent(NULL, NULL);
```

8. Select the Project menu's ClassWizard command, and use the MFC ClassWizard dialog box to override the view class's `PreCreateWindow()` function (see fig. 7.32).

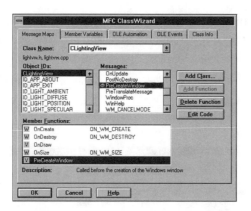

Fig. 7.32
Overriding the
PreCreateWindow( )
function.

9. In the MFC ClassWizard dialog box, click the Edit Code button, and
then add the following line to the `PreCreateWindow()` function, right
after the `// TODO: Add your specialized code here and/or call the
base class` comment:

```
cs.style |= WS_CLIPCHILDREN | WS_CLIPSIBLINGS;
```

In the next set of steps, you add message-response functions for the
application's menu commands. You also create functions that control the
checkmarks in the Object menu.

1. Select the Project menu's ClassWizard command, and use the MFC
ClassWizard dialog box to add COMMAND and UPDATE_COMMAND_UI functions
for each of the Object menu's commands (see fig. 7.33).

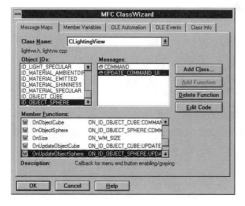

Fig. 7.33
Adding
COMMAND
and
UPDATE_COMMAND_UI
functions.

II

3-D Worlds with OpenGL

2. Complete the COMMAND and UPDATE_COMMAND_UI functions by adding the code shown in those functions in listing 7.2, found near the end of this chapter.

3. Select the Project menu's ClassWizard command, and use the MFC ClassWizard dialog box to add COMMAND functions for each of the Light and Material menus' commands (see fig. 7.34).

Fig. 7.34
Adding
COMMAND
functions.

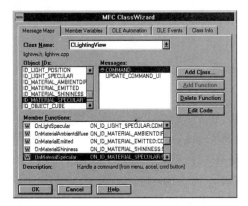

4. Complete the new COMMAND functions by adding the code shown in those functions in listing 7.2, found near the end of this chapter.

In the following set of steps, you add the source code that completes the CLightingView class. You also add the required member function and data member declarations to the CLightingView class's header file.

1. Load the LIGHTVW.CPP file and add the following lines to the top of the listing, right after #endif:

```
#include <math.h>
#include <gl\glaux.h>
#include "lightdlg.h"
```

2. Also in the LIGHTVW.CPP file, add the following lines to the CLightingView class's constructor, right after the // TODO: add construction code here comment:

```
m_hPalette = 0;
m_currentObject = Sphere;
m_materialAmbient[0] = 0.0f;
m_materialAmbient[1] = 0.0f;
m_materialAmbient[2] = 0.0f;
m_materialAmbient[3] = 1.0f;
m_materialSpecular[0] = 0.0f;
m_materialSpecular[1] = 0.0f;
m_materialSpecular[2] = 0.0f;
```

```
m_materialSpecular[3] = 1.0f;
m_materialEmitted[0] = 0.0f;
m_materialEmitted[1] = 0.0f;
m_materialEmitted[2] = 0.0f;
m_materialEmitted[3] = 1.0f;
m_ambientLight0[0] = 0.0f;
m_ambientLight0[1] = 0.0f;
m_ambientLight0[2] = 0.0f;
m_ambientLight0[3] = 1.0f;
m_diffuseLight0[0] = 0.0f;
m_diffuseLight0[1] = 0.0f;
m_diffuseLight0[2] = 0.0f;
m_diffuseLight0[3] = 1.0f;
m_specularLight0[0] = 0.0f;
m_specularLight0[1] = 0.0f;
m_specularLight0[2] = 0.0f;
m_specularLight0[3] = 1.0f;
m_positionLight0[0] = 0.0f;
m_positionLight0[1] = 0.0f;
m_positionLight0[2] = 1.0f;
m_positionLight0[3] = 0.0f;
m_shininess = 0.0f;
```

3. In the LIGHTVW.CPP file, add the following lines to the CLightingView class's OnDraw() function, right after the // TODO: add draw code for native data here comment:

```
if (m_hPalette)
{
    SelectPalette(pDC->m_hDC, m_hPalette, FALSE);
    RealizePalette(pDC->m_hDC);
}
wglMakeCurrent(pDC->m_hDC, m_hRC);
DrawWithOpenGL();
wglMakeCurrent(pDC->m_hDC, NULL);
```

4. Also in LIGHTVW.CPP, add the following functions, as shown in listing 7.2, to the end of the file: DrawWithOpenGL(), DrawCube(), DrawSphere(), CalcNormal(), and SetupLogicalPalette().

5. Load LIGHTVW.H, and add the following lines to the top of the file, right before the CLightingView class declaration:

```
#include <gl\gl.h>

enum {Cube, Sphere};
```

6. Also in LIGHTVW.H, add the following lines to the CLightingView class's Attributes section, right after the CLightingDoc* GetDocument() line:

```
protected:
    HGLRC m_hRC;
    HPALETTE m_hPalette;
```

```
GLfloat m_materialAmbient[4];
GLfloat m_materialSpecular[4];
GLfloat m_materialEmitted[4];
GLfloat m_ambientLight0[4];
GLfloat m_diffuseLight0[4];
GLfloat m_specularLight0[4];
GLfloat m_positionLight0[4];
GLfloat m_shininess;
UINT m_currentObject;
```

7. Again in LIGHTVW.H, add the following lines to the `CLightingView` class's Implementation section, right after the `protected` keyword:

```
void DrawWithOpenGL();
void DrawCube();
void DrawSphere();
void SetupLogicalPalette();
void CalcNormal(double *p1, double *p2, double *p3, double *n);
```

In the following and final set of steps, you modify the `CMainFrame` class by overriding that class's `PreCreateWindow()` function and by adding message-response functions for the `WM_PALETTECHANGED` and `WM_QUERYNEWPALETTE` Windows messages. You also add the required OpenGL libraries to the project.

1. Select the Project menu's ClassWizard command to display the MFC ClassWizard dialog box. Make sure that you have the Message Maps tab selected, and then in the Class Name box, select the `CMainFrame` class (see fig. 7.35).

Fig. 7.35
The MFC
ClassWizard
dialog box.

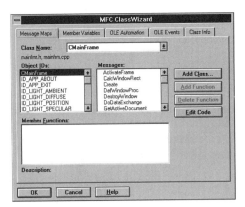

2. Use the MFC ClassWizard dialog box to override the `CMainFrame` class's `PreCreateWindow()` function (see fig. 7.36).

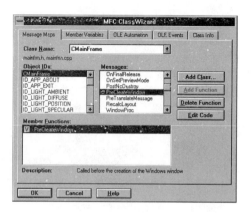

II

3-D Worlds with OpenGL

Fig. 7.36
Overriding the
CMainFrame class's
PreCreateWindow( )
function.

3. In the MFC ClassWizard dialog box, click the Edit Code button, and
   then add the following lines to the PreCreateWindow() function, right
   after the // TODO: Add your specialized code here and/or call the
   base class comment:

   ```
   cs.cx = 300;
   cs.cy = 340;
   ```

4. Select the Project menu's ClassWizard command (or click the toolbar's
   ClassWizard button), and use the MFC ClassWizard dialog box to create
   a response function for the WM_PALETTECHANGED message (see fig. 7.37).

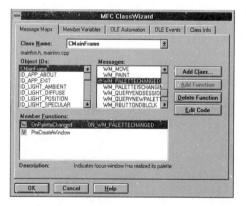

Fig. 7.37
Adding the
OnPaletteChanged( )
function.

5. In the MFC ClassWizard dialog box, click the Edit Code button, and
   then add the following lines to the OnPaletteChanged() function, right
   after the // TODO: Add your message handler code here comment:

   ```
   CView* pView = GetActiveView();
   if (pFocusWnd != pView)
       pView->Invalidate(FALSE);
   ```

6. Select the Project menu's ClassWizard command, and use the MFC ClassWizard dialog box to create a response function for the WM_QUERYNEWPALETTE message (see fig. 7.38).

Fig. 7.38
Adding the
OnQueryNewPalette( )
function.

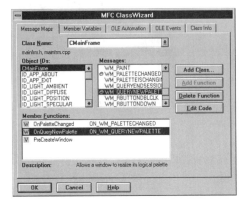

7. In the MFC ClassWizard dialog box, click the Edit Code button, and then add the following lines to the OnQueryNewPalette() function, right after the // TODO: Add your message handler code here and/or call default comment:

```
CView* pView = GetActiveView();
pView->Invalidate(FALSE);
```

8. Select the Project menu's Files command, and then use the Project Files dialog box to add the GLU32.LIB, GLAUX.LIB, and OPENGL32.LIB files (found in the MSVC20\LIB directory) to the project (see fig. 7.39).

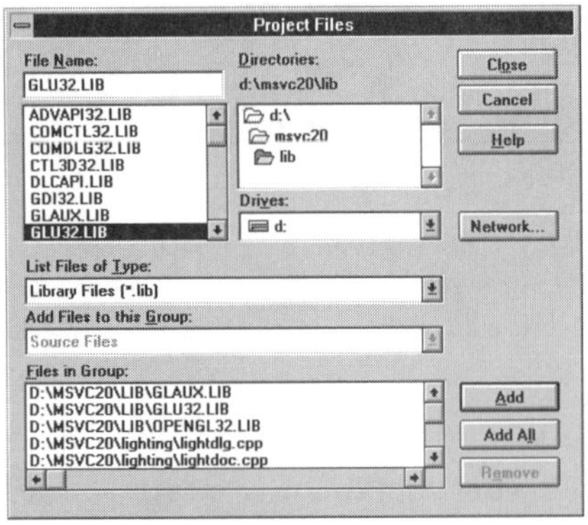

Fig. 7.39
Adding
GLU32.LIB,
GLAUX.LIB, and
OPENGL32.LIB to
the LIGHTING
project.

Your LIGHTING program is now complete. To create the application, select the Build command from Visual C++'s Project menu. To run the application, choose the Project menu's Execute command.

Running the LIGHTING Application

When you run LIGHTING, you see the window shown in figure 7.40. This window displays an unlighted 3-D sphere. (You can also choose to display a 3-D cube by selecting the Object menu's Cube command.) It's your task to use the commands on the Light and Material menus to add lighting to the scene, as well as to define the sphere's (or cube's) material.

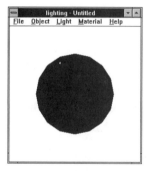

Fig. 7.40
The LIGHTING application.

Remember that, in order for a 3-D object to appear normally, there must be light on the scene and the object's material must be set to reflect some of that light. For example, select the Light menu's Diffuse command. The Lighting and Material Values dialog box appears. Type the values **0.7**, **0.7**, **0.7**, and **1.0** into the four edit controls, and then click the OK button. You've just added white diffuse light to the scene, but because the sphere's material is not yet set to reflect any type of light, the sphere remains dark.

> **Note**
>
> The Lighting and Material Values dialog box always displays the current settings of whatever lighting or material property you selected from the menu.

Now select the Material menu's Ambient/Diffuse command. When the dialog box appears, enter the values **1.0**, **0.0**, **0.0**, and **1.0**. When you click the dialog box's OK button, the sphere turns red because you set the sphere's material to reflect red ambient and diffuse light. Figure 7.41 shows the result. Although you can't see the object's color in the figure, you can see the shading.

Fig. 7.41
A lighted sphere in the LIGHTING application.

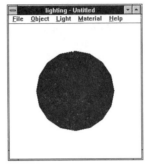

Want to make the sphere shiny? To do this, you must first add specular light to the scene. Select the Light menu's Specular command, and enter the values **1.0**, **1.0**, **1.0**, and **1.0** into the dialog box. When you click the OK button, specular light is added to the scene. But you must also set the sphere's material to reflect specular light. Select the Material menu's Specular command, and enter the values **1.0**, **1.0**, **1.0**, and **1.0** into the dialog box. When you click the OK button, the sphere disappears in brilliant white light (see fig. 7.42).

Fig. 7.42
A very shiny sphere disappears in bright specular light.

What happened? The sphere's shininess is still set to 0, which is like shining a spotlight on a mirror. To fix the problem, Select the Material menu's Shininess command, and enter the value **70** into the first edit control. When you click the OK button, a spot of specular light appears on the sphere (see fig. 7.43).

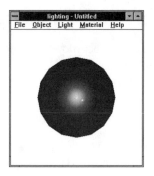

Fig. 7.43
A lighted sphere
with a spot of
specular light.

To make the sphere look even more realistic, you might want to change the position of the light source so that it isn't shining directly on the front of the sphere. Select the Light menu's Position command, and enter the values **1.0**, **0.7**, **1.0**, and **0.0** into the edit controls. When you click the OK button, you see the image shown in figure 7.44. As you can see by the sphere's shading and specular spot, you've successfully moved the light source right and up.

Fig. 7.44
The sphere after
moving the light
source.

Tip
Don't forget to
experiment with
the cube object,
too. Because of its
flat surfaces, it
responds differ-
ently to lighting,
especially specular
light.

Finally, you can add white ambient light to the scene, which, because it comes from all directions and produces no shading, washes out the color of the sphere a bit, making it lighter. You might also want to experiment with different colored light on color materials. For example, if you give the scene only red diffuse light and then set the sphere's material to reflect green light, the sphere stays very dark because the red light is absorbed by the sphere. The more green you add to the light source, the brighter the sphere becomes.

II

3-D Worlds with OpenGL

How the LIGHTING Program Works

Except for one new programming technique to handle logical palettes, the LIGHTING application is actually pretty simple. At program startup, the arrays that represent the various lighting and material properties are all set to default values. When the program first draws its display, the DrawWithOpenGL() function sets the lighting and material properties using these default values.

When you select a command from the Lighting or Material menus, the values you enter in the dialog box are transferred to the appropriate array. A call to the function Invalidate() then forces the program to redraw its new display using the new lighting and material values.

Notice that, although the function that draws the sphere (DrawSphere()) relies on the OpenGL auxiliary function auxDrawSolidSphere() to calculate the position of the sphere's polygons and to calculate the vertices' normals, the function that draws the cube (DrawCube()) does everything from scratch, demonstrating how to use the CalcNormal() function in a program.

Creating a Logical Palette

OpenGL is really designed for systems that can display 64,000 or more colors. If you're running Windows NT on a 256-color system, you may have experienced some trouble getting OpenGL to display exactly the colors you want. This is because, on a 256-color system, Windows reserves a palette of only 20 colors that it uses to draw your Windows desktop. Unfortunately, there's no way OpenGL can draw accurately shaded 3-D objects with only 20 colors.

The best solution to this problem is to run Windows NT on a system that supports more colors. When you do, you'll get spectacular results. However, your program's user may not like that solution because it usually requires a hefty handful of cash to upgrade a system. Luckily, there is a way to give OpenGL a reasonable number of colors to work with in a 256-color system. This requires setting up a logical palette.

But what exactly is a logical palette? Every application that must define colors has its own logical palette. When the user switches between applications, the new application gives its logical palette to Windows so that Windows can set its colors properly. A *logical palette*, then, is a set of colors that's associated with a particular application. The *system palette*, on the other hand, contains the colors that are currently displayed on the screen. When a user switches applications, the new application's logical palette is mapped into Windows system palette. You can have many logical palettes, but there is never more than one system palette.

In the LIGHTING application, the program's logical palette is created in the `SetupLogicalPalette()` function. First, that function defines a structure to hold the information Windows needs to create a logical palette:

```
struct
{
    WORD Version;
    WORD NumberOfEntries;
    PALETTEENTRY aEntries[256];
} logicalPalette = { 0x300, 256 };
```

The preceding lines represent a LOGPALETTE structure, a data type defined by Windows and used when handling logical palettes. The first structure member is a version number, which should be the hex value 0x300. The second member is the number of colors in the palette. As you can see, `SetupLogicalPalette()` creates a 256-color logical palette. The final member is an array of PALETTEENTRY structures. Windows defines the PALETTEENTRY structure as follows:

```
typedef struct {
    BYTE peRed;
    BYTE peGreen;
    BYTE peBlue;
    BYTE peFlags;
} PALETTEENTRY;
```

The peRed, peGreen, and peBlue members of this structure hold the intensities of the color's red, green, and blue components. The peFlags member specifies how Windows should handle the palette entry and can be the values PC_EXPLICIT, PC_NOCOLLAPSE, PC_RESERVED, or 0.

The PC_EXPLICIT flag indicates that the palette entry contains an index into the system palette, rather than actual color values. You store this index in the low-order word of the entry. You'll rarely need to use the PC_EXPLICIT flag.

The PC_NOCOLLAPSE flag specifies that Windows should place the color into an empty system-palette entry, rather than map it to an existing entry. If there are no empty entries in the system palette, Windows overrides the PC_NOCOLLAPSE flag and performs normal matching instead. Other applications may map their own colors to a palette entry marked PC_NOCOLLAPSE.

The PC_RESERVED flag prevents Windows from matching other applications' colors to the color entry. You'd usually use the PC_RESERVED flag with animated palettes, which frequently change color.

II

3-D Worlds with OpenGL

Set the peFlags member to 0 when you want to let Windows handle the color entry any way it sees fit.

With the LOGPALETTE structure defined, SetupLogicalPalette() next creates a palette that contains a wide range of colors:

```
BYTE reds[] = {0, 36, 72, 109, 145, 182, 218, 255};
BYTE greens[] = {0, 36, 72, 109, 145, 182, 218, 255};
BYTE blues[] = {0, 85, 170, 255};

for (int colorNum=0; colorNum<256; ++colorNum)
{
    logicalPalette.aEntries[colorNum].peRed =
        reds[colorNum & 0x07];
    logicalPalette.aEntries[colorNum].peGreen =
        greens[(colorNum >> 0x03) & 0x07];
    logicalPalette.aEntries[colorNum].peBlue =
        blues[(colorNum >> 0x06) & 0x03];
    logicalPalette.aEntries[colorNum].peFlags = 0;
}
```

Within the for loop, the program does some fancy bit manipulation to calculate indexes into the reds[], greens[], and blues[] arrays, which contain the various color intensities used to fill in the palette. (If you'd like to see exactly how these indexes are calculated, I suggest that you work through the loop on paper. It would take a lot of space to explain it here, even though the process isn't as complicated as it looks.)

Finally, SetupLogicalPalette() creates the logical palette by calling the Windows API function CreatePalette():

```
m_hPalette = CreatePalette ((LOGPALETTE*)&logicalPalette);
```

Selecting, Realizing, and Deleting the Logical Palette

After SetupLogicalPalette() does its thing, the program has a logical palette, a handle to which is stored in the m_hPalette data member of the CLightingView class. Just creating the palette, however, doesn't do much. Before the application draws on the screen, it must select the palette into the device context and then realize the palette. When an application *realizes* its palette, it's telling Windows to take the palette and map it to the system palette.

All this happens in the CLightingView class's OnDraw() function. First, OnDraw() calls the Windows API function SelectPalette():

```
SelectPalette(pDC->m_hDC, m_hPalette, FALSE);
```

The Windows API function SelectPalette() selects a palette into a DC. Its three arguments are a handle to the DC, a handle to the palette, and a Boolean value indicating whether the palette is to always be a background palette

(TRUE) or whether the palette should be a foreground palette when the Window is active (FALSE). You'll usually use FALSE for this argument.

Once OnDraw() selects the logical palette into the device context, it must realize the palette, which tells Windows to map the palette to the system palette. The next line does this by calling the Windows API function RealizePalette():

```
RealizePalette(pDC->m_hDC);
```

This function takes as its single argument the handle of the device context whose palette should be realized.

After realizing the logical palette, OnDraw() creates its OpenGL display:

```
wglMakeCurrent(pDC->m_hDC, m_hRC);
DrawWithOpenGL();
wglMakeCurrent(pDC->m_hDC, NULL);
```

Finally, before the program ends, it must delete the logical palette it created. In the LIGHTING application, this happens in the OnDestroy() function, like this:

```
if (m_hPalette)
    DeleteObject(m_hPalette);
```

The call to the Windows API function DeleteObject() takes as its single parameter a handle to the object to delete.

Knowing When to Create a Logical Palette

You don't, of course, have any idea who might be running your program or the type of system on which it'll run. Since you want to create a logical palette only when the system requires it, you should check the selected pixel format for the system's palette requirements. The LIGHTING application sets its pixel format in the OnCreate() function. After setting the pixel format, the function calls DescribePixelFormat() to fill in the PIXELFORMATDESCRIPTOR structure with the values for the current pixel format. (You learned about pixel formats in Chapter 4, "The Minimum OpenGL Program.") The function call looks like this:

```
DescribePixelFormat(clientDC.m_hDC, pixelFormat,
    sizeof(pfd), &pfd);
```

If the dwFlags member of the PIXELFORMATDESCRIPTOR structure contains the PFD_NEED_PALETTE flag, you should create a logical palette for the application. The LIGHTING application checks for the PFD_NEED_PALETTE flag like this:

```
if (pfd.dwFlags & PFD_NEED_PALETTE)
    SetupLogicalPalette();
```

> **Note**
>
> This section presents only the basic information on creating a logical palette for an OpenGL application. For the sake of clarity, many of the fine points about logical palettes and how they work with OpenGL have been left out of the discussion. Once you understand the basic techniques discussed here, you should read the information about logical palettes given in your Visual C++ on-line documentation.

Responding to Palette Messages

When the user activates an application, that application might realize its own logical palette. When this happens, the colors in the system palette may change significantly, leaving background applications looking strange. The solution to this problem is to notify background applications that the system palette has changed, which Windows does by sending a WM_PALETTECHANGED message.

When a background application receives this message, it can realize its own logical palette, which tells Windows to remap the logical palette to the system palette. Because the active application has first claim on the colors in the system palette, background applications may lose some of their display integrity even when responding to WM_PALETTECHANGED, but at least Windows tries for the best match possible between each background application's logical palette and the new system palette.

When a background application is reactivated, it can reclaim the system palette. Windows notifies the application of this opportunity by sending a WM_QUERYNEWPALETTE message. The newly activated application responds to this message by realizing its logical palette, which forces all the logical palette's colors into the system palette. At this point, the other running applications, which are now background applications, receive WM_PALETTECHANGED messages so that they can remap their logical palettes to the system palette, which you just changed.

In the LIGHTING application, the CMainFrame class's OnPaletteChanged() function is called whenever Windows sends the application a WM_PALETTECHANGED message, which it does whenever another application changes the system palette. When LIGHTING receives this message, it must realize its palette and redraw its display. Because the view class is responsible for updating the display, OnPaletteChanged() must first acquire a pointer to the view:

```
CView* pView = GetActiveView();
```

Next, the program must check whether it was its own view that modified the system palette. If it was, OnPaletteChanged() should ignore the WM_PALETTECHANGED message. Failure to handle the message in this way leaves your application in an infinite loop as it continually realizes its palette and then responds to the resulting WM_PALETTECHANGED message. Because the OnPaletteChanged() function receives as its single parameter a pointer to the window that changed the palette, you can compare this pointer with a pointer to your application's view:

```
if (pFocusWnd != pView)
```

If the two pointers are not equal, some other application changed the palette. In this case, OnPaletteChanged() calls the view's Invalidate() member function, which forces a call to the view's OnDraw() function:

```
pView->Invalidate(FALSE);
```

In OnDraw(), the program realizes its palette and draws the OpenGL display. By realizing its palette in response to the WM_PALETTECHANGED message, the program's logical palette is remapped to the newly changed system palette, creating the best possible display for this application as it's running in the background.

The OnQueryNewPalette() function is called whenever Windows sends the application a WM_QUERYNEWPALETTE message, which it does whenever the application regains the focus (becomes the top window). Just as with the WM_PALETTECHANGED message, when LIGHTING receives the WM_QUERYNEWPALETTE message, it must realize its palette and redraw its display. Because the view class is responsible for updating the display, OnQueryNewPalette() must first acquire a pointer to the view:

```
CView* pView = GetActiveView();
```

OnQueryNewPalette() then calls the view's Invalidate() member function, which forces a call to the view's OnDraw() function:

```
pView->Invalidate(FALSE);
```

In OnDraw(), the program realizes its palette and draws the OpenGL display. By realizing its palette in response to the WM_QUERYNEWPALETTE message, the program's logical palette is remapped to the system palette. Because LIGHTING is, at this point, the active application, it can take over the system palette and create exactly the palette it needs.

The Program Listings

Following are the complete listings for the CLightingView class, including the LIGHTVW.H header file and the LIGHTVW.CPP implementation file. Also included here is the MAINFRM.CPP file, which is the implementation of the CMainFrame class. Many other files were created by AppWizard when you started the LIGHTING application project. Because you did not modify those files, they are not shown here. However, you can easily view any of the project's files by loading them with Visual C++'s editor (or any other text editor). Note that all modifications you made to the following listings are sandwiched between the comment blocks labeled with START CUSTOM CODE and END CUSTOM CODE.

Listing 7.1   LIGHTVW.H—The Header File for the *CLightingView* Class

```
// lightvw.h : interface of the CLightingView class
//
/////////////////////////////////////////////////////////////////

/////////////////////////////////////////
/////////////////////////////////////////
// START CUSTOM CODE
/////////////////////////////////////////
/////////////////////////////////////////

#include <gl\gl.h>

enum {Cube, Sphere};

/////////////////////////////////////////
/////////////////////////////////////////
// END CUSTOM CODE
/////////////////////////////////////////
/////////////////////////////////////////

class CLightingView : public CView
{
protected: // create from serialization only
    CLightingView();
    DECLARE_DYNCREATE(CLightingView)

// Attributes
public:
    CLightingDoc* GetDocument();

/////////////////////////////////////////
/////////////////////////////////////////
// START CUSTOM CODE
/////////////////////////////////////////
/////////////////////////////////////////
```

```
protected:
    HGLRC m_hRC;
    HPALETTE m_hPalette;
    GLfloat m_materialAmbient[4];
    GLfloat m_materialSpecular[4];
    GLfloat m_materialEmitted[4];
    GLfloat m_ambientLight0[4];
    GLfloat m_diffuseLight0[4];
    GLfloat m_specularLight0[4];
    GLfloat m_positionLight0[4];
    GLfloat m_shininess;
    UINT m_currentObject;

/////////////////////////////////////
/////////////////////////////////////
// END CUSTOM CODE
/////////////////////////////////////
/////////////////////////////////////

// Operations
public:

// Overrides
    // ClassWizard generated virtual function overrides
    //{{AFX_VIRTUAL(CLightingView)
    public:
    virtual void OnDraw(CDC* pDC);   // overridden to draw this view
    protected:
    virtual BOOL PreCreateWindow(CREATESTRUCT& cs);
    //}}AFX_VIRTUAL

// Implementation
public:
    virtual ~CLightingView();
#ifdef _DEBUG
    virtual void AssertValid() const;
    virtual void Dump(CDumpContext& dc) const;
#endif

protected:

    /////////////////////////////////////
    /////////////////////////////////////
    // START CUSTOM CODE
    /////////////////////////////////////
    /////////////////////////////////////

    void DrawWithOpenGL();
    void DrawCube();
    void DrawSphere();
    void SetupLogicalPalette();
    void CalcNormal(double *p1, double *p2, double *p3, double *n);
```

(continues)

II

3-D Worlds with OpenGL

Listing 7.1 Continued

```
///////////////////////////////////
///////////////////////////////////
// END CUSTOM CODE
///////////////////////////////////
///////////////////////////////////

// Generated message map functions
protected:
    //{{AFX_MSG(CLightingView)
    afx_msg int OnCreate(LPCREATESTRUCT lpCreateStruct);
    afx_msg void OnDestroy();
    afx_msg void OnSize(UINT nType, int cx, int cy);
    afx_msg void OnObjectCube();
    afx_msg void OnUpdateObjectCube(CCmdUI* pCmdUI);
    afx_msg void OnObjectSphere();
    afx_msg void OnUpdateObjectSphere(CCmdUI* pCmdUI);
    afx_msg void OnLightAmbient();
    afx_msg void OnLightDiffuse();
    afx_msg void OnLightPosition();
    afx_msg void OnLightSpecular();
    afx_msg void OnMaterialAmbientdiffuse();
    afx_msg void OnMaterialEmitted();
    afx_msg void OnMaterialShininess();
    afx_msg void OnMaterialSpecular();
    //}}AFX_MSG
    DECLARE_MESSAGE_MAP()
};

#ifndef _DEBUG  // debug version in lightvw.cpp
inline CLightingDoc* CLightingView::GetDocument()
    { return (CLightingDoc*)m_pDocument; }
#endif

///////////////////////////////////////////////////////////////////////
```

Listing 7.2 LIGHTVW.CPP—The Implementation File for the *CLightingView* Class

```
// lightvw.cpp : implementation of the CLightingView class
//

#include "stdafx.h"
#include "lighting.h"

#include "lightdoc.h"
#include "lightvw.h"

#ifdef _DEBUG
#undef THIS_FILE
static char BASED_CODE THIS_FILE[] = _ _FILE_ _;
#endif
```

```
/////////////////////////////////////
/////////////////////////////////////
// START CUSTOM CODE
/////////////////////////////////////
/////////////////////////////////////

#include <math.h>
#include <gl\glaux.h>
#include "lightdlg.h"

/////////////////////////////////////
/////////////////////////////////////
// END CUSTOM CODE
/////////////////////////////////////
/////////////////////////////////////

/////////////////////////////////////////////////////////////////
// CLightingView

IMPLEMENT_DYNCREATE(CLightingView, CView)

BEGIN_MESSAGE_MAP(CLightingView, CView)
    //{{AFX_MSG_MAP(CLightingView)
    ON_WM_CREATE()
    ON_WM_DESTROY()
    ON_WM_SIZE()
    ON_COMMAND(ID_OBJECT_CUBE, OnObjectCube)
    ON_UPDATE_COMMAND_UI(ID_OBJECT_CUBE, OnUpdateObjectCube)
    ON_COMMAND(ID_OBJECT_SPHERE, OnObjectSphere)
    ON_UPDATE_COMMAND_UI(ID_OBJECT_SPHERE, OnUpdateObjectSphere)
    ON_COMMAND(ID_LIGHT_AMBIENT, OnLightAmbient)
    ON_COMMAND(ID_LIGHT_DIFFUSE, OnLightDiffuse)
    ON_COMMAND(ID_LIGHT_POSITION, OnLightPosition)
    ON_COMMAND(ID_LIGHT_SPECULAR, OnLightSpecular)
    ON_COMMAND(ID_MATERIAL_AMBIENTDIFFUSE,
        OnMaterialAmbientdiffuse)
    ON_COMMAND(ID_MATERIAL_EMITTED, OnMaterialEmitted)
    ON_COMMAND(ID_MATERIAL_SHININESS, OnMaterialShininess)
    ON_COMMAND(ID_MATERIAL_SPECULAR, OnMaterialSpecular)
    //}}AFX_MSG_MAP
END_MESSAGE_MAP()

/////////////////////////////////////////////////////////////////
// CLightingView construction/destruction

CLightingView::CLightingView()
{
    // TODO: add construction code here

    /////////////////////////////////////
    /////////////////////////////////////
    // START CUSTOM CODE
    /////////////////////////////////////
    /////////////////////////////////////
```

II

3-D Worlds with OpenGL

(continues)

Listing 7.2   Continued

```
        m_hPalette = 0;
        m_currentObject = Sphere;
        m_materialAmbient[0] = 0.0f;
        m_materialAmbient[1] = 0.0f;
        m_materialAmbient[2] = 0.0f;
        m_materialAmbient[3] = 1.0f;
        m_materialSpecular[0] = 0.0f;
        m_materialSpecular[1] = 0.0f;
        m_materialSpecular[2] = 0.0f;
        m_materialSpecular[3] = 1.0f;
        m_materialEmitted[0] = 0.0f;
        m_materialEmitted[1] = 0.0f;
        m_materialEmitted[2] = 0.0f;
        m_materialEmitted[3] = 1.0f;
        m_ambientLight0[0] = 0.0f;
        m_ambientLight0[1] = 0.0f;
        m_ambientLight0[2] = 0.0f;
        m_ambientLight0[3] = 1.0f;
        m_diffuseLight0[0] = 0.0f;
        m_diffuseLight0[1] = 0.0f;
        m_diffuseLight0[2] = 0.0f;
        m_diffuseLight0[3] = 1.0f;
        m_specularLight0[0] = 0.0f;
        m_specularLight0[1] = 0.0f;
        m_specularLight0[2] = 0.0f;
        m_specularLight0[3] = 1.0f;
        m_positionLight0[0] = 0.0f;
        m_positionLight0[1] = 0.0f;
        m_positionLight0[2] = 1.0f;
        m_positionLight0[3] = 0.0f;
        m_shininess = 0.0f;

        ///////////////////////////////////
        ///////////////////////////////////
        // END CUSTOM CODE
        ///////////////////////////////////
        ///////////////////////////////////
    }

CLightingView::~CLightingView()
{
}

/////////////////////////////////////////////////////////////////
// CLightingView drawing

void CLightingView::OnDraw(CDC* pDC)
{
    CLightingDoc* pDoc = GetDocument();
    ASSERT_VALID(pDoc);

    // TODO: add draw code for native data here
```

```
        /////////////////////////////////////
        /////////////////////////////////////
        // START CUSTOM CODE
        /////////////////////////////////////
        /////////////////////////////////////

        if (m_hPalette)
        {
            SelectPalette(pDC->m_hDC, m_hPalette, FALSE);
            RealizePalette(pDC->m_hDC);
        }
        wglMakeCurrent(pDC->m_hDC, m_hRC);
        DrawWithOpenGL();
        wglMakeCurrent(pDC->m_hDC, NULL);

        /////////////////////////////////////
        /////////////////////////////////////
        // END CUSTOM CODE
        /////////////////////////////////////
        /////////////////////////////////////
}

/////////////////////////////////////////////////////////////////
// CLightingView diagnostics

#ifdef _DEBUG
void CLightingView::AssertValid() const
{
    CView::AssertValid();
}

void CLightingView::Dump(CDumpContext& dc) const
{
    CView::Dump(dc);
}

CLightingDoc*
    CLightingView::GetDocument() // non-debug version is inline
{
    ASSERT(m_pDocument->IsKindOf(RUNTIME_CLASS(CLightingDoc)));
    return (CLightingDoc*)m_pDocument;
}
#endif //_DEBUG

/////////////////////////////////////////////////////////////////
// CLightingView message handlers

int CLightingView::OnCreate(LPCREATESTRUCT lpCreateStruct)
{
    if (CView::OnCreate(lpCreateStruct) == -1)
        return -1;

    // TODO: Add your specialized creation code here
```

(continues)

II

3-D Worlds with OpenGL

Listing 7.2 Continued

```
////////////////////////////////////
////////////////////////////////////
// START CUSTOM CODE
////////////////////////////////////
////////////////////////////////////

PIXELFORMATDESCRIPTOR pfd =
{
    sizeof(PIXELFORMATDESCRIPTOR), // Structure size.
    1,                             // Structure version number.
    PFD_DRAW_TO_WINDOW |           // Property flags.
        PFD_SUPPORT_OPENGL,
    PFD_TYPE_RGBA,
    24,                            // 24-bit color.
    0, 0, 0, 0, 0, 0,              // Not concerned with these.
    0, 0, 0, 0, 0, 0, 0,           // No alpha or accum buffer.
    32,                            // 32-bit depth buffer.
    0, 0,                          // No stencil or aux buffer.
    PFD_MAIN_PLANE,                // Main layer type.
    0,                             // Reserved.
    0, 0, 0                        // Unsupported.
};

CClientDC clientDC(this);

int pixelFormat =
    ChoosePixelFormat(clientDC.m_hDC, &pfd);
BOOL success =
    SetPixelFormat(clientDC.m_hDC, pixelFormat, &pfd);
DescribePixelFormat(clientDC.m_hDC, pixelFormat,
    sizeof(pfd), &pfd);

if (pfd.dwFlags & PFD_NEED_PALETTE)
    SetupLogicalPalette();

m_hRC = wglCreateContext(clientDC.m_hDC);

////////////////////////////////////
////////////////////////////////////
// END CUSTOM CODE
////////////////////////////////////
////////////////////////////////////

    return 0;
}

void CLightingView::OnDestroy()
{
    CView::OnDestroy();

    // TODO: Add your message handler code here
```

```
///////////////////////////////////
///////////////////////////////////
// START CUSTOM CODE
///////////////////////////////////
///////////////////////////////////

    wglDeleteContext(m_hRC);
    if (m_hPalette)
        DeleteObject(m_hPalette);

///////////////////////////////////
///////////////////////////////////
// END CUSTOM CODE
///////////////////////////////////
///////////////////////////////////
}

void CLightingView::OnSize(UINT nType, int cx, int cy)
{
    CView::OnSize(nType, cx, cy);

    // TODO: Add your message handler code here

///////////////////////////////////
///////////////////////////////////
// START CUSTOM CODE
///////////////////////////////////
///////////////////////////////////

    CClientDC clientDC(this);
    wglMakeCurrent(clientDC.m_hDC, m_hRC);
    glMatrixMode(GL_PROJECTION);
    glLoadIdentity();
    glFrustum(-1.0, 1.0, -1.0, 1.0, 2.0, 7.0);
    glViewport(0, 0, cx, cy);
    wglMakeCurrent(NULL, NULL);

///////////////////////////////////
///////////////////////////////////
// END CUSTOM CODE
///////////////////////////////////
///////////////////////////////////
}

BOOL CLightingView::PreCreateWindow(CREATESTRUCT& cs)
{
    // TODO: Add your specialized code here
    // and/or call the base class

///////////////////////////////////
///////////////////////////////////
// START CUSTOM CODE
///////////////////////////////////
///////////////////////////////////
```

II

3-D Worlds with OpenGL

(continues)

Listing 7.2 Continued

```
        cs.style |= WS_CLIPCHILDREN | WS_CLIPSIBLINGS;

        //////////////////////////////////////
        //////////////////////////////////////
        // END CUSTOM CODE
        //////////////////////////////////////
        //////////////////////////////////////

        return CView::PreCreateWindow(cs);
}


void CLightingView::OnObjectCube()
{
        // TODO: Add your command handler code here

        //////////////////////////////////////
        //////////////////////////////////////
        // START CUSTOM CODE
        //////////////////////////////////////
        //////////////////////////////////////

        m_currentObject = Cube;
        Invalidate();

        //////////////////////////////////////
        //////////////////////////////////////
        // END CUSTOM CODE
        //////////////////////////////////////
        //////////////////////////////////////
}

void CLightingView::OnUpdateObjectCube(CCmdUI* pCmdUI)
{
        // TODO: Add your command update UI handler code here

        //////////////////////////////////////
        //////////////////////////////////////
        // START CUSTOM CODE
        //////////////////////////////////////
        //////////////////////////////////////

        if (m_currentObject == Cube)
            pCmdUI->SetCheck(TRUE);
        else
            pCmdUI->SetCheck(FALSE);

        //////////////////////////////////////
        //////////////////////////////////////
        // END CUSTOM CODE
        //////////////////////////////////////
        //////////////////////////////////////
}
```

```
void CLightingView::OnObjectSphere()
{
    // TODO: Add your command handler code here

    ///////////////////////////////////////
    ///////////////////////////////////////
    // START CUSTOM CODE
    ///////////////////////////////////////
    ///////////////////////////////////////

    m_currentObject = Sphere;
    Invalidate();

    ///////////////////////////////////////
    ///////////////////////////////////////
    // END CUSTOM CODE
    ///////////////////////////////////////
    ///////////////////////////////////////
}

void CLightingView::OnUpdateObjectSphere(CCmdUI* pCmdUI)
{
    // TODO: Add your command update UI handler code here

    ///////////////////////////////////////
    ///////////////////////////////////////
    // START CUSTOM CODE
    ///////////////////////////////////////
    ///////////////////////////////////////

    if (m_currentObject == Sphere)
        pCmdUI->SetCheck(TRUE);
    else
        pCmdUI->SetCheck(FALSE);

    ///////////////////////////////////////
    ///////////////////////////////////////
    // END CUSTOM CODE
    ///////////////////////////////////////
    ///////////////////////////////////////
}

void CLightingView::OnLightAmbient()
{
    // TODO: Add your command handler code here

    ///////////////////////////////////////
    ///////////////////////////////////////
    // START CUSTOM CODE
    ///////////////////////////////////////
    ///////////////////////////////////////

    CLightDlg dlg;
    dlg.m_value1 = m_ambientLight0[0];
    dlg.m_value2 = m_ambientLight0[1];
```

(continues)

II

3-D Worlds with OpenGL

Listing 7.2 Continued

```
        dlg.m_value3 = m_ambientLight0[2];
        dlg.m_value4 = m_ambientLight0[3];

        int response = dlg.DoModal();

        if (response == IDOK)
        {
            m_ambientLight0[0] = (GLfloat) dlg.m_value1;
            m_ambientLight0[1] = (GLfloat) dlg.m_value2;
            m_ambientLight0[2] = (GLfloat) dlg.m_value3;
            m_ambientLight0[3] = (GLfloat) dlg.m_value4;
            Invalidate();
        }

        ////////////////////////////////////////
        ////////////////////////////////////////
        // END CUSTOM CODE
        ////////////////////////////////////////
        ////////////////////////////////////////
    }

    void CLightingView::OnLightDiffuse()
    {
        // TODO: Add your command handler code here

        ////////////////////////////////////////
        ////////////////////////////////////////
        // START CUSTOM CODE
        ////////////////////////////////////////
        ////////////////////////////////////////

        CLightDlg dlg;
        dlg.m_value1 = m_diffuseLight0[0];
        dlg.m_value2 = m_diffuseLight0[1];
        dlg.m_value3 = m_diffuseLight0[2];
        dlg.m_value4 = m_diffuseLight0[3];

        int response = dlg.DoModal();

        if (response == IDOK)
        {
            m_diffuseLight0[0] = (GLfloat) dlg.m_value1;
            m_diffuseLight0[1] = (GLfloat) dlg.m_value2;
            m_diffuseLight0[2] = (GLfloat) dlg.m_value3;
            m_diffuseLight0[3] = (GLfloat) dlg.m_value4;
            Invalidate();
        }

        ////////////////////////////////////////
        ////////////////////////////////////////
        // END CUSTOM CODE
        ////////////////////////////////////////
        ////////////////////////////////////////
```

```
}

void CLightingView::OnLightPosition()
{
    // TODO: Add your command handler code here

    /////////////////////////////////////
    /////////////////////////////////////
    // START CUSTOM CODE
    /////////////////////////////////////
    /////////////////////////////////////

    CLightDlg dlg;
    dlg.m_value1 = m_positionLight0[0];
    dlg.m_value2 = m_positionLight0[1];
    dlg.m_value3 = m_positionLight0[2];
    dlg.m_value4 = m_positionLight0[3];

    int response = dlg.DoModal();

    if (response == IDOK)
    {
        m_positionLight0[0] = (GLfloat) dlg.m_value1;
        m_positionLight0[1] = (GLfloat) dlg.m_value2;
        m_positionLight0[2] = (GLfloat) dlg.m_value3;
        m_positionLight0[3] = (GLfloat) dlg.m_value4;
        Invalidate();
    }

    /////////////////////////////////////
    /////////////////////////////////////
    // END CUSTOM CODE
    /////////////////////////////////////
    /////////////////////////////////////
}

void CLightingView::OnLightSpecular()
{
    // TODO: Add your command handler code here

    /////////////////////////////////////
    /////////////////////////////////////
    // START CUSTOM CODE
    /////////////////////////////////////
    /////////////////////////////////////

    CLightDlg dlg;
    dlg.m_value1 = m_specularLight0[0];
    dlg.m_value2 = m_specularLight0[1];
    dlg.m_value3 = m_specularLight0[2];
    dlg.m_value4 = m_specularLight0[3];

    int response = dlg.DoModal();

    if (response == IDOK)
```

II

3-D Worlds with OpenGL

(continues)

Listing 7.2 Continued

```
        {
            m_specularLight0[0] = (GLfloat) dlg.m_value1;
            m_specularLight0[1] = (GLfloat) dlg.m_value2;
            m_specularLight0[2] = (GLfloat) dlg.m_value3;
            m_specularLight0[3] = (GLfloat) dlg.m_value4;
            Invalidate();
        }

        ////////////////////////////////////////
        ////////////////////////////////////////
        // END CUSTOM CODE
        ////////////////////////////////////////
        ////////////////////////////////////////
    }

    void CLightingView::OnMaterialAmbientdiffuse()
    {
        // TODO: Add your command handler code here

        ////////////////////////////////////////
        ////////////////////////////////////////
        // START CUSTOM CODE
        ////////////////////////////////////////
        ////////////////////////////////////////

        CLightDlg dlg;
        dlg.m_value1 = m_materialAmbient[0];
        dlg.m_value2 - m_materialAmbient[1];
        dlg.m_value3 = m_materialAmbient[2];
        dlg.m_value4 = m_materialAmbient[3];

        int response = dlg.DoModal();

        if (response == IDOK)
        {
            m_materialAmbient[0] = (GLfloat) dlg.m_value1;
            m_materialAmbient[1] = (GLfloat) dlg.m_value2;
            m_materialAmbient[2] = (GLfloat) dlg.m_value3;
            m_materialAmbient[3] = (GLfloat) dlg.m_value4;
            Invalidate();
        }

        ////////////////////////////////////////
        ////////////////////////////////////////
        // END CUSTOM CODE
        ////////////////////////////////////////
        ////////////////////////////////////////
    }

    void CLightingView::OnMaterialEmitted()
    {
        // TODO: Add your command handler code here
```

```
/////////////////////////////////////
/////////////////////////////////////
// START CUSTOM CODE
/////////////////////////////////////
/////////////////////////////////////

CLightDlg dlg;
dlg.m_value1 = m_materialEmitted[0];
dlg.m_value2 = m_materialEmitted[1];
dlg.m_value3 = m_materialEmitted[2];
dlg.m_value4 = m_materialEmitted[3];

int response = dlg.DoModal();

if (response == IDOK)
{
    m_materialEmitted[0] = (GLfloat) dlg.m_value1;
    m_materialEmitted[1] = (GLfloat) dlg.m_value2;
    m_materialEmitted[2] = (GLfloat) dlg.m_value3;
    m_materialEmitted[3] = (GLfloat) dlg.m_value4;
    Invalidate();
}

/////////////////////////////////////
/////////////////////////////////////
// END CUSTOM CODE
/////////////////////////////////////
/////////////////////////////////////
}

void CLightingView::OnMaterialShininess()
{
    // TODO: Add your command handler code here

    /////////////////////////////////////
    /////////////////////////////////////
    // START CUSTOM CODE
    /////////////////////////////////////
    /////////////////////////////////////

    CLightDlg dlg;
    dlg.m_value1 = m_shininess;
    dlg.m_value2 = 0.0f;
    dlg.m_value3 = 0.0f;
    dlg.m_value4 = 0.0f;

    int response = dlg.DoModal();

    if (response == IDOK)
    {
        m_shininess = (GLfloat) dlg.m_value1;
        Invalidate();
    }
```

(continues)

3-D Worlds with OpenGL

Listing 7.2   Continued

```
    /////////////////////////////////////
    /////////////////////////////////////
    // END CUSTOM CODE
    /////////////////////////////////////
    /////////////////////////////////////
}

void CLightingView::OnMaterialSpecular()
{
    // TODO: Add your command handler code here

    /////////////////////////////////////
    /////////////////////////////////////
    // START CUSTOM CODE
    /////////////////////////////////////
    /////////////////////////////////////

    CLightDlg dlg;
    dlg.m_value1 = m_materialSpecular[0];
    dlg.m_value2 = m_materialSpecular[1];
    dlg.m_value3 = m_materialSpecular[2];
    dlg.m_value4 = m_materialSpecular[3];

    int response = dlg.DoModal();

    if (response == IDOK)
    {
        m_materialSpecular[0] = (GLfloat) dlg.m_value1;
        m_materialSpecular[1] = (GLfloat) dlg.m_value2;
        m_materialSpecular[2] = (GLfloat) dlg.m_value3;
        m_materialSpecular[3] = (GLfloat) dlg.m_value4;
        Invalidate();
    }

    /////////////////////////////////////
    /////////////////////////////////////
    // END CUSTOM CODE
    /////////////////////////////////////
    /////////////////////////////////////
}

/////////////////////////////////////
/////////////////////////////////////
// START CUSTOM CODE
/////////////////////////////////////
/////////////////////////////////////

void CLightingView::DrawWithOpenGL()
{
    glShadeModel(GL_SMOOTH);
    glEnable(GL_DEPTH_TEST);
    glClearColor(1.0f, 1.0f, 1.0f, 1.0f);
    glClear(GL_COLOR_BUFFER_BIT | GL_DEPTH_BUFFER_BIT);
```

```cpp
    glMatrixMode(GL_MODELVIEW);
    glLoadIdentity();

    glMaterialfv(GL_FRONT, GL_AMBIENT_AND_DIFFUSE,
        m_materialAmbient);
    glMaterialfv(GL_FRONT, GL_SPECULAR, m_materialSpecular);
    glMaterialfv(GL_FRONT, GL_EMISSION, m_materialEmitted);
    glMaterialf(GL_FRONT, GL_SHININESS, m_shininess);

    glLightfv(GL_LIGHT0, GL_AMBIENT, m_ambientLight0);
    glLightfv(GL_LIGHT0, GL_DIFFUSE, m_diffuseLight0);
    glLightfv(GL_LIGHT0, GL_SPECULAR, m_specularLight0);
    glLightfv(GL_LIGHT0, GL_POSITION, m_positionLight0);

    glEnable(GL_LIGHTING);
    glEnable(GL_LIGHT0);

    if (m_currentObject == Cube)
        DrawCube();
    else
        DrawSphere();

    glFlush();
}

void CLightingView::DrawCube()
{
    glTranslatef(0.0f, 0.0f, -3.0f);
    glRotatef(20.0f, 1.0f, 0.0f, 0.0f);
    glRotatef(20.0f, 0.0f, 1.0f, 0.0f);
    //glRotatef(20.0f, 1.0f, 0.0f, 0.0f);

    double p1[] = {-0.5, 0.5, 0.5};
    double p2[] = {-0.5, -0.5, 0.5};
    double p3[] = {0.5, -0.5, 0.5};
    double n[3];
    CalcNormal(p1, p2, p3, n);

    glBegin(GL_POLYGON);
        glNormal3f((GLfloat)n[0], (GLfloat)n[1], (GLfloat)n[2]);
        glVertex3f(-0.5f, 0.5f, 0.5f);
        glVertex3f(-0.5f, -0.5f, 0.5f);
        glVertex3f(0.5f, -0.5f, 0.5f);
        glVertex3f(0.5f, 0.5f, 0.5f);
    glEnd();

    p1[0] = 0.5;   p1[1] = 0.5;   p1[2] = 0.5;
    p2[0] = 0.5,   p2[1] = -0.5;  p2[2] = 0.5;
    p3[0] = 0.5;   p3[1] = -0.5;  p3[2] = -0.5;
    CalcNormal(p1, p2, p3, n);

    glBegin(GL_POLYGON);
        glNormal3f((GLfloat)n[0], (GLfloat)n[1], (GLfloat)n[2]);
        glVertex3f(0.5f, 0.5f, 0.5f);
        glVertex3f(0.5f, -0.5f, 0.5f);
```

II

3-D Worlds with OpenGL

(continues)

Listing 7.2 Continued

```
        glVertex3f(0.5f, -0.5f, -0.5f);
        glVertex3f(0.5f, 0.5f, -0.5f);
    glEnd();

    p1[0] = 0.5;  p1[1] = 0.5;   p1[2] = -0.5;
    p2[0] = 0.5,  p2[1] = -0.5;  p2[2] = -0.5;
    p3[0] = -0.5;  p3[1] = -0.5;  p3[2] = -0.5;
    CalcNormal(p1, p2, p3, n);

    glBegin(GL_POLYGON);
        glNormal3f((GLfloat)n[0], (GLfloat)n[1], (GLfloat)n[2]);
        glVertex3f(0.5f, 0.5f, -0.5f);
        glVertex3f(0.5f, -0.5f, -0.5f);
        glVertex3f(-0.5f, -0.5f, -0.5f);
        glVertex3f(-0.5f, 0.5f, -0.5f);
    glEnd();

    p1[0] = -0.5;  p1[1] = 0.5;   p1[2] = -0.5;
    p2[0] = -0.5,  p2[1] = -0.5;  p2[2] = -0.5;
    p3[0] = -0.5;  p3[1] = -0.5;  p3[2] = 0.5;
    CalcNormal(p1, p2, p3, n);

    glBegin(GL_POLYGON);
        glNormal3f((GLfloat)n[0], (GLfloat)n[1], (GLfloat)n[2]);
        glVertex3f(-0.5f, 0.5f, -0.5f);
        glVertex3f(-0.5f, -0.5f, -0.5f);
        glVertex3f(-0.5f, -0.5f, 0.5f);
        glVertex3f(-0.5f, 0.5f, 0.5f);
    glEnd();

    p1[0] = -0.5;  p1[1] = -0.5;   p1[2] = 0.5;
    p2[0] = -0.5,  p2[1] = -0.5;  p2[2] = -0.5;
    p3[0] = 0.5;  p3[1] = -0.5;  p3[2] = -0.5;
    CalcNormal(p1, p2, p3, n);

    glBegin(GL_POLYGON);
        glNormal3f((GLfloat)n[0], (GLfloat)n[1], (GLfloat)n[2]);
        glVertex3f(-0.5f, -0.5f, 0.5f);
        glVertex3f(-0.5f, -0.5f, -0.5f);
        glVertex3f(0.5f, -0.5f, -0.5f);
        glVertex3f(0.5f, -0.5f, 0.5f);
    glEnd();

    p1[0] = -0.5;  p1[1] = 0.5;   p1[2] = -0.5;
    p2[0] = -0.5,  p2[1] = 0.5;  p2[2] = 0.5;
    p3[0] = 0.5;  p3[1] = 0.5;  p3[2] = 0.5;
    CalcNormal(p1, p2, p3, n);

    glBegin(GL_POLYGON);
        glNormal3f((GLfloat)n[0], (GLfloat)n[1], (GLfloat)n[2]);
        glVertex3f(-0.5f, 0.5f, -0.5f);
        glVertex3f(-0.5f, 0.5f, 0.5f);
        glVertex3f(0.5f, 0.5f, 0.5f);
        glVertex3f(0.5f, 0.5f, -0.5f);
```

```
    glEnd();
}

void CLightingView::DrawSphere()
{
    glTranslatef(0.0f, 0.0f, -3.5f);
    auxSolidSphere(1.0);
}

void CLightingView::CalcNormal(double *p1,
    double *p2, double *p3, double *n)
{
    // Form two vectors from the points.
    double a[3], b[3];
    a[0] = p2[0] - p1[0];
    a[1] = p2[1] - p1[1];
    a[2] = p2[2] - p1[2];
    b[0] = p3[0] - p1[0];
    b[1] = p3[1] - p1[1];
    b[2] = p3[2] - p1[2];

    // Calculate the cross product of the two vectors.
    n[0] = a[1] * b[2] - a[2] * b[1];
    n[1] = a[2] * b[0] - a[0] * b[2];
    n[2] = a[0] * b[1] - a[1] * b[0];

    // Normalize the new vector.
    double length = sqrt(n[0]*n[0]+n[1]*n[1]+n[2]*n[2]);
    if (length != 0)
    {
        n[0] = n[0] / length;
        n[1] = n[1] / length;
        n[2] = n[2] / length;
    }
}

void CLightingView::SetupLogicalPalette()
{
    struct
    {
        WORD Version;
        WORD NumberOfEntries;
        PALETTEENTRY aEntries[256];
    } logicalPalette = { 0x300, 256 };

    BYTE reds[] = {0, 36, 72, 109, 145, 182, 218, 255};
    BYTE greens[] = {0, 36, 72, 109, 145, 182, 218, 255};
    BYTE blues[] = {0, 85, 170, 255};

    for (int colorNum=0; colorNum<256; ++colorNum)
    {
        logicalPalette.aEntries[colorNum].peRed =
            reds[colorNum & 0x07];
        logicalPalette.aEntries[colorNum].peGreen =
```

(continues)

```
              greens[(colorNum >> 0x03) & 0x07];
        logicalPalette.aEntries[colorNum].peBlue =
            blues[(colorNum >> 0x06) & 0x03];
        logicalPalette.aEntries[colorNum].peFlags = 0;
    }

    m_hPalette = CreatePalette ((LOGPALETTE*)&logicalPalette);
}


/////////////////////////////////////
/////////////////////////////////////
// END CUSTOM CODE
/////////////////////////////////////
/////////////////////////////////////
```

**Listing 7.3 MAINFRM.CPP—The Implementation File for the
CMainFrame Class**

```
// mainfrm.cpp : implementation of the CMainFrame class
//

#include "stdafx.h"
#include "lighting.h"

#include "mainfrm.h"

#ifdef _DEBUG
#undef THIS_FILE
static char BASED_CODE THIS_FILE[] = _ _FILE_ _;
#endif

/////////////////////////////////////////////////////////////////
// CMainFrame

IMPLEMENT_DYNCREATE(CMainFrame, CFrameWnd)

BEGIN_MESSAGE_MAP(CMainFrame, CFrameWnd)
    //{{AFX_MSG_MAP(CMainFrame)
    ON_WM_PALETTECHANGED()
    ON_WM_QUERYNEWPALETTE()
    //}}AFX_MSG_MAP
END_MESSAGE_MAP()

/////////////////////////////////////////////////////////////////
// CMainFrame construction/destruction

CMainFrame::CMainFrame()
{
    // TODO: add member initialization code here
```

```
}

CMainFrame::~CMainFrame()
{
}

/////////////////////////////////////////////////////////////////
// CMainFrame diagnostics

#ifdef _DEBUG
void CMainFrame::AssertValid() const
{
    CFrameWnd::AssertValid();
}

void CMainFrame::Dump(CDumpContext& dc) const
{
    CFrameWnd::Dump(dc);
}

#endif //_DEBUG

/////////////////////////////////////////////////////////////////
// CMainFrame message handlers

BOOL CMainFrame::PreCreateWindow(CREATESTRUCT& cs)
{
    // TODO: Add your specialized code here
    // and/or call the base class

    ////////////////////////////////////////
    ////////////////////////////////////////
    // START CUSTOM CODE
    ////////////////////////////////////////
    ////////////////////////////////////////

    cs.cx = 300;
    cs.cy = 340;

    ////////////////////////////////////////
    ////////////////////////////////////////
    // END CUSTOM CODE
    ////////////////////////////////////////
    ////////////////////////////////////////

    return CFrameWnd::PreCreateWindow(cs);
}

void CMainFrame::OnPaletteChanged(CWnd* pFocusWnd)
{
    CFrameWnd::OnPaletteChanged(pFocusWnd);

    // TODO: Add your message handler code here
```

(continues)

Listing 7.3 Continued

```
///////////////////////////////////////
///////////////////////////////////////
// START CUSTOM CODE
///////////////////////////////////////
///////////////////////////////////////

CView* pView = GetActiveView();
if (pFocusWnd != pView)
    pView->Invalidate(FALSE);

///////////////////////////////////////
///////////////////////////////////////
// END CUSTOM CODE
///////////////////////////////////////
///////////////////////////////////////
}

BOOL CMainFrame::OnQueryNewPalette()
{
    // TODO: Add your message handler code here and/or call default

    ///////////////////////////////////////
    ///////////////////////////////////////
    // START CUSTOM CODE
    ///////////////////////////////////////
    ///////////////////////////////////////

    CView* pView = GetActiveView();
    pView->Invalidate(FALSE);

    ///////////////////////////////////////
    ///////////////////////////////////////
    // END CUSTOM CODE
    ///////////////////////////////////////
    ///////////////////////////////////////

    return CFrameWnd::OnQueryNewPalette();
}
```

Summary

OpenGL can provide four types of light in a scene: ambient, diffuse, specular, and emitted. The way objects look on the screen depends upon the type of light available in the scene and how the objects reflect that light. To create a 3-D OpenGL display, then, you must usually define one or more light sources and then define the properties of the materials off which the light will be reflected.

So that OpenGL can determine the angle at which light strikes a surface, you must define normals for the vertices of every object's polygons. Some OpenGL auxiliary functions provide the normals for you. To calculate normals for your own polygons, you can use the `CalcNormal()` function provided in this chapter.

OpenGL runs best on a system that can display 64,000 or more colors. Because Windows 20-color palette provides too few colors for an OpenGL display, when an OpenGL application is running on a 256-color system, that application must create, select, and realize a logical palette. In addition, in order to keep its display updated correctly, such an application must respond to the `WM_PALETTECHANGED` and `WM_QUERYNEWPALETTE` Windows messages.

The OpenGL functions you studied in this chapter are

> **void auxSolidSphere(GLdouble)**

This auxiliary function, which draws a solid sphere at the origin, takes as a single argument the radius of the sphere.

> **void glLightf(GLenum, GLenum, GLfloat)**

This function's three arguments are a constant specifying the light source to define, a constant indicating the light property you want to change, and the value to which the light property is set. There are three other versions of the `glLight()` function: `glLightfv()`, `glLighti()`, and `glLightiv()`.

> **void glLightfv(GLenum, GLenum, const GLfloat*)**

This function's three arguments are a constant specifying the light source to define, a constant indicating the light property you want to change, and the address of an array containing the values to which the light property is set. In the case of specifying ambient, diffuse, or specular light, the values in the array are the RGBA setting for the light's color. In the case of specifying the light's position, the values in the array are the X, Y, Z, and W coordinates of the light source. There are three other versions of the `glLight()` function: `glLightf()`, `glLighti()`, and `glLightiv()`.

> **void glMaterialf(GLenum, GLenum, GLfloat)**

This function's arguments are a constant specifying the polygon faces for which you're defining a material, the `GL_SHININESS` constant (your only choice in this case), and a value from 0 to 128 defining the shininess of the material with 0 being the most shiny. There are three other versions of the `glMaterial()` function: `glMaterialfv()`, `glMateriali()`, `glMaterialiv()`.

void glMaterialfv(GLenum, GLenum, const GLfloat*)

This function takes as arguments a constant specifying the polygon faces for which you're defining a material, a constant specifying the property of the material you're defining, and a pointer to the array containing the values to which to set the material property. There are three other versions of the glMaterial() function: glMaterialf(), glMateriali(), glMaterialiv().

void glNormal3f(GLfloat, GLfloat, GLfloat)

This function, which defines a normal for a vertex, takes as arguments the X, Y, and Z coordinates of the normal. The function also comes in nine other versions, depending on the type and number of arguments.

void glShadeModel(GLenum)

This function takes a single argument, a constant representing the shading model you want. This constant can be GL_SMOOTH, which specifies smooth shading, or GL_FLAT, which specifies flat shading.

Now that you know how to apply lighting effects to an OpenGL scene, you're ready to start creating full-fledged 3-D displays that not only comprise many different objects, but also employ animation to make your scenes come alive. In the next chapter, you learn how to do all this and more.

Chapter 8

Creating a 3-D Scene

You now have most of the tools you need to create just about any type of 3-D scene. However, assembling a scene from dozens, hundreds, and even thousands of polygons is, as you may guess, no easy task. While OpenGL's auxiliary library offers many types of preassembled 3-D shapes such as cubes, cones, and spheres, just drawing the shapes on the screen won't create much of a scene. Even when using OpenGL's ready-to-use shapes, you must supply the transformations that position those shapes into recognizable objects.

In this chapter, you learn:

- About world and local origins
- How to assemble scenes from 3-D objects
- How to use matrix stacks
- How to animate 3-D scenes using double buffers

Using OpenGL Transformations to Create 3-D Scenes

As you read through this book, you learn how to apply various transformations—including translation, scaling, and rotation—to the objects that dwell in your 3-D on-screen world. In most cases, the objects upon which you perform these transformations are alone on the screen. That is, you haven't yet had to deal with placing many objects on the screen and keeping them logically organized as you transform them.

The truth is that assembling a 3-D scene using modelview transformations is one of the hardest things to do with OpenGL (or any graphics package) and also one of the most confusing. Although I can't do your thinking for you, this section provides important tips on how to assemble objects into 3-D scenes.

World and Local Origins

There are a couple of ways you can imagine how OpenGL's modelview transformations affect your 3-D scenes: in terms of world and local coordinates, or in terms of one fixed-coordinate system. In Chapters 2 and 3, you explored basic 2-D and 3-D programming using the fixed-coordinate system approach. That is, when you applied a rotation transformation to a model, you imagined the entire grid being rotated, much like a sheet of plastic with a pin through the center. All objects drawn on that sheet rotated with it.

When assembling small objects into bigger objects, however, it's often easier to think of transformations in terms of world and local origins. The *world origin* is always the same as the 3-D Cartesian grid's origin. This is logical because the 3-D Cartesian grid is the world in which you draw your scenes. When defining positions in the Cartesian grid, you use *world coordinates*, which are relative to the world origin.

The *local origin*, on the other hand, is centered on the object and moves with the object. *Local coordinates* are relative to the local origin. Using this system, you can imagine building 3-D objects in the way that you'd build a castle out of building blocks on a tabletop. Rather than moving the table (the world) before positioning another block, you just position the blocks on the stationary tabletop.

Suppose you start with the modelview matrix initialized to the identity matrix, like this:

```
glMatrixMode(GL_MODELVIEW);
glLoadIdentity();
```

At this point, if you call auxSolidCube(), OpenGL draws a 3-D cube centered on the 3-D Cartesian grid's origin (see fig. 8.1). When OpenGL draws the cube, it multiplies all the cube's vertices by the modelview matrix which, at this point, does nothing to the vertices' coordinates. (If you recall, multiplying a vertex and an identity matrix is like multiplying any number and 1—you end up with exactly what you started with.) So in figure 8.1, the world origin and the cube's local origin happen to be in the same place.

Obviously, drawing a bunch of objects at the world origin doesn't accomplish much. You have to position those objects at different locations to create meaningful shapes. One way to do this is with *translations*, which move an object along with its local origin to a new location in the world.

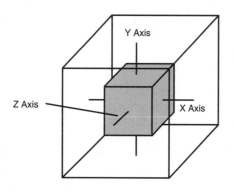

Fig. 8.1
A cube drawn at
the world origin.

Understanding Translations

Suppose you call `glTranslatef()` to add a translation to the modelview matrix, like this:

```
glTranslatef(1.0f, 0.0f, 0.0f);
```

If you call `auxSolidCube()` to draw a second cube, that cube appears one unit to the right of the first cube because the modelview matrix holds a one-unit translation on the X axis. You can think of this as moving the cube's local origin one unit to the right, as shown in figure 8.2. In the figure, cube 1's local origin is still the same as the world origin, but cube 2's local origin is one unit over in the positive X direction.

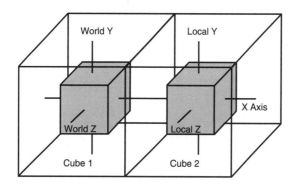

Fig. 8.2
A cube drawn after
translating one
unit in the
positive X
direction.

Suppose you want to draw another cube. If you want OpenGL to draw that cube in a different location, you'll have to perform another translation, something like this:

```
glTranslatef(1.0f, 0.0f, 0.0f);
```

When you call `auxSolidCube()` now, you end up with the result shown in figure 8.3. Even though the last translation was only one unit in the positive X direction, OpenGL drew the cube two units from the world origin. Why? Because every transformation you perform becomes part of the current modelview matrix. These transformations keep building up until you call `glLoadIdentity()` to reinitialize the modelview matrix. Perhaps an easier way to imagine the transformations so far is to think that each translation is like a `MoveTo()` command. The point you move to stays current until you change it.

Fig. 8.3
A cube drawn after a second one-unit translation in the positive X direction.

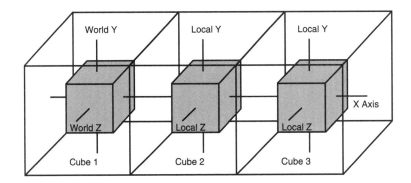

The following OpenGL function calls create the display shown in figure 8.4 (assuming the program has set the viewpoint far enough back to see the cubes), which is the actual OpenGL display representing the cubes in figure 8.3:

```
auxSolidCube(0.5f);
glTranslatef(1.0f, 0.0f, 0.0f);
auxSolidCube(0.5f);
glTranslatef(1.0f, 0.0f, 0.0f);
auxSolidCube(0.5f);
```

Fig. 8.4
The three cubes in an actual OpenGL display.

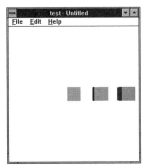

Of course, you can translate in any direction, on any axis. For example, can you picture the image that'll be produced by adding the following function calls to the preceding fragment?

```
glTranslatef(-1.0f, 1.0f, -1.0f);
auxSolidCube(0.5f);
```

If you saw something like figure 8.5, you get today's gold star. The actual OpenGL display created by the code is shown in figure 8.6. (Of course, the OpenGL display shows the cube's using perspective projection, unlike the images in figures 8.3 and 8.5, which show no projection effects.)

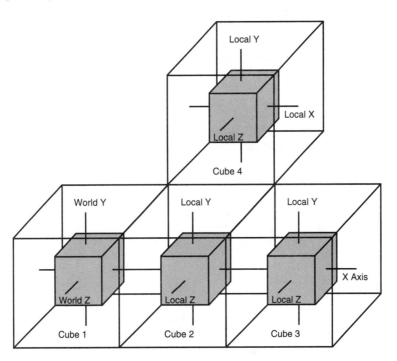

Fig. 8.5
Adding a fourth translation and cube.

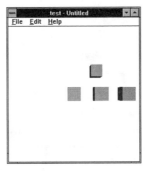

Fig. 8.6
The four cubes in an actual OpenGL display.

Understanding Rotation

The effects of translation on your burgeoning 3-D world are fairly easy to understand. Unfortunately, the same cannot be said for rotations which, until you get the hang of them, can drive you absolutely bonkers. This is because rotations change the orientation of an object's local axes. For example, consider the cube in figure 8.7. After being rotated 90 degrees on the Y axis, the cube's orientation is like that shown in figure 8.8. Now the X and Z axes have switched orientation. If you wanted to translate the cube to the right on the display, you'd have to translate in the positive Z direction rather than in the positive X direction.

Fig. 8.7

A cube before rotation.

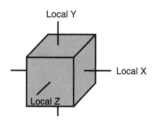

Fig. 8.8

A cube after a 90-degree rotation on the Y axis.

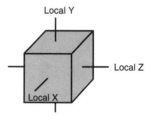

What's really important to remember is that, after you perform a rotation, that rotation stays in the modelview matrix until you reinitialize the matrix. That is, every new object you draw after the rotation gets rotated too. For example, consider the following code segment:

```
glTranslatef(1.0f, 0.0f, 0.0f);
glRotatef(90.0f, 0.0f, 1.0f, 0.0f);
auxSolidCube(0.5f);
glTranslatef(0.0f, 0.0f, 1.0f);
auxSolidCube(0.5f);
```

The first two lines translate the local origin one unit in the positive X direction (to the right, assuming a viewpoint that starts looking down the world Z axis). Then, the second line rotates the local origin about the Y axis, and the third line draws a cube. Now, in order to draw a second cube to the right of the first, you have to translate on the Z axis rather than the X, which is what the fourth line does. This is because the second cube's vertices are rotated just as the first cube's were, meaning that the second cube's Z axis, rather than the X axis, now runs left and right.

Although this all sounds complex, it's really no different than the way your direction in the real world affects left, right, up, and down. When you're standing with your feet on the floor, the ceiling is up. When you're standing on your head, the ceiling becomes down (disregarding the effects of gravity, of course, and the fact that you get so dizzy you forget your own name). Similarly, when you approach a crossroad from the south, you must turn right to go east. But if you're approaching the same road from the north, you must turn left to go east.

Thinking about Transformations

If you want to imagine transformations in terms of a fixed-coordinate system (rather than in terms of using local coordinates as explained so far), you have to think of transformations in reverse. For example, if you call glTranslatef() to translate in the positive X direction and then call glRotatef() to rotate around the Z axis, the shape you draw remains, albeit rotated, on the X axis. But if you call glRotatef() first, the shape ends up between the X and Y axes. How does this work in terms of a fixed-coordinate system?

Imagine a piece of clear plastic with a wooden block at the origin. Under the plastic, on the tabletop, you've drawn the X and Y axes. (In other words, when you rotate the plastic around the axes' origin, the axes drawn on the table stay put.) Now apply the glTranslatef() and glRotatef() transformations in reverse order. First, rotate the plastic around the fixed origin. After the rotation, the block is still at the origin, although it looks rotated from your fixed viewpoint. Now, perform the translation by sliding the plastic to the right. The block moves with the plastic but stays on the X axis.

If you were to call glRotatef() followed by glTranslatef(), you'd have to imagine the translation first. So with the plastic and block back in their starting positions, you move the plastic to the right on the X axis. Then, you rotate the sheet of plastic around the fixed origin drawn on the table top. The block rotates with the plastic, ending up somewhere between the X and Y axes.

To think in terms of an object's local origin, you never move the plastic. Instead, you move only the block. This means that you always think of the transformations in the order that they occur. For example, go back to the glTranslatef() call followed by the glRotatef() call. Put the plastic and block back in their starting positions. Now, you perform the translation first, by moving the block (not the plastic) to the right. Then, you perform the rotation by turning the block. See? You get the same result, but you're thinking about it in a different way.

Using Matrix Stacks

Often, it's useful to be able to set up a base modelview matrix, use that matrix to perform transformations, and then restore the base matrix to its original state. For example, in many 3-D programs, you want to set the viewpoint at program startup and then not have to worry about it again. Typically, to set up a viewpoint, you translate down the negative Z axis, which effectively moves the viewpoint back from the scene. Unfortunately, every translation, rotation, and scaling operation you perform after setting the viewpoint changes the modelview matrix, which contains the viewpoint transformation. This means that you must reinitialize the viewpoint the next time you want to change the view.

Wouldn't it be nice if there was a way to save and restore the contents of a matrix? It just so happens that OpenGL can do exactly that, thanks to its matrix stacks. A *matrix stack* is much like the stack your computer uses, except a matrix stack stores the values for a series of related matrices, rather than the types of values that you can store on a computer stack. Each of the transformation matrices has its own matrix stack. To save the contents of the current matrix, you simply make the following function call:

```
glPushMatrix();
```

After pushing the current matrix onto the matrix stack, you can perform all the transformations you like without having to worry about changing the original matrix. When you want to return to the original matrix, you just call glPopMatrix(), like this:

```
glPopMatrix();
```

As you can see, neither of these functions has arguments. They always affect the currently selected matrix. For example, the following lines save the contents of the modelview matrix:

```
glMatrixMode(GL_MODELVIEW);
glPushMatrix();
```

On the other hand, these lines save the contents of the projection matrix:

```
glMatrixMode(GL_PROJECTION);
glPushMatrix();
```

Using these matrix stack operations, you can easily set up a base modelview matrix that defines a viewpoint and then return to it as needed. At program startup (probably in the OnCreate() function of a Visual C++ MFC program), you make function calls something like this:

```
glMatrixMode(GL_PROJECTION);
glLoadIdentity();
glFrustum(-1.0, 1.0, -1.0, 1.0, 2.0, 9.0);
glViewport(0, 0, cx, cy);

glMatrixMode(GL_MODELVIEW);
glLoadIdentity();
glTranslatef(0.0f, 0.0f, -5.0f);
```

The first four lines set up the viewing volume and the viewport, whereas the last three lines define a viewpoint by moving the "eye" back five units on the Z axis. (Actually, the translation moves away from the eye the local origins of any objects to be drawn, which accounts for the negative Z value. Sometimes, however, it's more logical to imagine moving the viewpoint itself by thinking of negative values as back and positive values as forward.)

Now that you have your viewpoint set up, you want to draw a 3-D scene. But because your transformations change the contents of the modelview matrix, which currently holds the transformation that sets up your viewpoint, you want to save the matrix before performing any transformations. Typical code might look like this:

```
glMatrixMode(GL_MODELVIEW);

glPushMatrix();
    glTranslatef(1.0f, 0.0f, 0.0f);
    glRotatef(90.0f, 0.0f, 1.0f, 0.0f);
    auxSolidCube(0.5f);
    glTranslatef(0.0f, 0.0f, 1.0f);
    auxSolidCube(0.5f);
glPopMatrix();
```

The preceding lines save the modelview matrix, perform the transformations needed to draw the objects, and then restore the modelview matrix, wiping out all transformations performed after the call to glPushMatrix(). The next time you want to perform transformations, your base transformation is intact. As you soon see, matrix stacks can be invaluable when performing OpenGL animation because the same transformations get called again and again with different values.

II

3-D Worlds with OpenGL

Note

Each matrix mode has its own matrix stack. For example, there is a separate stack for the modelview matrix and a separate stack for the projection matrix. When you call glPushMatrix(), you're actually putting a copy of the current matrix on top of its own matrix stack, leaving you with two identical matrices on top of the stack. When you call glPopMatrix(), OpenGL removes the copy, which you've probably now modified, from the stack, leaving the original on top.

The following code segment is your midterm exam for this chapter. See if you can understand how it creates the robot object shown in figure 8.9.

```
GLfloat materialAmbDiffGreen[] = {0.2f, 0.8f, 0.5f, 1.0f};
GLfloat materialAmbDiffRed[] = {1.0f, 0.0f, 0.0f, 1.0f};
GLfloat materialAmbDiffGray[] = {0.2f, 0.2f, 0.2f, 1.0f};
GLfloat materialAmbDiffBlue[] = {0.0f, 0.0f, 1.0f, 1.0f};

// Save the base transformation.
glMatrixMode(GL_MODELVIEW);
glPushMatrix();

    // Draw the robot's body.
    glMaterialfv(GL_FRONT, GL_AMBIENT_AND_DIFFUSE,
        materialAmbDiffGreen);
    auxSolidCube(1.0f);
    glTranslatef(0.0f, -1.1f, 0.0f);
    auxSolidCube(0.9f);

    // Draw the robot's head.
    glTranslatef(0.0f, 2.1f, 0.0f);
    auxSolidCube(0.75f);
    glMaterialfv(GL_FRONT, GL_AMBIENT_AND_DIFFUSE,
        materialAmbDiffGray);
    glTranslatef(0.0f, -0.1f, 0.60f);
    auxSolidCube(0.25f);
    glTranslatef(-0.2f, 0.30f, 0.0f);
    glMaterialfv(GL_FRONT, GL_AMBIENT_AND_DIFFUSE,
        materialAmbDiffBlue);
    auxSolidCube(0.20f);
    glTranslatef(0.4f, 0.0f, 0.0f);
    auxSolidCube(0.20f);
    //glTranslatef(0.60f, -1.2f, -0.2f);

// Save the robot body transformation.
glPushMatrix();

    // Draw the robot's right arm.
    glMaterialfv(GL_FRONT, GL_AMBIENT_AND_DIFFUSE,
        materialAmbDiffRed);
    glTranslatef(-0.7f, -1.2f, 0.0f);
    glRotatef(90.0f, 0.0f, 0.0f, 1.0f);
    auxSolidCylinder(0.15f, 0.8f);

    glTranslatef(0.0f, 1.0f, 0.0f);
    glRotatef(-45.0f, 0.0f, 0.0f, 1.0f);
    auxSolidCylinder(0.15f, 0.8f);

    glTranslatef(0.0f, 1.0f, 0.0f);
    glRotatef(-45.0f, 0.0f, 0.0f, 1.0f);
    auxSolidCylinder(0.15f, 0.8f);

// Restore the robot body transformation.
glPopMatrix();
```

```
        // Draw the robot's left arm.
        glTranslatef(0.3f, -1.2f, 0.0f);
        glRotatef(-90.0f, 0.0f, 0.0f, 1.0f);
        auxSolidCylinder(0.15f, 0.8f);

        glTranslatef(0.0f, 1.0f, 0.0f);
        glRotatef(45.0f, 0.0f, 0.0f, 1.0f);
        auxSolidCylinder(0.15f, 0.8f);

        glTranslatef(0.0f, 1.0f, 0.0f);
        glRotatef(45.0f, 0.0f, 0.0f, 1.0f);
        auxSolidCylinder(0.15f, 0.8f);

    // Restore the base transformation.
    glPopMatrix();
```

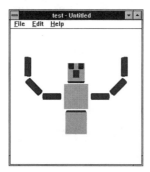

Fig. 8.9
An OpenGL robot.

The preceding code sample starts by defining arrays for the materials that will be used by the objects in the scene. The code then selects the modelview matrix and pushes a copy of that matrix onto the modelview matrix stack. At this point, there are two copies of the current transformation matrix (which contains only the viewpoint transformation, which was set up elsewhere in the program) on the stack.

Next, the code calls `glMaterialfv()` to set the current material properties, after which it draws two solid cubes that represent the robot's body. The second cube is positioned by a translation so that it appears below the first.

To draw the robot's head, the code first translates up the Y axis, so that the head cube is drawn above the first body cube. The code draws the eyes and nose by setting new material properties and by performing a series of translations to position those objects.

At this point, the modelview matrix stack holds the original matrix (which contains only the viewpoint transformation), on top of which is the now-modified copy of the original matrix (which now contains not only the original viewpoint transformation but also all the transformations performed so far). Because the robot's arms are drawn relative to the body, the code calls `glPushMatrix()` to save the current state of the transformations. Now, the modelview matrix stack has the original matrix, on top of which are two copies of the robot transformation so far.

After saving a copy of the matrix, the code draws the left robot arm. To do this, it calls `glMaterialfv()` to set material properties for the arms, after which a translation and a rotation set up the modelview matrix so that the first segment of the arm is drawn at a right angle to the body. The call to `auxSolidCylinder()` actually draws the arm segment. The remaining left-arm segments are drawn after similar translations and rotations.

When the left arm is complete, the call to `glPopMatrix()` removes the matrix containing the arm transformations off the matrix stack, restoring the matrix to its state right after the robot's body and head were drawn. Then, the code draws the right arm segments, after which the final call to `glPopMatrix()` leaves the modelview matrix stack with the original viewpoint matrix on top, ready to use again.

Animation with OpenGL

I mentioned previously that matrix stacks are especially helpful in programs that use animation. However, up until now, you've manipulated only static images (except for some wireframe objects) with OpenGL. You're about to discover how you can bring your 3-D scenes to life using OpenGL's double-buffering system.

Introducing Double Buffers

Designing smooth computer animation has always been a challenge for programmers. First of all, a program must be able to draw as many as 30 screen images, or "frames," a second in order to create fluid movement. This requires speedy hardware and a well-designed program. Second, all drawing must be hidden from the user. Otherwise, the animation looks choppy and flickers as the user watches each frame being redrawn on the screen. Luckily, the speed problem is becoming less and less important as computers become faster and faster. The solution to the second problem is something called double buffering.

In a *double-buffered* system, you actually have two areas of memory you can use to create your animation. One area holds the image that's on the screen. As long as this buffer area is displayed on the screen, no drawing commands modify it. The other area, the one the program draws to, is in memory but not displayed on the screen. Because your program draws to this buffer only when the buffer is off-screen, the user sees none of the drawing taking place. When drawing is complete, the program simply switches buffers.

Double Buffering in OpenGL

Obviously, OpenGL supports double buffering—or we wouldn't be having this conversation. In OpenGL, the buffers are called the *front buffer* (the visible buffer) and the *back buffer* (the invisible buffer). When you set up OpenGL for double buffering, your drawing commands always go to the current back buffer, so the user never sees on the screen what you're drawing. After the program draws the image, it swaps the front and back buffers so that the new image appears on the screen. The program then constructs the next frame of the animation in the new back buffer, and then switches the buffers again. This process continues as long as the animation is running, with the buffers being switched many times a second.

Incorporating Double Buffers

Although handling double buffers can be a technically sticky problem for conventional graphics programs, OpenGL programmers can incorporate double buffering with only two small program changes. First, you have to tell OpenGL that you want to set up a double-buffered environment. You do this by adding the PFD_DOUBLEBUFFER flag to the dwFlags member of the PIXELFORMATDESCRIPTOR structure, like this:

```
PIXELFORMATDESCRIPTOR pfd =
{
    sizeof(PIXELFORMATDESCRIPTOR), // Structure size.
    1,                             // Structure version number.
    PFD_DRAW_TO_WINDOW |           // Property flags.
        PFD_SUPPORT_OPENGL |
        PFD_DOUBLEBUFFER,
    PFD_TYPE_RGBA,
    24,                            // 24-bit color.
    0, 0, 0, 0, 0, 0,              // Not concerned with these.
    0, 0, 0, 0, 0, 0, 0,           // No alpha or accum buffer.
    32,                            // 32-bit depth buffer.
    0, 0,                          // No stencil or aux buffer.
    PFD_MAIN_PLANE,                // Main layer type.
    0,                             // Reserved.
    0, 0, 0                        // Unsupported.
};
```

As you can see, you simply OR the PFD_DOUBLEBUFFER flag with the other flags in the dwFlags structure member. Now, when you set your pixel format, you get one that supports double buffering.

II

3-D Worlds with OpenGL

The only other change you need to make to your program is to call the `SwapBuffers()` function after your program draws a new image. This call changes the back buffer (the one you just drew to) into the front buffer, so the user can see the new image. The front buffer becomes the back buffer, into which all drawing commands before the next call to `SwapBuffers()` are directed. Figures 8.10 through 8.12 summarize this process.

Fig. 8.10
The double buffers when the program is drawing the first image.

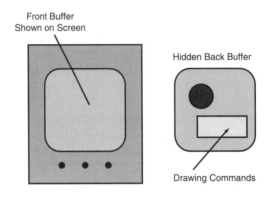

Fig. 8.11
The double buffers after calling *SwapBuffers()*.

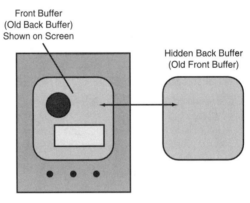

Fig. 8.12
The double buffers when the program is drawing the second image.

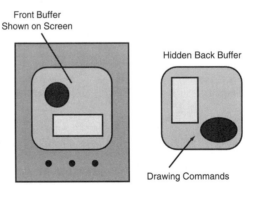

When you start experimenting with double buffering, you'll realize that it really is as easy as claimed. The only tricky part is figuring out how to draw the frames that make up your animation sequence, which brings you to the following example program that creates two different animation sequences, both of which you can configure in various ways.

Building a 3-D Animation Demo Application

When you tell your friends how easy it is to perform animation with OpenGL, they may be a bit skeptical. That's when you can whip out the following sample program and prove your claims. The ANIMATE application offers two different animation scenes—a robot and an atom—that demonstrate all the programming techniques covered in this chapter. Follow the steps to create the ANIMATE application.

> ### Note
>
> After following the installation instructions at the back of this book, you can find the executable file and the complete source code for the ANIMATE application in the OPENGL\CHAP08 directory on your hard drive.

In the first set of steps that follow, you create the basic AppWizard application and modify the application's user interface.

1. Use AppWizard to create an application called ANIMATE. Set the following options in AppWizard's dialog boxes:

   Step 1: Single Document

   Step 2: None

   Step 3: None and No Automation

   Step 4: Use 3D Controls

   Step 5: Leave set to defaults

   Step 6: Leave set to defaults

   Your project's final options should look like those shown in figure 8.13.

Fig. 8.13
The ANIMATE
application's final
options.

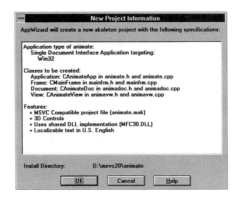

2. Double-click the ANIMATE.RC file in the project window to display App Studio's browser window (see fig. 8.14).

Fig. 8.14
The App Studio
browser window.

3. Double-click the Menu folder and then double-click IDR_MAINFRAME to display the menu editor (see fig. 8.15).

Fig. 8.15
The menu editor.

4. Delete all entries from the File menu except Exit (see fig. 8.16).

Fig. 8.16
The new File menu.

5. Delete the Edit menu, leaving the File and Help menus (see fig. 8.17).

Fig. 8.17
After deleting the Edit menu.

II

3-D Worlds with OpenGL

6. Add an Object menu, giving it the commands Atom and Robot, with the command IDs ID_OBJECT_ATOM and ID_OBJECT_ROBOT (see fig. 8.18).

Fig. 8.18
The new Object menu.

7. Add a Speed menu, giving it the commands Slow, Medium, Fast, and Ultra, with the command IDs ID_SPEED_SLOW, ID_SPEED_MEDIUM, ID_SPEED_FAST, and ID_SPEED_ULTRA (see fig. 8.19).

Fig. 8.19
The new Speed
menu.

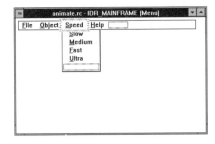

8. Add an Electrons menu, giving it the commands One, Two, Three, Four, and Five, with the command IDs ID_ELECTRONS_ONE, ID_ELECTRONS_TWO, ID_ELECTRONS_THREE, ID_ELECTRONS_FOUR, and ID_ELECTRONS_FIVE (see fig. 8.20).

Fig. 8.20
The new Electrons
menu.

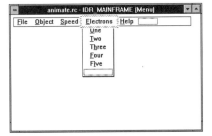

9. Close the menu editor, and display the dialog box editor by double-clicking the Dialog folder in the resource browser window and then double-clicking IDD_ABOUTBOX (see fig. 8.21).

Fig. 8.21
The dialog box
editor.

10. Modify the About dialog box so that it looks like figure 8.22, and then close the dialog box editor.

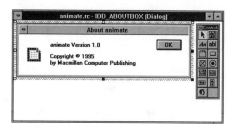

Fig. 8.22
The new About
dialog box.

11. Double-click Accelerator in the resource browser window. You see the
IDR_MAINFRAME accelerator ID (see fig. 8.23). Delete the IDR_MAINFRAME
accelerator table ID from the browser window.

Fig. 8.23
The
IDR_MAINFRAME
accelerator table
in the browser
window.

12. Close the App Studio browser window, being sure to save all of your
changes.

In the next set of steps, you add message-response functions for the
WM_CREATE, WM_DESTROY, WM_SIZE, and WM_TIMER Windows messages. You also
override the CAnimateView class's PreCreateWindow() function and add re-
sponse functions for the application's menu commands.

1. Select the Project menu's ClassWizard command (or click the toolbar's
ClassWizard button) to display the MFC ClassWizard dialog box. Make
sure you have the Message Maps tab selected. In the Class Name box,
select the CAnimateView class (see fig. 8.24).

II

3-D Worlds with OpenGL

Fig. 8.24
The MFC
ClassWizard
dialog box.

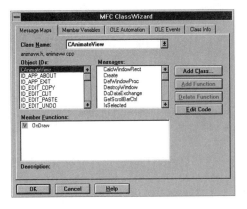

2. Use the MFC ClassWizard dialog box to create a response function for the WM_CREATE message, as shown in figure 8.25.

Fig. 8.25
Adding the
OnCreate( )
function.

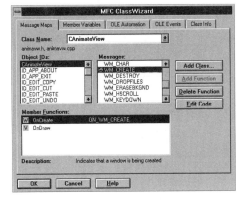

3. In the MFC ClassWizard dialog box, click the Edit Code button, and then add the following lines to the OnCreate() function, right after the // TODO: Add your specialized creation code here comment:

```
PIXELFORMATDESCRIPTOR pfd =
{
sizeof(PIXELFORMATDESCRIPTOR), // Structure size.
1,                              // Structure version number.
PFD_DRAW_TO_WINDOW |            // Property flags.
    PFD_SUPPORT_OPENGL |
    PFD_DOUBLEBUFFER,
PFD_TYPE_RGBA,
24,                             // 24-bit color.
0, 0, 0, 0, 0, 0,               // Not concerned with these.
0, 0, 0, 0, 0, 0, 0,            // No alpha or accum buffer.
32,                             // 32-bit depth buffer.
```

```
0, 0,                              // No stencil or aux buffer.
PFD_MAIN_PLANE,                    // Main layer type.
0,                                 // Reserved.
0, 0, 0                            // Unsupported.
};

CClientDC clientDC(this);

int pixelFormat =
    ChoosePixelFormat(clientDC.m_hDC, &pfd);
BOOL success =
    SetPixelFormat(clientDC.m_hDC, pixelFormat, &pfd);
DescribePixelFormat(clientDC.m_hDC, pixelFormat,
    sizeof(pfd), &pfd);

if (pfd.dwFlags & PFD_NEED_PALETTE)
    SetupLogicalPalette();

m_hRC = wglCreateContext(clientDC.m_hDC);

SetTimer(1, 50, 0);
```

4. Select the Project menu's ClassWizard command, and use the MFC ClassWizard dialog box to create a response function for the WM_DESTROY message, as shown in figure 8.26.

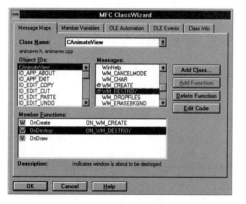

Fig. 8.26
Adding the
OnDestroy()
function

5. In the MFC ClassWizard dialog box, click the Edit Code button, and then add the following lines to the OnDestroy() function, right after the
// TODO: Add your message handler code here comment:

```
KillTimer(1);
wglDeleteContext(m_hRC);
if (m_hPalette)
    DeleteObject(m_hPalette);
```

II

3-D Worlds with OpenGL

6. Select the <u>P</u>roject menu's Class<u>W</u>izard command, and use the MFC
   ClassWizard dialog box to create a response function for the WM_SIZE
   message, as shown in figure 8.27.

Fig. 8.27
Adding the
OnSize( ) function.

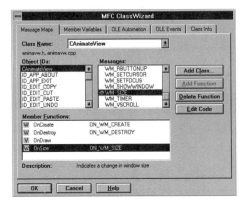

7. In the MFC ClassWizard dialog box, click the <u>E</u>dit Code button, and
   then add the following lines to the OnSize() function, right after the
   // TODO: Add your message handler code here comment:

```
CClientDC clientDC(this);
wglMakeCurrent(clientDC.m_hDC, m_hRC);
glMatrixMode(GL_PROJECTION);
glLoadIdentity();
glFrustum(-1.0, 1.0, -1.0, 1.0, 2.0, 9.0);
glViewport(0, 0, cx, cy);

glMatrixMode(GL_MODELVIEW);
glLoadIdentity();

GLfloat light0Ambient[] = {0.0f, 0.0f, 0.0f, 1.0f};
GLfloat light0Diffuse[] = {1.0f, 1.0f, 1.0f, 1.0f};
GLfloat light0Position[] = {0.0f, 0.0f, 0.0f, 1.0f};

glLightfv(GL_LIGHT0, GL_AMBIENT, light0Ambient);
glLightfv(GL_LIGHT0, GL_DIFFUSE, light0Diffuse);
glLightfv(GL_LIGHT0, GL_POSITION, light0Position);

glEnable(GL_LIGHTING);
glEnable(GL_LIGHT0);

glTranslatef(0.0f, 0.0f, -6.0f);

wglMakeCurrent(NULL, NULL);
```

8. Select the <u>P</u>roject menu's Class<u>W</u>izard command, and use the MFC
   ClassWizard dialog box to create a response function for the WM_TIMER
   message, as shown in figure 8.28.

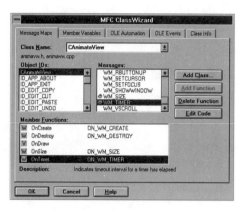

Fig. 8.28
Adding the
OnTimer()
function

II

3-D Worlds with OpenGL

9. In the MFC ClassWizard dialog box, click the <u>E</u>dit Code button, and
   then add the following lines to the OnTimer() function, right after the
   // TODO: Add your message handler code here and/or call default
   comment:

```
if (m_object == Atom)
{
    m_angle += m_speed;
    if (m_angle > 355)
        m_angle = 0.0f;
}
else
{
    m_angle2 += m_speed / 2;
    if (m_angle2 > 355)
        m_angle2 = 0.0f;

    if (m_armsGoingUp)
    {
        m_angle += m_speed;
        if (m_angle > 90.0f)
            m_armsGoingUp = FALSE;
    }
    else
    {
        m_angle -= m_speed;
        if (m_angle < 0.0f)
            m_armsGoingUp = TRUE;
    }
}

Invalidate(FALSE);
```

10. Select the <u>P</u>roject menu's Class<u>W</u>izard command, and use the MFC
    ClassWizard dialog box to override the view class's PreCreateWindow()
    function, as shown in figure 8.29.

Fig. 8.29
Overriding the
PreCreatewindow( )
function

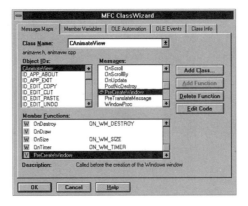

11. In the MFC ClassWizard dialog box, click the Edit Code button, and
    then add the following line to the `PreCreateWindow()` function, right
    after the `// TODO: Add your specialized code here and/or call the`
    `base class` comment:

    ```
    cs.style |= WS_CLIPCHILDREN | WS_CLIPSIBLINGS;
    ```

12. Select the Project menu's ClassWizard command, and use the MFC
    ClassWizard dialog box to add `COMMAND` and `UPDATE_COMMAND_UI` functions
    for each of the Object, Speed, and Electrons menus' commands (see
    fig. 8.30).

Fig. 8.30
Adding *COMMAND* and
UPDATE_COMMAND_UI
functions.

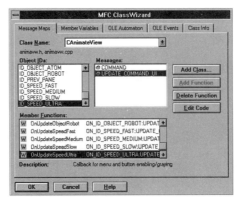

13. Complete the `COMMAND` and `UPDATE_COMMAND_UI` functions by adding the
    code shown in those functions in listing 8.2, found near the end of this
    chapter.

In the following set of steps, you add the source code that completes the
CAnimateView class. You also add the required member functions and data
member declarations to the CAnimateView class's header file.

1. Load the ANIMAVW.CPP file and add the following line to the top of
the listing, right after #endif:

```
#include <gl\glaux.h>
```

2. Also in the ANIMAVW.CPP file, add the following lines to the
CAnimateView class's constructor, right after the // TODO: add
construction code here comment:

```
m_hPalette = 0;
m_angle = 0.0f;
m_angle2 = 0.0f;
m_speed = 5.0f;
m_numElectrons = 1;
m_object = Atom;
m_armsGoingUp = TRUE;
```

3. In the ANIMAVW.CPP file, add the following lines to the CAnimateView
class's OnDraw() function, right after the // TODO: add draw code for
native data here comment:

```
if (m_hPalette)
{
    SelectPalette(pDC->m_hDC, m_hPalette, FALSE);
    RealizePalette(pDC->m_hDC);
}
wglMakeCurrent(pDC->m_hDC, m_hRC);
DrawWithOpenGL();
SwapBuffers(pDC->m_hDC);
wglMakeCurrent(pDC->m_hDC, NULL);
```

4. Also in ANIMAVW.CPP, add the following functions, as shown in
listing 8.2, to the end of the file: DrawWithOpenGL(), AnimateAtom(),
AnimateRobot(), and SetupLogicalPalette().

5. Load ANIMAVW.H, and add the following lines to the top of the file,
right before the CAnimateView class declaration:

```
#include <gl\gl.h>

enum {Atom, Robot};
```

6. Also in ANIMAVW.H, add the following lines to the CAnimateView class's
Attributes section, right after the CAnimateDoc* GetDocument() line:

```
protected:
    HGLRC m_hRC;
    HPALETTE m_hPalette;
```

```
GLfloat m_angle, m_angle2;
GLfloat m_speed;
UINT m_numElectrons;
UINT m_object;
BOOL m_armsGoingUp;
```

7. Again in ANIMAVW.H, add the following lines to the `CAnimateView` class's `Implementation` section, right after the `protected` keyword:

```
void DrawWithOpenGL();
void SetupLogicalPalette();
void AnimateAtom();
void AnimateRobot();
```

In this final set of steps, you modify the `CMainFrame` class by overriding that class's `PreCreateWindow()` function and adding message-response functions for the `WM_PALETTECHANGED` and `WM_QUERYNEWPALETTE` Windows messages. You also add the required OpenGL libraries to the project.

1. Select the Project menu's ClassWizard command to display the MFC ClassWizard dialog box. Make sure you have the Message Maps tab selected. In the Class Name box, select the `CMainFrame` class (see fig. 8.31).

Fig. 8.31
The MFC
ClassWizard
dialog box.

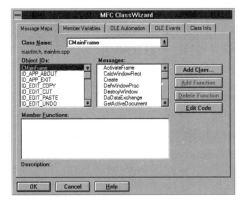

2. Use the MFC ClassWizard dialog box to override the `CMainFrame` class's `PreCreateWindow()` function, as shown in figure 8.32.

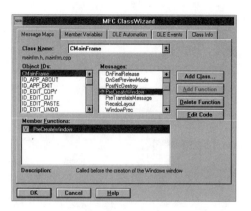

Fig. 8.32
Overriding the
CMainFrame class's
PreCreateWindow( )
function.

3. In the MFC ClassWizard dialog box, click the Edit Code button, and
then add the following lines to the PreCreateWindow() function, right
after the // TODO: Add your specialized code here and/or call the
base class comment:

```
cs.cx = 400;
cs.cy = 440;
```

4. Select the Project menu's ClassWizard command, and use the MFC
ClassWizard dialog box to create a response function for the
WM_PALETTECHANGED message, as shown in figure 8.33.

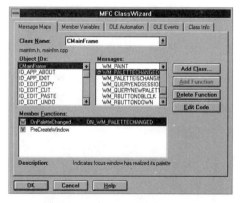

Fig. 8.33
Adding the
OnPaletteChanged( )
function.

5. In the MFC ClassWizard dialog box, click the Edit Code button, and
then add the following lines to the OnPaletteChanged() function, right
after the // TODO: Add your message handler code here comment:

```
CView* pView = GetActiveView();
if (pFocusWnd != pView)
    pView->Invalidate(FALSE);
```

II

3-D Worlds with OpenGL

6. Select the Project menu's ClassWizard command, and use the MFC ClassWizard dialog box to create a response function for the WM_QUERYNEWPALETTE message, as shown in figure 8.34.

Fig. 8.34
Adding the
OnQueryNewPalette( )
function.

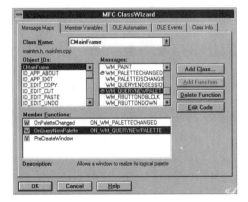

7. In the MFC ClassWizard dialog box, click the Edit Code button, and then add the following lines to the OnQueryNewPalette() function, right after the // TODO: Add your message handler code here and/or call default comment:

```
CView* pView = GetActiveView();
pView->Invalidate(FALSE);
```

8. Select the Project menu's Files command, and then use the Project Files dialog box to add the GLU32.LIB, GLAUX.LIB, and OPENGL32.LIB files (found in the MSVC20\LIB directory) to the project (see fig. 8.35).

Fig. 8.35
Adding
GLU32.LIB,
GLAUX.LIB, and
OPENGL32.LIB to
the ANIMATE
project.

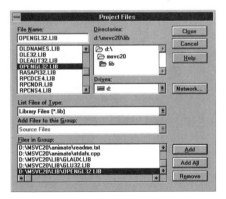

Your ANIMATE program is now complete. To create the application, select the Build command from Visual C++'s Project menu. To run the application, choose the Project menu's Execute command.

Running the ANIMATE Application

When you run ANIMATE, you see the window shown in figure 8.36 (except that your window's background is black instead of white). This window displays an atom with a single electron revolving around the atom's nucleus. Of course, in your window the electron is actually moving in orbit, unlike the static image in figure 8.36, which I couldn't get moving no matter what magic words I used.

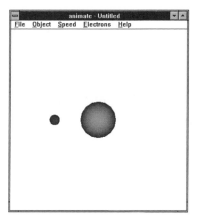

Fig. 8.36
The ANIMATE application at startup.

You can modify the atom animation a couple of ways. First, you can speed up the animation by choosing the Medium, Fast, or Ultra commands from the Speed menu. You can also add electrons—up to a total of five—to the scene. Each atom you add revolves around a different axis, so by the time you get five electrons going, you have a fairly chaotic scene (see fig. 8.37). Unfortunately, the more electrons you add, the slower the animation runs. You can speed up the animation from the Speed menu, but faster animations are choppier than slower ones. (Of course, the speed of the animation also depends upon the speed of your machine.)

II

3-D Worlds with OpenGL

Fig. 8.37
The atom with
five electrons.

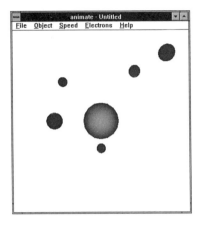

When you get tired of playing with the atom, you can call upon the Object menu to switch to the robot animation. In this scene, the robot figure continually revolves while moving his arms up and down (see fig. 8.38). The settings on the Speed menu also affect the robot animation.

Fig. 8.38
The robot
animation.

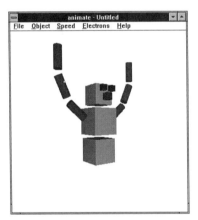

How the ANIMATE Program Works

To create an animated scene, a program must continually display images, with each succeeding image slightly different from the one before. The ANIMATE application provides these modified images by continually updating, in response to WM_TIMER messages, variables that contain the current rotation angles for the images on the screen. (You first saw Windows timers in Chapter 3, "Moving to 3-D.") Each new scene gets rotated slightly more than the scene before, making it appear as though the objects on the screen are actually moving.

The program keeps track of two angles. The `m_angle` variable holds the angle that's applied to the various parts in the current scene. For example, the electrons in the atom scene and the robot's arms in the robot scene are all rotated by the angle contained in `m_angle`. The `m_angle2` variable holds the angle by which the entire robot scene rotates.

When the user chooses a command from the <u>S</u>peed menu, the ANIMATE application simply increases the value stored in the variable `m_speed`. The value in `m_speed` is then added to the angle variables, `m_angle` and `m_angle2`, for each frame of the animation. (Because the robot animation tends to run much faster than the atom, having fewer polygons to process, its angles are increased only by `m_speed / 2`.)

Other `CAnimateView` class member variables—`m_object`, `m_numElectrons`, and `m_armsGoingUp`—specify the current object displayed on the screen, the number of electrons in the atom animation, and the movement direction of the robot arms, respectively. The user can modify the values stored in `m_object` and `m_numElectrons` by selecting commands from the <u>O</u>bject and <u>E</u>lectrons menus. The `m_armsGoingUp` flag toggles values when the arms are in their extreme up or down position, reversing the arms' direction.

Unlike previous OpenGL programs in this book, the ANIMATE application sets up the viewing point for the scene only in the `OnSize()` function. During drawing operations, the program calls `glPushMatrix()` to save the modelview matrix on the matrix stack, thus ensuring that the base viewpoint transformation is not changed. The program restores the base transformation matrix after drawing operations by calling `glPopMatrix()`.

Note

Most animation programs require a lot of optimization before they perform satisfactorily. However, for the sake of clarity of code, I did no optimization on the ANIMATE application's source code. You can probably find better ways to create the 3-D scenes in the program, ways that take less time to produce an animation frame. For example, in the `AnimateAtom()` function, you can probably find ways to avoid the repeated calls to `glPushMatrix()` and `glPopMatrix()`, which surely eat up a lot of processor time. You can also probably use a `for` loop to draw the electrons, using arrays to store the values needed in the transformations and indexing those arrays with the loop control variable.

Finally, notice how `OnDraw()` calls the `SwapBuffers()` function. This ensures that the front and back buffers are switched every time the program draws a new scene. This single function call is the heart of the animation effect.

The Program Listings

Following are the complete listings for the CAnimateView class, including the
ANIMAVW.H header file and the ANIMAVW.CPP implementation file. Also
included is the MAINFRM.CPP file, which is the implementation of the
CMainFrame class. Many other files were created by AppWizard when you
started the ANIMATE application project. Because you did not modify those
files, they are not shown here. However, you can easily view any of the
project's files by loading them with Visual C++'s editor (or any other text
editor). Note that all modifications you made to the following listings are
sandwiched between the comment blocks labeled with START CUSTOM CODE
and END CUSTOM CODE.

Listing 8.1 animavw.h—The Header File for the *CAnimateView* Class

```
// animavw.h : interface of the CAnimateView class
//
/////////////////////////////////////////////////////////////////////

/////////////////////////////////////////
/////////////////////////////////////////
// START CUSTOM CODE
/////////////////////////////////////////
/////////////////////////////////////////

#include <gl\gl.h>

enum {Atom, Robot};

/////////////////////////////////////////
/////////////////////////////////////////
// END CUSTOM CODE
/////////////////////////////////////////
/////////////////////////////////////////

class CAnimateView : public CView
{
protected: // create from serialization only
    CAnimateView();
    DECLARE_DYNCREATE(CAnimateView)

// Attributes
public:
    CAnimateDoc* GetDocument();

/////////////////////////////////////////
/////////////////////////////////////////
// START CUSTOM CODE
/////////////////////////////////////////
/////////////////////////////////////////
```

```
protected:
    HGLRC m_hRC;
    HPALETTE m_hPalette;
    GLfloat m_angle, m_angle2;
    GLfloat m_speed;
    UINT m_numElectrons;
    UINT m_object;
    BOOL m_armsGoingUp;

///////////////////////////////////////
///////////////////////////////////////
// END CUSTOM CODE
///////////////////////////////////////
///////////////////////////////////////

// Operations
public:

// Overrides
    // ClassWizard generated virtual function overrides
    //{{AFX_VIRTUAL(CAnimateView)
    public:
    virtual void OnDraw(CDC* pDC);  // overridden to draw this view
    protected:
    virtual BOOL PreCreateWindow(CREATESTRUCT& cs);
    //}}AFX_VIRTUAL

// Implementation
public:
    virtual ~CAnimateView();
#ifdef _DEBUG
    virtual void AssertValid() const;
    virtual void Dump(CDumpContext& dc) const;
#endif

protected:

    ///////////////////////////////////////
    ///////////////////////////////////////
    // START CUSTOM CODE
    ///////////////////////////////////////
    ///////////////////////////////////////

    void DrawWithOpenGL();
    void SetupLogicalPalette();
    void AnimateAtom();
    void AnimateRobot();

    ///////////////////////////////////////
    ///////////////////////////////////////
    // END CUSTOM CODE
    ///////////////////////////////////////
    ///////////////////////////////////////
```

II

3-D Worlds with OpenGL

(continues)

Listing 8.1 Continued

```
// Generated message map functions
protected:
    //{{AFX_MSG(CAnimateView)
    afx_msg int OnCreate(LPCREATESTRUCT lpCreateStruct);
    afx_msg void OnDestroy();
    afx_msg void OnSize(UINT nType, int cx, int cy);
    afx_msg void OnTimer(UINT nIDEvent);
    afx_msg void OnElectronsFive();
    afx_msg void OnUpdateElectronsFive(CCmdUI* pCmdUI);
    afx_msg void OnElectronsFour();
    afx_msg void OnUpdateElectronsFour(CCmdUI* pCmdUI);
    afx_msg void OnElectronsOne();
    afx_msg void OnUpdateElectronsOne(CCmdUI* pCmdUI);
    afx_msg void OnElectronsThree();
    afx_msg void OnUpdateElectronsThree(CCmdUI* pCmdUI);
    afx_msg void OnElectronsTwo();
    afx_msg void OnUpdateElectronsTwo(CCmdUI* pCmdUI);
    afx_msg void OnObjectAtom();
    afx_msg void OnUpdateObjectAtom(CCmdUI* pCmdUI);
    afx_msg void OnObjectRobot();
    afx_msg void OnUpdateObjectRobot(CCmdUI* pCmdUI);
    afx_msg void OnSpeedFast();
    afx_msg void OnUpdateSpeedFast(CCmdUI* pCmdUI);
    afx_msg void OnSpeedMedium();
    afx_msg void OnUpdateSpeedMedium(CCmdUI* pCmdUI);
    afx_msg void OnSpeedSlow();
    afx_msg void OnUpdateSpeedSlow(CCmdUI* pCmdUI);
    afx_msg void OnSpeedUltra();
    afx_msg void OnUpdateSpeedUltra(CCmdUI* pCmdUI);
    //}}AFX_MSG
    DECLARE_MESSAGE_MAP()
};

#ifndef _DEBUG  // debug version in animavw.cpp
inline CAnimateDoc* CAnimateView::GetDocument()
   { return (CAnimateDoc*)m_pDocument; }
#endif


//////////////////////////////////////////////////////////////////////
```

Listing 8.2 animavw.cpp—The Implementation File for the CAnimateView Class

```
// animavw.cpp : implementation of the CAnimateView class
//

#include "stdafx.h"
#include "animate.h"

#include "animadoc.h"
```

```
#include "animavw.h"

#ifdef _DEBUG
#undef THIS_FILE
static char BASED_CODE THIS_FILE[] = _ _FILE_ _;
#endif

///////////////////////////////////////
///////////////////////////////////////
// START CUSTOM CODE
///////////////////////////////////////
///////////////////////////////////////

#include <gl\glaux.h>

///////////////////////////////////////
///////////////////////////////////////
// END CUSTOM CODE
///////////////////////////////////////
///////////////////////////////////////

/////////////////////////////////////////////////////////////////
// CAnimateView

IMPLEMENT_DYNCREATE(CAnimateView, CView)

BEGIN_MESSAGE_MAP(CAnimateView, CView)
    //{{AFX_MSG_MAP(CAnimateView)
    ON_WM_CREATE()
    ON_WM_DESTROY()
    ON_WM_SIZE()
    ON_WM_TIMER()
    ON_COMMAND(ID_ELECTRONS_FIVE, OnElectronsFive)
    ON_UPDATE_COMMAND_UI(ID_ELECTRONS_FIVE, OnUpdateElectronsFive)
    ON_COMMAND(ID_ELECTRONS_FOUR, OnElectronsFour)
    ON_UPDATE_COMMAND_UI(ID_ELECTRONS_FOUR, OnUpdateElectronsFour)
    ON_COMMAND(ID_ELECTRONS_ONE, OnElectronsOne)
    ON_UPDATE_COMMAND_UI(ID_ELECTRONS_ONE, OnUpdateElectronsOne)
    ON_COMMAND(ID_ELECTRONS_THREE, OnElectronsThree)
    ON_UPDATE_COMMAND_UI(ID_ELECTRONS_THREE,
        OnUpdateElectronsThree)
    ON_COMMAND(ID_ELECTRONS_TWO, OnElectronsTwo)
    ON_UPDATE_COMMAND_UI(ID_ELECTRONS_TWO, OnUpdateElectronsTwo)
    ON_COMMAND(ID_OBJECT_ATOM, OnObjectAtom)
    ON_UPDATE_COMMAND_UI(ID_OBJECT_ATOM, OnUpdateObjectAtom)
    ON_COMMAND(ID_OBJECT_ROBOT, OnObjectRobot)
    ON_UPDATE_COMMAND_UI(ID_OBJECT_ROBOT, OnUpdateObjectRobot)
    ON_COMMAND(ID_SPEED_FAST, OnSpeedFast)
    ON_UPDATE_COMMAND_UI(ID_SPEED_FAST, OnUpdateSpeedFast)
    ON_COMMAND(ID_SPEED_MEDIUM, OnSpeedMedium)
    ON_UPDATE_COMMAND_UI(ID_SPEED_MEDIUM, OnUpdateSpeedMedium)
    ON_COMMAND(ID_SPEED_SLOW, OnSpeedSlow)
    ON_UPDATE_COMMAND_UI(ID_SPEED_SLOW, OnUpdateSpeedSlow)
    ON_COMMAND(ID_SPEED_ULTRA, OnSpeedUltra)
    ON_UPDATE_COMMAND_UI(ID_SPEED_ULTRA, OnUpdateSpeedUltra)
    //}}AFX_MSG_MAP
```

II

3-D Worlds with OpenGL

(continues)

Listing 8.2 Continued

```
END_MESSAGE_MAP()

/////////////////////////////////////////////////////////////////////
// CAnimateView construction/destruction

CAnimateView::CAnimateView()
{
    // TODO: add construction code here

    /////////////////////////////////////////
    /////////////////////////////////////////
    // START CUSTOM CODE
    /////////////////////////////////////////
    /////////////////////////////////////////

    m_hPalette = 0;
    m_angle = 0.0f;
    m_angle2 = 0.0f;
    m_speed = 5.0f;
    m_numElectrons = 1;
    m_object = Atom;
    m_armsGoingUp = TRUE;

    /////////////////////////////////////////
    /////////////////////////////////////////
    // END CUSTOM CODE
    /////////////////////////////////////////
    /////////////////////////////////////////
}

CAnimateView::~CAnimateView()
{
}

/////////////////////////////////////////////////////////////////////
// CAnimateView drawing

void CAnimateView::OnDraw(CDC* pDC)
{
    CAnimateDoc* pDoc = GetDocument();
    ASSERT_VALID(pDoc);

    // TODO: add draw code for native data here

    /////////////////////////////////////////
    /////////////////////////////////////////
    // START CUSTOM CODE
    /////////////////////////////////////////
    /////////////////////////////////////////

    if (m_hPalette)
    {
        SelectPalette(pDC->m_hDC, m_hPalette, FALSE);
        RealizePalette(pDC->m_hDC);
```

```
    }
    wglMakeCurrent(pDC->m_hDC, m_hRC);
    DrawWithOpenGL();
    SwapBuffers(pDC->m_hDC);
    wglMakeCurrent(pDC->m_hDC, NULL);

    /////////////////////////////////////
    /////////////////////////////////////
    // END CUSTOM CODE
    /////////////////////////////////////
    /////////////////////////////////////
}

/////////////////////////////////////////////////////////////////////
// CAnimateView diagnostics

#ifdef _DEBUG
void CAnimateView::AssertValid() const
{
    CView::AssertValid();
}

void CAnimateView::Dump(CDumpContext& dc) const
{
    CView::Dump(dc);
}

CAnimateDoc*
    CAnimateView::GetDocument() // non-debug version is inline
{
    ASSERT(m_pDocument->IsKindOf(RUNTIME_CLASS(CAnimateDoc)));
    return (CAnimateDoc*)m_pDocument;
}
#endif //_DEBUG

/////////////////////////////////////////////////////////////////////
// CAnimateView message handlers

int CAnimateView::OnCreate(LPCREATESTRUCT lpCreateStruct)
{
    if (CView::OnCreate(lpCreateStruct) == -1)
        return -1;

    // TODO: Add your specialized creation code here

    /////////////////////////////////////
    /////////////////////////////////////
    // START CUSTOM CODE
    /////////////////////////////////////
    /////////////////////////////////////

    PIXELFORMATDESCRIPTOR pfd =
    {
        sizeof(PIXELFORMATDESCRIPTOR), // Structure size.
        1,                             // Structure version number.
        PFD_DRAW_TO_WINDOW |           // Property flags.
```

(continues)

Listing 8.2 Continued

```
                    PFD_SUPPORT_OPENGL ¦
                    PFD_DOUBLEBUFFER,
                PFD_TYPE_RGBA,
                24,                             // 24-bit color.
                0, 0, 0, 0, 0, 0,               // Not concerned with these.
                0, 0, 0, 0, 0, 0, 0,            // No alpha or accum buffer.
                32,                             // 32-bit depth buffer.
                0, 0,                           // No stencil or aux buffer.
                PFD_MAIN_PLANE,                 // Main layer type.
                0,                              // Reserved.
                0, 0, 0                         // Unsupported.
            };

            CClientDC clientDC(this);

            int pixelFormat =
                ChoosePixelFormat(clientDC.m_hDC, &pfd);
            BOOL success =
                SetPixelFormat(clientDC.m_hDC, pixelFormat, &pfd);
            DescribePixelFormat(clientDC.m_hDC, pixelFormat,
                sizeof(pfd), &pfd);

            if (pfd.dwFlags & PFD_NEED_PALETTE)
                SetupLogicalPalette();

            m_hRC = wglCreateContext(clientDC.m_hDC);

            SetTimer(1, 50, 0);

            ////////////////////////////////////////
            ////////////////////////////////////////
            // END CUSTOM CODE
            ////////////////////////////////////////
            ////////////////////////////////////////

            return 0;
        }

        void CAnimateView::OnDestroy()
        {
            CView::OnDestroy();

            // TODO: Add your message handler code here

            ////////////////////////////////////////
            ////////////////////////////////////////
            // START CUSTOM CODE
            ////////////////////////////////////////
            ////////////////////////////////////////

            KillTimer(1);
            wglDeleteContext(m_hRC);
            if (m_hPalette)
                DeleteObject(m_hPalette);
```

```
        /////////////////////////////////////
        /////////////////////////////////////
        // END CUSTOM CODE
        /////////////////////////////////////
        /////////////////////////////////////
}

void CAnimateView::OnSize(UINT nType, int cx, int cy)
{
        CView::OnSize(nType, cx, cy);

        // TODO: Add your message handler code here

        /////////////////////////////////////
        /////////////////////////////////////
        // START CUSTOM CODE
        /////////////////////////////////////
        /////////////////////////////////////

        CClientDC clientDC(this);
        wglMakeCurrent(clientDC.m_hDC, m_hRC);
        glMatrixMode(GL_PROJECTION);
        glLoadIdentity();
        glFrustum(-1.0, 1.0, -1.0, 1.0, 2.0, 9.0);
        glViewport(0, 0, cx, cy);

        glMatrixMode(GL_MODELVIEW);
        glLoadIdentity();

        GLfloat light0Ambient[] = {0.0f, 0.0f, 0.0f, 1.0f};
        GLfloat light0Diffuse[] = {1.0f, 1.0f, 1.0f, 1.0f};
        GLfloat light0Position[] = {0.0f, 0.0f, 0.0f, 1.0f};

        glLightfv(GL_LIGHT0, GL_AMBIENT, light0Ambient);
        glLightfv(GL_LIGHT0, GL_DIFFUSE, light0Diffuse);
        glLightfv(GL_LIGHT0, GL_POSITION, light0Position);

        glEnable(GL_LIGHTING);
        glEnable(GL_LIGHT0);

        glTranslatef(0.0f, 0.0f, -6.0f);

        wglMakeCurrent(NULL, NULL);

        /////////////////////////////////////
        /////////////////////////////////////
        // END CUSTOM CODE
        /////////////////////////////////////
        /////////////////////////////////////
}

void CAnimateView::OnTimer(UINT nIDEvent)
{
        // TODO: Add your message handler code here and/or call default
```

II

3-D Worlds with OpenGL

(continues)

Listing 8.2 Continued

```
/////////////////////////////////////
/////////////////////////////////////
// START CUSTOM CODE
/////////////////////////////////////
/////////////////////////////////////

if (m_object == Atom)
{
    m_angle += m_speed;
    if (m_angle > 355)
        m_angle = 0.0f;
}
else
{
    m_angle2 += m_speed / 2;
    if (m_angle2 > 355)
        m_angle2 = 0.0f;

    if (m_armsGoingUp)
    {
        m_angle += m_speed;
        if (m_angle > 90.0f)
            m_armsGoingUp = FALSE;
    }
    else
    {
        m_angle -= m_speed;
        if (m_angle < 0.0f)
            m_armsGoingUp = TRUE;
    }
}

Invalidate(FALSE);

/////////////////////////////////////
/////////////////////////////////////
// END CUSTOM CODE
/////////////////////////////////////
/////////////////////////////////////

CView::OnTimer(nIDEvent);
}

BOOL CAnimateView::PreCreateWindow(CREATESTRUCT& cs)
{
    // TODO: Add your specialized code here
    // and/or call the base class

    /////////////////////////////////////
    /////////////////////////////////////
    // START CUSTOM CODE
    /////////////////////////////////////
    /////////////////////////////////////
```

```
    cs.style |= WS_CLIPCHILDREN | WS_CLIPSIBLINGS;

    //////////////////////////////////////
    //////////////////////////////////////
    // END CUSTOM CODE
    //////////////////////////////////////
    //////////////////////////////////////

    return CView::PreCreateWindow(cs);
}

void CAnimateView::OnElectronsFive()
{
    // TODO: Add your command handler code here

    //////////////////////////////////////
    //////////////////////////////////////
    // START CUSTOM CODE
    //////////////////////////////////////
    //////////////////////////////////////

    m_numElectrons = 5;

    //////////////////////////////////////
    //////////////////////////////////////
    // END CUSTOM CODE
    //////////////////////////////////////
    //////////////////////////////////////
}

void CAnimateView::OnUpdateElectronsFive(CCmdUI* pCmdUI)
{
    // TODO: Add your command update UI handler code here

    //////////////////////////////////////
    //////////////////////////////////////
    // START CUSTOM CODE
    //////////////////////////////////////
    //////////////////////////////////////

    if (m_numElectrons == 5)
        pCmdUI->SetCheck(TRUE);
    else
        pCmdUI->SetCheck(FALSE);

    //////////////////////////////////////
    //////////////////////////////////////
    // END CUSTOM CODE
    //////////////////////////////////////
    //////////////////////////////////////
}

void CAnimateView::OnElectronsFour()
{
    // TODO: Add your command handler code here
```

II

3-D Worlds with OpenGL

(continues)

Listing 8.2   Continued

```
/////////////////////////////////
/////////////////////////////////
// START CUSTOM CODE
/////////////////////////////////
/////////////////////////////////

m_numElectrons = 4;

/////////////////////////////////
/////////////////////////////////
// END CUSTOM CODE
/////////////////////////////////
/////////////////////////////////
}

void CAnimateView::OnUpdateElectronsFour(CCmdUI* pCmdUI)
{
    // TODO: Add your command update UI handler code here

    /////////////////////////////////
    /////////////////////////////////
    // START CUSTOM CODE
    /////////////////////////////////
    /////////////////////////////////

    if (m_numElectrons == 4)
        pCmdUI->SetCheck(TRUE);
    else
        pCmdUI->SetCheck(FALSE);

    /////////////////////////////////
    /////////////////////////////////
    // END CUSTOM CODE
    /////////////////////////////////
    /////////////////////////////////
}

void CAnimateView::OnElectronsOne()
{
    // TODO: Add your command handler code here

    /////////////////////////////////
    /////////////////////////////////
    // START CUSTOM CODE
    /////////////////////////////////
    /////////////////////////////////

    m_numElectrons = 1;

    /////////////////////////////////
    /////////////////////////////////
    // END CUSTOM CODE
    /////////////////////////////////
    /////////////////////////////////
```

```
}

void CAnimateView::OnUpdateElectronsOne(CCmdUI* pCmdUI)
{
    // TODO: Add your command update UI handler code here

    ///////////////////////////////////////
    ///////////////////////////////////////
    // START CUSTOM CODE
    ///////////////////////////////////////
    ///////////////////////////////////////

    if (m_numElectrons == 1)
        pCmdUI->SetCheck(TRUE);
    else
        pCmdUI->SetCheck(FALSE);

    ///////////////////////////////////////
    ///////////////////////////////////////
    // END CUSTOM CODE
    ///////////////////////////////////////
    ///////////////////////////////////////
}

void CAnimateView::OnElectronsThree()
{
    // TODO: Add your command handler code here

    ///////////////////////////////////////
    ///////////////////////////////////////
    // START CUSTOM CODE
    ///////////////////////////////////////
    ///////////////////////////////////////

    m_numElectrons = 3;

    ///////////////////////////////////////
    ///////////////////////////////////////
    // END CUSTOM CODE
    ///////////////////////////////////////
    ///////////////////////////////////////
}

void CAnimateView::OnUpdateElectronsThree(CCmdUI* pCmdUI)
{
    // TODO: Add your command update UI handler code here

    ///////////////////////////////////////
    ///////////////////////////////////////
    // START CUSTOM CODE
    ///////////////////////////////////////
    ///////////////////////////////////////

    if (m_numElectrons == 3)
        pCmdUI->SetCheck(TRUE);
```

(continues)

II

3-D Worlds with OpenGL

Listing 8.2 Continued

```
        else
            pCmdUI->SetCheck(FALSE);

        /////////////////////////////////////
        /////////////////////////////////////
        // END CUSTOM CODE
        /////////////////////////////////////
        /////////////////////////////////////
}

void CAnimateView::OnElectronsTwo()
{
        // TODO: Add your command handler code here

        /////////////////////////////////////
        /////////////////////////////////////
        // START CUSTOM CODE
        /////////////////////////////////////
        /////////////////////////////////////

        m_numElectrons = 2;

        /////////////////////////////////////
        /////////////////////////////////////
        // END CUSTOM CODE
        /////////////////////////////////////
        /////////////////////////////////////
}

void CAnimateView::OnUpdateElectronsTwo(CCmdUI* pCmdUI)
{
        // TODO: Add your command update UI handler code here

        /////////////////////////////////////
        /////////////////////////////////////
        // START CUSTOM CODE
        /////////////////////////////////////
        /////////////////////////////////////

        if (m_numElectrons == 2)
            pCmdUI->SetCheck(TRUE);
        else
            pCmdUI->SetCheck(FALSE);

        /////////////////////////////////////
        /////////////////////////////////////
        // END CUSTOM CODE
        /////////////////////////////////////
        /////////////////////////////////////
}

void CAnimateView::OnObjectAtom()
{
        // TODO: Add your command handler code here
```

```
///////////////////////////////////
///////////////////////////////////
// START CUSTOM CODE
///////////////////////////////////
///////////////////////////////////

    m_object = Atom;

///////////////////////////////////
///////////////////////////////////
// END CUSTOM CODE
///////////////////////////////////
///////////////////////////////////
}

void CAnimateView::OnUpdateObjectAtom(CCmdUI* pCmdUI)
{
    // TODO: Add your command update UI handler code here

///////////////////////////////////
///////////////////////////////////
// START CUSTOM CODE
///////////////////////////////////
///////////////////////////////////

    if (m_object == Atom)
        pCmdUI->SetCheck(TRUE);
    else
        pCmdUI->SetCheck(FALSE);

///////////////////////////////////
///////////////////////////////////
// END CUSTOM CODE
///////////////////////////////////
///////////////////////////////////
}

void CAnimateView::OnObjectRobot()
{
    // TODO: Add your command handler code here

///////////////////////////////////
///////////////////////////////////
// START CUSTOM CODE
///////////////////////////////////
///////////////////////////////////

    m_object = Robot;
    m_angle = 0.0f;
    m_angle2 = 0.0f;

///////////////////////////////////
///////////////////////////////////
// END CUSTOM CODE
///////////////////////////////////
///////////////////////////////////
```

II

3-D Worlds with OpenGL

(continues)

Listing 8.2   Continued

```
}

void CAnimateView::OnUpdateObjectRobot(CCmdUI* pCmdUI)
{
    // TODO: Add your command update UI handler code here

    //////////////////////////////////////
    //////////////////////////////////////
    // START CUSTOM CODE
    //////////////////////////////////////
    //////////////////////////////////////

    if (m_object == Robot)
        pCmdUI->SetCheck(TRUE);
    else
        pCmdUI->SetCheck(FALSE);

    //////////////////////////////////////
    //////////////////////////////////////
    // END CUSTOM CODE
    //////////////////////////////////////
    //////////////////////////////////////
}

void CAnimateView::OnSpeedFast()
{
    // TODO: Add your command handler code here

    //////////////////////////////////////
    //////////////////////////////////////
    // START CUSTOM CODE
    //////////////////////////////////////
    //////////////////////////////////////

    m_speed = 15.0f;

    //////////////////////////////////////
    //////////////////////////////////////
    // END CUSTOM CODE
    //////////////////////////////////////
    //////////////////////////////////////
}

void CAnimateView::OnUpdateSpeedFast(CCmdUI* pCmdUI)
{
    // TODO: Add your command update UI handler code here

    //////////////////////////////////////
    //////////////////////////////////////
    // START CUSTOM CODE
    //////////////////////////////////////
    //////////////////////////////////////
```

```
    if (m_speed == 15.0f)
        pCmdUI->SetCheck(TRUE);
    else
        pCmdUI->SetCheck(FALSE);

    /////////////////////////////////////
    /////////////////////////////////////
    // END CUSTOM CODE
    /////////////////////////////////////
    /////////////////////////////////////
}

void CAnimateView::OnSpeedMedium()
{
    // TODO: Add your command handler code here

    /////////////////////////////////////
    /////////////////////////////////////
    // START CUSTOM CODE
    /////////////////////////////////////
    /////////////////////////////////////

    m_speed = 10.0f;

    /////////////////////////////////////
    /////////////////////////////////////
    // END CUSTOM CODE
    /////////////////////////////////////
    /////////////////////////////////////
}

void CAnimateView::OnUpdateSpeedMedium(CCmdUI* pCmdUI)
{
    // TODO: Add your command update UI handler code here

    /////////////////////////////////////
    /////////////////////////////////////
    // START CUSTOM CODE
    /////////////////////////////////////
    /////////////////////////////////////

    if (m_speed == 10.0f)
        pCmdUI->SetCheck(TRUE);
    else
        pCmdUI->SetCheck(FALSE);

    /////////////////////////////////////
    /////////////////////////////////////
    // END CUSTOM CODE
    /////////////////////////////////////
    /////////////////////////////////////
}

void CAnimateView::OnSpeedSlow()
{
```

(continues)

II

3-D Worlds with OpenGL

Listing 8.2 Continued

```
    // TODO: Add your command handler code here

    ////////////////////////////////////////
    ////////////////////////////////////////
    // START CUSTOM CODE
    ////////////////////////////////////////
    ////////////////////////////////////////

    m_speed = 5.0f;

    ////////////////////////////////////////
    ////////////////////////////////////////
    // END CUSTOM CODE
    ////////////////////////////////////////
    ////////////////////////////////////////
}

void CAnimateView::OnUpdateSpeedSlow(CCmdUI* pCmdUI)
{
    // TODO: Add your command update UI handler code here

    ////////////////////////////////////////
    ////////////////////////////////////////
    // START CUSTOM CODE
    ////////////////////////////////////////
    ////////////////////////////////////////

    if (m_speed == 5.0f)
        pCmdUI->SetCheck(TRUE);
    else
        pCmdUI->SetCheck(FALSE);

    ////////////////////////////////////////
    ////////////////////////////////////////
    // END CUSTOM CODE
    ////////////////////////////////////////
    ////////////////////////////////////////
}

void CAnimateView::OnSpeedUltra()
{
    // TODO: Add your command handler code here

    ////////////////////////////////////////
    ////////////////////////////////////////
    // START CUSTOM CODE
    ////////////////////////////////////////
    ////////////////////////////////////////

    m_speed = 20.0f;
```

```
        /////////////////////////////////////
        /////////////////////////////////////
        // END CUSTOM CODE
        /////////////////////////////////////
        /////////////////////////////////////
}

void CAnimateView::OnUpdateSpeedUltra(CCmdUI* pCmdUI)
{
        // TODO: Add your command update UI handler code here

        /////////////////////////////////////
        /////////////////////////////////////
        // START CUSTOM CODE
        /////////////////////////////////////
        /////////////////////////////////////

        if (m_speed == 20.0f)
            pCmdUI->SetCheck(TRUE);
        else
            pCmdUI->SetCheck(FALSE);

        /////////////////////////////////////
        /////////////////////////////////////
        // END CUSTOM CODE
        /////////////////////////////////////
        /////////////////////////////////////
}

/////////////////////////////////////
/////////////////////////////////////
// START CUSTOM CODE
/////////////////////////////////////
/////////////////////////////////////

void CAnimateView::DrawWithOpenGL()
{
    glShadeModel(GL_SMOOTH);
    glEnable(GL_DEPTH_TEST);
    glClearColor(0.0f, 0.0f, 0.0f, 1.0f);
    glClear(GL_COLOR_BUFFER_BIT | GL_DEPTH_BUFFER_BIT);

    if (m_object == Atom)
        AnimateAtom();
    else
        AnimateRobot();

    glFlush();
}

void CAnimateView::AnimateAtom()
{
    GLfloat materialAmbDiffNucleus[] = {0.2f, 0.8f, 0.5f, 1.0f};
    GLfloat materialAmbDiffElectron[] = {1.0f, 0.0f, 0.0f, 1.0f};

    glPushMatrix();
```

(continues)

Listing 8.2 Continued

```
            glMaterialfv(GL_FRONT, GL_AMBIENT_AND_DIFFUSE,
                materialAmbDiffNucleus);
            auxSolidSphere(0.6f);

            glRotatef(m_angle, 0.0f, 1.0f, 0.0f);
            glTranslatef(0.0f, 0.0f, 2.0f);

             glMaterialfv(GL_FRONT, GL_AMBIENT_AND_DIFFUSE,
                materialAmbDiffElectron);
            auxSolidSphere(0.2f);

    glPopMatrix();

    if (m_numElectrons > 1)
    {
        glPushMatrix();
            glRotatef(m_angle, 1.0f, 0.0f, 0.0f);
            glTranslatef(0.0f, 0.0f, -2.0f);
            auxSolidSphere(0.2f);
        glPopMatrix();
    }

    if (m_numElectrons > 2)
    {
        glPushMatrix();
            glRotatef(m_angle, 0.0f, 0.0f, 1.0f);
            glTranslatef(0.0f, 2.0f, 0.0f);
            auxSolidSphere(0.2f);
        glPopMatrix();
    }

    if (m_numElectrons > 3)
    {
        glPushMatrix();
            glRotatef(m_angle, 1.0f, 1.0f, 0.0f);
            glTranslatef(-2.0f, 2.0f, 0.0f);
            auxSolidSphere(0.2f);
        glPopMatrix();
    }

    if (m_numElectrons > 4)
    {
        glPushMatrix();
            glRotatef(m_angle, -1.0f, 1.0f, 0.0f);
            glTranslatef(2.0f, 2.0f, 0.0f);
            auxSolidSphere(0.2f);
        glPopMatrix();
    }
}

void CAnimateView::AnimateRobot()
{
    GLfloat materialAmbDiffGreen[] = {0.2f, 0.8f, 0.5f, 1.0f};
    GLfloat materialAmbDiffRed[] = {1.0f, 0.0f, 0.0f, 1.0f};
```

```
GLfloat materialAmbDiffGray[] = {0.2f, 0.2f, 0.2f, 1.0f};
GLfloat materialAmbDiffBlue[] = {0.0f, 0.0f, 1.0f, 1.0f};

glMaterialfv(GL_FRONT, GL_AMBIENT_AND_DIFFUSE,
    materialAmbDiffGreen);

glPushMatrix();

    glTranslatef(0.0f, 0.0f, -1.0f);
    glRotatef(m_angle2, 0.0f, 1.0f, 0.0f);
    auxSolidCube(1.0f);

    glTranslatef(0.0f, -1.1f, 0.0f);
    auxSolidCube(0.9f);

    glTranslatef(0.0f, 2.1f, 0.0f);
    auxSolidCube(0.75f);

    glTranslatef(-0.60f, -0.1f, 0.0f);
    glMaterialfv(GL_FRONT, GL_AMBIENT_AND_DIFFUSE,
        materialAmbDiffGray);
    auxSolidCube(0.25f);

    glTranslatef(0.0f, 0.30f, -0.2f);
    glMaterialfv(GL_FRONT, GL_AMBIENT_AND_DIFFUSE,
        materialAmbDiffBlue);
    auxSolidCube(0.20f);

    glTranslatef(0.0f, 0.0f, 0.4f);
    auxSolidCube(0.20f);

    glTranslatef(0.60f, -1.2f, -0.2f);

glPushMatrix();

    glTranslatef(0.0f, 0.0f, 0.5f);
    glRotatef(m_angle, 1.0f, 0.0f, 0.0f);
    glMaterialfv(GL_FRONT, GL_AMBIENT_AND_DIFFUSE,
        materialAmbDiffRed);
    auxSolidCylinder(0.15f, 0.8f);

    glTranslatef(0.0f, 1.0f, 0.0f);
    glRotatef(-m_angle / 2.0f, 1.0f, 0.0f, 0.0f);
    auxSolidCylinder(0.15f, 0.8f);

    glTranslatef(0.0f, 1.0f, 0.0f);
    glRotatef(-m_angle / 2.0f, 1.0f, 0.0f, 0.0f);
    auxSolidCylinder(0.15f, 0.8f);

glPopMatrix();

    glTranslatef(0.0f, 0.0f, -0.5f);
    glRotatef(-m_angle, 1.0f, 0.0f, 0.0f);
    auxSolidCylinder(0.15f, 0.8f);

    glTranslatef(0.0f, 1.0f, 0.0f);
```

II

3-D Worlds with OpenGL

(continues)

Listing 8.2 Continued

```
            glRotatef(m_angle / 2.0f, 1.0f, 0.0f, 0.0f);
            auxSolidCylinder(0.15f, 0.8f);

            glTranslatef(0.0f, 1.0f, 0.0f);
            glRotatef(m_angle / 2.0f, 1.0f, 0.0f, 0.0f);
            auxSolidCylinder(0.15f, 0.8f);

    glPopMatrix();
}

void CAnimateView::SetupLogicalPalette()
{
    struct
    {
        WORD Version;
        WORD NumberOfEntries;
        PALETTEENTRY aEntries[256];
    } logicalPalette = { 0x300, 256 };

    BYTE reds[] = {0, 36, 72, 109, 145, 182, 218, 255};
    BYTE greens[] = {0, 36, 72, 109, 145, 182, 218, 255};
    BYTE blues[] = {0, 85, 170, 255};

    for (int colorNum=0; colorNum<256; ++colorNum)
    {
        logicalPalette.aEntries[colorNum].peRed =
            reds[colorNum & 0x07];
        logicalPalette.aEntries[colorNum].peGreen =
            greens[(colorNum >> 0x03) & 0x07];
        logicalPalette.aEntries[colorNum].peBlue =
            blues[(colorNum >> 0x06) & 0x03];
        logicalPalette.aEntries[colorNum].peFlags = 0;
    }

    m_hPalette = CreatePalette ((LOGPALETTE*)&logicalPalette);
}

///////////////////////////////////////
///////////////////////////////////////
// END CUSTOM CODE
///////////////////////////////////////
///////////////////////////////////////
```

Listing 8.3 mainfrm.cpp—The Implementation File for the *CMainFrame* Class

```
// mainfrm.cpp : implementation of the CMainFrame class
//

#include "stdafx.h"
```

```
#include "animate.h"

#include "mainfrm.h"

#ifdef _DEBUG
#undef THIS_FILE
static char BASED_CODE THIS_FILE[] = _ _FILE_ _;
#endif

/////////////////////////////////////////////////////////////////
// CMainFrame

IMPLEMENT_DYNCREATE(CMainFrame, CFrameWnd)

BEGIN_MESSAGE_MAP(CMainFrame, CFrameWnd)
    //{{AFX_MSG_MAP(CMainFrame)
    ON_WM_PALETTECHANGED()
    ON_WM_QUERYNEWPALETTE()
    //}}AFX_MSG_MAP
END_MESSAGE_MAP()

/////////////////////////////////////////////////////////////////
// CMainFrame construction/destruction

CMainFrame::CMainFrame()
{
    // TODO: add member initialization code here

}

CMainFrame::~CMainFrame()
{
}

/////////////////////////////////////////////////////////////////
// CMainFrame diagnostics

#ifdef _DEBUG
void CMainFrame::AssertValid() const
{
    CFrameWnd::AssertValid();
}

void CMainFrame::Dump(CDumpContext& dc) const
{
    CFrameWnd::Dump(dc);
}

#endif //_DEBUG

/////////////////////////////////////////////////////////////////
// CMainFrame message handlers

BOOL CMainFrame::PreCreateWindow(CREATESTRUCT& cs)
{
    // TODO: Add your specialized code here
    // and/or call the base class
```

(continues)

II

3-D Worlds with OpenGL

Listing 8.3   Continued

```
///////////////////////////////////
///////////////////////////////////
// START CUSTOM CODE
///////////////////////////////////
///////////////////////////////////

cs.cx = 400;
cs.cy = 440;

///////////////////////////////////
///////////////////////////////////
// END CUSTOM CODE
///////////////////////////////////
///////////////////////////////////

return CFrameWnd::PreCreateWindow(cs);
}

void CMainFrame::OnPaletteChanged(CWnd* pFocusWnd)
{
    CFrameWnd::OnPaletteChanged(pFocusWnd);

    // TODO: Add your message handler code here

    ///////////////////////////////////
    ///////////////////////////////////
    // START CUSTOM CODE
    ///////////////////////////////////
    ///////////////////////////////////

    CView* pView = GetActiveView();
    if (pFocusWnd != pView)
        pView->Invalidate(FALSE);

    ///////////////////////////////////
    ///////////////////////////////////
    // END CUSTOM CODE
    ///////////////////////////////////
    ///////////////////////////////////
}

BOOL CMainFrame::OnQueryNewPalette()
{
    // TODO: Add your message handler code here and/or call default

    ///////////////////////////////////
    ///////////////////////////////////
    // START CUSTOM CODE
    ///////////////////////////////////
    ///////////////////////////////////

    CView* pView = GetActiveView();
    pView->Invalidate(FALSE);
```

```
/////////////////////////////////////
/////////////////////////////////////
// END CUSTOM CODE
/////////////////////////////////////
/////////////////////////////////////

    return CFrameWnd::OnQueryNewPalette();
}
```

Summary

Although the process can be confusing at first, arranging shapes into 3-D scenes is just a matter of using translation and rotation transformations to position each object. This process is not unlike building a castle with building blocks on a table top.

Often, it's easier to imagine the required transformations by thinking in terms of world and local origins. Most importantly, you must be aware that each transformation you perform becomes a part of the current modelview matrix. These transformations continue to build upon each other until you clear the matrix, either by calling `glLoadIdentity()` or popping a saved matrix from the matrix stack.

To create animated scenes, OpenGL uses a double buffer. The front buffer holds the scene currently displayed on the screen, whereas the back buffer holds the scene currently being drawn. A simple swap of the buffers transfers the new image to the screen.

The OpenGL functions you studied in this chapter are

void auxSolidCube(GLdouble)

Draws a solid cube at the origin. This function takes as a single argument the size of the cube.

void auxSolidCylinder(GLdouble, GLdouble)

Draws a solid cylinder at the origin. This function takes as arguments the radius and height of the cylinder.

void glPopMatrix(void)

Removes a matrix from the top of the currently selected matrix stack.

void glPushMatrix(void)

Places a copy of the currently selected matrix onto the matrix stack.

BOOL SwapBuffers(HDC)

Swaps the front and back buffers. This function's single argument is a handle to a device context. If successful, `SwapBuffers()` returns TRUE; otherwise, it returns FALSE.

Computer animation is a fascinating topic, especially in 3-D graphics programming. But, imagine being able to attach a detailed bitmapped image to the polygons that make up a scene and still be able to transform those polygons as if they were just filled with a solid color. You can perform this magical feat with something called texture mapping, which you learn about in the next chapter.

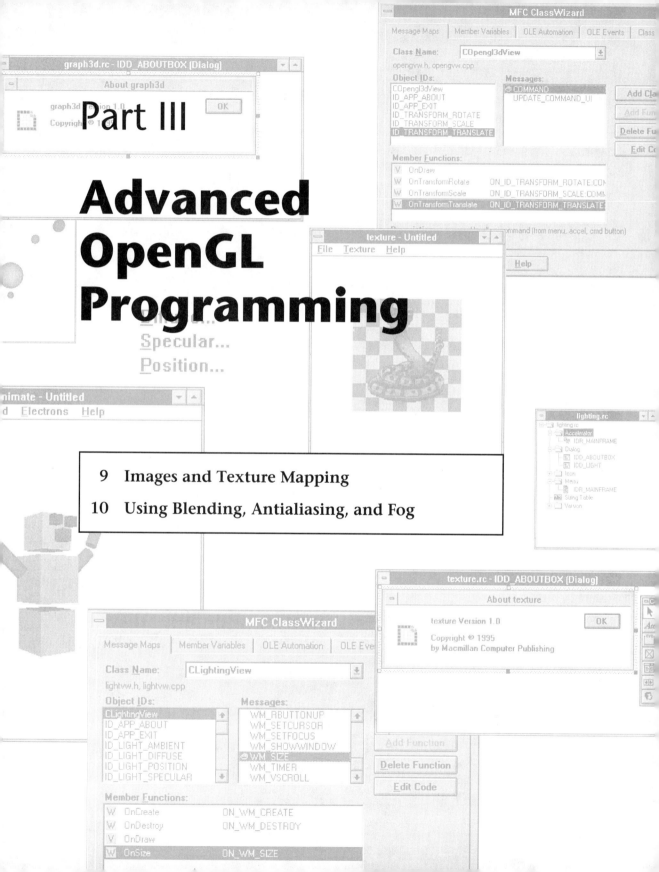

Part III

Advanced
OpenGL
Programming

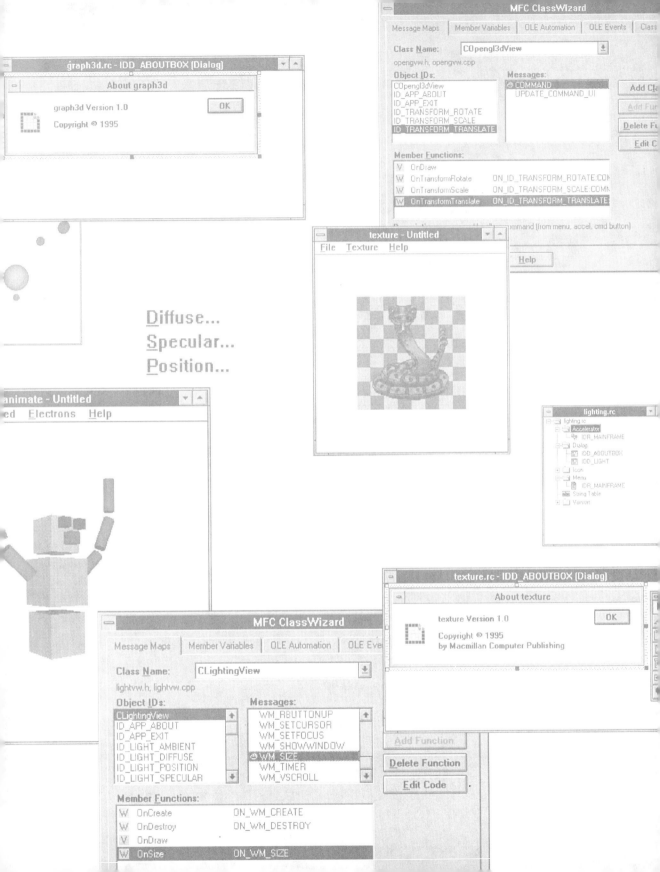

Chapter 9

Images and Texture Mapping

Often in graphics programming, you need to deal with graphical images that are much more detailed than those you can draw with OpenGL. For example, although you can use OpenGL to draw a rectangle that represents a tabletop, a filled polygon doesn't provide the graphical details—such as the wood grain—that make a table look like a table. To provide those details, you use OpenGL images to texture-map objects in your 3-D scene.

But before you can learn about texture mapping, you need to know about OpenGL's images and how to handle device-independent bitmaps (DIBs). These two types of graphical data enable you to create images by copying rectangles from memory or by drawing them with a paint program. Once you have the images in memory, you can use them to enhance your 3-D scenes.

In this chapter, you learn

- ■ About OpenGL bitmaps and images
- ■ How to load device-independent bitmaps
- ■ About pixel transfer modes and color tables
- ■ How to set up OpenGL texture mapping
- ■ How to texture-map a polygon

OpenGL Bitmaps and Images

OpenGL supports two types of graphics objects. The first, which OpenGL simply calls a *bitmap*, is no more than a monochrome mask that can be used to create simple images such as characters in a font. Because OpenGL bitmaps are the least useful of the image types, you won't learn much about them here. If you'd like more information, please consult *OpenGL Programmer's Guide.*

The other type of graphical object OpenGL supports is an *image*. An image can be more like the bitmaps that you're used to using: full-color, detailed images that can contain anything from an icon to a detailed picture.

Unfortunately, different types of machines store images in different ways. Because OpenGL is a cross-platform library, it must have a way of supporting any possible type of image storage. For that reason, OpenGL defines a number of constants that represent the different types of data you might want to store in an image. Table 9.1 lists the image–type constants and what they mean.

Table 9.1 OpenGL Image-Type Constants

Constant	Description
GL_ALPHA	Each pixel is an alpha color element.
GL_BLUE	Each pixel is a blue color element.
GL_COLOR_INDEX	Each pixel is a color index.
GL_DEPTH_COMPONENT	Each pixel is a depth element.
GL_GREEN	Each pixel is a green color element.
GL_LUMINANCE	Each pixel is a luminance element.
GL_LUMINANCE_ALPHA	Each pixel is a luminance and alpha color element.
GL_RED	Each pixel is a red color element.
GL_RGB	Each pixel is represented by a red, green, and blue element.
GL_RGBA	Each pixel is represented by a red, green, blue, and alpha element.
GL_STENCIL_INDEX	Each pixel is a stencil index.

In addition, the size of the data that represents a single image element varies from image to image and from machine to machine. For that reason, to preserve cross-platform reliability, OpenGL defines a number of data-type constants that you must use when handling image data in your OpenGL programs. These data-type constants are listed in table 9.2.

Table 9.2 OpenGL Data-Type Constants	
Constant	**Description**
GL_BITMAP	Unsigned 8-bit integer containing single-bit (monochrome) data
GL_BYTE	Signed 8-bit integer
GL_FLOAT	Single-precision floating point
GL_INT	Signed 32-bit integer
GL_SHORT	Signed 16-bit integer
GL_UNSIGNED_BYTE	Unsigned 8-bit integer
GL_UNSIGNED_INT	Unsigned 32-bit integer
GL_UNSIGNED_SHORT	Unsigned 16-bit integer

Reading OpenGL Images

OpenGL provides three basic functions for manipulating image data:
glReadPixels(), glDrawPixels(), and glCopyPixels(). The glReadPixels()
function copies a rectangle from a color buffer and stores the data in
memory. For example, the following lines define storage for an image and
read the image data from the current color buffer into that storage:

```
GLubyte image[64][64][3];
glReadPixels(0, 0, 64, 64, GL_RGB,
    GL_UNSIGNED_BYTE, image);
```

In the preceding example, the storage area is defined as a three-dimensional
array that can store a 64×64 image containing three pixel components,
which, in this case, are RGB values. The glReadPixels() function call reads
the image data from the color buffer and stores it in the image[][][] array.
The function's seven parameters are the X and Y coordinates of the
rectangle's lower left corner, the width and height of the rectangle, the type
of pixel data to read, the data type of that data, and the address of the buffer
in which to store the image data. The preceding call reads a 64×64 image
from the lower left corner of the color buffer. This image is represented by
red, green, and blue color elements that are stored as unsigned bytes.

Drawing OpenGL Images

Once you have image data in memory, you can use the `glDrawPixels()` function to display that data on the screen. You might display the previously stored image with a function call like this:

```
glDrawPixels(64, 64, GL_RGB, GL_UNSIGNED_BYTE, image);
```

The `glDrawPixels()` function displays an image at the current raster position. This function's five parameters are the width and height of the image, the pixel type of the image data, the data type of the image data, and the address of the image.

How can you control the raster position at which `glDrawPixels()` displays image data? With the `glRasterPos3f()` function, like this:

```
glRasterPos3f(1.0f, 1.0f, 0.0f);
```

This function sets the current raster position, which is given in the function's three X, Y, Z arguments. These values are not screen coordinates like those used with the `glReadPixels()` function, but rather are Cartesian coordinates that are transformed to screen coordinates by the modelview and perspective transformations. The `glRasterPos()` function comes in 24 versions, depending on the number and type of arguments.

Understanding Image Manipulation

The following code segment creates an RGB image in memory, displays the image in the window's lower right corner, copies the image into another area of memory, and displays the copy in the window's upper right corner, as shown in figure 9.1:

```
GLubyte image1[64][64][3];
GLubyte image2[64][64][3];

for (int i=0; i<64; i++)
    for (int j=0; j<64; j++)
    {
        image1[i][j][0] = (GLubyte) 0;
        image1[i][j][1] = (GLubyte) 0;
        image1[i][j][2] = (GLubyte) (255 - i * 3.5);
    }

glRasterPos3f(-1.0f, -1.0f, 0.0f);
glDrawPixels(64, 64, GL_RGB, GL_UNSIGNED_BYTE, image1);
GLint rasPos[4];
glGetIntegerv(GL_CURRENT_RASTER_POSITION, rasPos);
glReadPixels(rasPos[0], rasPos[1], 64, 64, GL_RGB,
    GL_UNSIGNED_BYTE, image2);
glRasterPos3f(1.0f, 1.0f, 0.0f);
glDrawPixels(64, 64, GL_RGB, GL_UNSIGNED_BYTE, image2);

glFlush();
```

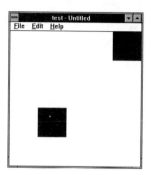

Fig. 9.1
Reading and
drawing OpenGL
images.

The for loop in the preceding code sample creates an image made up of blue lines that range from light at the bottom of the image to dark at the top. (Images are stored upside down in memory, so the first bytes in the array are actually the bottom of the image.) After creating the image, the code sample sets the raster position and draws the image at that new position.

To copy the image, a program has to know the window coordinates of the image. Unfortunately, the program gave the glRasterPos3f() function only Cartesian coordinates. How can you discover how those Cartesian coordinates were converted to window coordinates? You can do this by calling the glGetIntegerv() function with the GL_CURRENT_RASTER_POSITION constant and the address of a four-element GLint array in which the function will store the current raster position in window coordinates.

After getting the image's window coordinates, the sample code reads the image into a second array, image2[][][]. Then, the code resets the raster position and displays the new image, proving that the original was indeed copied. Of course, the sample code assumes that you've properly set up a viewing volume and viewpoint. Otherwise, you may not see much on the screen.

Copying OpenGL Images

A third OpenGL image function, glCopyPixels(), enables you to copy an image from one place to another on the screen, without having to first read the image data into a buffer. In a way, a call to glCopyPixels() is like a call to both glReadPixels() and glDrawPixels(), except no additional storage is required. To take advantage of glCopyPixels(), the previous code segment could be rewritten like this:

```
GLubyte image1[64][64][4];

for (int i=0; i<64; i++)
    for (int j=0; j<64; j++)
    {
```

III

Advanced Programming

```
                    image1[i][j][0] = (GLubyte) 0;
                    image1[i][j][1] = (GLubyte) 0;
                    image1[i][j][2] = (GLubyte) (255 - i * 3.5);
                    image1[i][j][3] = (GLubyte) 1;
                }

          glRasterPos3f(-1.0f, -1.0f, 0.0f);
          glDrawPixels(64, 64, GL_RGBA, GL_UNSIGNED_BYTE, image1);
          GLint rasPos[4];
          glGetIntegerv(GL_CURRENT_RASTER_POSITION, rasPos);
          glRasterPos3f(1.0f, 1.0f, 0.0f);
          glCopyPixels(rasPos[0], rasPos[1], 64, 64, GL_COLOR);

          glFlush();
```

This version is shorter and requires less memory to work. The `glCopyPixels()` function takes as arguments the X and Y window coordinates of the rectangle to copy, the width and height of the rectangle, and the type of data to copy. The type can be `GL_COLOR`, `GL_DEPTH`, or `GL_STENCIL`. In the case of `GL_COLOR`, OpenGL copies the rectangle as `GL_RGBA` or `GL_COLOR_INDEX` data, depending on the system's current color mode. In the other cases, OpenGL copies the rectangle as `GL_DEPTH_COMPONENT` or `GL_STENCIL_INDEX` data.

> **Note**
>
> In the preceding code segment, the `image1[][][]` array has 4 as its third dimension. This is to allow for the additional alpha value copied by `glCopyPixels()` while in RGBA mode. Notice also that the `for` loop initializes the alpha values and that the call to `glDrawPixels()` now draws in `GL_RGBA` mode.

As you can see, handling OpenGL images is fairly easy. Unfortunately, you'll probably need to display Windows bitmaps more often than you'll need to display OpenGL images. So, in the following section, you learn how to load Windows bitmaps into memory, where you can use OpenGL to manipulate them.

Device-Dependent Bitmaps versus Device-Independent Bitmaps

If you've done any Windows programming, you know that bitmaps are everywhere. This is because the BMP graphics format is the only graphical-image format (not including icons, which are very limited) that Windows directly supports. Look through your Windows programming manuals, and you'll find functions such as `CreateBitmap()`, `LoadBitmap()`, `StretchDIBits()`, and

`BitBlt()`, which enable you to create, load, or display bitmaps on the screen, but you won't find similar functions for other graphics formats such as PCX, TIF, and GIF.

Obviously, then, you can't get too far with graphics programming without knowing how to handle bitmaps. And, if you've programmed under Windows before and are tempted to skip this section, don't. The bitmaps you previously dealt with under Windows were probably device-dependent bitmaps. Unless you know how to program with device-independent bitmaps, read on.

Device-dependent bitmaps are graphical images that can be displayed on only one type of physical device. For example, when you use Windows functions such as `CreateBitmap()` and `LoadBitmap()`, you're creating in memory a bitmap image that is compatible with a certain device, usually the screen. These types of bitmaps are also sometimes called *GDI bitmaps* because Windows GDI (Graphical Device Interface) can handle them directly. Device-dependent bitmaps are stored without color tables because they use the colors of their associated device. Moreover, device-dependent bitmaps usually reside only in memory, rather than as files on a disk.

Device-independent bitmaps are graphical images that can be displayed on many different devices. These types of bitmaps carry with them a color table that the current device must use to display the bitmap so that the bitmap looks similar from one device to another. For example, a device-independent bitmap should look almost the same under Windows as it does under DOS or OS/2. Because device-independent bitmaps are generally portable between systems, you often find them as disk files. For example, if you look in your Windows directory, you'll see many files that have the BMP extension. These are device-independent bitmaps. You can create your own device-independent bitmaps using various types of paint programs, including Windows Paintbrush, which comes with every copy of Windows. You can also use Visual C++'s bitmap editor.

The DIB Format

Whether a DIB is stored on disk or in memory, it has almost exactly the same structure. Actually, a DIB is made up of several different types of structures, one following the other. These structures include the `BITMAPFILEHEADER`, `BITMAPINFO`, `BITMAPINFOHEADER`, and `RGBQUAD` types. The following sections describe these structure types and how they're used in Windows programs.

The *BITMAPFILEHEADER* Structure

At the beginning of a DIB file is the BITMAPFILEHEADER structure, which is defined by Windows as follows:

```
typedef struct tagBITMAPFILEHEADER {
    WORD bfType;
    DWORD bfSize;
    WORD bfReserved1;
    WORD bfReserved2;
    DWORD bfOffBits;
} BITMAPFILEHEADER;
```

Although this structure resides at the beginning of a bitmap disk file, it need not be part of the bitmap in memory. The first structure member, bfType, identifies the file as a bitmap and should be the ASCII codes of the letters *BM*. In hex, the bfType word should be 4D42. Otherwise, the file is probably not a bitmap. The second member, bfSize, is supposed to be the size of the bitmap file in bytes. However, due to an ambiguity in the original Windows documentation, bfSize is not reliable and should be ignored. On the other hand, you can count on the bfOffBits member to contain the number of bytes from the start of the bitmap file to the bitmap data. The BITMAPFILEHEADER structure is summarized in table 9.3.

Table 9.3 The *BITMAPFILEHEADER* Structure

Member	Type	Description
bfType	WORD	Contains the ASCII values *BM*
bfSize	DWORD	The size of the file
bfReserved1	WORD	Always 0
bfReserved2	WORD	Always 0
bfOffBits	DWORD	The number of bytes from the beginning of the file to the bitmap

The *BITMAPINFO* Structure

Following the BITMAPFILEHEADER structure is the BITMAPINFO structure, which is defined by Windows as follows:

```
typedef struct tagBITMAPINFO {
    BITMAPINFOHEADER bmiHeader;
    RGBQUAD bmiColors[1];
} BITMAPINFO;
```

As you can see, this structure is made up of a header, represented by the BITMAPINFOHEADER structure, and a color table, represented by an array of RGBQUAD structures.

The *BITMAPINFOHEADER* Structure

A BITMAPINFOHEADER structure, also defined by Windows, looks like this:

```
typedef struct tagBITMAPINFOHEADER {
    DWORD biSize;
    DWORD biWidth;
    DWORD biHeight;
    WORD biPlanes;
    WORD biBitCount;
    DWORD biCompression;
    DWORD biSizeImage;
    DWORD biXPelsPerMeter;
    DWORD biYPelsPerMeter;
    DWORD biClrUsed;
    DWORD biClrImportant;
} BITMAPINFOHEADER;
```

The member biSize contains the size of the BITMAPINFOHEADER structure, which should be 40 bytes. The members biWidth and biHeight are the width and height of the bitmap in pixels. The member biPlanes is always set to 1. The biBitCount member, which indicates the number of bits per pixel, can be 1, 4, 8, or 24, which indicate monochrome, 16-color, 256-color, and 16.7 million-color images.

The biCompression member indicates the type of compression used with the bitmap image, where a 0 indicates no compression, a 1 indicates RLE-8 compression, and a 2 indicates RLE-4 compression. If you're not familiar with data compression techniques, don't worry about it. DIBs are rarely compressed. You'll usually find a 0 in the biCompression structure member.

The biSizeImage member is the size of the bitmap in bytes and is usually used only with compressed bitmaps. This value takes into account that the number of bytes in each row of a bitmap is always a multiple of 4. The rows are padded with blank bytes, when necessary, to ensure a multiple of 4. However, unless you're writing a program that creates DIBs, you don't need to deal with row padding and the code complications that arise from it.

The biXPelsPerMeter and biYPelsPerMeter members contain the horizontal and vertical number of pixels per meter but are usually just set to 0. The biClrUsed and biClrImportant members, which contain the total number of colors used in the bitmap and the number of important colors in the bitmap, are also usually set to 0.

III

Advanced Programming

You may have noticed that BITMAPINFOHEADER structure members after biBitCount are likely to contain a 0, so, after reading the structure in from the disk file, you'll probably ignore the values stored in these structure members. In this chapter, you see how you can calculate any values you need—such as the number of colors used in the image—and store those values in the proper members for later retrieval. For easy reference, the BITMAPINFOHEADER structure is summarized in table 9.4.

Table 9.4   The *BITMAPINFOHEADER* Structure

Member	Type	Description
biSize	DWORD	Size in bytes of this structure
biWidth	DWORD	Bitmap's width in pixels
biHeight	DWORD	Bitmap's height in pixels
biPlanes	WORD	Always 1
biBitCount	WORD	Number of bits per pixel
biCompression	DWORD	Compression type: 0 = None, 1 = RLE-8, 2 = RLE-4
biSizeImage	DWORD	Bitmap's size in bytes
biXPelsPerMeter	DWORD	Horizontal pixels per meter
biYPelsPerMeter	DWORD	Vertical pixels per meter
biClrUsed	DWORD	Number of colors used
biClrImportant	DWORD	Number of important colors

The *RGBQUAD* Structure

The final data structure, RGBQUAD, is defined by Windows like this:

```
typedef struct tagRGBQUAD {
    BYTE rgbBlue;
    BYTE rgbGreen;
    BYTE rgbRed;
    BYTE rgbReserved;
} RGBQUAD;
```

This structure simply contains the intensities of a color's red, green, and blue elements. Each color in a DIB is represented by an RGBQUAD structure. That is, a

16-color (4-bit) bitmap has a color table comprised of 16 RGBQUAD structures, whereas a 256-color (8-bit) bitmap has a color table containing 256 RGBQUAD structures. The exception is 24-bit color images, which have no color table.

Following a DIB's BITMAPINFOHEADER structure is the bitmap's actual image data. The size of this data depends, of course, on the size of the image. Figure 9.2 illustrates the entire layout of a DIB file.

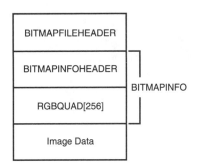

Fig. 9.2
The structure of a DIB.

Introducing the *CDib* Class

Although Visual C++ features classes for many graphical objects, you won't find one for DIBs. You don't, of course, necessarily need a special class to handle DIBs, but having such a class helps organize your code into reusable modules. For that reason, in this chapter you'll develop a simple class called CDib, which reads DIBs from disk into memory and returns important information about the DIB.

The *CDib* Class's Interface

The CDib class's interface is represented by its header file, which is shown in listing 9.1.

Listing 9.1 CDIB.H—The *CDib* Class's Header File

```
///////////////////////////////////////////////////////////
// CDIB.H: Header file for the DIB class.
///////////////////////////////////////////////////////////

#ifndef _ _CDIB_H
#define _ _CDIB_H

class CDib : public CObject
{
protected:
```

(continues)

Listing 9.1   Continued

```
        LPBITMAPFILEHEADER m_pBmFileHeader;
        LPBITMAPINFO m_pBmInfo;
        LPBITMAPINFOHEADER m_pBmInfoHeader;
        RGBQUAD* m_pRGBTable;
        BYTE* m_pDibBits;
        UINT m_numColors;

    public:
        CDib(const char* fileName);
        ~CDib();

        DWORD GetDibSizeImage();
        UINT GetDibWidth();
        UINT GetDibHeight();
        UINT GetDibNumColors();
        LPBITMAPINFOHEADER GetDibInfoHeaderPtr();
        LPBITMAPINFO GetDibInfoPtr();
        LPRGBQUAD GetDibRGBTablePtr();
        BYTE* GetDibBitsPtr();

    protected:
        void LoadBitmapFile(const char* fileName);

    };

    #endif
```

The CDib class's data members consist mostly of pointers to the various parts of a DIB. These pointers store the addresses of the DIB's BITMAPFILEHEADER, BITMAPINFO, and BITMAPINFOHEADER structures, as well as the addresses of the DIB's color table and image data. The final data member, m_numColors, holds the number of colors in the DIB.

Like most classes, CDib has both a constructor and destructor. As you can see by looking at the constructor's declaration, you can create a CDib object by passing to it the file name of the bitmap you want to load.

To enable you to obtain important information about a DIB after it is loaded, the CDib class features eight public member functions. Table 9.5 lists each of the public member functions and what they do.

Table 9.5   The *CDib* Class's *public* Member Functions

Name	Description
GetDibSizeImage()	Returns the size in bytes of the image.
GetDibWidth()	Returns the DIB's width in pixels.

Name	Description
GetDibHeight()	Returns the DIB's height in pixels.
GetDibNumColors()	Returns the number of colors in the DIB.
GetDibInfoHeaderPtr()	Returns a pointer to the DIB's BITMAPINFOHEADER structure.
GetDibInfoPtr()	Returns a pointer to the DIB's BITMAPINFO structure.
GetDibRGBTablePtr()	Returns a pointer to the DIB's color table.
GetDibBitsPtr()	Returns a pointer to the DIB's image data.

Finally, the CDib class has a single protected member function, LoadBitmapFile(), that it calls internally to load a DIB file. You'll never call this member function directly.

Programming the *CDib* Class

The code that defines the CDib class is found in the CDIB.CPP file, which is shown in listing 9.2. In this file, each of the functions in the CDib class is defined.

Listing 9.2 CDIB.CPP—The Implementation of the *CDib* Class

```
/////////////////////////////////////////////////////////
// CDIB.C: Implementation file for the DIB class.
/////////////////////////////////////////////////////////

#include "stdafx.h"
#include "cdib.h"
#include "windowsx.h"

/////////////////////////////////////////////////////////
// CDib::CDib()
/////////////////////////////////////////////////////////
CDib::CDib(const char* fileName)
{
    // Load the bitmap and initialize
    // the class's data members.
    LoadBitmapFile(fileName);
}

/////////////////////////////////////////////////////////
// CDib::~CDib()
/////////////////////////////////////////////////////////
```

(continues)

III

Advanced Programming

Listing 9.2   Continued

```
CDib::~CDib()
{
    // Free the memory assigned to the bitmap.
    GlobalFreePtr(m_pBmInfo);
}


/////////////////////////////////////////////////////////
// CDib::LoadBitmapFile()
//
// This function loads a DIB from disk into memory. It
// also initializes the various class data members.
/////////////////////////////////////////////////////////
void CDib::LoadBitmapFile
    (const char* fileName)
{
    // Construct and open a file object.
    CFile file(fileName, CFile::modeRead);

    // Read the bitmap's file header into memory.
    BITMAPFILEHEADER bmFileHeader;
    file.Read((void*)&bmFileHeader, sizeof(bmFileHeader));

    // Check whether the file is really a bitmap.
    if (bmFileHeader.bfType != 0x4d42)
    {
        AfxMessageBox("Not a bitmap file");
        m_pBmFileHeader = 0;
        m_pBmInfo = 0;
        m_pBmInfoHeader = 0;
        m_pRGBTable = 0;
        m_pDibBits = 0;
        m_numColors = 0;
    }
    // If the file checks out okay, continue loading.
    else
    {
        // Calculate the size of the DIB, which is the
        // file size minus the size of the file header.
        DWORD fileLength = file.GetLength();
        DWORD dibSize = fileLength - sizeof(bmFileHeader);

        // Allocate enough memory to fit the bitmap.
        BYTE* pDib =
            (BYTE*)GlobalAllocPtr(GMEM_MOVEABLE, dibSize);

        // Read the bitmap into memory and close the file.
        file.Read((void*)pDib, dibSize);
        file.Close();

        // Initialize pointers to the bitmap's BITMAPINFO
        // and BITMAPINFOHEADER structures.
        m_pBmInfo = (LPBITMAPINFO) pDib;
        m_pBmInfoHeader = (LPBITMAPINFOHEADER) pDib;
```

```
        // Calculate a pointer to the bitmap's color table.
        m_pRGBTable =
            (RGBQUAD*)(pDib + m_pBmInfoHeader->biSize);

        // Get the number of colors in the bitmap.
        int m_numColors = GetDibNumColors();

        // Calculate the bitmap image's size.
        m_pBmInfoHeader->biSizeImage =
            GetDibSizeImage();

        // Make sure the biClrUsed field
        // is initialized properly.
        if (m_pBmInfoHeader->biClrUsed == 0)
            m_pBmInfoHeader->biClrUsed = m_numColors;

        // Calculate a pointer to the bitmap's actual data.
        DWORD clrTableSize = m_numColors * sizeof(RGBQUAD);
        m_pDibBits =
            pDib + m_pBmInfoHeader->biSize + clrTableSize;
    }
}

/////////////////////////////////////////////////////////////
// CDib::GetDibSizeImage()
//
// This function calculates and returns the size of the
// bitmap's image in bytes.
/////////////////////////////////////////////////////////////
DWORD CDib::GetDibSizeImage()
{
    // If the bitmap's biSizeImage field contains
    // invalid information, calculate the correct size.
    if (m_pBmInfoHeader->biSizeImage == 0)
    {
        // Get the width in bytes of a single row.
        DWORD byteWidth = (DWORD) GetDibWidth();

        // Get the height of the bitmap.
        DWORD height = (DWORD) GetDibHeight();

        // Multiply the byte width by the number of rows.
        DWORD imageSize = byteWidth * height;

        return imageSize;
    }
    // Otherwise, just return the size stored in
    // the BITMAPINFOHEADER structure.
    else
        return m_pBmInfoHeader->biSizeImage;
}

/////////////////////////////////////////////////////////////
// CDib::GetDibWidth()
```

III

Advanced Programming

(continues)

Listing 9.2   Continued

```
//
// This function returns the width in bytes of a single
// row in the bitmap.
/////////////////////////////////////////////////////////
UINT CDib::GetDibWidth()
{
    return (UINT) m_pBmInfoHeader->biWidth;
}


/////////////////////////////////////////////////////////
// CDib::GetDibHeight()
//
// This function returns the bitmap's height in pixels.
/////////////////////////////////////////////////////////
UINT CDib::GetDibHeight()
{
    return (UINT) m_pBmInfoHeader->biHeight;
}


/////////////////////////////////////////////////////////
// CDib::GetDibNumColors()
//
// This function returns the number of colors in the
// bitmap.
/////////////////////////////////////////////////////////
UINT CDib::GetDibNumColors()
{
    if ((m_pBmInfoHeader->biClrUsed == 0) &&
        (m_pBmInfoHeader->biBitCount < 9))
        return (1 << m_pBmInfoHeader->biBitCount);
    else
        return (int) m_pBmInfoHeader->biClrUsed;
}


/////////////////////////////////////////////////////////
// CDib::GetDibInfoHeaderPtr()
//
// This function returns a pointer to the bitmap's
// BITMAPINFOHEADER structure.
/////////////////////////////////////////////////////////
LPBITMAPINFOHEADER CDib::GetDibInfoHeaderPtr()
{
    return m_pBmInfoHeader;
}


/////////////////////////////////////////////////////////
// CDib::GetDibInfoPtr()
//
// This function returns a pointer to the bitmap's
// BITMAPINFO structure.
/////////////////////////////////////////////////////////
LPBITMAPINFO CDib::GetDibInfoPtr()
{
```

```
        return m_pBmInfo;
}

///////////////////////////////////////////////////////////
// CDib::GetDibRGBTablePtr()
//
// This function returns a pointer to the bitmap's
// color table.
///////////////////////////////////////////////////////////
LPRGBQUAD CDib::GetDibRGBTablePtr()
{
    return m_pRGBTable;
}

///////////////////////////////////////////////////////////
// CDib::GetDibBitsPtr()
//
// This function returns a pointer to the bitmap's
// actual image data.
///////////////////////////////////////////////////////////
BYTE* CDib::GetDibBitsPtr()
{
    return m_pDibBits;
}
```

Loading a DIB into Memory

First, look at the class's constructor. You create a CDib object by calling the
CDib class's constructor with the file name of the DIB you want to load.
The constructor passes this file name to the protected member function,
LoadBitmapFile(), which actually loads the bitmap. LoadBitmapFile()'s code
is fairly complex. In fact, it makes up the bulk of the CDib class's code.
The other CDib member functions generally return values calculated by
LoadBitmapFile().

First, LoadBitmapFile() constructs a Visual C++ CFile object:

```
CFile file(fileName, CFile::modeRead);
```

This line of code not only constructs a CFile object named file, but also
opens the file (the name of which is passed in the fileName argument) in the
read-only mode.

Next, the function declares a BITMAPFILEHEADER structure and reads the DIB's
file header into the structure:

```
BITMAPFILEHEADER bmFileHeader;
file.Read((void*)&bmFileHeader, sizeof(bmFileHeader));
```

The CFile object's Read() member function requires as arguments a pointer to the buffer in which to store the data and the size of the buffer. In this case, the buffer is the BITMAPFILEHEADER structure.

After the preceding lines, the DIB's file header is stored in the bmFileHeader structure. The first task is to check whether the opened file is actually a bitmap, which the function does by checking the bfType member for the value 0x4D42, which is the ASCII code, in hex, for the letters *BM*:

```
if (bmFileHeader.bfType != 0x4d42)
{
    AfxMessageBox("Not a bitmap file");
    m_pBmFileHeader = 0;
    m_pBmInfo = 0;
    m_pBmInfoHeader = 0;
    m_pRGBTable = 0;
    m_pDibBits = 0;
    m_numColors = 0;
}
```

If the bfType structure member does not contain the right value, the function sets all the class's data members to 0 and exits. Otherwise, LoadBitmapFile() calls the CFile object's GetLength() member function to get the size of the opened file:

```
DWORD fileLength = file.GetLength();
```

The function then calculates the size of the DIB by subtracting the size of the file header from the size of the file:

```
DWORD dibSize = fileLength - sizeof(bmFileHeader);
```

The program uses the resulting value, dibSize, to allocate enough memory in which to store the DIB:

```
BYTE* pDib =
    (BYTE*)GlobalAllocPtr(GMEM_MOVEABLE, dibSize);
```

GlobalAllocPtr() is a Windows function that allocates memory and returns a pointer to that memory. It requires two arguments: a flag indicating how the memory should be allocated and the size of the memory block to be allocated.

After allocating memory, the function calls the CFile object's Read() member function to read the DIB into memory and then closes the file by calling the Close() member function:

```
file.Read((void*)pDib, dibSize);
file.Close();
```

At this point, the DIB is stored in memory, and `LoadBitmapFile()` can now calculate the values the class needs. The addresses of the DIB's `BITMAPINFO` and `BITMAPINFOHEADER` structures are identical, being the same address as the buffer in which the DIB is stored:

```
m_pBmInfo = (LPBITMAPINFO) pDib;
m_pBmInfoHeader = (LPBITMAPINFOHEADER) pDib;
```

The function then calculates a pointer to the color table by adding the size of the `BITMAPINFOHEADER` structure to the address of the DIB in memory:

```
m_pRGBTable =
    (RGBQUAD*)(pDib + m_pBmInfoHeader->biSize);
```

When doing this type of pointer math, be careful that you're using the right data types. For example, because `pDib` is a pointer to `BYTE`, the number of bytes stored in `biSize` is added to this pointer. However, if `pDib` were defined as a pointer to a `BITMAPINFO` structure, the value `biSize*sizeof(BITMAPINFO)` would be added to `pDib`. If you don't understand this, you should review how pointer math works.

Next, the function initializes the `m_numColors` data member by calling the member function `GetDibNumColors()`:

```
int m_numColors = GetDibNumColors();
```

You'll see how `GetDibNumColors()` works a little later in this chapter.

The `biSizeImage` data member of the DIB's `BITMAPINFOHEADER` structure is filled in by calling yet another `CDib` member function, `GetDibSizeImage()`:

```
m_pBmInfoHeader->biSizeImage =
    GetDibSizeImage();
```

Next, if the `BITMAPINFOHEADER`'s `biClrUsed` member is 0, `LoadBitmapFile()` initializes it to the correct value, which is now stored in the `m_numColors` data member:

```
if (m_pBmInfoHeader->biClrUsed == 0)
    m_pBmInfoHeader->biClrUsed = m_numColors;
```

Finally, `LoadBitmapFile()` calculates the address of the DIB's image by adding the size of the `BITMAPINFOHEADER` structure and the size of the color table to the `pDib` pointer, which contains the address of the DIB in memory.

```
DWORD clrTableSize = m_numColors * sizeof(RGBQUAD);
m_pDibBits =
    pDib + m_pBmInfoHeader->biSize + clrTableSize;
```

Other *CDib* Member Functions

In the previous section, some `CDib` data members were initialized by calling `CDib` member functions. One of those member functions was `GetDibImageSize()`, which calculates the size of the DIB in bytes. This function first checks whether the `biSizeImage` member of the `BITMAPINFOHEADER` structure already contains a value other than 0:

```
if (m_pBmInfoHeader->biSizeImage == 0)
```

If it does, the function simply returns the value stored in `biSizeImage`:

```
return m_pBmInfoHeader->biSizeImage;
```

Otherwise, the function must calculate the image size using the information it already has.

First, the function gets the DIB's width and height in pixels:

```
DWORD byteWidth = (DWORD) GetDibWidth();
DWORD height = (DWORD) GetDibHeight();
```

Then, it multiplies the width by the height to get the size of the entire bitmap image:

```
DWORD imageSize = byteWidth * height;
```

Notice that all these calculations are done with `DWORD`s in order to avoid the truncation errors that might occur with regular integers. DIBs can be big!

Another member function that must do some calculations is `GetDibNumColors()`:

```
UINT CDib::GetDibNumColors()
{
    if ((m_pBmInfoHeader->biClrUsed == 0) &&
        (m_pBmInfoHeader->biBitCount < 9))
      return (1 << m_pBmInfoHeader->biBitCount);
    else
        return (int) m_pBmInfoHeader->biClrUsed;
}
```

This function first checks the `BITMAPINFOHEADER` structure's `biClrUsed` member for a value other than 0:

```
if ((m_pBmInfoHeader->biClrUsed == 0) &&
        (m_pBmInfoHeader->biBitCount < 9))
```

If it finds a value other than 0, it simply returns that value from the function:

```
return (int) m_pBmInfoHeader->biClrUsed;
```

Otherwise, the function calculates the number of colors by shifting the value 1 to the left, using the `biBitCount` member as the shift count:

```
return (1 << m_pBmInfoHeader->biBitCount);
```

This operation results in a value of 2 for 1-bit (monochrome) DIBs, 16 for 4-bit DIBs, and 256 for 8-bit DIBs.

The remaining `CDib` member functions just return the values of the class's data members. For example, the `GetDibRGBTablePtr()` function returns a pointer to the DIB's color table, a value that has already been stored in the data member `m_pRGBTable`:

```
LPRGBQUAD CDib::GetDibRGBTablePtr()
{
    return m_pRGBTable;
}
```

Applying Texture Mapping to a Polygon

As you know, a filled polygon lacks the graphical details that make that polygon look like the object you're trying to create. For example, you might want to build a child's alphabet block from six polygons formed into a cube. Unfortunately, a simple cube doesn't look much like the block you want in your final image. You need some way to paint the details of a child's block onto the polygons that make up the cube. You do this with *texture mapping*, which "pastes" an image onto the surface of a polygon.

Although texture mapping is a complicated process requiring extensive computation, OpenGL handles all the math for you. To texture-map a polygon, you need only set a few parameters and tell OpenGL where to find the image you want mapped onto the polygon. There is, however, one additional complication, as you see in the following section.

III

Advanced Programming

Images versus DIBs

The problem that Windows NT programmers face is telling OpenGL how to handle images that were created using Windows graphics programs. The most common type of image used with Windows is the device-independent bitmap, which you learned to load into memory in the previous section. OpenGL, however, does not directly support the use of DIBs. In order for OpenGL to use a DIB in its texture-mapping process, you must tell OpenGL how to interpret the DIB's image data.

How you handle a graphical image in OpenGL depends on the type of image. For example, a 256-color DIB contains color indexes that indicate the color in the palette with which each pixel in the image should be drawn. On the other hand, a 24-bit DIB contains actual RGB values that indicate the intensities of the red, green, and blue color components for each pixel in the image. This is the type of information OpenGL must know about a DIB before it can figure out how to display it. In this chapter, you learn how to use 256-color DIBs with OpenGL. You can apply what you learn here to other types of DIBs.

Because a 256-color DIB contains color indexes, it must be converted to RGB format in order for OpenGL to display it in RGBA color mode. This requires several steps:

1. Load the DIB into memory.

2. Create red, green, and blue color tables from the DIB's palette.

3. Call `glPixelMapfv()` to give the color tables to OpenGL.

4. Call `glPixelTransferi()` to set OpenGL to color-mapping mode.

Creating the Color Tables

Thanks to the `CDib` class that you developed previously in this chapter, loading a DIB into memory is as simple as calling the `CDib` constructor with a file name. Getting a pointer to the DIB's palette is also easy, requiring only a call to the `CDib` class's member function, `GetDibRGBTablePtr()`. In order to use the DIB with OpenGL, however, you must create three color tables—one each for red, green, and blue—that OpenGL can use to look up the values needed to display each pixel in the image.

Whereas the DIB's image data contains color indexes into the DIB's palette, the DIB's palette contains RGB values for each of the 256 colors the image uses. It would be great if you could use the palette's RGB values directly when building the OpenGL color tables. Unfortunately, a DIB's palette uses integers from 0 to 255 to express colors, whereas OpenGL expects color tables with floating-point values that range from 0.0 to 1.0. Luckily, converting the DIB's RGB values to OpenGL color values is easier than you might expect. The following function does that job handily:

```
void CreateColorTables(CDib* pDib)
{
    LPRGBQUAD pColorTable = pDib->GetDibRGBTablePtr();

    for(UINT i=0; i<256; ++i)
    {
        red[i] = (GLfloat) pColorTable[i].rgbRed / 255;
        green[i] = (GLfloat) pColorTable[i].rgbGreen / 255;
        blue[i] = (GLfloat) pColorTable[i].rgbBlue / 255;
    }
}
```

As you can see, this function's single parameter is a pointer to a CDib object. The first line of the function's body uses the CDib pointer to get a pointer to the DIB's palette. The for loop then iterates through all 256 colors in the palette, converting the DIB's integer RGB values to OpenGL floating-point color values. Converting is just a matter of dividing each red, green, and blue value in the palette by 255. The results of the calculations are stored in the red[], green[], and blue[] color tables, which are 256-element arrays of GLfloat values.

Note

When the CreateColorTables() function finishes, the red[], green[], and blue[] color tables contain values from 0.0 to 1.0 that represent the red, green, and blue color elements for each color index. For example, to find the right RGB values for a pixel with a color index of 57, OpenGL takes the values at index 57 in the red[] table, at index 57 in the green[] table, and at index 57 in the blue[] table. OpenGL then matches the resultant color with the closest color in the logical palette that you created for the application.

Figures 9.3 through 9.5 summarize the color-mapping process. In figure 9.3, the program has read the DIB into memory. As you learned earlier in this chapter, the DIB's complete data comprises the BITMAPINFOHEADER, followed by the palette and the image data. In the case of a 256-color DIB, the palette is made up of 256 entries, each of which contains a value for red, green, and blue. (Data not relevant to the color-mapping process is not shown in the figure.) In figure 9.4, the `CreateColorTables()` function divides each R, G, and B value by 255 and places the result in the appropriate color table. Finally, in figure 9.5, OpenGL determines the colors for the image by mapping the DIB's color indexes into the color tables, which now contain valid OpenGL RGB values.

Fig. 9.3

The DIB loaded into memory.

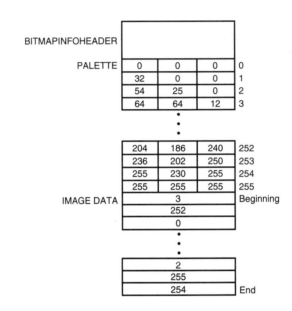

Fig. 9.4

Creating the OpenGL color tables.

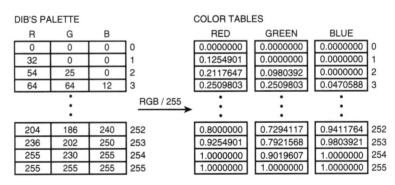

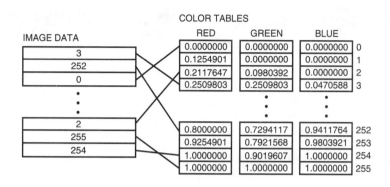

Fig. 9.5
Mapping between the DIB's image data and the color tables.

Passing the Color Tables to OpenGL

After creating the color tables from the DIB's palette, you must tell OpenGL to set up the mapping tables, as well as tell it where the tables are. You do this by calling the glPixelMapfv() function, like this:

```
glPixelMapfv(GL_PIXEL_MAP_I_TO_R, 256, m_red);
glPixelMapfv(GL_PIXEL_MAP_I_TO_G, 256, m_green);
glPixelMapfv(GL_PIXEL_MAP_I_TO_B, 256, m_blue);
```

The glPixelMapfv() function takes three arguments: a constant representing the mapping type, the size of the map, and the map's address. The mapping type can be one of the constants listed in table 9.6. The glPixelMap() function has two other forms, glPixelMapuiv() and glPixelMapusv(). As you can see by the preceding code segment, you must call glPixelMapfv() three times, once each for the red, green, and blue color tables.

Table 9.6 Mapping Types for the *glPixelMap( )* Function	
Name	**Description**
GL_PIXEL_MAP_A_TO_A	Alpha components map to alpha components.
GL_PIXEL_MAP_B_TO_B	Blue components map to blue components.
GL_PIXEL_MAP_G_TO_G	Green components map to green components.
GL_PIXEL_MAP_I_TO_A	Color indexes map to alpha components.
GL_PIXEL_MAP_I_TO_B	Color indexes map to blue components.
GL_PIXEL_MAP_I_TO_G	Color indexes map to green components.
GL_PIXEL_MAP_I_TO_I	Color indexes map to color indexes.
GL_PIXEL_MAP_I_TO_R	Color indexes map to red components.

(continues)

III

Advanced Programming

Table 9.6 Continued	
Name	**Description**
GL_PIXEL_MAP_R_TO_R	Red components map to red components.
GL_PIXEL_MAP_S_TO_S	Stencil indexes map to stencil indexes.

Turning On the Color Mapping

Once you have created your color tables and passed them on to OpenGL, you need only call the glTransferi() function to turn on color mapping, like this:

```
glPixelTransferi(GL_MAP_COLOR, TRUE);
```

This function, which sets the pixel transfer mode, takes two arguments: a constant specifying the pixel-transfer mode and the value to which to set the indicated transfer mode. The glPixelTransferi() function has many uses, most of which have nothing to do with mapping DIB image data to color tables. If you're interested in this function's other uses, please look it up in your Visual C++ on-line documentation. For now, just know that the arguments GL_MAP_COLOR and TRUE turn on OpenGL's color mapping.

> **Note**
>
> When you're using OpenGL's color mapping to display DIBs on a 256-color display, the integrity of the display depends on how well your logical palette matches the colors used to create the DIB. Remember that OpenGL is intended for systems that can display 64,000 or more colors. On such systems, OpenGL can display DIBs virtually perfectly. On a 256-color system, however, you're likely to see some degradation in the final image displayed on the screen.

Setting Up Texture Mapping

Once you have your DIB loaded and its color tables created, you can actually start thinking about your texture mapping. The first step is to tell OpenGL how you want texture mapping performed. You do this by calling the glTexParameteri() function to set various texture-mapping parameters, like this:

```
glTexParameteri(GL_TEXTURE_2D, GL_TEXTURE_WRAP_S, GL_CLAMP);
glTexParameteri(GL_TEXTURE_2D, GL_TEXTURE_WRAP_T, GL_CLAMP);
glTexParameteri(GL_TEXTURE_2D,
    GL_TEXTURE_MAG_FILTER, GL_NEAREST);
glTexParameteri(GL_TEXTURE_2D,
    GL_TEXTURE_MIN_FILTER, GL_NEAREST);
```

The `glTexParameteri()` function's arguments are constants specifying the type of texture, the parameter to set, and the value to which the parameter should be set. This function has four forms, depending on the type of arguments used.

The first argument must be `GL_TEXTURE_1D`, for a one-dimensional texture, or `GL_TEXTURE_2D`, for a two-dimensional texture. You'll most often use a 2-D texture, which is a rectangular image. The second argument, which specifies the parameter, tells OpenGL how to handle texture mapping under certain conditions. For example, the `GL_TEXTURE_WRAP_S` and `GL_TEXTURE_WRAP_T` parameters tell OpenGL whether to use single or multiple texture images when applying the texture horizontally or vertically, respectively. These parameters must be set to `GL_CLAMP` (for a single image) or `GL_REPEAT` (for a repeating pattern). For applying a single image to a polygon, use `GL_CLAMP`; otherwise, you may get strange results.

Two other texture mapping parameters you should set are `GL_TEXTURE_MAG_FILTER`, which determines how a texture is magnified when the destination area is larger than the texture, and `GL_TEXTURE_MIN_FILTER`, which determines how a texture is reduced (or "minified" in OpenGL terms) when the destination area is smaller than the texture. Using `GL_NEAREST` for this parameter allows for faster texture mapping and also produces the sharpest image. `GL_LINEAR` is slower since it must calculate the color for a pixel based on an average of four pixels, rather than just one. (For more information, please see your Visual C++ on-line documentation or *OpenGL Programming Guide*.)

After setting the texturing parameters, you must set up the texturing environment, which tells OpenGL what texturing function (a mathematical function, not a C++ function) to use to calculate color values for a textured surface. Although this sounds like an intimidating task, it really requires only a single function call:

```
glTexEnvi(GL_TEXTURE_ENV, GL_TEXTURE_ENV_MODE, GL_DECAL);
```

The `glTexEnvi()` function sets the texturing environment. Its first argument must be `GL_TEXTURE_ENV`. Similarly, the second argument must be `GL_TEXTURE_ENV_MODE`. Finally, the third argument is a constant that specifies the texturing function OpenGL should use, which must be `GL_BLEND`, `GL_DECAL`, or `GL_MODULATE`. Most often, you'll use `GL_DECAL`, which is the function that replaces the destination pixels with the texture. The other functions combine destination and texture values in various ways.

III

Advanced Programming

The last step in preparing OpenGL for texture mapping is to turn on texture mapping, which you do by calling `glEnable()` like this:

```
glEnable(GL_TEXTURE_2D);
```

If you were using a one-dimensional texture, you'd use `GL_TEXTURE_1D` as `glEnable()`'s single argument.

Defining Vertices and Their Textures

As you can see, setting up texture mapping is a lot of work, but you're almost there. The only things left to do are to give OpenGL your texture, define your polygon's vertices, and tell OpenGL how the polygon's vertices relate to the texture coordinates. You do that like this:

```
glTexImage2D(GL_TEXTURE_2D, 0, 3, width, height,
    0, GL_COLOR_INDEX, GL_UNSIGNED_BYTE, pTextureBits);

glBegin(GL_POLYGON);
    glTexCoord2f(0.0f, 1.0f);
    glVertex3f(-1.0f, 1.0f, 0.0f);
    glTexCoord2f(0.0f, 0.0f);
    glVertex3f(-1.0f, -1.0f, 0.0f);
    glTexCoord2f(1.0f, 0.0f);
    glVertex3f(1.0f, -1.0f, 0.0f);
    glTexCoord2f(1.0f, 1.0f);
    glVertex3f(1.0f, 1.0f, 0.0f);
glEnd();

glFlush();
```

In the preceding code sample, the call to the `glTexImage2D()` function tells OpenGL where to find the texture you want to use. The first argument must be `GL_TEXTURE_2D`. The second argument is the level of detail, which is used only with multiple texture images (mipmapping). Unless you're using multiple images of various sizes for each texture, use 0 for this argument. The third argument gives the number of color components in the texture. Because in this case you're working with an RGB image, this value is 3.

The fourth and fifth arguments are the width and height of the texture. The sixth argument specifies the width of the texture's border and must be 0 or 1. Normally, you'd use 0. The seventh argument gives the format of the texture image's data. Because a DIB's image data represents color indexes, this argument is `GL_COLOR_INDEX` in the preceding example. Other possible values are `GL_ALPHA`, `GL_BLUE`, `GL_GREEN`, `GL_LUMINANCE`, `GL_LUMINANCE_ALPHA`, `GL_RED`, `GL_RGB`, and `GL_RGBA`. Finally, the last two arguments are the data type and the texture's address.

After giving OpenGL the texture, you must define the polygon's vertices, while at the same time indicating to OpenGL how to relate the polygon's vertices and the texture's coordinates. You do this by calling `glTexCoord2f()` for each vertex. The `glTexCoord2f()` function takes two arguments, which are the S and T texture coordinates. Figure 9.6 shows how the texture coordinates match the texture's image.

> **Note**
>
> When talking about a texture, S and T are the same as X and Y, whereas R and Q are the same as Z and W.

If you assign the texture's upper left corner to the polygon's upper left corner, the lower left to the lower left, and so on, the texture appears right-side up on the polygon (assuming, of course, that you're viewing the polygon right-side up). Assigning the texture's upper corners to the polygon's lower corners gives you a texture that's mirrored vertically. Similarly, assigning the texture's left corners to the polygon's right corners mirrors the image horizontally. Other assignments will give strange results.

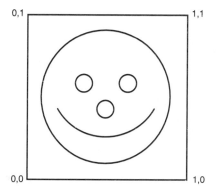

Fig. 9.6
A texture image's coordinates.

Building a Texture-Mapping Application

Although setting up OpenGL for texture mapping is a fairly complicated process, it takes only a little practice to understand how it all works. The following sample program will get you started. To create the program, follow the steps given below.

In the first set of steps that follow, you create the basic AppWizard application and modify the application's user interface.

1. Use AppWizard to create an application called TEXTURE. Set the following options in AppWizard's dialog boxes:

> Step 1: Single Document
>
> Step 2: None
>
> Step 3: None and No Automation
>
> Step 4: Use 3D Controls
>
> Step 5: Leave set to defaults
>
> Step 6: Leave set to defaults

Your project's final options should look like those shown in figure 9.7.

Fig. 9.7
The TEXTURE application's final options.

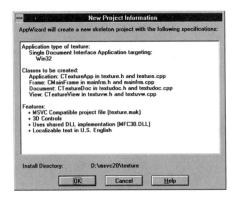

2. Double-click the TEXTURE.RC file in the project window to bring up
App Studio's browser window (see fig. 9.8).

Fig. 9.8
The App Studio
browser window.

3. Double-click the Menu folder, and then double-click IDR_MAINFRAME to
bring up the menu editor (see fig. 9.9).

Fig. 9.9
The menu editor.

4. Delete all entries from the File menu except Exit (see fig. 9.10).

Fig. 9.10
The new File
menu.

5. Delete the Edit menu, leaving the File and Help menus, as shown in
figure 9.11.

III

Advanced Programming

Fig. 9.11
After deleting the
Edit menu.

6. Add a <u>T</u>exture menu, giving it the commands <u>S</u>nake (128×128), <u>A</u>ztec (64×64), and <u>G</u>radient (32×32) (see fig. 9.12), with the command IDs ID_TEXTURE_SNAKE128X128, ID_TEXTURE_AZTEC64X64, and ID_TEXTURE_GRADIENT32X32.

Fig. 9.12
The new Texture
menu.

7. Close the menu editor and bring up the dialog box editor (see fig. 9.13) by double-clicking the Dialog folder in the resource browser window and then double-clicking IDD_ABOUTBOX.

Fig. 9.13
The dialog
box editor.

8. Modify the About dialog box so that it looks like figure 9.14 and then close the dialog box editor.

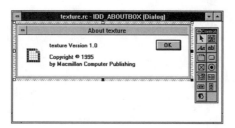

Fig. 9.14
The new About dialog box.

9. Double-click Accelerator in the resource browser window. You see the IDR_MAINFRAME accelerator ID (see fig. 9.15). Delete the IDR_MAINFRAME accelerator table from the browser window.

Fig. 9.15
The *IDR_MAINFRAME* accelerator table in the browser window.

10. Close the App Studio browser window, being sure to save all your changes.

In the next set of steps, you add message-response functions for the WM_CREATE, WM_DESTROY, WM_KEYDOWN, and WM_SIZE Windows messages. You also override the CTextureView class's PreCreateWindow() function and add response functions for the application's menu commands.

1. Select the Project menu's ClassWizard command to bring up the MFC ClassWizard dialog box. In the Class Name box, select the CTextureView class (see fig. 9.16). Make sure you have the Message Maps tab selected.

Fig. 9.16
The MFC
ClassWizard
dialog box.

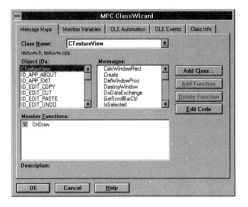

2. Use the MFC ClassWizard dialog box to create a response function for the WM_CREATE message, as shown in figure 9.17.

Fig. 9.17
Adding the
OnCreate( )
function.

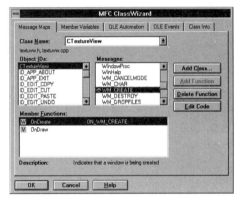

3. In the MFC ClassWizard dialog box, click the Edit Code button and then add the following lines to the OnCreate() function, right after the // TODO: Add your specialized creation code here comment:

```
PIXELFORMATDESCRIPTOR pfd =
{
    sizeof(PIXELFORMATDESCRIPTOR), // Structure size.
    1,                             // Structure version number.
    PFD_DRAW_TO_WINDOW |           // Property flags.
        PFD_SUPPORT_OPENGL |
        PFD_DOUBLEBUFFER,
    PFD_TYPE_RGBA,
```

```
        24,                         // 24-bit color.
        0, 0, 0, 0, 0, 0,           // Not concerned with these.
        0, 0, 0, 0, 0, 0, 0,        // No alpha or accum buffer.
        32,                         // 32-bit depth buffer.
        0, 0,                       // No stencil or aux buffer.
        PFD_MAIN_PLANE,             // Main layer type.
        0,                          // Reserved.
        0, 0, 0                     // Unsupported.
    };

    CClientDC clientDC(this);

    int pixelFormat =
        ChoosePixelFormat(clientDC.m_hDC, &pfd);
    BOOL success =
        SetPixelFormat(clientDC.m_hDC, pixelFormat, &pfd);
    DescribePixelFormat (clientDC.m_hDC, pixelFormat,
        sizeof(pfd), &pfd);

    if (pfd.dwFlags & PFD_NEED_PALETTE)
        SetupLogicalPalette();

    m_hRC = wglCreateContext(clientDC.m_hDC);

    wglMakeCurrent(clientDC.m_hDC, m_hRC);

    glTexParameteri(GL_TEXTURE_2D, GL_TEXTURE_WRAP_S, GL_CLAMP);
    glTexParameteri(GL_TEXTURE_2D, GL_TEXTURE_WRAP_T, GL_CLAMP);
    glTexParameteri(GL_TEXTURE_2D,
        GL_TEXTURE_MAG_FILTER, GL_NEAREST);
    glTexParameteri(GL_TEXTURE_2D,
        GL_TEXTURE_MIN_FILTER, GL_NEAREST);
    glTexEnvi(GL_TEXTURE_ENV, GL_TEXTURE_ENV_MODE, GL_DECAL);

    glEnable(GL_DEPTH);
    glEnable(GL_TEXTURE_2D);

    glClearColor(1.0f, 1.0f, 1.0f, 1.0f);

    wglMakeCurrent(clientDC.m_hDC, NULL);

    m_pDib = new CDib("SNAKE.BMP");
    CreateColorTables(m_pDib);
    SetupColorTables();
```

4. Select the Project menu's ClassWizard command and use the MFC
   ClassWizard dialog box to create a response function for the WM_DESTROY
   message, as shown in figure 9.18.

III

Advanced Programming

Fig. 9.18
Adding the
OnDestroy( )
function.

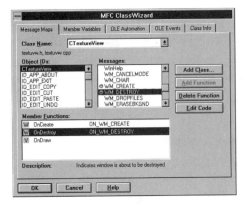

5. In the MFC ClassWizard dialog box, click the Edit Code button and
   then add the following lines to the OnDestroy() function, right after the
   // TODO: Add your message handler code here comment:

   ```
   delete m_pDib;
   wglDeleteContext(m_hRC);
   if (m_hPalette)
       DeleteObject(m_hPalette);
   ```

6. Select the Project menu's ClassWizard command and use the MFC
   ClassWizard dialog box to create a response function for the WM_KEYDOWN
   message, as shown in figure 9.19.

Fig. 9.19
Adding the
OnKeyDown( )
function.

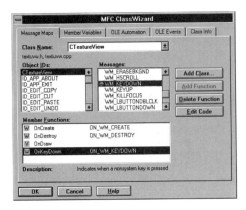

7. In the MFC ClassWizard dialog box, click the <u>E</u>dit Code button and
then add the following lines to the OnKeyDown() function, right after the
// TODO: Add your message handler code here and/or call default
comment:

```
if (nChar == VK_SPACE)
{
    m_yRotate += 12.0f;
    if (m_yRotate == 360)
        m_yRotate = 0.0f;
}

Invalidate(FALSE);
```

8. Select the <u>P</u>roject menu's Class<u>W</u>izard command and use the MFC
ClassWizard dialog box to create a response function for the WM_SIZE
message, as shown in figure 9.20.

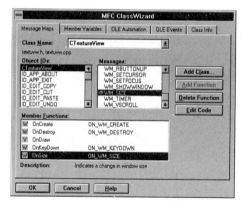

Fig. 9.20
Adding the
OnSize( ) function.

9. In the MFC ClassWizard dialog box, click the <u>E</u>dit Code button and
then add the following lines to the OnSize() function, right after the
// TODO: Add your message handler code here comment:

```
CClientDC clientDC(this);
wglMakeCurrent(clientDC.m_hDC, m_hRC);
glViewport(0, 0, cx, cy);
glMatrixMode(GL_PROJECTION);
glLoadIdentity();
glFrustum(-1.0, 1.0, -1.0, 1.0, 2.0, 7.0);
glMatrixMode(GL_MODELVIEW);
glLoadIdentity();
glTranslatef(0.0f, 0.0f, -3.5f);
wglMakeCurrent(NULL, NULL);
```

III

Advanced Programming

10. Select the Project menu's ClassWizard command and use the MFC ClassWizard dialog box to override the view class's PreCreateWindow() function, as shown in figure 9.21.

Fig. 9.21
Overriding the
PreCreateWindow( )
function.

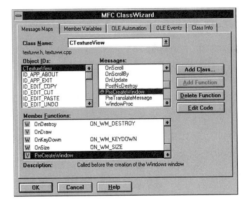

11. In the MFC Class Wizard dialog box, click the Edit Code button and then add the following line to the PreCreateWindow() function, right after the // TODO: Add your specialized code here and/or call the base class comment:

```
cs.style |= WS_CLIPCHILDREN | WS_CLIPSIBLINGS;
```

12. Select the Project menu's ClassWizard command and use the MFC ClassWizard dialog box to add COMMAND and UPDATE_COMMAND_UI functions for each of the Texture menu's commands, as shown in figure 9.22.

Fig. 9.22
Adding
COMMAND and
UPDATE_COMMAND_UI
functions.

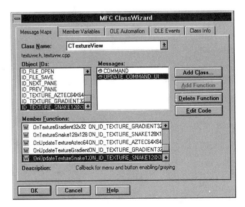

13. Complete the COMMAND and UPDATE_COMMAND_UI functions by adding the code shown in those functions in listing 9.4, found near the end of this chapter.

In the following set of steps, you add the source code that completes the CTextureView class. You also add the required member function and data member declarations to the CTextureView class's header file.

1. In the TEXTUVW.CPP file, add the following lines to the CTextureView class's constructor, right after the // TODO: add construction code here comment:

```
m_yRotate = 0.0f;
m_hPalette = 0;
m_texture = Snake;
```

2. In the TEXTUVW.CPP file, add the following lines to the CTextureView class's OnDraw() function, right after the // TODO: add draw code for native data here comment:

```
if (m_hPalette)
{
    SelectPalette(pDC->m_hDC, m_hPalette, FALSE);
    RealizePalette(pDC->m_hDC);
}
wglMakeCurrent(pDC->m_hDC, m_hRC);
DrawWithOpenGL();
SwapBuffers(pDC->m_hDC);
wglMakeCurrent(pDC->m_hDC, NULL);
```

3. Also in TEXTUVW.CPP, add the following functions, as shown in listing 9.4, to the end of the file: DrawWithOpenGL(), SetupLogicalPalette(), CreateColorTables(), and SetupColorTables().

4. Load TEXTUVW.H and add the following lines to the top of the file, right before the CTextureView class declaration:

```
#include <gl\gl.h>
#include "cdib.h"

enum {Snake, Aztec, Gradient};
```

5. Also in TEXTUVW.H, add the following lines to the CTextureView class's Attributes section, right after the CTextureDoc* GetDocument() line:

```
protected:
    GLfloat m_yRotate;
    HGLRC m_hRC;
```

III

Advanced Programming

```
HPALETTE m_hPalette;
GLfloat m_red[256], m_blue[256], m_green[256];
CDib* m_pDib;
UINT m_texture;
```

6. Again in TEXTUVW.H, add the following lines to the CTextureView class's Implementation section, right after the protected keyword:

```
void DrawWithOpenGL();
void SetupLogicalPalette();
void CreateColorTables(CDib* pDib);
void SetupColorTables();
```

In the final set of steps that follow, you modify the CMainFrame class by overriding that class's PreCreateWindow() function and by adding message-response functions for the WM_PALETTECHANGED and WM_QUERYNEWPALETTE Windows messages. You also add the CDib implementation file and the required OpenGL libraries to the project.

1. Select the Project menu's ClassWizard command to bring up the MFC ClassWizard dialog box. In the Class Name box, select the CMainFrame class (see fig. 9.23). Make sure you have the Message Maps tab selected.

Fig. 9.23
The MFC
ClassWizard
dialog box.

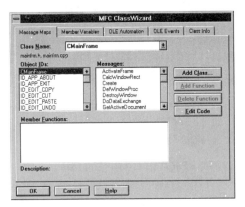

2. Use the MFC ClassWizard dialog box to override the CMainFrame class's PreCreateWindow() function, as shown in figure 9.24.

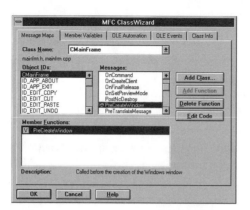

Fig. 9.24
Overriding the
CMainFrame class's
PreCreateWindow( )
function.

3. In the MFC ClassWizard dialog box, click the Edit Code button and
   then add the following lines to the PreCreateWindow() function, right
   after the // TODO: Add your specialized code here and/or call the
   base class comment:

   ```
   cs.cx = 300;
   cs.cy = 340;
   ```

4. Select the Project menu's ClassWizard command and use the MFC
   ClassWizard dialog box to create a response function for the
   WM_PALETTECHANGED message, as shown in figure 9.25.

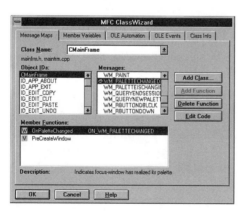

Fig. 9.25
Adding the
OnPaletteChanged( )
function.

III

Advanced Programming

5. In the MFC ClassWizard dialog box, click the <u>E</u>dit Code button and then add the following lines to the `OnPaletteChanged()` function, right after the `// TODO: Add your message handler code here` comment:

```
CView* pView = GetActiveView();
if (pFocusWnd != pView)
    pView->Invalidate(FALSE);
```

6. Select the <u>P</u>roject menu's Class<u>W</u>izard command and use the MFC ClassWizard dialog box to create a response function for the `WM_QUERYNEWPALETTE` message, as shown in figure 9.26.

Fig. 9.26

Adding the *OnQueryNewPalette( )* function.

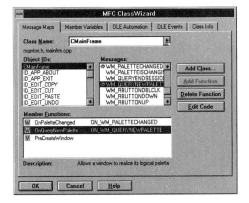

7. In the MFC ClassWizard dialog box, click the <u>E</u>dit Code button and then add the following lines to the `OnQueryNewPalette()` function, right after the `// TODO: Add your message handler code here and/or call default` comment:

```
CView* pView = GetActiveView();
pView->Invalidate(FALSE);
```

8. Select the <u>P</u>roject menu's <u>F</u>iles command and then use the Project Files dialog box to add the OPENGL32.LIB file (found in the MSVC20\LIB directory) to the project, as shown in figure 9.27.

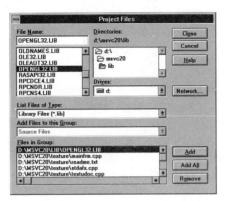

Fig. 9.27
Adding
OPENGL32.LIB to
the TEXTURE
project.

9. Copy the files CDIB.H, CDIB.CPP, SNAKE.BMP, AZTEC.BMP, and
   GRADIENT.BMP (all found in the OPENGL\CHAP09\TEXTURE on
   your hard drive) into your TEXTURE directory.

10. Select the Project menu's Files command and then use the Project Files
    dialog box to add the CDIB.CPP file to the TEXTURE project, as shown
    in figure 9.28.

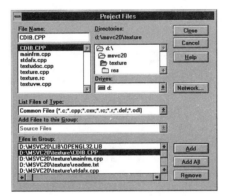

Fig. 9.28
Adding
CDIB.CPP to the
TEXTURE project.

Your TEXTURE program is now complete. To create the application, select
the Build command from Visual C++'s Project menu. To run the application,
choose the Project menu's Execute command.

III

Advanced Programming

Running the TEXTURE Application

When you run TEXTURE, you see the window shown in figure 9.29, which displays a snake image on a checked background. The snake image with its checked background is the texture that the program applied to the single polygon on the screen. Each time you press your keyboard's spacebar, the polygon rotates 12 degrees. If you'd like to spin the texture-mapped polygon, just hold down the spacebar. No matter how you rotate the polygon, OpenGL maps the texture perfectly in place (see fig. 9.30). You can see color versions of these figures in the full-color section of this book.

Fig. 9.29
The TEXTURE application at startup.

Fig. 9.30
The rotated polygon.

The TEXTURE application provides three different textures you can apply to the polygon. These textures are listed in the Texture menu. Just select a texture from the menu and it replaces the one currently mapped to the polygon. Figure 9.31 shows the Aztec texture, whereas figure 9.32 shows the Gradient texture. These figures are also shown in color in the full-color section of this book.

Fig. 9.31
The Aztec texture.

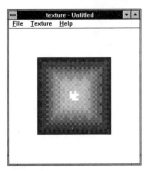

Fig. 9.32
The Gradient
texture.

Note

The numbers in parentheses after each selection in the Texture menu are the texture's width and height. As you choose different textures, notice that the smaller the texture compared with the polygon, the more OpenGL must magnify the texture in order to use it. On the smallest texture, this process results in a very blocky image.

How the TEXTURE Program Works

The texture-mapping process is set up in the class's OnCreate() function, which gets called just before the application's window is displayed on the screen. OnCreate() sets the texture-mapping parameters by calling glTexParameteri() several times, as well as sets the texture-mapping environment by calling glTexEnvi() and enables texture mapping by calling glEnable().

The program also loads the first texture (the snake) in OnCreate(), as well as creates and sets up the color tables for the texture. Thereafter, whenever the user selects a new texture from the Texture menu, the menu command's response function deletes the currently loaded texture, loads the requested texture, creates and sets up new color tables for the texture, and invalidates the application's window so that the new texture is drawn on the screen.

Every time the program loads a new texture, the CreateColorTables() function creates red, green, and blue color tables from the DIB's palette. The SetupColorTables() function then sets up OpenGL's color-mapping process.

When it's time to display an image on the screen, the program's DrawWithOpenGL() function gets a pointer to the currently loaded texture, gets the texture's width and height, and then calls glTexImage2D() to give the texture to OpenGL. As DrawWithOpenGL() defines the polygon's vertices, it also calls glTexCoord2f() to tell OpenGL how to map the texture's coordinates to the polygon's.

Finally, whenever the user presses a key on the keyboard, Windows generates a WM_KEYDOWN message, which MFC routes to the program's OnKeyDown() function. In this function, the program checks to see whether the spacebar was pressed. If it wasn't, the program ignores the keystroke. Otherwise, OnKeyDown() increments the current rotation angle by 12 degrees (checking to be sure the angle gets no larger than 360) and then calls Invalidate() to force the window to redraw.

Whatever DIB is still loaded when the user quits the program is deleted in the class's OnDestroy() function.

The Program Listings

Following are the complete listings for the CTextureView class, including the TEXTUVW.H header file and the TEXTUVW.CPP implementation file. Also included here is the MAINFRM.CPP file, which is the implementation of the CMainFrame class. Many other files were created by AppWizard when you started the TEXTURE application project. Because you did not modify those files, they are not shown here. However, you can easily view any of the project's files by loading them with Visual C++'s editor (or any other text editor). Note that all modifications you made to the following listings are sandwiched between the comment blocks labeled with START CUSTOM CODE and END CUSTOM CODE.

Listing 9.3   TEXTUVW.H—The Header File for the *CTextureView* Class

```
// textuvw.h : interface of the CTextureView class
//
/////////////////////////////////////////////////////////////////

///////////////////////////////////////////
///////////////////////////////////////////
// START CUSTOM CODE
///////////////////////////////////////////
///////////////////////////////////////////

#include <gl\gl.h>
#include "cdib.h"

enum {Snake, Aztec, Gradient};

///////////////////////////////////////////
///////////////////////////////////////////
// END CUSTOM CODE
///////////////////////////////////////////
///////////////////////////////////////////

class CTextureView : public CView
{
protected: // create from serialization only
    CTextureView();
    DECLARE_DYNCREATE(CTextureView)

// Attributes
public:
    CTextureDoc* GetDocument();

///////////////////////////////////////////
///////////////////////////////////////////
// START CUSTOM CODE
///////////////////////////////////////////
///////////////////////////////////////////

protected:
    GLfloat m_yRotate;
    HGLRC m_hRC;
    HPALETTE m_hPalette;
    GLfloat m_red[256], m_blue[256], m_green[256];
    CDib* m_pDib;
    UINT m_texture;

///////////////////////////////////////////
///////////////////////////////////////////
// END CUSTOM CODE
///////////////////////////////////////////
///////////////////////////////////////////
```

(continues)

III

Advanced Programming

Listing 9.3 Continued

```
// Operations
public:

// Overrides
    // ClassWizard generated virtual function overrides
    //{{AFX_VIRTUAL(CTextureView)
    public:
    virtual void OnDraw(CDC* pDC);  // Overridden to draw this view
    protected:
    virtual BOOL PreCreateWindow(CREATESTRUCT& cs);
    //}}AFX_VIRTUAL

// Implementation
public:
    virtual ~CTextureView();
#ifdef _DEBUG
    virtual void AssertValid() const;
    virtual void Dump(CDumpContext& dc) const;
#endif

protected:

    ////////////////////////////////////////
    ////////////////////////////////////////
    // START CUSTOM CODE
    ////////////////////////////////////////
    ////////////////////////////////////////

    void DrawWithOpenGL();
    void SetupLogicalPalette();
    void CreateColorTables(CDib* pDib);
    void SetupColorTables();

    ////////////////////////////////////////
    ////////////////////////////////////////
    // END CUSTOM CODE
    ////////////////////////////////////////
    ////////////////////////////////////////

// Generated message map functions
protected:
    //{{AFX_MSG(CTextureView)
    afx_msg int OnCreate(LPCREATESTRUCT lpCreateStruct);
    afx_msg void OnDestroy();
    afx_msg void OnKeyDown(UINT nChar, UINT nRepCnt, UINT nFlags);
    afx_msg void OnSize(UINT nType, int cx, int cy);
    afx_msg void OnTextureAztec64x64();
    afx_msg void OnUpdateTextureAztec64x64(CCmdUI* pCmdUI);
    afx_msg void OnTextureGradient32x32();
    afx_msg void OnUpdateTextureGradient32x32(CCmdUI* pCmdUI);
    afx_msg void OnTextureSnake128x128();
    afx_msg void OnUpdateTextureSnake128x128(CCmdUI* pCmdUI);
```

```
    //}}AFX_MSG
    DECLARE_MESSAGE_MAP()
};

#ifndef _DEBUG  // debug version in textuvw.cpp
inline CTextureDoc* CTextureView::GetDocument()
    { return (CTextureDoc*)m_pDocument; }
#endif

//////////////////////////////////////////////////////////////////
```

Listing 9.4   TEXTUVW.CPP—The Implementation File for the
CTextureView Classs

```
// textuvw.cpp : implementation of the CTextureView class
//

#include "stdafx.h"
#include "texture.h"

#include "textudoc.h"
#include "textuvw.h"

#ifdef _DEBUG
#undef THIS_FILE
static char BASED_CODE THIS_FILE[] = _ _FILE_ _;
#endif

//////////////////////////////////////////////////////////////////
// CTextureView

IMPLEMENT_DYNCREATE(CTextureView, CView)

BEGIN_MESSAGE_MAP(CTextureView, CView)
    //{{AFX_MSG_MAP(CTextureView)
    ON_WM_CREATE()
    ON_WM_DESTROY()
    ON_WM_KEYDOWN()
    ON_WM_SIZE()
    ON_COMMAND(ID_TEXTURE_AZTEC64X64, OnTextureAztec64x64)
    ON_UPDATE_COMMAND_UI(ID_TEXTURE_AZTEC64X64,
                        OnUpdateTextureAztec64x64)
    ON_COMMAND(ID_TEXTURE_GRADIENT32X32, OnTextureGradient32x32)
    ON_UPDATE_COMMAND_UI(ID_TEXTURE_GRADIENT32X32,
                        OnUpdateTextureGradient32x32)
    ON_COMMAND(ID_TEXTURE_SNAKE128X128, OnTextureSnake128x128)
    ON_UPDATE_COMMAND_UI(ID_TEXTURE_SNAKE128X128,
                        OnUpdateTextureSnake128x128)
    //}}AFX_MSG_MAP
END_MESSAGE_MAP()
```

(continues)

III

Advanced Programming

Listing 9.4 Continued

```
////////////////////////////////////////////////////////////////
// CTextureView construction/destruction

CTextureView::CTextureView()
{
    // TODO: add construction code here

    /////////////////////////////////////////
    /////////////////////////////////////////
    // START CUSTOM CODE
    /////////////////////////////////////////
    /////////////////////////////////////////

    m_yRotate = 0.0f;
    m_hPalette = 0;
    m_texture = Snake;

    /////////////////////////////////////////
    /////////////////////////////////////////
    // END CUSTOM CODE
    /////////////////////////////////////////
    /////////////////////////////////////////
}

CTextureView::~CTextureView()
{
}


////////////////////////////////////////////////////////////////
// CTextureView drawing

void CTextureView::OnDraw(CDC* pDC)
{
    CTextureDoc* pDoc = GetDocument();
    ASSERT_VALID(pDoc);

    // TODO: add draw code for native data here

    /////////////////////////////////////////
    /////////////////////////////////////////
    // START CUSTOM CODE
    /////////////////////////////////////////
    /////////////////////////////////////////

    if (m_hPalette)
    {
        SelectPalette(pDC->m_hDC, m_hPalette, FALSE);
        RealizePalette(pDC->m_hDC);
    }
    wglMakeCurrent(pDC->m_hDC, m_hRC);
```

```
    DrawWithOpenGL();
    SwapBuffers(pDC->m_hDC);
    wglMakeCurrent(pDC->m_hDC, NULL);

    /////////////////////////////////////////
    /////////////////////////////////////////
    // END CUSTOM CODE
    /////////////////////////////////////////
    /////////////////////////////////////////
}

/////////////////////////////////////////////////////////////////////
// CTextureView diagnostics

#ifdef _DEBUG
void CTextureView::AssertValid() const
{
    CView::AssertValid();
}

void CTextureView::Dump(CDumpContext& dc) const
{
    CView::Dump(dc);
}

CTextureDoc* CTextureView::GetDocument() // Non-debug version is inline
{
    ASSERT(m_pDocument->IsKindOf(RUNTIME_CLASS(CTextureDoc)));
    return (CTextureDoc*)m_pDocument;
}
#endif //_DEBUG

/////////////////////////////////////////////////////////////////////
// CTextureView message handlers

int CTextureView::OnCreate(LPCREATESTRUCT lpCreateStruct)
{
    if (CView::OnCreate(lpCreateStruct) == -1)
        return -1;

    // TODO: Add your specialized creation code here

    /////////////////////////////////////////
    /////////////////////////////////////////
    // START CUSTOM CODE
    /////////////////////////////////////////
    /////////////////////////////////////////

    PIXELFORMATDESCRIPTOR pfd =
    {
        sizeof(PIXELFORMATDESCRIPTOR), // Structure size.
        1,                             // Structure version number.
        PFD_DRAW_TO_WINDOW |           // Property flags.
            PFD_SUPPORT_OPENGL |
```

(continues)

```
            PFD_DOUBLEBUFFER,
        PFD_TYPE_RGBA,
        24,                             // 24-bit color.
        0, 0, 0, 0, 0, 0,               // Not concerned with these.
        0, 0, 0, 0, 0, 0, 0,            // No alpha or accum buffer.
        32,                             // 32-bit depth buffer.
        0, 0,                           // No stencil or aux buffer.
        PFD_MAIN_PLANE,                 // Main layer type.
        0,                              // Reserved.
        0, 0, 0                         // Unsupported.
    };

    CClientDC clientDC(this);

    int pixelFormat =
        ChoosePixelFormat(clientDC.m_hDC, &pfd);
    BOOL success =
        SetPixelFormat(clientDC.m_hDC, pixelFormat, &pfd);
    DescribePixelFormat (clientDC.m_hDC, pixelFormat,
        sizeof(pfd), &pfd);

    if (pfd.dwFlags & PFD_NEED_PALETTE)
        SetupLogicalPalette();

    m_hRC = wglCreateContext(clientDC.m_hDC);

    wglMakeCurrent(clientDC.m_hDC, m_hRC);

    glTexParameteri(GL_TEXTURE_2D, GL_TEXTURE_WRAP_S, GL_CLAMP);
    glTexParameteri(GL_TEXTURE_2D, GL_TEXTURE_WRAP_T, GL_CLAMP);
    glTexParameteri(GL_TEXTURE_2D,
        GL_TEXTURE_MAG_FILTER, GL_NEAREST);
    glTexParameteri(GL_TEXTURE_2D,
        GL_TEXTURE_MIN_FILTER, GL_NEAREST);
    glTexEnvi(GL_TEXTURE_ENV, GL_TEXTURE_ENV_MODE, GL_DECAL);

    glEnable(GL_DEPTH);
    glEnable(GL_TEXTURE_2D);

    glClearColor(1.0f, 1.0f, 1.0f, 1.0f);

    wglMakeCurrent(clientDC.m_hDC, NULL);

    m_pDib = new CDib("SNAKE.BMP");
    CreateColorTables(m_pDib);
    SetupColorTables();

    /////////////////////////////////////
    /////////////////////////////////////
    // END CUSTOM CODE
    /////////////////////////////////////
    /////////////////////////////////////
```

```
        return 0;
    }

    void CTextureView::OnDestroy()
    {
        CView::OnDestroy();

        // TODO: Add your message handler code here

        /////////////////////////////////////
        /////////////////////////////////////
        // START CUSTOM CODE
        /////////////////////////////////////
        /////////////////////////////////////

        delete m_pDib;
        wglDeleteContext(m_hRC);
        if (m_hPalette)
            DeleteObject(m_hPalette);

        /////////////////////////////////////
        /////////////////////////////////////
        // END CUSTOM CODE
        /////////////////////////////////////
        /////////////////////////////////////
    }

    void CTextureView::OnKeyDown(UINT nChar, UINT nRepCnt, UINT nFlags)
    {
        // TODO: Add your message handler code here and/or call default

        /////////////////////////////////////
        /////////////////////////////////////
        // START CUSTOM CODE
        /////////////////////////////////////
        /////////////////////////////////////

        if (nChar == VK_SPACE)
        {
            m_yRotate += 12.0f;
            if (m_yRotate == 360)
                m_yRotate = 0.0f;
        }

        Invalidate(FALSE);

        /////////////////////////////////////
        /////////////////////////////////////
        // END CUSTOM CODE
        /////////////////////////////////////
        /////////////////////////////////////

        CView::OnKeyDown(nChar, nRepCnt, nFlags);
    }
```

III

Advanced Programming

(continues)

Listing 9.4 Continued

```
void CTextureView::OnSize(UINT nType, int cx, int cy)
{
    CView::OnSize(nType, cx, cy);

    // TODO: Add your message handler code here

    ////////////////////////////////////////
    ////////////////////////////////////////
    // START CUSTOM CODE
    ////////////////////////////////////////
    ////////////////////////////////////////

    CClientDC clientDC(this);
    wglMakeCurrent(clientDC.m_hDC, m_hRC);
    glViewport(0, 0, cx, cy);
    glMatrixMode(GL_PROJECTION);
    glLoadIdentity();
    glFrustum(-1.0, 1.0, -1.0, 1.0, 2.0, 7.0);
    glMatrixMode(GL_MODELVIEW);
    glLoadIdentity();
    glTranslatef(0.0f, 0.0f, -3.5f);
    wglMakeCurrent(NULL, NULL);

    ////////////////////////////////////////
    ////////////////////////////////////////
    // END CUSTOM CODE
    ////////////////////////////////////////
    ////////////////////////////////////////
}

BOOL CTextureView::PreCreateWindow(CREATESTRUCT& cs)
{
    // TODO: Add your specialized code here and/or call the
    // base class

    ////////////////////////////////////////
    ////////////////////////////////////////
    // START CUSTOM CODE
    ////////////////////////////////////////
    ////////////////////////////////////////

    cs.style |= WS_CLIPCHILDREN | WS_CLIPSIBLINGS;

    ////////////////////////////////////////
    ////////////////////////////////////////
    // END CUSTOM CODE
    ////////////////////////////////////////
    ////////////////////////////////////////

    return CView::PreCreateWindow(cs);
```

```
}

void CTextureView::OnTextureAztec64x64()
{
    // TODO: Add your command handler code here

    ////////////////////////////////////////
    ////////////////////////////////////////
    // START CUSTOM CODE
    ////////////////////////////////////////
    ////////////////////////////////////////

    delete m_pDib;
    m_pDib = new CDib("AZTEC.BMP");
    CreateColorTables(m_pDib);
    SetupColorTables();
    m_texture = Aztec;
    Invalidate(FALSE);

    ////////////////////////////////////////
    ////////////////////////////////////////
    // END CUSTOM CODE
    ////////////////////////////////////////
    ////////////////////////////////////////
}

void CTextureView::OnUpdateTextureAztec64x64(CCmdUI* pCmdUI)
{
    // TODO: Add your command update UI handler code here

    ////////////////////////////////////////
    ////////////////////////////////////////
    // START CUSTOM CODE
    ////////////////////////////////////////
    ////////////////////////////////////////

    if (m_texture == Aztec)
        pCmdUI->SetCheck(TRUE);
    else
        pCmdUI->SetCheck(FALSE);

    ////////////////////////////////////////
    ////////////////////////////////////////
    // END CUSTOM CODE
    ////////////////////////////////////////
    ////////////////////////////////////////
}

void CTextureView::OnTextureGradient32x32()
{
    // TODO: Add your command handler code here
```

(continues)

Listing 9.4 Continued

```
/////////////////////////////////////
/////////////////////////////////////
// START CUSTOM CODE
/////////////////////////////////////
/////////////////////////////////////

delete m_pDib;
m_pDib = new CDib("GRADIENT.BMP");
CreateColorTables(m_pDib);
SetupColorTables();
m_texture = Gradient;
Invalidate(FALSE);

/////////////////////////////////////
/////////////////////////////////////
// END CUSTOM CODE
/////////////////////////////////////
/////////////////////////////////////
}

void CTextureView::OnUpdateTextureGradient32x32(CCmdUI* pCmdUI)
{
    // TODO: Add your command update UI handler code here

    /////////////////////////////////////
    /////////////////////////////////////
    // START CUSTOM CODE
    /////////////////////////////////////
    /////////////////////////////////////

    if (m_texture == Gradient)
        pCmdUI->SetCheck(TRUE);
    else
        pCmdUI->SetCheck(FALSE);

    /////////////////////////////////////
    /////////////////////////////////////
    // END CUSTOM CODE
    /////////////////////////////////////
    /////////////////////////////////////
}

void CTextureView::OnTextureSnake128x128()
{
    // TODO: Add your command handler code here

    /////////////////////////////////////
    /////////////////////////////////////
    // START CUSTOM CODE
    /////////////////////////////////////
    /////////////////////////////////////
```

```
        delete m_pDib;
        m_pDib = new CDib("SNAKE.BMP");
        CreateColorTables(m_pDib);
        SetupColorTables();
        m_texture = Snake;
        Invalidate(FALSE);

        ////////////////////////////////////////
        ////////////////////////////////////////
        // END CUSTOM CODE
        ////////////////////////////////////////
        ////////////////////////////////////////
}

void CTextureView::OnUpdateTextureSnake128x128(CCmdUI* pCmdUI)
{
        // TODO: Add your command update UI handler code here

        ////////////////////////////////////////
        ////////////////////////////////////////
        // START CUSTOM CODE
        ////////////////////////////////////////
        ////////////////////////////////////////

        if (m_texture == Snake)
            pCmdUI->SetCheck(TRUE);
        else
            pCmdUI->SetCheck(FALSE);

        ////////////////////////////////////////
        ////////////////////////////////////////
        // END CUSTOM CODE
        ////////////////////////////////////////
        ////////////////////////////////////////
}

////////////////////////////////////////
////////////////////////////////////////
// START CUSTOM CODE
////////////////////////////////////////
////////////////////////////////////////

void CTextureView::DrawWithOpenGL()
{
        GLvoid* pTextureBits = (GLvoid*) m_pDib->GetDibBitsPtr();
        GLint width = m_pDib->GetDibWidth();
        GLint height = m_pDib->GetDibHeight();

        glTexImage2D(GL_TEXTURE_2D, 0, 3, width, height,
            0, GL_COLOR_INDEX, GL_UNSIGNED_BYTE, pTextureBits);

        glClear(GL_COLOR_BUFFER_BIT | GL_DEPTH_BUFFER_BIT);

        glPushMatrix();
```

(continues)

III

Advanced Programming

Listing 9.4 Continued

```
            glRotatef(m_yRotate, 0.0f, 1.0f, 0.0f);

            glBegin(GL_POLYGON);
                glTexCoord2f(0.0f, 1.0f);
                glVertex3f(-1.0f, 1.0f, 0.0f);
                glTexCoord2f(0.0f, 0.0f);
                glVertex3f(-1.0f, -1.0f, 0.0f);
                glTexCoord2f(1.0f, 0.0f);
                glVertex3f(1.0f, -1.0f, 0.0f);
                glTexCoord2f(1.0f, 1.0f);
                glVertex3f(1.0f, 1.0f, 0.0f);
            glEnd();

        glPopMatrix();

        glFlush();
    }

    void CTextureView::SetupLogicalPalette()
    {
        struct
        {
            WORD Version;
            WORD NumberOfEntries;
            PALETTEENTRY aEntries[256];
        } logicalPalette = { 0x300, 256 };

        BYTE reds[] = {0, 36, 72, 109, 145, 182, 218, 255};
        BYTE greens[] = {0, 36, 72, 109, 145, 182, 218, 255};
        BYTE blues[] = {0, 85, 170, 255};

            for (int colorNum=0; colorNum<256; ++colorNum)
            {
                logicalPalette.aEntries[colorNum].peRed =
                    reds[colorNum & 0x07];
                logicalPalette.aEntries[colorNum].peGreen =
                    greens[(colorNum >> 0x03) & 0x07];
                logicalPalette.aEntries[colorNum].peBlue =
                    blues[(colorNum >> 0x06) & 0x03];
                logicalPalette.aEntries[colorNum].peFlags = 0;
            }

            m_hPalette = CreatePalette ((LOGPALETTE*)&logicalPalette);
    }

    void CTextureView::CreateColorTables(CDib* pDib)
    {
        LPRGBQUAD pColorTable = pDib->GetDibRGBTablePtr();

        for(UINT i=0; i<256; ++i)
        {
```

```
          m_red[i] = (GLfloat) pColorTable[i].rgbRed / 255;
          m_green[i] = (GLfloat) pColorTable[i].rgbGreen / 255;
          m_blue[i] = (GLfloat) pColorTable[i].rgbBlue / 255;
     }
}

void CTextureView::SetupColorTables()
{
     CClientDC clientDC(this);
     wglMakeCurrent(clientDC.m_hDC, m_hRC);
     glPixelMapfv(GL_PIXEL_MAP_I_TO_R, 256, m_red);
     glPixelMapfv(GL_PIXEL_MAP_I_TO_G, 256, m_green);
     glPixelMapfv(GL_PIXEL_MAP_I_TO_B, 256, m_blue);
     glPixelTransferi(GL_MAP_COLOR, TRUE);
     wglMakeCurrent(clientDC.m_hDC, m_hRC);
}
```

Listing 9.5   MAINFRM.CPP—The Implementation File for the *CMainFrame* Class

```
// mainfrm.cpp : implementation of the CMainFrame class
//

#include "stdafx.h"
#include "texture.h"

#include "mainfrm.h"

#ifdef _DEBUG
#undef THIS_FILE
static char BASED_CODE THIS_FILE[] = _ _FILE_ _;
#endif

/////////////////////////////////////////////////////////////////
// CMainFrame

IMPLEMENT_DYNCREATE(CMainFrame, CFrameWnd)

BEGIN_MESSAGE_MAP(CMainFrame, CFrameWnd)
     //{{AFX_MSG_MAP(CMainFrame)
     ON_WM_PALETTECHANGED()
     ON_WM_QUERYNEWPALETTE()
     //}}AFX_MSG_MAP
END_MESSAGE_MAP()

/////////////////////////////////////////////////////////////////
// CMainFrame construction/destruction

CMainFrame::CMainFrame()
```

(continues)

Listing 9.5   Continued

```
{
    // TODO: add member initialization code here

}

CMainFrame::~CMainFrame()
{
}

/////////////////////////////////////////////////////////////////
// CMainFrame diagnostics

#ifdef _DEBUG
void CMainFrame::AssertValid() const
{
    CFrameWnd::AssertValid();
}

void CMainFrame::Dump(CDumpContext& dc) const
{
    CFrameWnd::Dump(dc);
}

#endif //_DEBUG

/////////////////////////////////////////////////////////////////
// CMainFrame message handlers

BOOL CMainFrame::PreCreateWindow(CREATESTRUCT& cs)
{
    // TODO: Add your specialized code here and/or call the base
    // class

    ////////////////////////////////////////
    ////////////////////////////////////////
    // START CUSTOM CODE
    ////////////////////////////////////////
    ////////////////////////////////////////

    cs.cx = 300;
    cs.cy = 340;

    ////////////////////////////////////////
    ////////////////////////////////////////
    // END CUSTOM CODE
    ////////////////////////////////////////
    ////////////////////////////////////////

    return CFrameWnd::PreCreateWindow(cs);
}

void CMainFrame::OnPaletteChanged(CWnd* pFocusWnd)
{
```

```
        CFrameWnd::OnPaletteChanged(pFocusWnd);

        // TODO: Add your message handler code here

        ////////////////////////////////////////
        ////////////////////////////////////////
        // START CUSTOM CODE
        ////////////////////////////////////////
        ////////////////////////////////////////

        CView* pView = GetActiveView();
        if (pFocusWnd != pView)
            pView->Invalidate(FALSE);

        ////////////////////////////////////////
        ////////////////////////////////////////
        // END CUSTOM CODE
        ////////////////////////////////////////
        ////////////////////////////////////////
    }

    BOOL CMainFrame::OnQueryNewPalette()
    {
        // TODO: Add your message handler code here and/or call default

        ////////////////////////////////////////
        ////////////////////////////////////////
        // START CUSTOM CODE
        ////////////////////////////////////////
        ////////////////////////////////////////

        CView* pView = GetActiveView();
        pView->Invalidate(FALSE);

        ////////////////////////////////////////
        ////////////////////////////////////////
        // END CUSTOM CODE
        ////////////////////////////////////////
        ////////////////////////////////////////

        return CFrameWnd::OnQueryNewPalette();
    }
```

Summary

OpenGL directly supports two types of graphics objects: bitmaps, which are only monochrome images frequently used as masks, and images, which can be full-color pictures. Several OpenGL functions enable you to move images around in memory and display them on the screen. You can even use images for texture mapping.

III

Advanced Programming

Texture mapping is a complicated process, one that requires a good knowledge of how images are stored in memory and of how OpenGL can manipulate those images. For example, to use Windows device-independent bitmaps (DIBs) as textures, you must know how to load the DIB into memory and how to set up OpenGL's pixel-transfer mechanism to map the DIB's colors to color tables that you must create from the DIB's palette.

Loading a DIB is only half the battle, however. In order to use texture mapping, you must first initialize the texture-mapping parameters, set up a texture-mapping environment, and enable texture mapping. In addition, you must pass your texture on to OpenGL, along with the information it needs to display that texture. You must also associate the texture's coordinates with the vertices of the polygons onto which OpenGL will map the texture.

This chapter touched on only the most general of OpenGL's texture-mapping abilities. To take full advantage of texture mapping, you should consult *OpenGL Reference Manual* for a more in-depth discussion. Although *OpenGL Reference Manual* was not written for Windows NT programmers, the chapter you just read gives you the basic knowledge you need to understand most of the information provided there.

The OpenGL functions you studied in this chapter are the following:

void glCopyPixels(GLint, GLint, GLsizei, GLsizei, GLenum)

This function copies an image from one place to another in the color buffer. The function takes as arguments the X and Y window coordinates of the rectangle to copy, the width and height of the rectangle, and the type of data to copy. The type can be GL_COLOR, GL_DEPTH, or GL_STENCIL. In the case of GL_COLOR, OpenGL copies the rectangle as GL_RGBA or GL_COLOR_INDEX data, depending on the system's current color mode. In the other cases, OpenGL copies the rectangle as GL_DEPTH_COMPONENT or GL_STENCIL_INDEX data.

void glDrawPixels(GLsizei, GLsizei, GLenum, GLenum, const GLvoid*)

This function displays an image at the current raster position. This function's five parameters are the width and height of the image, the pixel type of the image data, the data type of the image data, and the address of the image.

void glPixelMapfv(GLenum, GLint, const GLfloat*)

This function sets up a pixel map. The function takes as arguments a constant representing the mapping type, the size of the map, and the map's address. The mapping type can be GL_PIXEL_MAP_A_TO_A, GL_PIXEL_MAP_B_TO_B, GL_PIXEL_MAP_G_TO_G, GL_PIXEL_MAP_I_TO_A, GL_PIXEL_MAP_I_TO_B, GL_PIXEL_MAP_I_TO_G, GL_PIXEL_MAP_I_TO_I, GL_PIXEL_MAP_I_TO_R,

GL_PIXEL_MAP_R_TO_R, or GL_PIXEL_MAP_S_TO_S. The glPixelMap()
function has two other forms, glPixelMapuiv() and glPixelMapusv().

void glPixelTransferi(GLenum, GLint)

This function sets the pixel-transfer mode. The function takes as arguments a
constant specifying the pixel-transfer mode and the value to which to set the
indicated transfer mode. There is also a glPixelTransferf() function.

void glRasterPos3f(GLfloat, GLfloat, GLfloat)

This function sets the current raster position, which is given in the function's
three X, Y, Z arguments. These values are not screen coordinates, but rather
Cartesian coordinates that are transformed to screen coordinates by the
modelview and perspective transformations. The glRasterPos() function
comes in 24 versions, depending on the number and type of arguments.

void glReadPixels(GLint, GLint, GLsizei, GLsizei, GLenum, GLenum, GLvoid*)

This function copies a rectangle from a color buffer and stores the data in
memory. The function's seven parameters are the X and Y coordinates of the
rectangle's lower left corner, the width and height of the rectangle, the type
of pixel data to read, the data type of that data, and the address of the buffer
in which to store the image data.

void glTexCoord2f(GLfloat, GLfloat)

This function sets the texture coordinates that OpenGL will associate with
the next vertex. This function, which has more than 30 forms, takes two
arguments, which are the S and T (similar to X and Y) texture coordinates.

void glTexEnvi(GLenum, GLenum, GLint)

This function sets the texturing environment. Its first and second arguments
must be GL_TEXTURE_ENV and GL_TEXTURE_ENV_MODE, respectively. The third
argument is a constant that specifies the texturing function OpenGL should
use, which must be GL_BLEND, GL_DECAL, or GL_MODULATE. This function has four
forms, depending on the type of arguments used.

void glTexImage2D(GLenum, GLint, GLint, GLsizei, GLsizei, GLint, GLenum, GLenum, const GLvoid*)

This function tells OpenGL about a texture. The first argument must be
GL_TEXTURE_2D. The second argument is the level of detail, which is used only
with multiple texture images. (Unless you're using multiple images of various
sizes for each texture, use 0 for this argument.) The third argument gives the

III

Advanced Programming

number of color components in the texture. The fourth and fifth arguments are the width and height of the texture. The sixth argument specifies the width of the texture's border and must be 0 or 1. The seventh argument gives the format of the texture image's data, either GL_COLOR_INDEX, GL_ALPHA, GL_BLUE, GL_GREEN, GL_LUMINANCE, GL_LUMINANCE_ALPHA, GL_RED, GL_RGB, or GL_RGBA. Finally, the last two arguments are the data type and the texture's address. There is also a glTexImage1D() function.

```
void glTexParameteri(GLenum, GLenum, GLint)
```

This function sets texture-mapping parameters. The function takes as arguments three constants specifying the type of texture, the parameter to set, and the value to which the parameter should be set. This function has four forms, depending on the type of arguments used.

Texture mapping can do a lot to make your 3-D OpenGL worlds look more realistic. A few other techniques you can use—blending, antialiasing, and fog—are covered in the next, and final, chapter.

Chapter 10

Using Blending, Antialiasing, and Fog

In the preceding chapter, you learned a couple of ways to improve the look of your 3-D OpenGL display. These techniques included using device-independent bitmaps as images and using texture mapping to attach detailed images to polygons. Such OpenGL techniques can make a significant difference in how realistic your 3-D displays look.

There are, however, a couple of more subtle ways in which you can improve your scenes. By incorporating blending into your application, you can create objects that appear to be translucent. Moreover, you can use antialiasing to smooth out lines and use fogging to create many types of special effects, not the least of which is making objects appear to fade in the distance.

In this final chapter, you discover the basics of using these techniques in your OpenGL programs. In the discussions that follow, you learn

- How to create translucent objects
- How to smooth out jagged lines
- How to add fog to an OpenGL scene

Using Blending

Blending is the process of combining the color of source and destination pixels in various ways in order to create special effects. The most common use of blending is to create objects that appear to be translucent. When an object that uses blending overlaps another object, the covered object shows through. This is because the color of the source object and the color of the covered pixels are combined (or blended) to produce a new color.

You can also use blending to achieve many other types of special effects. An OpenGL paint program, for example, could use blending to enable the user to brush layers of colors over a section of a picture. OpenGL also uses blending to smooth the jagged edges from lines, a process called *antialiasing*. (You learn more about antialiasing later in this chapter, in the section entitled "Using Antialiasing.")

Enabling Blending

As with most special OpenGL functions such as lighting, depth testing, or line stippling, you must first enable blending, which you do like this:

```
glEnable(GL_BLEND);
```

The GL_BLEND constant tells OpenGL to allow blending. You can use the same constant in a call to glDisable() to turn off blending, like this:

```
glDisable(GL_BLEND);
```

Choosing Blending Functions

Once you have enabled blending, you must tell OpenGL how it should combine colors. You do this by calling glBlendFunc() to select source and destination blending functions, like this:

```
glBlendFunc(GL_SRC_ALPHA, GL_ONE_MINUS_SRC_ALPHA);
```

This function takes as arguments constants that specify the source and destination blending functions. Table 10.1 shows the constants you can use for the source blending function, whereas table 10.2 shows the constants you can use for the destination blending function.

Table 10.1 Source Blending Constants

Constant	Resultant Factor
GL_DST_ALPHA	(A_D,A_D,A_D,A_D)
GL_DST_COLOR	(R_D,G_D,B_D,A_D)
GL_ONE	$(1,1,1,1)$
GL_ONE_MINUS_DST_ALPHA	$(1,1,1,1) - (A_D,A_D,A_D,A_D)$
GL_ONE_MINUS_DST_COLOR	$(1,1,1,1) - (R_D,G_D,B_D,A_D)$
GL_ONE_MINUS_SRC_ALPHA	$(1,1,1,1) - (R_S,G_S,B_S,A_S)$
GL_SRC_ALPHA	(A_S,A_S,A_S,A_S)

Constant	Resultant Factor
GL_SRC_ALPHA_SATURATE	(F,F,F,1), where F is the lesser of A_S and $1-A_D$
GL_ZERO	(0,0,0,0)

Table 10.2   Destination Blending Constants

Constant	Resultant Factor
GL_DST_ALPHA	(A_D,A_D,A_D,A_D)
GL_ONE	(1,1,1,1)
GL_ONE_MINUS_DST_ALPHA	$(1,1,1,1) - (A_D,A_D,A_D,A_D)$
GL_ONE_MINUS_SRC_ALPHA	$(1,1,1,1) - (R_S,G_S,B_S,A_S)$
GL_ONE_MINUS_SRC_COLOR	$(1,1,1,1) - (R_S,G_S,B_S,A_S)$
GL_SRC_ALPHA	(A_S,A_S,A_S,A_S)
GL_SRC_COLOR	(R_S,G_S,B_S,A_S)
GL_ZERO	(0,0,0,0)

Although choosing blending functions can be a confusing task, the preceding tables aren't as difficult to understand as you may think. In order to determine the color for a blended pixel, OpenGL must multiply the R, G, B, and A color components of the source and destination colors by a factor. This factor is determined by the source and destination blending functions. All the calculations shown in the preceding tables result in four values that OpenGL multiplies by the R, G, B, and A values for the color.

For example, if you specify GL_ONE as the source blending function, OpenGL multiplies the source R, G, B, and A color components by 1, which, of course, results in the same color you started with. (Now you know why the GL_ONE function shows four 1s in parentheses; there's one 1 each for the R, G, B, and A color components.) On the other hand, if you choose GL_ZERO as the source function, you end up with no source color at all. This is because no matter what the source color's RGBA values, when you multiply them by zero, you get zero.

The result of the calculations determines how profoundly the source and destination colors affect the final color. Look at these function selections:

```
glBlendFunc(GL_ONE, GL_ZERO);
```

These choices result in no blending at all because the source color completely wipes out the destination color. (The source RGBA color components are multiplied by 1, leaving them unaffected, whereas the destination RGBA components are multiplied by 0, which leaves them at zero.)

Now, look at the most common blending function selections:

```
glBlendFunc(GL_SRC_ALPHA, GL_ONE_MINUS_SRC_ALPHA);
```

If you look at the table, you see that GL_SRC_ALPHA means that OpenGL multiplies the source color components by the source color's alpha value. (At last, you discover what these alpha values are for!) If you look for GL_ONE_MINUS_SRC_ALPHA in the destination table, you see that with that function the source alpha value is first subtracted from 1. OpenGL then multiplies the result of this subtraction by the destination RGBA values.

Confused? Suppose the source pixel (the one OpenGL is about to draw) has the RGBA values (0.7, 0.5, 0.8, 0.6) and that the destination pixel (the one over which OpenGL will draw the source pixel) has the RGBA values (0.6, 0.3, 0.6, 1.0). First, OpenGL applies the GL_SRC_ALPHA function to the source RGBA values, which means that it multiplies 0.6 times 0.7, 0.5, 0.8, and 0.6. This results in source pixel values of (0.42, 0.3, 0.48, 0.36).

Then OpenGL applies the GL_ONE_MINUS_SRC_ALPHA function to the destination pixel. It does this by first subtracting the source color's alpha value from 1, giving 0.4. OpenGL then multiplies this factor by the destination pixel's RGBA components, giving (0.24, 0.12, 0.24, 0.4).

As you can see, by choosing GL_SRC_ALPHA as the source blending function and GL_ONE_MINUS_SRC_ALPHA as the destination blending function, the source alpha value determines the percentage of each color that OpenGL combines to form the final color. In the case of an alpha value of 0.6, 60 percent of the color comes from the source color and 40 percent comes from the destination.

> **Note**
>
> The higher the alpha value, the more opaque the final pixel becomes. You can, therefore, think of the alpha value as the opacity of the shape you're drawing. If you want the shape to allow only a small part of hidden objects to show through, use a high alpha value with the GL_SRC_ALPHA and GL_ONE_MINUS_SRC_ALPHA source and destination blending functions. Similarly, small alpha values allow more of the hidden pixels to show through, until, at zero, the source object isn't visible at all.

OpenGL does a lot of other calculating under the hood to determine the final color, of course. The mathematics are too complicated to explain here and wouldn't be particularly useful to a programmer, anyway. The bottom line is that, because blending is an imprecise effect, you'll need to experiment in order to get the results you want. Just remember that the most common source and destination blending functions are GL_SRC_ALPHA and GL_ONE_MINUS_SRC_ALPHA, respectively. Also keep in mind that the larger the blending factor, the more the color being multiplied by that factor will affect the final color.

Blending Polygons

If you're only trying to blend polygons (that is, two-dimensional objects), all you need to do now is select your drawing colors and draw the shapes. OpenGL then applies the blending functions and draws the results on the screen. For example, the following code sample results in the display shown in figure 10.1:

```
glClearColor(1.0f, 1.0f, 1.0f, 1.0f);
glClear(GL_COLOR_BUFFER_BIT);

glEnable(GL_BLEND);
glBlendFunc(GL_SRC_ALPHA, GL_ONE_MINUS_SRC_ALPHA);

glColor4f(0.0f, 1.0f, 1.0f, 1.0f);

glBegin(GL_POLYGON);
    glVertex3f(-1.0f, 0.25f, 0.0f);
    glVertex3f(-1.0f, -1.0f, 0.0f);
    glVertex3f(0.25f, -1.0f, 0.0f);
    glVertex3f(0.25f, 0.25f, 0.0f);
glEnd();

glColor4f(1.0f, 0.0f, 0.0f, 0.5);

glBegin(GL_POLYGON);
    glVertex3f(-0.25f, 1.0f, 0.0f);
    glVertex3f(-0.25f, -0.25f, 0.0f);
```

```
        glVertex3f(1.0f, -0.25f, 0.0f);
        glVertex3f(1.0f, 1.0f, 0.0f);
    glEnd();

    glFlush();

    glDisable(GL_BLEND);
```

Fig. 10.1
Using blending
with polygons.

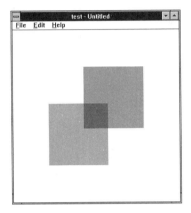

In the preceding code sample, the alpha value that OpenGL uses in the blending functions is 0.5, which is the alpha value in the second call to `glColor4f()`. This means that, in the area where the two rectangles overlap, the source and destination colors each have a 50 percent effect on the final blended color. The higher you make this alpha value, the more opaque the second rectangle becomes.

> **Note**
>
> The order in which you draw shapes on the screen affects how OpenGL handles the blending. For example, drawing a red rectangle over a blue rectangle may result in a different display than drawing the blue rectangle first.

Blending 3-D Objects

Using blending in a 3-D scene is more complicated than in a 2-D scene because OpenGL's depth testing can get in the way of what you're trying to do. For example, if you draw a solid cube and then try to draw a translucent cube over it, OpenGL's depth testing causes the hidden object to disappear. After all, the whole point of depth testing is to remove objects that are hidden by other objects. To incorporate blending in a 3-D scene, then, you must follow these steps:

1. Enable depth testing.

2. Draw all opaque objects.

3. Set the depth buffer to read-only.

4. Draw all translucent objects.

5. Restore the depth buffer to read/write.

Of course, these steps don't show all the other complications inherent in displaying a 3-D scene, including initializing the lighting model and performing modelview transformations. But the important task in this list is setting the depth buffer to read-only before drawing translucent objects. OpenGL uses the depth buffer to determine which shapes are behind others. By making the depth buffer read-only, you prevent OpenGL from changing the contents of the depth buffer when you draw translucent objects. If OpenGL can't change the contents of the depth buffer, it can't remove "hidden" objects that you want to show through the translucent objects.

To make the depth buffer read-only, you call the glDepthMask() function, like this:

```
glDepthMask(GL_FALSE);
```

The function's single GLboolean argument enables or disables OpenGL's ability to write to the depth buffer. A value of GL_FALSE makes the depth buffer read-only, whereas a value of GL_TRUE restores the depth buffer to read/write status.

The following code segment produces the display shown in figure 10.2:

```
glClearColor(0.3f, 0.3f, 0.3f, 0.0f);
glClear(GL_COLOR_BUFFER_BIT | GL_DEPTH_BUFFER_BIT);

glEnable(GL_BLEND);
glEnable(GL_LIGHTING);
glEnable(GL_LIGHT0);

glEnable(GL_DEPTH_TEST);
glBlendFunc(GL_ONE, GL_ZERO);

GLfloat lightAmbient[] = {0.1f, 0.1f, 0.1f, 0.0f};
GLfloat lightDiffuse[] = {1.0f, 1.0f, 1.0f, 0.0f};
GLfloat lightSpecular[] = {1.0f, 1.0f, 1.0f, 0.0f};
GLfloat lightPosition[] = {2.0f, 0.5f, 3.0f, 1.0f};
GLfloat materialSpecular[] = {1.0f, 1.0f, 1.0f, 0.0f};
GLfloat materialSphere1[] = {1.0f, 0.0f, 0.0f, 0.0f};
GLfloat materialSphere2[] = {0.0f, 1.0f, 0.0f, 0.0f};
GLfloat materialCube[] = {1.0f, 1.0f, 0.0f, 0.5f};
```

III

Advanced Programming

```
glLightfv(GL_LIGHT0, GL_AMBIENT, lightAmbient);
glLightfv(GL_LIGHT0, GL_DIFFUSE, lightDiffuse);
glLightfv(GL_LIGHT0, GL_SPECULAR, lightSpecular);
glLightfv(GL_LIGHT0, GL_POSITION, lightPosition);
glMaterialfv(GL_FRONT, GL_SPECULAR, materialSpecular);
glMaterialf(GL_FRONT, GL_SHININESS, 50.0f);

glTranslatef(-1.5f, 0.5f, -3.0f);
glMaterialfv(GL_FRONT, GL_AMBIENT_AND_DIFFUSE, materialSphere1);
auxSolidSphere(1.0);
glTranslatef(2.0f, -0.8f, 3.0f);
glMaterialfv(GL_FRONT, GL_AMBIENT_AND_DIFFUSE, materialSphere2);
auxSolidSphere(0.75);

glDepthMask(GL_FALSE);
glBlendFunc(GL_SRC_ALPHA, GL_ONE);

glMaterialfv(GL_FRONT, GL_AMBIENT_AND_DIFFUSE, materialCube);
glTranslatef(-1.0f, 0.0f, -1.5f);
glRotatef(40.0f, 1.0f, 0.0f, 0.0f);
glRotatef(40.0f, 0.0f, 1.0f, 0.0f);
auxSolidCube(1.0);

glFlush();

glDepthMask(GL_TRUE);
glDisable(GL_LIGHTING);
glDisable(GL_DEPTH_TEST);
glDisable(GL_BLEND);
```

Fig. 10.2
Using blending
with 3-D scenes.

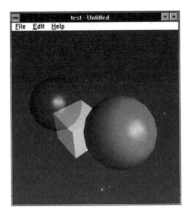

Note

When using blending in a 3-D scene with lighting, the color values OpenGL uses in blending functions are found in a material's diffuse-light color. For example, in the preceding code segment the source alpha value for the cube's blending functions is 0.5, which is the alpha element of the materialCube[] array.

Using Antialiasing

Because lines on a computer screen must be drawn by lighting pixels in a grid, only perfectly horizontal and vertical lines can be drawn smoothly. Other lines end up with a stair-step effect called an *alias* (see fig. 10.3). The greater a picture's resolution, the less the alias shows. Unfortunately, most computer systems today are still unable to display lines without the stair-step effect. The solution is a technique called *antialiasing*, which uses different shades of color to disguise the jagged edges of lines drawn on a computer screen.

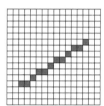

Fig. 10.3
An aliased line drawn on a computer screen.

As you'll soon see, you can easily add antialiasing to your OpenGL programs. In fact, OpenGL's antialiasing is really just another type of blending effect.

Enabling Antialiasing

As with blending, the first thing you must do to use antialiasing is to enable antialiasing. You do this by calling glEnable() like this:

```
glEnable(GL_LINE_SMOOTH);
```

The GL_LINE_SMOOTH constant tells OpenGL to enable antialiasing for lines. You can also enable antialiasing for points or polygons by using the GL_POINT_SMOOTH or GL_POLYGON_SMOOTH constant.

Enabling Blending for Antialiasing

Because antialiasing is a blending effect, you also must enable blending, as well as select a blending function. You might use code something like this:

```
glEnable(GL_BLEND);
glBlendFunc(GL_SRC_ALPHA, GL_ONE_MINUS_SRC_ALPHA);
```

You can experiment with different blending functions in order to create different antialiasing effects. However, you'll probably use the common GL_SRC_ALPHA and GL_ONE_MINUS_SRC_ALPHA source and destination blending functions. Remember that if you choose the GL_SRC_ALPHA and

III

Advanced Programming

`GL_ONE_MINUS_SRC_ALPHA` functions, the object's alpha color component also affects the final antialiasing effect. In addition, the colors available in your logical palette will determine the precision of the antialiasing. Obviously, you can create a lot of different antialiasing effects.

Giving OpenGL Smoothing Hints

OpenGL is capable of performing antialiasing in a number of ways with any given set of parameters. If you like, you can tell OpenGL whether you prefer a faster rendering, a more accurate but slower rendering, or you can specify no preference at all. You do this with the `glHint()` function, like this:

```
glHint(GL_LINE_SMOOTH_HINT, GL_DONT_CARE);
```

This function's first argument specifies the operation for which you're supplying the hint and can be one of these constants: `GL_FOG_HINT`, `GL_LINE_SMOOTH_HINT`, `GL_PERSPECTIVE_CORRECTION_HINT`, `GL_POINT_SMOOTH_HINT`, or `GL_POLYGON_SMOOTH_HINT`. The second argument specifies the hint, which can be `GL_DONT_CARE` (which lets OpenGL do what it wants), `GL_FASTEST` (which tells OpenGL to use the fastest method), or `GL_NICEST` (which tells OpenGL to use the most accurate method).

Antialiasing Lines

The last step in drawing antialiased lines is to set the line width and color, keeping in mind that OpenGL uses the color values you choose in the blending functions. You might use something like the following code segment to prepare for drawing lines:

```
glLineWidth(2.0f);
glColor4f(0.0f, 0.0f, 0.0f, 1.0f);
```

In the case of source and destination blending functions of `GL_SRC_ALPHA` and `GL_ONE_MINUS_SRC_ALPHA`, the preceding color selections provide an alpha value of 1.0. The smaller the alpha value, the fainter the lines that OpenGL draws on the screen. An alpha value of 1.0 results in the darkest lines, whereas an alpha value of 0.0 results in no lines at all.

The following code segment creates the display shown in figure 10.4. Figure 10.5 shows the same cobweb shape without antialiasing:

```
glClearColor(1.0f, 1.0f, 1.0f, 0.0f);
glClear(GL_COLOR_BUFFER_BIT);
glShadeModel(GL_FLAT);

glEnable(GL_LINE_SMOOTH);
glEnable(GL_BLEND);
glBlendFunc(GL_SRC_ALPHA, GL_ONE_MINUS_SRC_ALPHA);
glHint(GL_LINE_SMOOTH_HINT, GL_DONT_CARE);
```

```
glLineWidth(2.0f);
glColor4f(0.0f, 0.0f, 0.0f, 1.0f);

auxWireSphere(1.0);

glDisable(GL_LINE_SMOOTH);
glDisable(GL_BLEND);
```

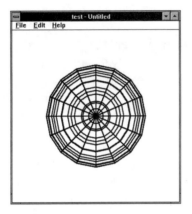

Fig. 10.4
An antialiased
cobweb.

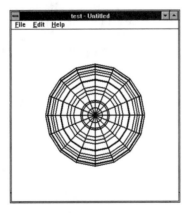

Fig. 10.5
The cobweb
without
antialiasing.

Using Fog

Air, just like any matter, is not completely transparent. As light passes
through air, some of the light's color components get partially—or even com-
pletely—absorbed. In other words, the farther an object is from you, the more
faded it appears to be. OpenGL enables you to re-create this phenomena in
your 3-D displays by using something called *fog*. In an OpenGL program, you
can think of fog as a kind of filter that affects faraway objects more than
close-up objects. You can determine how dramatic the effect is by selecting
fog functions, colors, density, and more.

Enabling Fog

As you've probably guessed, the first step in using fog is to tell OpenGL to enable fogging. As always, you do this by calling the `glEnable()` function, like this:

```
glEnable(GL_FOG);
```

The `GL_FOG` constant tells OpenGL to enable fogging.

Choosing a Fogging Function

As with blending, OpenGL can apply fogging in several ways. For example, it's up to your program to tell OpenGL which of its fogging functions to use when it determines the final color of a pixel on the display. You do this by calling the `glFogi()` function, like this:

```
glFogi(GL_FOG_MODE, GL_LINEAR);
```

This function's first argument specifies the fog parameter you want to set and can be `GL_FOG_DENSITY`, `GL_FOG_END`, `GL_FOG_INDEX`, `GL_FOG_MODE`, or `GL_FOG_START`. The second argument is the value to which the parameter should be set. In the case of `GL_FOG_MODE`, the possible values for the second argument are `GL_EXP`, `GL_EXP2`, and `GL_LINEAR`. (The `glFog()` function comes in four versions, depending on the type of arguments used.)

`GL_EXP` and `GL_EXP2` use exponential functions to determine fogged pixel colors, with the `GL_EXP2` function having a greater effect than `GL_EXP`. Because OpenGL handles most of the details, the `GL_EXP` and `GL_EXP2` functions are the easiest to use in your programs. However, the `GL_LINEAR` function, which applies fogging based on the size of the fogged area, gives you the most control. You can tell OpenGL exactly where in your scene the fogging begins and ends. You do this by calling the `glFogf()` function, as follows:

```
glFogf(GL_FOG_START, 0.0f);
glFogf(GL_FOG_END, 10.0f);
```

The `GL_FOG_START` constant tells OpenGL that you want to set the fog's starting point. The second argument is the distance from the viewpoint at which the fog should start. The `GL_FOG_END` constant tells OpenGL that you want to set the fog's ending point, which is also expressed as a distance from the viewpoint. You can set the starting and ending points only when you choose the `GL_LINEAR` fogging function. With the `GL_EXP` and `GL_EXP2` functions, setting the starting and ending points has no effect. However, when using `GL_EXP` or `GL_EXP2`, you can set the fog's density by calling `glFog()` with `GL_FOG_DENSITY` as the first argument and the density value as the second argument.

> **Note**
>
> The greater the difference between the fog's starting and ending points, the less effect the fog has on objects in the scene. For example, if you set the fog starting point to 0.0 and the fog ending point to 5.0, objects within this area will be heavily fogged. However, moving the fog ending point to 20.0 reduces the fog effect significantly because it stretches the effect over a greater distance.

Setting the Fog Color

Next, you should set the fog color, which can have a big effect on the final colors used in your scene. In most cases, you'll want a moderately bright, white fog color, which you select like this:

```
GLfloat fogColor[] = {0.6f, 0.6f, 0.6f, 1.0f};
glFogfv(GL_FOG_COLOR, fogColor);
```

The `glFogv()` function (another form of `glFog()`) requires two arguments. The first is the fog parameter you want to set and the second is the address of an array containing the values to which to set the parameter. You can get some pretty strange effects by using fog colors other than white. As always, you'll have to experiment with different fog settings to appreciate the effects of fogging firsthand.

> **Note**
>
> Setting the fogging color to black enables you to create a nighttime or dark-room scene in which objects farther away are almost completely invisible. The closer you get to the object, the better you can see it.

Setting the Fogging Hint

You learned about OpenGL hints in the section on antialiasing. You can use the `glHint()` function with fogging, too. For fogging, you call `glHint()` in exactly the same way, except you use `GL_FOG_HINT` for the first argument, like this:

```
glHint(GL_FOG_HINT, GL_DONT_CARE);
```

As before, the `GL_DONT_CARE` hint tells OpenGL to use whatever fog method it likes, given the fog parameters you've set up.

Fogging a 3-D Scene

Before you can apply fogging to a 3-D scene, you need to enable lighting and depth testing, as well as set up the lighting and material parameters. You then perform the required modelview transformations and draw the objects. OpenGL applies the fogging as you specified, based on the distance of the object from the viewpoint. The following code fragment creates the display shown in figure 10.6:

```
glClearColor(0.3f, 0.3f, 0.3f, 1.0f);
glClear(GL_COLOR_BUFFER_BIT | GL_DEPTH_BUFFER_BIT);
glShadeModel(GL_SMOOTH);

glEnable(GL_FOG);
glFogi(GL_FOG_MODE, GL_LINEAR);
GLfloat fogColor[] = {0.6f, 0.6f, 0.6f, 1.0f};
glFogfv(GL_FOG_COLOR, fogColor);
glFogf(GL_FOG_START, 0.0f);
glFogf(GL_FOG_END, 10.0f);
glHint(GL_FOG_HINT, GL_DONT_CARE);

glEnable(GL_LIGHTING);
glEnable(GL_LIGHT0);
glEnable(GL_DEPTH_TEST);

GLfloat lightAmbient[] = {0.1f, 0.1f, 0.1f, 0.0f};
GLfloat lightDiffuse[] = {1.0f, 1.0f, 1.0f, 0.0f};
GLfloat lightSpecular[] = {1.0f, 1.0f, 1.0f, 0.0f};
GLfloat lightPosition[] = {2.0f, 0.5f, 3.0f, 1.0f};
GLfloat materialSpecular[] = {1.0f, 1.0f, 1.0f, 0.0f};
GLfloat materialAmbDiff[] = {1.0f, 0.0f, 0.0f, 0.0f};

glLightfv(GL_LIGHT0, GL_AMBIENT, lightAmbient);
glLightfv(GL_LIGHT0, GL_DIFFUSE, lightDiffuse);
glLightfv(GL_LIGHT0, GL_SPECULAR, lightSpecular);
glLightfv(GL_LIGHT0, GL_POSITION, lightPosition);
glMaterialfv(GL_FRONT, GL_AMBIENT_AND_DIFFUSE, materialAmbDiff);
glMaterialfv(GL_FRONT, GL_SPECULAR, materialSpecular);
glMaterialf(GL_FRONT, GL_SHININESS, 30.0f);

glTranslatef(-2.0f, 2.0f, -6.0f);
auxSolidTorus(0.5, 1.0);

glTranslatef(1.5f, -2.0f, 3.0f);
auxSolidTorus(0.5, 1.0);

glTranslatef(1.5f, -1.0f, 3.0f);
auxSolidTorus(0.5, 1.0);

glDisable(GL_LIGHTING);
glDisable(GL_DEPTH_TEST);
glDisable(GL_FOG);
```

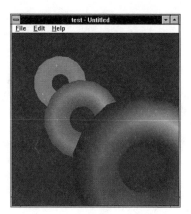

Fig. 10.6
Fogging in a
3-D scene.

As you can see, the 3-D scene contains three toruses, each a little farther back from the viewpoint. The closest torus retains most of its red color because the fog effect is less severe on close-up objects. (Although the figure is black and white, you can still see the effects of the fog. Or you can refer to the color version of the figure in this book's color section.) The last torus, on the other hand, is almost completely white, simulating the effect of looking through a long area of fog.

Building the BLENDFOG Sample Application

Now that you understand how blending, antialiasing, and fogging work, you can get some experience in using these handy effects in a real program. The BLENDFOG application lets you change the parameters used in displaying scenes with blending, antialiasing, and fogging so that you can get a better appreciation of how you can enhance your own programs with these effects. To build the BLENDFOG application, follow the steps given below.

> **Note**
>
> After following the disk intallation instructions at the back of this book, you can find the executable file and the complete source code for the BLENDFOG application in the OPENGL\CHAP10 directory on your hard drive.

In the first set of steps that follow, you create the basic AppWizard application and modify the application's user interface.

1. Use AppWizard to create an application called BLENDFOG. Set the following options in AppWizard's dialog boxes:

Step 1: Single Document

Step 2: None

Step 3: None and No Automation

Step 4: Use 3D Controls

Step 5: Leave set to defaults

Step 6: Leave set to defaults

Your project's final options should look like those in figure 10.7.

Fig. 10.7
The BLENDFOG application's final options.

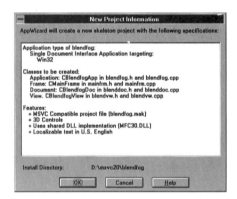

2. Double-click the BLENDFOG.RC file in the project window to bring up App Studio's browser window (see fig. 10.8).

Fig. 10.8
The App Studio browser window.

3. Double-click the Menu folder, and then double-click `IDR_MAINFRAME` to bring up the menu editor (see fig. 10.9).

Fig. 10.9
The menu editor.

4. Delete all entries from the File menu except Exit (see fig. 10.10).

Fig. 10.10
The new File menu.

5. Delete the Edit menu, leaving the File and Help menus, as shown in figure 10.11.

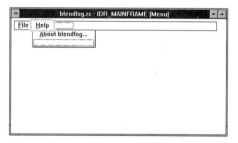

Fig. 10.11
After deleting the Edit menu.

6. Add an Operation menu, giving it the commands Blending, Antialiasing, and Fogging (see fig. 10.12), with the command IDs `ID_OPERATION_BLENDING`, `ID_OPERATION_ANTIALIASING`, and `ID_OPERATION_FOGGING`.

Fig. 10.12
The new Operation menu.

7. Add a <u>D</u>imension menu, giving it the commands <u>2</u>-D and <u>3</u>-D (see fig. 10.13), with the command IDs ID_DIMENSION_2D and ID_DIMENSION_3D.

Fig. 10.13
The new Dimension menu.

8. Add a <u>P</u>arameters menu, giving it the commands <u>B</u>lend, <u>O</u>pacity..., <u>A</u>ntialias, <u>F</u>og, <u>S</u>tart..., <u>E</u>nd..., and <u>C</u>olor... (see fig. 10.14), with the command IDs ID_PARAMETERS_BLEND, ID_PARAMETERS_OPACITY, ID_PARAMETERS_ANTIALIAS, ID_PARAMETERS_FOG, ID_PARAMETERS_START, ID_PARAMETERS_END, and ID_PARAMETERS_COLOR. Make sure you add the menu separators shown in the figure.

Fig. 10.14
The new Parameters menu.

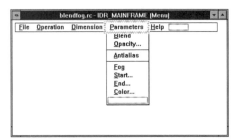

9. Close the menu editor, and bring up the dialog box editor (see fig. 10.15) by double-clicking the Dialog folder in the resource browser window and then double-clicking IDD_ABOUTBOX.

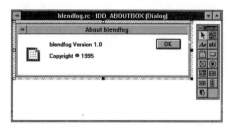

Fig. 10.15
The dialog box
editor.

10. Modify the About dialog box so that it looks like figure 10.16, and then close the dialog box editor.

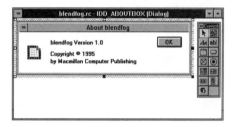

Fig. 10.16
The new About
dialog box.

11. Double-click Accelerator in the resource browser window. You see the IDR_MAINFRAME accelerator ID (see fig. 10.17). Delete the IDR_MAINFRAME accelerator table from the browser window.

Fig. 10.17
The
IDR_MAINFRAME
accelerator table
in the browser
window.

12. Select the <u>R</u>esource menu's <u>N</u>ew command and create a new dialog box. The finished dialog box should look like figure 10.18. (Be sure to give the dialog box the IDD_PARAMETER ID and to give the edit control the ID IDC_VALUE.)

III

Advanced Programming

Fig. 10.18
The Parameter
dialog box.

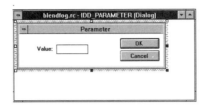

13. Select the Project menu's ClassWizard command (or click the toolbar's ClassWizard button), and name the Parameter dialog box's class CParameterDlg (see fig. 10.19). Click the Create Class button to create the class.

Fig. 10.19
Creating the
CParameterDlg
class.

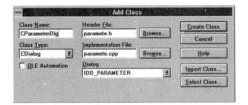

14. In the MFC ClassWizard dialog box, add a class variable named m_value of type float for the IDC_VALUE edit control, as shown in figure 10.20. Click the OK button to save your changes.

Fig. 10.20
Creating a class
variable for the
IDC_VALUE edit
control.

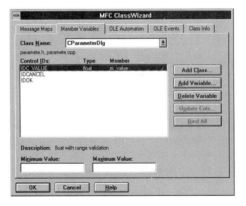

15. Select the Resource menu's New command, and create a new dialog box. The finished dialog box should look like figure 10.21. (Be sure to give the dialog box the IDD_COLOR ID and give the edit controls the IDs IDC_RED, IDC_GREEN, and IDC_BLUE.)

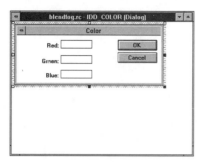

Fig. 10.21
The Color
dialog box.

16. Select the Project menu's ClassWizard command (or click the toolbar's
ClassWizard button), and name the Color dialog box's class CColorDlg
(see fig. 10.22). Click the Create Class button to create the class.

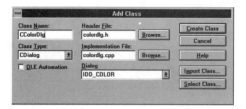

Fig. 10.22
Creating the
CColorDlg class.

17. In the MFC ClassWizard dialog box, add class variables (named m_red,
m_green, and m_blue) of type float for the IDC_RED, IDC_GREEN, and
IDC_BLUE edit controls, as shown in figure 10.23. Click the OK button to
save your changes.

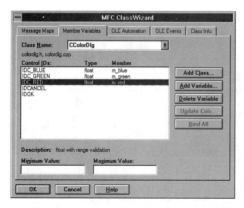

Fig. 10.23
Creating a class
variable for the
edit control.

III

Advanced Programming

18. Close the App Studio browser window, being sure to save all your changes.

In the next set of steps, you add message-response functions for the WM_CREATE, WM_DESTROY, and WM_SIZE Windows messages. You also override the CBlendfogView class's PreCreateWindow() function and add response functions for the application's menu commands.

1. Select the Project menu's ClassWizard command to bring up the MFC ClassWizard dialog box. In the Class Name box, select the CBlendfogView class (see fig. 10.24). Make sure you have the Message Maps tab selected.

Fig. 10.24
The MFC
ClassWizard
dialog box.

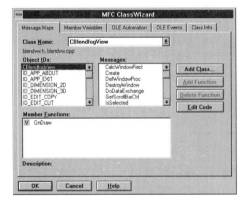

2. Use the MFC ClassWizard dialog box to create a response function for the WM_CREATE message, as shown in figure 10.25.

Fig. 10.25
Adding the
OnCreate()
function.

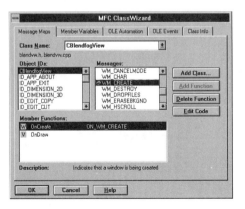

3. In the MFC ClassWizard dialog box, click the Edit Code button and
then add the following lines to the `OnCreate()` function, right after the
`// TODO: Add your specialized creation code here` comment:

```
PIXELFORMATDESCRIPTOR pfd =
{
sizeof(PIXELFORMATDESCRIPTOR), // Structure size.
1,                            // Structure version number.
PFD_DRAW_TO_WINDOW |          // Property flags.
PFD_SUPPORT_OPENGL |
PFD_DOUBLEBUFFER,
PFD_TYPE_RGBA,
24,                           // 24-bit color.
0, 0, 0, 0, 0, 0,             // Not concerned with these.
0, 0, 0, 0, 0, 0, 0,          // No alpha or accum buffer.
32,                           // 32-bit depth buffer.
0, 0,                         // No stencil or aux buffer.
PFD_MAIN_PLANE,               // Main layer type.
0,                            // Reserved.
0, 0, 0                       // Unsupported.
};

CClientDC clientDC(this);

int pixelFormat =
    ChoosePixelFormat(clientDC.m_hDC, &pfd);
BOOL success =
    SetPixelFormat(clientDC.m_hDC, pixelFormat, &pfd);
DescribePixelFormat (clientDC.m_hDC, pixelFormat,
    sizeof(pfd), &pfd);

if (pfd.dwFlags & PFD_NEED_PALETTE)
    SetupLogicalPalette();

m_hRC = wglCreateContext(clientDC.m_hDC);
```

4. Select the Project menu's ClassWizard command, and use the MFC
ClassWizard dialog box to create a response function for the WM_DESTROY
message, as shown in figure 10.26.

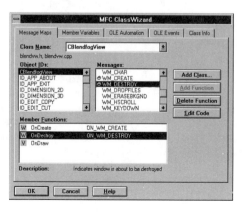

Fig. 10.26
Adding the
OnDestroy( )
function.

5. In the MFC ClassWizard dialog box, click the Edit Code button and then add the following lines to the `OnDestroy()` function, right after the `// TODO: Add your message handler code here` comment:

```
wglDeleteContext(m_hRC);
if (m_hPalette)
    DeleteObject(m_hPalette);
```

6. Select the Project menu's ClassWizard command, and use the MFC ClassWizard dialog box to create a response function for the WM_SIZE message, as shown in figure 10.27.

Fig. 10.27
Adding the
OnSize( ) function.

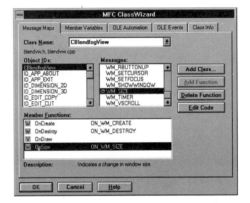

7. In the MFC ClassWizard dialog box, click the Edit Code button and then add the following lines to the `OnSize()` function, right after the `// TODO: Add your message handler code here` comment:

```
CClientDC clientDC(this);
wglMakeCurrent(clientDC.m_hDC, m_hRC);
glViewport(0, 0, cx, cy);
glMatrixMode(GL_PROJECTION);
glLoadIdentity();
glFrustum(-1.0, 1.0, -1.0, 1.0, 2.0, 10.0);
glMatrixMode(GL_MODELVIEW);
glLoadIdentity();
glTranslatef(0.0f, 0.0f, -3.5f);
wglMakeCurrent(NULL, NULL);
```

8. Select the Project menu's ClassWizard command and use the MFC ClassWizard dialog box to override the view class's `PreCreateWindow()` function, as shown in figure 10.28.

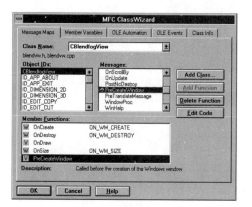

Fig. 10.28
Overriding the
PreCreateWindow()
function.

9. In the MFC ClassWizard dialog box, click the Edit Code button, and
   then add the following line to the PreCreateWindow() function, right
   after the // TODO: Add your specialized code here and/or call the
   base class comment:

   ```
   cs.style |= WS_CLIPCHILDREN | WS_CLIPSIBLINGS;
   ```

10. Select the Project menu's ClassWizard command, and use the MFC
    ClassWizard dialog box to add COMMAND and UPDATE_COMMAND_UI functions
    for each of the commands in the Operation, Dimension, and Param-
    eters menus, as shown in figure 10.29.

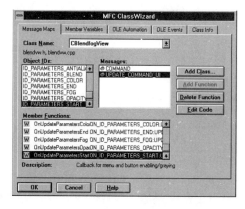

Fig. 10.29
Adding
COMMAND and
UPDATE_COMMAND_UI
functions.

11. Complete the COMMAND and UPDATE_COMMAND_UI functions by adding the
    code shown in those functions in listing 10.2, found near the end of
    this chapter.

In the following set of steps, you add the source code that completes the CBlendfogView class. You also add the required member function and data member declarations to the CBlendfogView class's header file.

1. Load BLENDVW.CPP, and add the following lines near the top of the file, after the #endif compiler directive:

```
#include <gl\glaux.h>
#include "paramete.h"
#include "colordlg.h"
```

2. Still in the BLENDVW.CPP file, add the following lines to the CBlendfogView class's constructor, right after the // TODO: add construction code here comment:

```
m_operation = Blending;
m_blend = TRUE;
m_opacity = 0.5f;
m_dimension = TwoD;
m_antialias = TRUE;
m_fog = TRUE;
m_fogStart = 0.0f;
m_fogEnd = 10.f;
m_fogRed = 0.6f;
m_fogGreen = 0.6f;
m_fogBlue = 0.6f;
```

3. In the BLENDVW.CPP file, add the following lines to the CBlendfogView class's OnDraw() function, right after the // TODO: add draw code for native data here comment:

```
if (m_hPalette)
{
    SelectPalette(pDC->m_hDC, m_hPalette, FALSE);
    RealizePalette(pDC->m_hDC);
}
wglMakeCurrent(pDC->m_hDC, m_hRC);
DrawWithOpenGL();
SwapBuffers(pDC->m_hDC);
wglMakeCurrent(pDC->m_hDC, NULL);
```

4. Also in BLENDVW.CPP, add the following functions, as shown in listing 10.2, to the end of the file: DrawWithOpenGL(), ShowBlending(), Show2DBlending(), Show3DBlending(), ShowAntialiasing(), ShowFogging(), and SetupLogicalPalette().

5. Load BLENDVW.H, and add the following lines to the top of the file, right before the CBlendfogView class declaration:

```
#include <gl\gl.h>

enum {TwoD, ThreeD};
enum {Blending, Antialiasing, Fogging};
```

6. Also in BLENDVW.H, add the following lines to the `CBlendfogView` class's Attributes section, right after the `CBlendfogDoc* GetDocument()` line:

```
protected:
    HGLRC m_hRC;
    HPALETTE m_hPalette;
    GLfloat m_opacity;
    GLfloat m_fogStart, m_fogEnd;
    GLfloat m_fogRed, m_fogGreen, m_fogBlue;
    UINT m_dimension, m_operation;
    BOOL m_antialias, m_fog, m_blend;
```

7. Again in BLENDVW.H, add the following lines to the `CBlendfogView` class's Implementation section, right after the `protected` keyword:

```
void DrawWithOpenGL();
void ShowBlending();
void Show2DBlending();
void Show3DBlending();
void ShowAntialiasing();
void ShowFogging();
void SetupLogicalPalette();
```

In the final set of steps that follow, you modify the `CMainFrame` class by overriding that class's `PreCreateWindow()` function and by adding message-response functions for the `WM_PALETTECHANGED` and `WM_QUERYNEWPALETTE` Windows messages. You also add the GLAUX.LIB, GLU32.LIB, and OPENGL32.LIB library files to the project.

1. Select the Project menu's ClassWizard command to bring up the MFC ClassWizard dialog box. In the Class Name box, select the `CMainFrame` class (see fig. 10.30). Make sure you have the Message Maps tab selected.

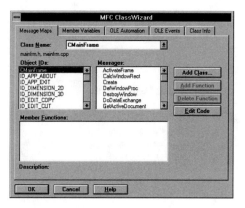

Fig. 10.30
The MFC ClassWizard dialog box.

2. Use the MFC ClassWizard dialog box to override the CMainFrame class's PreCreateWindow() function, as shown in figure 10.31.

Fig. 10.31
Overriding the
CMainFrame class's
PreCreateWindow()
function.

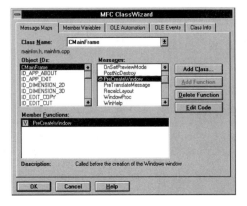

3. In the MFC ClassWizard dialog box, click the Edit Code button, and then add the following lines to the PreCreateWindow() function, right after the // TODO: Add your specialized code here and/or call the base class comment:

```
cs.cx = 380;
cs.cy = 420;
```

4. Select the Project menu's ClassWizard command, and use the MFC ClassWizard dialog box to create a response function for the WM_PALETTECHANGED message, as shown in figure 10.32.

Fig. 10.32
Adding the
OnPaletteChanged()
function.

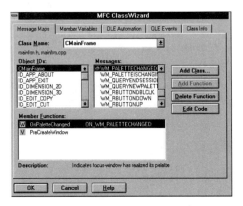

5. In the MFC ClassWizard dialog box, click the Edit Code button, and
then add the following lines to the OnPaletteChanged() function, right
after the // TODO: Add your message handler code here comment:

```
CView* pView = GetActiveView();
if (pFocusWnd != pView)
    pView->Invalidate(FALSE);
```

6. Select the Project menu's ClassWizard command, and use the MFC
ClassWizard dialog box to create a response function for the
WM_QUERYNEWPALETTE message, as shown in figure 10.33.

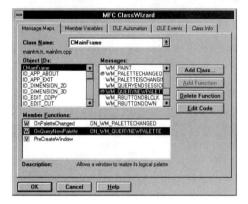

Fig. 10.33
Adding the
OnQueryNewPalette()
function.

7. In the MFC ClassWizard dialog box, click the Edit Code button, and
then add the following lines to the OnQueryNewPalette() function, right
after the // TODO: Add your message handler code here and/or call
default comment:

```
CView* pView = GetActiveView();
pView->Invalidate(FALSE);
```

8. Select the Project menu's Files command, and then use the Project Files
dialog box to add the GLAUX.LIB, GLU32.LIB, and OPENGL32.LIB files
(found in the MSVC20\LIB directory) to the project, as shown in figure
10.34.

III

Advanced Programming

Fig. 10.34
Adding
GLAUX.LIB,
GLU32.LIB, and
OPENGL32.LIB to
the BLENDFOG
project.

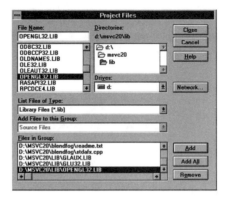

Your BLENDFOG program is now complete. To create the application, select the Build command from Visual C++'s Project menu. To run the application, choose the Project menu's Execute command.

Running the BLENDFOG Application

When you run BLENDFOG, you see the window shown in figure 10.35, which displays two polygons using blending. The Operation menu lets you choose whether you want to experiment with blending, antialiasing, or fogging. Whichever operation you choose becomes checkmarked in the menu.

Fig. 10.35
The BLENDFOG
application at
startup.

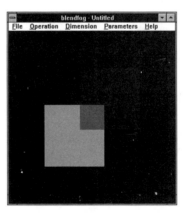

When experimenting with blending, you can choose either 2-D or 3-D blending from the Dimension menu. In addition, the Parameters menu contains two blending commands that are enabled when you select the blending operation. (Other commands in the menu are disabled.) The Blend command lets you turn blending on or off. If blending is on, this command has a checkmark next to it in the menu. The second blending command, Opacity, lets you change the alpha value used by OpenGL when applying the blending functions. An opacity value of 1.0 makes the red rectangle opaque, whereas an opacity value of 0.0 causes the red rectangle to disappear completely (that is, it becomes 100 percent transparent). You'll see similar effects in the 3-D display.

If you select Antialiasing from the Operation menu, an antialiased spider-web design appears in the window. Because the program allows this image to be displayed only in 2-D mode, the 3-D command in the Dimension menu is now disabled. In the Parameters menu, however, you can now choose the Antialias command to switch antialiasing on or off. The blending and fogging commands on the Parameters menu are now disabled.

Finally, if you choose the Fogging command from the Operation menu, a fogged 3-D scene appears on the screen. Because the program only allows this image to be displayed in 3-D mode, the 2-D command in the Dimension menu is now disabled. On the other hand, the fogging set of commands in the Parameters menu is now enabled. Choose the Fog command to switch fogging on and off. The Start, End, and Color commands let you change the fog's starting point, ending point, and color, respectively.

How the BLENDFOG Program Works

The BLENDFOG program uses a number of variables to hold the current values of the parameters for the blending, antialiasing, and fogging operations. These variables are data members of the CBlendfogView class and so are easily changed in the menu commands' response functions. For example, if the user chooses to turn off the Antialias command in the Parameters menu, the OnParametersAntialias() function turns off the m_antialias flag and then calls Invalidate() to force the window to be redrawn with the new setting. The other member variables are handled similarly.

One difference in this program as compared with other programs in this book is the way commands in the Dimension and Parameters menus are enabled and disabled. The m_operation variable, which holds the operation that the user selected from the Operation menu, controls which commands are available in the menus. In OnUpdateDimension2d(), OnUpdateDimension3d(), OnUpdateParametersAntialias(), OnUpdateParametersBlend(), OnUpdateParametersColor(), OnUpdateParametersEnd(), OnUpdateParametersFog(), OnUpdateParametersOpacity(), and OnUpdateParametersStart(), the program calls the menu command's Enable() function to enable or disable commands depending on the application's current operation mode.

The DrawWithOpenGL() function in this program does little more than
route program execution to the appropriate function based on the value
of the m_operation variable. The Show2dBlending(), Show3dBlending(),
ShowAntialiasing(), and ShowFogging() functions create the actual display,
depending on the values currently stored in the related parameter variables.
For example, the ShowFogging() function uses the m_fog, m_fogRed, m_fogGreen,
m_fogBlue, m_fogStart, and m_fogEnd member variables to set the current
parameters for the fogged scene.

The blending, antialiasing, and fogging operations are performed exactly as
described in the previous sections of this chapter. After studying this chapter,
you should have no difficulty following the details of the Show2dBlending(),
Show3dBlending(), ShowAntialiasing(), and ShowFogging() functions.

The Program Listings

Following are the complete listings for the CBlendfogView class, including the
BLENDVW.H header file and the BLENDVW.CPP implementation file. Also
included here is the MAINFRM.CPP file, which is the implementation of the
CMainFrame class. Many other files were created by AppWizard when you
started the BLENDFOG application project. Because you did not modify those
files, they are not shown here. However, you can easily view any of the
project's files by loading them with Visual C++'s editor (or any other text
editor). Note that all modifications you made to the following listings are
sandwiched between the comment blocks labeled with START CUSTOM CODE
and END CUSTOM CODE.

**Listing 10.1 BLENDVW.H—The Header File for the
CBlendfogView Class**

```
// blendvw.h : interface of the CBlendfogView class
//
/////////////////////////////////////////////////////////////////

///////////////////////////////////////
///////////////////////////////////////
// START CUSTOM CODE
///////////////////////////////////////
///////////////////////////////////////

#include <gl\gl.h>

enum {TwoD, ThreeD};
enum {Blending, Antialiasing, Fogging};
```

```
/////////////////////////////////////
/////////////////////////////////////
// END CUSTOM CODE
/////////////////////////////////////
/////////////////////////////////////

class CBlendfogView : public CView
{
protected: // create from serialization only
    CBlendfogView();
    DECLARE_DYNCREATE(CBlendfogView)

// Attributes
public:
    CBlendfogDoc* GetDocument();

/////////////////////////////////////
/////////////////////////////////////
// START CUSTOM CODE
/////////////////////////////////////
/////////////////////////////////////

protected:
    HGLRC m_hRC;
    HPALETTE m_hPalette;
    GLfloat m_opacity;
    GLfloat m_fogStart, m_fogEnd;
    GLfloat m_fogRed, m_fogGreen, m_fogBlue;
    UINT m_dimension, m_operation;
    BOOL m_antialias, m_fog, m_blend;

/////////////////////////////////////
/////////////////////////////////////
// END CUSTOM CODE
/////////////////////////////////////
/////////////////////////////////////

// Operations
public:

// Overrides
    // ClassWizard generated virtual function overrides
    //{{AFX_VIRTUAL(CBlendfogView)
    public:
    virtual void OnDraw(CDC* pDC);  // overridden to draw this view
    protected:
    virtual BOOL PreCreateWindow(CREATESTRUCT& cs);
    //}}AFX_VIRTUAL

// Implementation
public:
    virtual ~CBlendfogView();
#ifdef _DEBUG
    virtual void AssertValid() const;
    virtual void Dump(CDumpContext& dc) const;
#endif
```

(continues)

Advanced Programming

Listing 10.1   Continued

```
protected:

    ////////////////////////////////////
    ////////////////////////////////////
    // START CUSTOM CODE
    ////////////////////////////////////
    ////////////////////////////////////

    void DrawWithOpenGL();
    void ShowBlending();
    void Show2DBlending();
    void Show3DBlending();
    void ShowAntialiasing();
    void ShowFogging();
    void SetupLogicalPalette();

    ////////////////////////////////////
    ////////////////////////////////////
    // END CUSTOM CODE
    ////////////////////////////////////
    ////////////////////////////////////

// Generated message map functions
protected:
    //{{AFX_MSG(CBlendfogView)
    afx_msg int OnCreate(LPCREATESTRUCT lpCreateStruct);
    afx_msg void OnDestroy();
    afx_msg void OnSize(UINT nType, int cx, int cy);
    afx_msg void OnDimension2d();
    afx_msg void OnUpdateDimension2d(CCmdUI* pCmdUI);
    afx_msg void OnDimension3d();
    afx_msg void OnUpdateDimension3d(CCmdUI* pCmdUI);
    afx_msg void OnOperationAntialiasing();
    afx_msg void OnUpdateOperationAntialiasing(CCmdUI* pCmdUI);
    afx_msg void OnOperationBlending();
    afx_msg void OnUpdateOperationBlending(CCmdUI* pCmdUI);
    afx_msg void OnOperationFogging();
    afx_msg void OnUpdateOperationFogging(CCmdUI* pCmdUI);
    afx_msg void OnParametersAntialias();
    afx_msg void OnUpdateParametersAntialias(CCmdUI* pCmdUI);
    afx_msg void OnParametersBlend();
    afx_msg void OnUpdateParametersBlend(CCmdUI* pCmdUI);
    afx_msg void OnParametersColor();
    afx_msg void OnUpdateParametersColor(CCmdUI* pCmdUI);
    afx_msg void OnParametersEnd();
    afx_msg void OnUpdateParametersEnd(CCmdUI* pCmdUI);
    afx_msg void OnParametersFog();
    afx_msg void OnUpdateParametersFog(CCmdUI* pCmdUI);
    afx_msg void OnParametersOpacity();
    afx_msg void OnUpdateParametersOpacity(CCmdUI* pCmdUI);
    afx_msg void OnParametersStart();
    afx_msg void OnUpdateParametersStart(CCmdUI* pCmdUI);
    //}}AFX_MSG
    DECLARE_MESSAGE_MAP()
};
```

```
#ifndef _DEBUG  // debug version in blendvw.cpp
inline CBlendfogDoc* CBlendfogView::GetDocument()
   { return (CBlendfogDoc*)m_pDocument; }
#endif
```

///

Listing 10.2   BLENDVW.CPP—The Implementation File for the
***CBlendfogView* Class**

```
// blendvw.cpp : implementation of the CBlendfogView class
//

#include "stdafx.h"
#include "blendfog.h"

#include "blenddoc.h"
#include "blendvw.h"

#ifdef _DEBUG
#undef THIS_FILE
static char BASED_CODE THIS_FILE[] = _ _FILE_ _;
#endif

//////////////////////////////////////////
//////////////////////////////////////////
// START CUSTOM CODE
//////////////////////////////////////////
//////////////////////////////////////////

#include <gl\glaux.h>
#include "paramete.h"
#include "colordlg.h"

//////////////////////////////////////////
//////////////////////////////////////////
// END CUSTOM CODE
//////////////////////////////////////////
//////////////////////////////////////////

///////////////////////////////////////////////////////////////////
// CBlendfogView

IMPLEMENT_DYNCREATE(CBlendfogView, CView)

BEGIN_MESSAGE_MAP(CBlendfogView, CView)
    //{{AFX_MSG_MAP(CBlendfogView)
    ON_WM_CREATE()
    ON_WM_DESTROY()
    ON_WM_SIZE()
    ON_COMMAND(ID_DIMENSION_2D, OnDimension2d)
    ON_UPDATE_COMMAND_UI(ID_DIMENSION_2D, OnUpdateDimension2d)
    ON_COMMAND(ID_DIMENSION_3D, OnDimension3d)
```

(continues)

Listing 10.2   Continued

```
        ON_UPDATE_COMMAND_UI(ID_DIMENSION_3D, OnUpdateDimension3d)
        ON_COMMAND(ID_OPERATION_ANTIALIASING, OnOperationAntialiasing)
        ON_UPDATE_COMMAND_UI(ID_OPERATION_ANTIALIASING,
                        OnUpdateOperationAntialiasing)
        ON_COMMAND(ID_OPERATION_BLENDING, OnOperationBlending)
        ON_UPDATE_COMMAND_UI(ID_OPERATION_BLENDING,
                        OnUpdateOperationBlending)
        ON_COMMAND(ID_OPERATION_FOGGING, OnOperationFogging)
        ON_UPDATE_COMMAND_UI(ID_OPERATION_FOGGING,
                        OnUpdateOperationFogging)
        ON_COMMAND(ID_PARAMETERS_ANTIALIAS, OnParametersAntialias)
        ON_UPDATE_COMMAND_UI(ID_PARAMETERS_ANTIALIAS,
                        OnUpdateParametersAntialias)
        ON_COMMAND(ID_PARAMETERS_BLEND, OnParametersBlend)
        ON_UPDATE_COMMAND_UI(ID_PARAMETERS_BLEND,
                        OnUpdateParametersBlend)
        ON_COMMAND(ID_PARAMETERS_COLOR, OnParametersColor)
        ON_UPDATE_COMMAND_UI(ID_PARAMETERS_COLOR,
                        OnUpdateParametersColor)
        ON_COMMAND(ID_PARAMETERS_END, OnParametersEnd)
        ON_UPDATE_COMMAND_UI(ID_PARAMETERS_END, OnUpdateParametersEnd)
        ON_COMMAND(ID_PARAMETERS_FOG, OnParametersFog)
        ON_UPDATE_COMMAND_UI(ID_PARAMETERS_FOG, OnUpdateParametersFog)
        ON_COMMAND(ID_PARAMETERS_OPACITY, OnParametersOpacity)
        ON_UPDATE_COMMAND_UI(ID_PARAMETERS_OPACITY,
                        OnUpdateParametersOpacity)
        ON_COMMAND(ID_PARAMETERS_START, OnParametersStart)
        ON_UPDATE_COMMAND_UI(ID_PARAMETERS_START,
                        OnUpdateParametersStart)
    //}}AFX_MSG_MAP
END_MESSAGE_MAP()

/////////////////////////////////////////////////////////////////
// CBlendfogView construction/destruction

CBlendfogView::CBlendfogView()
{
    // TODO: add construction code here

    /////////////////////////////////////
    /////////////////////////////////////
    // START CUSTOM CODE
    /////////////////////////////////////
    /////////////////////////////////////

    m_operation = Blending;
    m_blend = TRUE;
    m_opacity = 0.5f;
    m_dimension = TwoD;
    m_antialias = TRUE;
    m_fog = TRUE;
    m_fogStart = 0.0f;
    m_fogEnd = 10.f;
    m_fogRed = 0.6f;
    m_fogGreen = 0.6f;
    m_fogBlue = 0.6f;
```

```
        /////////////////////////////////////
        /////////////////////////////////////
        // END CUSTOM CODE
        /////////////////////////////////////
        /////////////////////////////////////
}

CBlendfogView::~CBlendfogView()
{
}

/////////////////////////////////////////////////////////////////
// CBlendfogView drawing

void CBlendfogView::OnDraw(CDC* pDC)
{
    CBlendfogDoc* pDoc = GetDocument();
    ASSERT_VALID(pDoc);

    // TODO: add draw code for native data here

        /////////////////////////////////////
        /////////////////////////////////////
        // START CUSTOM CODE
        /////////////////////////////////////
        /////////////////////////////////////

    if (m_hPalette)
    {
        SelectPalette(pDC->m_hDC, m_hPalette, FALSE);
        RealizePalette(pDC->m_hDC);
    }
    wglMakeCurrent(pDC->m_hDC, m_hRC);
    DrawWithOpenGL();
    SwapBuffers(pDC->m_hDC);
    wglMakeCurrent(pDC->m_hDC, NULL);

        /////////////////////////////////////
        /////////////////////////////////////
        // END CUSTOM CODE
        /////////////////////////////////////
        /////////////////////////////////////
}

/////////////////////////////////////////////////////////////////
// CBlendfogView diagnostics

#ifdef _DEBUG
void CBlendfogView::AssertValid() const
{
    CView::AssertValid();
}

void CBlendfogView::Dump(CDumpContext& dc) const
{
    CView::Dump(dc);
}
```

III

Advanced Programming

(continues)

Listing 10.2 Continued

```
CBlendfogDoc* CBlendfogView::GetDocument() // non-debug version
                                           // is inline
{
    ASSERT(m_pDocument->IsKindOf(RUNTIME_CLASS(CBlendfogDoc)));
    return (CBlendfogDoc*)m_pDocument;
}
#endif //_DEBUG

/////////////////////////////////////////////////////////////////
// CBlendfogView message handlers

int CBlendfogView::OnCreate(LPCREATESTRUCT lpCreateStruct)
{
    if (CView::OnCreate(lpCreateStruct) == -1)
        return -1;

    // TODO: Add your specialized creation code here

    ////////////////////////////////////////
    ////////////////////////////////////////
    // START CUSTOM CODE
    ////////////////////////////////////////
    ////////////////////////////////////////

    PIXELFORMATDESCRIPTOR pfd =
    {
        sizeof(PIXELFORMATDESCRIPTOR), // Structure size.
        1,                             // Structure version number.
        PFD_DRAW_TO_WINDOW |           // Property flags.
            PFD_SUPPORT_OPENGL |
            PFD_DOUBLEBUFFER,
        PFD_TYPE_RGBA,
        24,                            // 24-bit color.
        0, 0, 0, 0, 0, 0,              // Not concerned with these.
        0, 0, 0, 0, 0, 0, 0,           // No alpha or accum buffer.
        32,                            // 32-bit depth buffer.
        0, 0,                          // No stencil or aux buffer.
        PFD_MAIN_PLANE,                // Main layer type.
        0,                             // Reserved.
        0, 0, 0                        // Unsupported.
    };

    CClientDC clientDC(this);

    int pixelFormat =
        ChoosePixelFormat(clientDC.m_hDC, &pfd);
    BOOL success =
        SetPixelFormat(clientDC.m_hDC, pixelFormat, &pfd);
    DescribePixelFormat (clientDC.m_hDC, pixelFormat,
        sizeof(pfd), &pfd);

    if (pfd.dwFlags & PFD_NEED_PALETTE)
```

```
        SetupLogicalPalette();

    m_hRC = wglCreateContext(clientDC.m_hDC);

    ////////////////////////////////////////
    ////////////////////////////////////////
    // END CUSTOM CODE
    ////////////////////////////////////////
    ////////////////////////////////////////

    return 0;
}

void CBlendfogView::OnDestroy()
{
    CView::OnDestroy();

    // TODO: Add your message handler code here

    ////////////////////////////////////////
    ////////////////////////////////////////
    // START CUSTOM CODE
    ////////////////////////////////////////
    ////////////////////////////////////////

    wglDeleteContext(m_hRC);
    if (m_hPalette)
        DeleteObject(m_hPalette);

    ////////////////////////////////////////
    ////////////////////////////////////////
    // END CUSTOM CODE
    ////////////////////////////////////////
    ////////////////////////////////////////
}

void CBlendfogView::OnSize(UINT nType, int cx, int cy)
{
    CView::OnSize(nType, cx, cy);

    // TODO: Add your message handler code here

    ////////////////////////////////////////
    ////////////////////////////////////////
    // START CUSTOM CODE
    ////////////////////////////////////////
    ////////////////////////////////////////

    CClientDC clientDC(this);
    wglMakeCurrent(clientDC.m_hDC, m_hRC);
    glViewport(0, 0, cx, cy);
    glMatrixMode(GL_PROJECTION);
    glLoadIdentity();
    glFrustum(-1.0, 1.0, -1.0, 1.0, 2.0, 10.0);
    glMatrixMode(GL_MODELVIEW);
```

III

Advanced Programming

(continues)

Listing 10.2   Continued

```
    glLoadIdentity();
    glTranslatef(0.0f, 0.0f, -3.5f);
    wglMakeCurrent(NULL, NULL);

    /////////////////////////////////////
    /////////////////////////////////////
    // END CUSTOM CODE
    /////////////////////////////////////
    /////////////////////////////////////
}

BOOL CBlendfogView::PreCreateWindow(CREATESTRUCT& cs)
{
    // TODO: Add your specialized code here and/or call the base
class

    /////////////////////////////////////
    /////////////////////////////////////
    // START CUSTOM CODE
    /////////////////////////////////////
    /////////////////////////////////////

    cs.style |= WS_CLIPCHILDREN | WS_CLIPSIBLINGS;

    /////////////////////////////////////
    /////////////////////////////////////
    // END CUSTOM CODE
    /////////////////////////////////////
    /////////////////////////////////////

    return CView::PreCreateWindow(cs);
}

void CBlendfogView::OnDimension2d()
{
    // TODO: Add your command handler code here

    /////////////////////////////////////
    /////////////////////////////////////
    // START CUSTOM CODE
    /////////////////////////////////////
    /////////////////////////////////////

    m_dimension = TwoD;
    Invalidate(FALSE);

    /////////////////////////////////////
    /////////////////////////////////////
    // END CUSTOM CODE
    /////////////////////////////////////
    /////////////////////////////////////
}
```

```
void CBlendfogView::OnUpdateDimension2d(CCmdUI* pCmdUI)
{
    // TODO: Add your command update UI handler code here

    /////////////////////////////////////
    /////////////////////////////////////
    // START CUSTOM CODE
    /////////////////////////////////////
    /////////////////////////////////////

    if (m_dimension == TwoD)
        pCmdUI->SetCheck(TRUE);
    else
        pCmdUI->SetCheck(FALSE);

    if (m_operation != Fogging)
        pCmdUI->Enable(TRUE);
    else
        pCmdUI->Enable(FALSE);

    /////////////////////////////////////
    /////////////////////////////////////
    // END CUSTOM CODE
    /////////////////////////////////////
    /////////////////////////////////////
}

void CBlendfogView::OnDimension3d()
{
    // TODO: Add your command handler code here

    /////////////////////////////////////
    /////////////////////////////////////
    // START CUSTOM CODE
    /////////////////////////////////////
    /////////////////////////////////////

    m_dimension = ThreeD;
    Invalidate(FALSE);

    /////////////////////////////////////
    /////////////////////////////////////
    // END CUSTOM CODE
    /////////////////////////////////////
    /////////////////////////////////////
}

void CBlendfogView::OnUpdateDimension3d(CCmdUI* pCmdUI)
{
    // TODO: Add your command update UI handler code here

    /////////////////////////////////////
    /////////////////////////////////////
    // START CUSTOM CODE
    /////////////////////////////////////
    /////////////////////////////////////
```

III

Advanced Programming

(continues)

Listing 10.2 Continued

```
        if (m_dimension == ThreeD)
           pCmdUI->SetCheck(TRUE);
        else
           pCmdUI->SetCheck(FALSE);

        if (m_operation != Antialiasing)
           pCmdUI->Enable(TRUE);
        else
           pCmdUI->Enable(FALSE);

        ////////////////////////////////////
        ////////////////////////////////////
        // END CUSTOM CODE
        ////////////////////////////////////
        ////////////////////////////////////
}

void CBlendfogView::OnOperationAntialiasing()
{
    // TODO: Add your command handler code here

        ////////////////////////////////////
        ////////////////////////////////////
        // START CUSTOM CODE
        ////////////////////////////////////
        ////////////////////////////////////

        m_operation = Antialiasing;
        m_dimension = TwoD;
        Invalidate(FALSE);

        ////////////////////////////////////
        ////////////////////////////////////
        // END CUSTOM CODE
        ////////////////////////////////////
        ////////////////////////////////////
}

void CBlendfogView::OnUpdateOperationAntialiasing(CCmdUI* pCmdUI)
{
    // TODO: Add your command update UI handler code here

        ////////////////////////////////////
        ////////////////////////////////////
        // START CUSTOM CODE
        ////////////////////////////////////
        ////////////////////////////////////

        if (m_operation == Antialiasing)
           pCmdUI->SetCheck(TRUE);
        else
           pCmdUI->SetCheck(FALSE);
```

```
        ///////////////////////////////////////
        ///////////////////////////////////////
        // END CUSTOM CODE
        ///////////////////////////////////////
        ///////////////////////////////////////
}

void CBlendfogView::OnOperationBlending()
{
        // TODO: Add your command handler code here

        ///////////////////////////////////////
        ///////////////////////////////////////
        // START CUSTOM CODE
        ///////////////////////////////////////
        ///////////////////////////////////////

        m_operation = Blending;
        Invalidate(FALSE);

        ///////////////////////////////////////
        ///////////////////////////////////////
        // END CUSTOM CODE
        ///////////////////////////////////////
        ///////////////////////////////////////
}

void CBlendfogView::OnUpdateOperationBlending(CCmdUI* pCmdUI)
{
        // TODO: Add your command update UI handler code here

        ///////////////////////////////////////
        ///////////////////////////////////////
        // START CUSTOM CODE
        ///////////////////////////////////////
        ///////////////////////////////////////

        if (m_operation == Blending)
            pCmdUI->SetCheck(TRUE);
        else
            pCmdUI->SetCheck(FALSE);

        ///////////////////////////////////////
        ///////////////////////////////////////
        // END CUSTOM CODE
        ///////////////////////////////////////
        ///////////////////////////////////////
}

void CBlendfogView::OnOperationFogging()
{
        // TODO: Add your command handler code here
```

(continues)

III

Advanced Programming

Listing 10.2 Continued

```
//////////////////////////////////////
//////////////////////////////////////
// START CUSTOM CODE
//////////////////////////////////////
//////////////////////////////////////

m_operation = Fogging;
m_dimension = ThreeD;
Invalidate(FALSE);

//////////////////////////////////////
//////////////////////////////////////
// END CUSTOM CODE
//////////////////////////////////////
//////////////////////////////////////
}

void CBlendfogView::OnUpdateOperationFogging(CCmdUI* pCmdUI)
{
    // TODO: Add your command update UI handler code here

    //////////////////////////////////////
    //////////////////////////////////////
    // START CUSTOM CODE
    //////////////////////////////////////
    //////////////////////////////////////

    if (m_operation == Fogging)
        pCmdUI->SetCheck(TRUE);
    else
        pCmdUI->SetCheck(FALSE);

    //////////////////////////////////////
    //////////////////////////////////////
    // END CUSTOM CODE
    //////////////////////////////////////
    //////////////////////////////////////
}

void CBlendfogView::OnParametersAntialias()
{
    // TODO: Add your command handler code here

    //////////////////////////////////////
    //////////////////////////////////////
    // START CUSTOM CODE
    //////////////////////////////////////
    //////////////////////////////////////

    m_antialias = !m_antialias;
    Invalidate(FALSE);
```

```
    //////////////////////////////////////
    //////////////////////////////////////
    // END CUSTOM CODE
    //////////////////////////////////////
    //////////////////////////////////////
}

void CBlendfogView::OnUpdateParametersAntialias(CCmdUI* pCmdUI)
{
    // TODO: Add your command update UI handler code here

    //////////////////////////////////////
    //////////////////////////////////////
    // START CUSTOM CODE
    //////////////////////////////////////
    //////////////////////////////////////

    pCmdUI->SetCheck(m_antialias);

    if (m_operation == Antialiasing)
        pCmdUI->Enable(TRUE);
    else
        pCmdUI->Enable(FALSE);

    //////////////////////////////////////
    //////////////////////////////////////
    // END CUSTOM CODE
    //////////////////////////////////////
    //////////////////////////////////////
}

void CBlendfogView::OnParametersBlend()
{
    // TODO: Add your command handler code here

    //////////////////////////////////////
    //////////////////////////////////////
    // START CUSTOM CODE
    //////////////////////////////////////
    //////////////////////////////////////

    m_blend = !m_blend;
    Invalidate(FALSE);

    //////////////////////////////////////
    //////////////////////////////////////
    // END CUSTOM CODE
    //////////////////////////////////////
    //////////////////////////////////////
}

void CBlendfogView::OnUpdateParametersBlend(CCmdUI* pCmdUI)
{
    // TODO: Add your command update UI handler code here
```

(continues)

III

Advanced Programming

Listing 10.2   Continued

```
//////////////////////////////////
//////////////////////////////////
// START CUSTOM CODE
//////////////////////////////////
//////////////////////////////////

pCmdUI->SetCheck(m_blend);

if (m_operation == Blending)
    pCmdUI->Enable(TRUE);
else
    pCmdUI->Enable(FALSE);

//////////////////////////////////
//////////////////////////////////
// END CUSTOM CODE
//////////////////////////////////
//////////////////////////////////
}

void CBlendfogView::OnParametersColor()
{
    // TODO: Add your command handler code here

    //////////////////////////////////
    //////////////////////////////////
    // START CUSTOM CODE
    //////////////////////////////////
    //////////////////////////////////

    CColorDlg dlg;
    dlg.m_red = m_fogRed;
    dlg.m_green = m_fogGreen;
    dlg.m_blue = m_fogBlue;

    int response = dlg.DoModal();

    if (response == IDOK)
    {
        m_fogRed = (GLfloat) dlg.m_red;
        m_fogGreen = (GLfloat) dlg.m_green;
        m_fogBlue = (GLfloat) dlg.m_blue;
    }

    Invalidate(FALSE);

    //////////////////////////////////
    //////////////////////////////////
    // END CUSTOM CODE
    //////////////////////////////////
    //////////////////////////////////
}
```

```cpp
void CBlendfogView::OnUpdateParametersColor(CCmdUI* pCmdUI)
{
    // TODO: Add your command update UI handler code here

    ///////////////////////////////////////
    ///////////////////////////////////////
    // START CUSTOM CODE
    ///////////////////////////////////////
    ///////////////////////////////////////

    if (m_operation == Fogging)
        pCmdUI->Enable(TRUE);
    else
        pCmdUI->Enable(FALSE);

    ///////////////////////////////////////
    ///////////////////////////////////////
    // END CUSTOM CODE
    ///////////////////////////////////////
    ///////////////////////////////////////
}

void CBlendfogView::OnParametersEnd()
{
    // TODO: Add your command handler code here

    ///////////////////////////////////////
    ///////////////////////////////////////
    // START CUSTOM CODE
    ///////////////////////////////////////
    ///////////////////////////////////////

    CParameterDlg dlg;
    dlg.m_value = m_fogEnd;

    int response = dlg.DoModal();

    if (response == IDOK)
        m_fogEnd = (GLfloat) dlg.m_value;

    Invalidate(FALSE);

    ///////////////////////////////////////
    ///////////////////////////////////////
    // END CUSTOM CODE
    ///////////////////////////////////////
    ///////////////////////////////////////
}

void CBlendfogView::OnUpdateParametersEnd(CCmdUI* pCmdUI)
{
    // TODO: Add your command update UI handler code here
```

(continues)

III

Advanced Programming

Listing 10.2 Continued

```
//////////////////////////////////////
//////////////////////////////////////
// START CUSTOM CODE
//////////////////////////////////////
//////////////////////////////////////

    if (m_operation == Fogging)
        pCmdUI->Enable(TRUE);
    else
        pCmdUI->Enable(FALSE);

//////////////////////////////////////
//////////////////////////////////////
// END CUSTOM CODE
//////////////////////////////////////
//////////////////////////////////////
}

void CBlendfogView::OnParametersFog()
{
    // TODO: Add your command handler code here

//////////////////////////////////////
//////////////////////////////////////
// START CUSTOM CODE
//////////////////////////////////////
//////////////////////////////////////

    m_fog = !m_fog;
    Invalidate(FALSE);

//////////////////////////////////////
//////////////////////////////////////
// END CUSTOM CODE
//////////////////////////////////////
//////////////////////////////////////
}

void CBlendfogView::OnUpdateParametersFog(CCmdUI* pCmdUI)
{
    // TODO: Add your command update UI handler code here

//////////////////////////////////////
//////////////////////////////////////
// START CUSTOM CODE
//////////////////////////////////////
//////////////////////////////////////

    pCmdUI->SetCheck(m_fog);

    if (m_operation == Fogging)
        pCmdUI->Enable(TRUE);
    else
        pCmdUI->Enable(FALSE);
```

```
    ////////////////////////////////////
    ////////////////////////////////////
    // END CUSTOM CODE
    ////////////////////////////////////
    ////////////////////////////////////
}

void CBlendfogView::OnParametersOpacity()
{
    // TODO: Add your command handler code here

    ////////////////////////////////////
    ////////////////////////////////////
    // START CUSTOM CODE
    ////////////////////////////////////
    ////////////////////////////////////

    CParameterDlg dlg;
    dlg.m_value = m_opacity;

    int response = dlg.DoModal();

    if (response == IDOK)
        m_opacity = (GLfloat) dlg.m_value;

    Invalidate(FALSE);

    ////////////////////////////////////
    ////////////////////////////////////
    // END CUSTOM CODE
    ////////////////////////////////////
    ////////////////////////////////////
}

void CBlendfogView::OnUpdateParametersOpacity(CCmdUI* pCmdUI)
{
    // TODO: Add your command update UI handler code here

    ////////////////////////////////////
    ////////////////////////////////////
    // START CUSTOM CODE
    ////////////////////////////////////
    ////////////////////////////////////

    if (m_operation == Blending)
        pCmdUI->Enable(TRUE);
    else
        pCmdUI->Enable(FALSE);

    ////////////////////////////////////
    ////////////////////////////////////
    // END CUSTOM CODE
    ////////////////////////////////////
    ////////////////////////////////////
```

III

Advanced Programming

(continues)

Listing 10.2 Continued

```
    }

    void CBlendfogView::OnParametersStart()
    {
        // TODO: Add your command handler code here

        ////////////////////////////////////////
        ////////////////////////////////////////
        // START CUSTOM CODE
        ////////////////////////////////////////
        ////////////////////////////////////////

        CParameterDlg dlg;
        dlg.m_value = m_fogStart;

        int response = dlg.DoModal();

        if (response == IDOK)
            m_fogStart = (GLfloat) dlg.m_value;

        Invalidate(FALSE);

        ////////////////////////////////////////
        ////////////////////////////////////////
        // END CUSTOM CODE
        ////////////////////////////////////////
        ////////////////////////////////////////
    }

    void CBlendfogView::OnUpdateParametersStart(CCmdUI* pCmdUI)
    {
        // TODO: Add your command update UI handler code here

        ////////////////////////////////////////
        ////////////////////////////////////////
        // START CUSTOM CODE
        ////////////////////////////////////////
        ////////////////////////////////////////

        if (m_operation == Fogging)
            pCmdUI->Enable(TRUE);
        else
            pCmdUI->Enable(FALSE);

        ////////////////////////////////////////
        ////////////////////////////////////////
        // END CUSTOM CODE
        ////////////////////////////////////////
        ////////////////////////////////////////
    }
```

```
///////////////////////////////////////
///////////////////////////////////////
// START CUSTOM CODE
///////////////////////////////////////
///////////////////////////////////////

void CBlendfogView::DrawWithOpenGL()
{
    glShadeModel(GL_SMOOTH);
    glClearColor(0.0f, 0.0f, 0.0f, 0.0f);
    glClear(GL_COLOR_BUFFER_BIT | GL_DEPTH_BUFFER_BIT);

    glPushMatrix();

        if (m_operation == Blending)
            ShowBlending();
        else if (m_operation == Antialiasing)
            ShowAntialiasing();
        else
            ShowFogging();

    glPopMatrix();

    glFlush();
}

void CBlendfogView::ShowBlending()
{
    if (m_blend)
        glEnable(GL_BLEND);

    if (m_dimension == TwoD)
        Show2DBlending();
    else
        Show3DBlending();

    glDisable(GL_BLEND);
}

void CBlendfogView::Show2DBlending()
{
    glBlendFunc(GL_SRC_ALPHA, GL_ONE_MINUS_SRC_ALPHA);

    glColor4f(0.0f, 1.0f, 1.0f, 1.0f);

    glBegin(GL_POLYGON);
        glVertex3f(-1.0f, 0.25f, 0.0f);
        glVertex3f(-1.0f, -1.0f, 0.0f);
        glVertex3f(0.25f, -1.0f, 0.0f);
        glVertex3f(0.25f, 0.25f, 0.0f);
    glEnd();

    glColor4f(1.0f, 0.0f, 0.0f, m_opacity);
```

(continues)

III

Advanced Programming

Listing 10.2 Continued

```
        glBegin(GL_POLYGON);
            glVertex3f(-0.25f, 1.0f, 0.0f);
            glVertex3f(-0.25f, -0.25f, 0.0f);
            glVertex3f(1.0f, -0.25f, 0.0f);
            glVertex3f(1.0f, 1.0f, 0.0f);
        glEnd();
}

void CBlendfogView::Show3DBlending()
{
    glEnable(GL_LIGHTING);
    glEnable(GL_LIGHT0);
    glEnable(GL_DEPTH_TEST);
    glBlendFunc(GL_ONE, GL_ZERO);

    GLfloat lightAmbient[] = {0.1f, 0.1f, 0.1f, 0.0f};
    GLfloat lightDiffuse[] = {1.0f, 1.0f, 1.0f, 0.0f};
    GLfloat lightSpecular[] = {1.0f, 1.0f, 1.0f, 0.0f};
    GLfloat lightPosition[] = {2.0f, 0.5f, 3.0f, 1.0f};
    GLfloat materialSpecular[] = {1.0f, 1.0f, 1.0f, 0.0f};
    GLfloat materialSphere1[] = {1.0f, 0.0f, 0.0f, 0.0f};
    GLfloat materialSphere2[] = {0.0f, 1.0f, 0.0f, 0.0f};
    GLfloat materialCube[] = {1.0f, 1.0f, 0.0f, 0.0f};
    materialCube[3] = m_opacity;

    glLightfv(GL_LIGHT0, GL_AMBIENT, lightAmbient);
    glLightfv(GL_LIGHT0, GL_DIFFUSE, lightDiffuse);
    glLightfv(GL_LIGHT0, GL_SPECULAR, lightSpecular);
    glLightfv(GL_LIGHT0, GL_POSITION, lightPosition);
    glMaterialfv(GL_FRONT, GL_SPECULAR, materialSpecular);
    glMaterialf(GL_FRONT, GL_SHININESS, 50.0f);

    glTranslatef(-1.5f, 0.5f, -3.0f);
    glMaterialfv(GL_FRONT, GL_AMBIENT_AND_DIFFUSE,
materialSphere1);
    auxSolidSphere(1.0);
    glTranslatef(2.0f, -0.8f, 3.0f);
    glMaterialfv(GL_FRONT, GL_AMBIENT_AND_DIFFUSE,
materialSphere2);
    auxSolidSphere(0.75);

    if (m_blend)
        glDepthMask(GL_FALSE);
    glBlendFunc(GL_SRC_ALPHA, GL_DST_ALPHA);
    glMaterialfv(GL_FRONT, GL_AMBIENT_AND_DIFFUSE, materialCube);
    glTranslatef(-1.0f, 0.0f, -1.5f);
    glRotatef(40.0f, 1.0f, 0.0f, 0.0f);
    glRotatef(40.0f, 0.0f, 1.0f, 0.0f);
    auxSolidCube(1.0);
    glDepthMask(GL_TRUE);

    glDisable(GL_LIGHTING);
    glDisable(GL_DEPTH_TEST);
}
```

```
void CBlendfogView::ShowAntialiasing()
{
    if (m_antialias)
    {
        glEnable(GL_LINE_SMOOTH);
        glEnable(GL_BLEND);
        glBlendFunc(GL_SRC_ALPHA, GL_ONE_MINUS_SRC_ALPHA);
        glHint(GL_LINE_SMOOTH_HINT, GL_DONT_CARE);
    }

    glLineWidth(2.0f);
    glShadeModel(GL_FLAT);
    glColor4f(1.0f, 1.0f, 1.0f, 1.0f);

    auxWireSphere(1.0);

    glDisable(GL_LINE_SMOOTH);
    glDisable(GL_BLEND);
}

void CBlendfogView::ShowFogging()
{
    if (m_fog)
    {
        glEnable(GL_FOG);
        glFogi(GL_FOG_MODE, GL_LINEAR);
        GLfloat fogColor[4];
        fogColor[0] = m_fogRed;
        fogColor[1] = m_fogGreen;
        fogColor[2] = m_fogBlue;
        fogColor[3] = 1.0f;
        glFogfv(GL_FOG_COLOR, fogColor);
        glFogf(GL_FOG_END, m_fogEnd);
        glFogf(GL_FOG_START, m_fogStart);
        glHint(GL_FOG_HINT, GL_DONT_CARE);
    }

    glEnable(GL_LIGHTING);
    glEnable(GL_LIGHT0);
    glEnable(GL_DEPTH_TEST);

    GLfloat lightAmbient[] = {0.1f, 0.1f, 0.1f, 0.0f};
    GLfloat lightDiffuse[] = {1.0f, 1.0f, 1.0f, 0.0f};
    GLfloat lightSpecular[] = {1.0f, 1.0f, 1.0f, 0.0f};
    GLfloat lightPosition[] = {2.0f, 0.5f, 3.0f, 1.0f};
    GLfloat materialSpecular[] = {1.0f, 1.0f, 1.0f, 0.0f};
    GLfloat materialAmbDiff[] = {1.0f, 0.0f, 0.0f, 0.0f};

    glLightfv(GL_LIGHT0, GL_AMBIENT, lightAmbient);
    glLightfv(GL_LIGHT0, GL_DIFFUSE, lightDiffuse);
    glLightfv(GL_LIGHT0, GL_SPECULAR, lightSpecular);
    glLightfv(GL_LIGHT0, GL_POSITION, lightPosition);
    glMaterialfv(GL_FRONT, GL_AMBIENT_AND_DIFFUSE,
materialAmbDiff);
    glMaterialfv(GL_FRONT, GL_SPECULAR, materialSpecular);
    glMaterialf(GL_FRONT, GL_SHININESS, 30.0f);
```

III

Advanced Programming

(continues)

Listing 10.2   Continued

```
        glTranslatef(-2.0f, 2.0f, -6.0f);
        auxSolidTorus(0.5, 1.0);

        glTranslatef(1.5f, -2.0f, 3.0f);
        auxSolidTorus(0.5, 1.0);

        glTranslatef(1.5f, -1.0f, 3.0f);
        auxSolidTorus(0.5, 1.0);

        glDisable(GL_LIGHTING);
        glDisable(GL_DEPTH_TEST);
        glDisable(GL_FOG);
}

void CBlendfogView::SetupLogicalPalette()
{
    struct
    {
        WORD Version;
        WORD NumberOfEntries;
        PALETTEENTRY aEntries[256];
    } logicalPalette = { 0x300, 256 };

    BYTE reds[] = {0, 36, 72, 109, 145, 182, 218, 255};
    BYTE greens[] = {0, 36, 72, 109, 145, 182, 218, 255};
    BYTE blues[] - {0, 85, 170, 255};

    for (int colorNum=0; colorNum<256; ++colorNum)
    {
        logicalPalette.aEntries[colorNum].peRed =
            reds[colorNum & 0x07];
        logicalPalette.aEntries[colorNum].peGreen =
            greens[(colorNum >> 0x03) & 0x07];
        logicalPalette.aEntries[colorNum].peBlue =
            blues[(colorNum >> 0x06) & 0x03];
        logicalPalette.aEntries[colorNum].peFlags = 0;
    }

    m_hPalette = CreatePalette ((LOGPALETTE*)&logicalPalette);
}

/////////////////////////////////////
/////////////////////////////////////
// END CUSTOM CODE
/////////////////////////////////////
/////////////////////////////////////
```

Listing 10.3   MAINFRM.CPP—The Implementation File for the
CMainFrame Class

```cpp
// mainfrm.cpp : implementation of the CMainFrame class
//

#include "stdafx.h"
#include "blendfog.h"

#include "mainfrm.h"

#ifdef _DEBUG
#undef THIS_FILE
static char BASED_CODE THIS_FILE[] = _ _FILE_ _;
#endif

/////////////////////////////////////////////////////////////////
// CMainFrame

IMPLEMENT_DYNCREATE(CMainFrame, CFrameWnd)

BEGIN_MESSAGE_MAP(CMainFrame, CFrameWnd)
    //{{AFX_MSG_MAP(CMainFrame)
    ON_WM_PALETTECHANGED()
    ON_WM_QUERYNEWPALETTE()
    //}}AFX_MSG_MAP
END_MESSAGE_MAP()

/////////////////////////////////////////////////////////////////
// CMainFrame construction/destruction

CMainFrame::CMainFrame()
{
    // TODO: add member initialization code here

}

CMainFrame::~CMainFrame()
{
}

/////////////////////////////////////////////////////////////////
// CMainFrame diagnostics

#ifdef _DEBUG
void CMainFrame::AssertValid() const
{
    CFrameWnd::AssertValid();
}

void CMainFrame::Dump(CDumpContext& dc) const
{
    CFrameWnd::Dump(dc);
}
```

(continues)

III

Advanced Programming

Listing 10.3 Continued

```
#endif //_DEBUG

/////////////////////////////////////////////////////////////////
// CMainFrame message handlers

BOOL CMainFrame::PreCreateWindow(CREATESTRUCT& cs)
{
    // TODO: Add your specialized code here and/or call the
    // base class

    //////////////////////////////////////
    //////////////////////////////////////
    // START CUSTOM CODE
    //////////////////////////////////////
    //////////////////////////////////////

    cs.cx = 380;
    cs.cy = 420;

    //////////////////////////////////////
    //////////////////////////////////////
    // END CUSTOM CODE
    //////////////////////////////////////
    //////////////////////////////////////

    return CFrameWnd::PreCreateWindow(cs);
}

void CMainFrame::OnPaletteChanged(CWnd* pFocusWnd)
{
    CFrameWnd::OnPaletteChanged(pFocusWnd);

    // TODO: Add your message handler code here

    //////////////////////////////////////
    //////////////////////////////////////
    // START CUSTOM CODE
    //////////////////////////////////////
    //////////////////////////////////////

    CView* pView = GetActiveView();
    if (pFocusWnd != pView)
        pView->Invalidate(FALSE);

    //////////////////////////////////////
    //////////////////////////////////////
    // END CUSTOM CODE
    //////////////////////////////////////
    //////////////////////////////////////
}

BOOL CMainFrame::OnQueryNewPalette()
{
    // TODO: Add your message handler code here and/or call default
```

```
/////////////////////////////////////
/////////////////////////////////////
// START CUSTOM CODE
/////////////////////////////////////
/////////////////////////////////////

CView* pView = GetActiveView();
pView->Invalidate(FALSE);

/////////////////////////////////////
/////////////////////////////////////
// END CUSTOM CODE
/////////////////////////////////////
/////////////////////////////////////

return CFrameWnd::OnQueryNewPalette();
}
```

Summary

Using blending, antialiasing, and fogging, you can add many types of special effects to your OpenGL scenes. Commonly, blending is used to create translucent objects. Antialiasing, on the other hand, helps remove the jagged appearance from lines and object edges, whereas fogging is used to make objects farther from the viewpoint look faded as compared with objects nearer the viewpoint.

The OpenGL functions you studied in this chapter are the following:

> **void glBlendFunc(GLenum, GLenum)**

This function selects source and destination blending functions. The function takes as arguments constants representing the source and destination blending functions, respectively. The source constant can be GL_DST_ALPHA, GL_DST_COLOR, GL_ONE, GL_ONE_MINUS_DST_ALPHA, GL_ONE_MINUS_DST_COLOR, GL_ONE_MINUS_SRC_ALPHA, GL_SRC_ALPHA, GL_SRC_ALPHA_SATURATE, or GL_ZERO. The destination constant can be GL_DST_ALPHA, GL_ONE, GL_ONE_MINUS_DST_ALPHA, GL_ONE_MINUS_SRC_ALPHA, GL_ONE_MINUS_SRC_COLOR, GL_SRC_ALPHA, GL_SRC_COLOR, or GL_ZERO.

> **void glDepthMask(GLboolean)**

This function toggles the depth buffer between its read-only and read/write modes. The function's single GLboolean argument enables or disables OpenGL's ability to write to the depth buffer. A value of GL_FALSE makes the depth buffer read-only, whereas a value of GL_TRUE restores the depth buffer to read/write status.

III

Advanced Programming

void glHint(GLenum, GLenum)

This function specifies how OpenGL should perform certain operations. The first argument specifies the operation for which you're supplying the hint and can be GL_FOG_HINT, GL_LINE_SMOOTH_HINT, GL_PERSPECTIVE_CORRECTION_HINT, GL_POINT_SMOOTH_HINT, or GL_POLYGON_SMOOTH_HINT. The second argument specifies the hint, which can be GL_DONT_CARE, GL_FASTEST, or GL_NICEST.

void glFogf(GLenum, GLfloat)

This function sets a fog parameter. The first argument specifies the fog parameter you want to set and can be GL_FOG_DENSITY, GL_FOG_END, GL_FOG_INDEX, GL_FOG_MODE, or GL_FOG_START. The second argument is the value to which the parameter should be set. The acceptable values for this argument depend on the first argument. The glFog() function comes in four versions, depending on the type of arguments used.

In this book, I've attempted to introduce you to the most useful and important aspects of OpenGL programming under Windows NT. The truth is, however, that there's much more to learn than could fit in an introductory volume like this one. Now that you have a good grasp on what OpenGL can do for you, you should get a copy of *OpenGL Programming Guide* and use the information it contains to modify the programs you built in this book. (Please see this book's introduction for more information on *OpenGL Programming Guide*.) Although *OpenGL Programming Guide* covers only general OpenGL programming and doesn't address issues specific to OpenGL programming with Visual C++ under Windows NT, it still contains a wealth of information that you can apply to your own 3-D applications.

Index

Symbols

256-color system (screen display), 146
3-D Flying Objects Setup dialog box, 15
3-D graphics programs, 77-88
3-D objects
  ambient light, 269-270
  blending, 446-448
  Cartesian coordinate system, 65-66
  defining, 66-69
  diffuse light, 270-271
  displaying lighted, 269-272
  drawing on screen, 69-73
  polygons, 213-215
  specular light, 271
  transforming, 73-77
    rotating, 75-77
    scaling, 75
    translation, 74
  wireframe models, 67
3-D scenes, 319-374
  animation, 330-333
    matrix stacks, 326-330
    transformations, 319-325
  fogging, 454-455

A

ambient light, 257
  combining with diffuse and specular, 272
  effects of on 3-D objects, 269-270
Ambient/Diffuse command
  (Material menu), 287
angles (radians), 33
Animate command (Transform menu), 91

ANIMATE program, 348-349
  building, 333-347
  running, 347-348
AnimateAtom( ) function, 349
animation, 330-333
  double buffers, 330-331
  speed issues, 89
antialiasing
  blending, 449-450
  enabling, 449
  lines, 450-451
applications
  GRAPH2D, 42, 53-54
    classes, 49
    functions, 46
    resetting shape to starting point, 54
    running, 50-52
    source code, 49
    user interface, 42-50
  OpenGL, 228-241
    AppWizard, 229
    COpengl3dView class, 239
    message-response functions, 233
  OPENGL3D
    DrawWithOpenGL( ) function, 242-243
    OnSize( ) function, 242-243
    running, 241
    sizing window, 242-243
  Visual C++, 42
AppWizards, 42
  ANIMATE program, 333-347
  BLENDFOG program, 456-470
  GRAPH3D program, 78-88
  LIGHTING program, 273-287
  MINOGL program, 123-129
  OGLSHAPE program, 172-181
  OpenGL application, 229
  TEXTURE program, 406-419

G

PLUG YOURSELF INTO...

MACMILLAN INFORMATION SUPERLIBRARY™

que

SAMS PUBLISHING

Hayden Books

que COLLEGE

NRP

alpha books

Brady

ADOBE PRESS

THE MACMILLAN INFORMATION SUPERLIBRARY™

Free information and vast computer resources from the world's leading computer book publisher—online!

FIND THE BOOKS THAT ARE RIGHT FOR YOU!

A complete online catalog, plus sample chapters and tables of contents give you an in-depth look at *all* of our books, including hard-to-find titles. It's the best way to find the books you need!

● STAY INFORMED with the latest computer industry news through our online newsletter, press releases, and customized Information SuperLibrary Reports.

● GET FAST ANSWERS to your questions about MCP books and software.

● VISIT our online bookstore for the latest information and editions!

● COMMUNICATE with our expert authors through e-mail and conferences.

● DOWNLOAD SOFTWARE from the immense MCP library:
- Source code and files from MCP books
- The best shareware, freeware, and demos

● DISCOVER HOT SPOTS on other parts of the Internet.

● WIN BOOKS in ongoing contests and giveaways!

TO PLUG INTO MCP: →

GOPHER: gopher.mcp.com
FTP: ftp.mcp.com

WORLD WIDE WEB: **http://www.mcp.com**

Home Page   What's New   Bookstore   Reference Desk   Software Library   Macmillan Overview   Talk to Us

What's on the Disk

The following is a list of the contents of this book's disk:

Directory	Contents
CHAP02	Chapter 2 source code and executables.
CHAP03	Chapter 3 source code and executables.
CHAP04	Chapter 4 source code and executables.
CHAP05	Chapter 5 source code and executables.
CHAP06	Chapter 6 source code and executables.
CHAP07	Chapter 7 source code and executables.
CHAP08	Chapter 8 source code and executables.
CHAP09	Chapter 9 source code and executables.
CHAP10	Chapter 10 source code and executables.

How to Install It

The following instructions assume that your hard drive is drive C and your floppy drive is drive A. If your system is set up differently, just substitute the appropriate letters for the A and C in the instructions that follow. Note that you must have 3M free on your hard drive in order to install all of the files on the diskette.

1. Start your computer and get to the DOS prompt.

2. Insert this book's diskette into your floppy drive.

3. Type **A:** to switch to your floppy drive.

4. Type **INSTALL C:** to start the installation process.

When the installation is complete, you'll find the installed files in the OPENGL directory on drive C.

Licensing Agreement

By opening this package, you are agreeing to be bound by the following: